普通高等教育系列教材

U0868690

通用管理知识概论

主　编　王丽平
副主编　王秀丽
参　编　武瑞娟　娄黎星　孙淑红

机械工业出版社

本书定位为管理知识的入门教材，强调管理知识的通用性和应用性。本书分为三篇，共十三章，将职业人士在工作过程中涉及的具有普适性的管理知识、管理技能和管理素质以模块化的方式组织起来，为读者提供了全面的管理方法、工具和素质训练。本书充分体现了价值塑造、知识传授、能力培养“三位一体”的人才培养目标：首先，将党的二十大精神融入教材，丰富课程思政内容，强化价值塑造；其次，将管理知识框架和企业发展逻辑融入教材，系统地呈现企业管理全过程的知识体系；最后，将鲜活案例和前沿思想融入教材，提供最新的、最有价值的研究成果和实践经验，通过“第二课堂”等多样化的教学手段培养学生的创新能力。

本书可以作为高等院校非管理类专业的本科生和研究生的通识管理课程教材，也可以作为相关工作人员自学管理知识的教材，还可以作为管理培训教材和职场人士的参考书籍。

图书在版编目（CIP）数据

通用管理知识概论 / 王丽平主编. -- 北京 : 机械工业出版社, 2025. 5. -- (普通高等教育系列教材).
ISBN 978-7-111-78463-0

Ⅰ. C93

中国国家版本馆 CIP 数据核字第 2025MV7921 号

机械工业出版社（北京市百万庄大街 22 号　邮政编码 100037）
策划编辑：裴　泱　　　责任编辑：裴　泱　施　红
责任校对：梁　园　张　征　　　封面设计：鞠　杨
责任印制：单爱军
北京盛通数码印刷有限公司印刷
2025 年 8 月第 1 版第 1 次印刷
184mm×260mm · 20.75 印张 · 498 千字
标准书号：ISBN 978-7-111-78463-0
定价：69.80 元

电话服务　　网络服务
客服电话：010-88361066　　机 工 官 网：www.cmpbook.com
010-88379833　　机 工 官 博：weibo.com/cmp1952
010-68326294　　金 书 网：www.golden-book.com
封底无防伪标均为盗版　　机工教育服务网：www.cmpedu.com

前　言

随着科学技术的迅速发展，现代工程的科学性、社会性、实践性、创新性和复杂性等特征愈发显著。工程实践活动的内容不断拓展，形成了以研究、开发、设计、制造、运行、营销和管理等主要环节的工程链。在这种大型工程链中，现代工程对高等工程教育提出了更高要求，期望培养出的人才不仅具备扎实的科学技术知识，还具备人文经管素养和系统化集成能力，即具备调动不同学科知识系统分析实际工程过程中的主要矛盾并解决复杂工程问题的能力。因此，现代工程类人才不仅应具备扎实的专业基础和运用理论联系实际解决问题的能力，还应具备创新意识、团队意识、沟通能力和职业道德等通用管理能力和素质。

通用管理能力（General Management Performance，GMP）是指不同职业群体中体现出来的共性管理技能和管理知识要求，超越了具体职业与行业的特定知识和技能，一切职业活动的从业者应当共同具备的、最重要、最基本的能力和才干。根据《工程教育认证标准》，以及现代企业和工程实践对工程类人才管理能力的要求，本书编写组在对相关行业和企业进行深入调研并对相关内容进行论证的基础上，提出了工程类本科生应具备的最重要、最基本的管理知识、管理技能和管理素养，构建了本书的框架体系。

本书包括三篇，共十三章。第一篇是管理基本知识篇，包括战略管理、组织管理、运营管理、市场营销、人力资源管理、项目管理与经济决策六章内容，旨在使学生了解企业或其他类型组织的基本管理活动，掌握各个管理模块对应的管理知识和管理方法；第二篇是管理基本技能篇，包括领导行为、团队管理、人际沟通、情绪管理和职业生涯规划五章内容，旨在使学生掌握管理者所应具备的基本管理技能，提升学生的领导能力、团队管理能力、人际沟通能力和自我管理能力；第三篇是管理基本素养篇，包括职业伦理和企业伦理两章内容，旨在帮助学生树立正确的价值观、人生观和职业观，提高学生的敬业精神、职业道德和社会责任感。

本书特色主要体现为以下三个方面。

1. 坚持把立德树人作为根本任务，强调思想性和先进性

本书将党的二十大精神融入其中，每一章的开头部分都设计了思想导入模块，根据章节内容，选取相应的二十大精神内容进行介绍；同时在章节的具体知识点中，融入了含有相应思政教育内容的经典案例，做到思政元素与课程内容的有机融合。此外，每一章的结尾部分

都安排了知识拓展内容，引入本章知识的前沿思想和发展趋势。

2. 定位为管理知识的入门教材，强调基础性和通用性

本书在内容选择上，注重以学生掌握基本概念为核心。每章第一节都首先给出本章内容的基本知识框架和基本概念，让学生对本章所要掌握的管理基本知识体系和基本知识点一目了然，注重基础性；同时还包含每位职场人士所应具备的基本管理技能和管理素养，突破行业界限，适用于所有社会组织的职场人士，强调其通用性。

3. 立足于通用管理能力培养，强调应用性和创新性

本书在每章内容安排上，都加入了紧密联系现代企业实际的最新典型案例，以及行业发展动向的知识拓展模块，展现了数字经济时代各管理领域最新的研究热点，可以帮助学生了解最新的经济现象、技术发展和管理思想，拓宽知识视野，提高学生将理论紧密联系实际的能力，增加学习的趣味性和思考性，培养学生的创新思维和适应变化的能力。

本书由王丽平任主编，王秀丽任副主编，武瑞娟、娄黎星、孙淑红参编。王丽平负责总体知识框架和编写框架的设计，以及最后的审稿、定稿工作；王秀丽负责协调工作。具体写作分工是：王丽平编写第一章、第五章、第七章、第十章、第十一章；王秀丽编写第二章、第三章、第八章、第九章；孙淑红编写第十二章、第十三章；武瑞娟编写第四章；娄黎星编写第六章。天津理工大学管理学院的潘永明、王颖、杨强、石娟等老师也参与了本书的部分资料整理，付出了很多劳动，在此向他们表示诚挚的感谢。

由于编者水平有限，疏漏之处在所难免，恳请读者不吝指正。

编　者

目　录

第二篇　管理基本技能

第三篇　管理基本素养

第一篇

管理基本知识

第一章 战略管理

教学目标与要求

通过本章学习，使学生对战略管理的基本知识体系有全面的了解和认识。要求学生掌握战略管理的基本理论，能够充分理解战略管理的思想，学会运用战略分析方法，了解如何有效选择战略和实施战略。

思想导入

全面建成社会主义现代化强国，总的战略安排是分两步走：从二〇二〇年到二〇三五年基本实现社会主义现代化；从二〇三五年到本世纪中叶把我国建成富强民主文明和谐美丽的社会主义现代化强国。未来五年是全面建设社会主义现代化国家开局起步的关键时期。

资料来源：习近平. 高举中国特色社会主义伟大旗帜 为全面建设社会主义现代化国家而团结奋斗：在中国共产党第二十次全国代表大会上的报告［M］. 北京：人民出版社，2022.

当前，世界之变、时代之变、历史之变正以前所未有的方式展开。科技日新月异、信息爆炸增长、形势瞬息万变，面对 VUCA（Volatility 易变、Uncertainty 不确定、Complexity 复杂和 Ambiguity 不明确）的环境，战略机遇和风险挑战并存，企业要想在瞬息万变的市场竞争中寻求生存和发展，就必须具备适应环境变化的能力，采取主动而不是被动的态度，加强战略管理，为企业高质量和可持续发展提供一种合乎逻辑的、系统的和客观的方法。

第一节 战略管理概述

一、战略管理的基本知识框架

战略管理是对企业的未来发展方向制定决策和实施这些决策的动态管理过程，主要分为四个阶段，即战略环境分析阶段、战略选择阶段、战略实施阶段和战略控制阶段。在进行战略环境分析之前，首先要确定战略使命。战略管理的基本知识框架如图 1－1 所示。

其中，战略分析是指在企业外部环境和企业内部条件分析的基础上对企业战略进行预测，是企业进行战略管理的基本依据。战略选择是指通过对企业战略环境分析来确定企业宗旨、目标、经营领域和资源配置等战略诸要素及其选择战略的管理过程。战略实施是指实现

图 1-1 战略管理的基本知识框架

企业战略的过程。一个企业的战略形成之后，必须通过具体化的实际行动，才能实现其战略和战略目标。战略控制是对战略实施的效果进行控制，是对发现战略的目标偏差进行纠正的战略管理活动。

二、战略管理的基本概念

1. 战略

战略是指一个组织在广泛的环境中，利用各种资源以获得竞争优势的行动计划。该定义包含了三个层面的理解：一是战略是竞争的武器，没有竞争便没有战略；二是竞争状况是由范围广泛的环境因素决定的，制定战略必须考虑环境；三是竞争优势是由资源组合而成的，而构成企业竞争优势的资源可能来自企业内部，也可能来自企业外部。

2. 战略管理

战略管理的鼻祖伊戈尔·安索夫（Igor Ansoff）在 1976 年出版的《从战略规划到战略管理》一书中，首先提出了企业的战略管理的概念，是指将企业的日常业务决策同长期计划决策相结合而形成的一系列经营管理业务。乔治·斯坦纳（George A. Steiner）在 1982 年出版的《企业政策与战略》一书中则认为，战略管理是确定企业使命，根据企业外部环境和内部经营要素确定企业目标，保证目标的正确落实并使企业使命最终得以实现的一个动态过程。

综合考虑，战略管理的定义就是企业确定其使命，根据组织外部环境和内部条件设定企业的战略目标，为保证目标的正确落实和实现进行谋划，并依靠企业的内部能力将这种谋划和决策付诸实施，以及在实施过程中进行控制的一个动态管理过程。其具有以下五个特征：

（1）战略管理具有全局性　企业的战略管理是以企业的全局为对象，关注的是企业总体发展，包含的是企业的整体活动，描述的是企业的总体目标，注重的是企业的总体效果。

（2）战略管理具有高层性　虽然战略的执行需要企业上下层管理者和全体员工的参与和支持，但企业的最高层管理人员介入战略决策是非常重要的。这不仅是由于他们能够统观企业全局，了解企业的全面情况，而且更重要的是他们具有对战略实施所需资源进行分配的权力。

（3）战略管理具有统筹性　战略管理需要安排企业的所有资源配置，包括对人力资源、实体财产和资金等的安排，或者在企业内部进行调整，或者从企业外部筹集，进行统筹规划，合理配置。

（4）战略管理具有长远性　在迅速变化和具有竞争性的环境中，企业要取得成功必须对未来的变化采取预应性的措施，这就需要企业做出长期性的战略计划，通常情况下，以三年、五年、十年甚至更长时间作为战略周期。

（5）战略管理具有系统性　企业存在于一个开放的系统中，要使自己占据有利地位并取得竞争优势，除了考虑诸如组织、人事、目标等各种内部因素，更要考虑外部环境中的诸多因素，包括竞争者、供应链、合作伙伴、政府、银行、客户等，以使企业的行为适应不断变化中的外部力量。

三、企业战略的层次

战略在企业中可分为不同的层次，这种层次的划分不仅与管理的层次相对应，而且与企业利润的来源有关。企业战略分为三个层次，如图 1－2 所示。

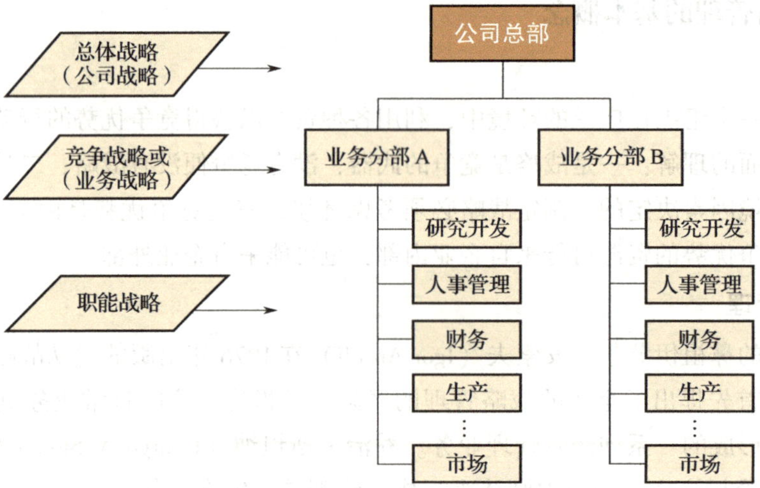

图 1－2　企业战略的三个层次

1）第一层次是总体战略，又称公司战略。它是企业最高层次的战略，主要关注企业最有可能赢利的经营领域，决定重大资源配置，以便取得高过总体竞争水平的产业平均利润。

2）第二层次是竞争战略或业务战略。它是决定如何在选定的经营领域与竞争者竞争的战略，涉及如何建立持久的竞争优势，如何配置企业价值链，如何在不同的部门之间协调和分配资源等。

3）第三层次是职能战略。它是在竞争或业务战略指导下各职能部门进行的各项业务活动战略，如研究开发战略、人力资源管理战略、财务战略、生产战略及市场战略等。

第二节　战略分析

知己知彼者，百战不殆；不知彼而知己，一胜一负；不知彼，不知己，每战必殆。战略分析就是对战略环境进行剖析的一些思路和方法，它不仅能为合理的战略选择奠定基础，而且能为战略的实施提供有价值的参考信息。目前存在很多种战略分析方法，下面是常用的三种方法。

1. 宏观环境分析

宏观环境分析也称 PEST 分析，是由哈佛经济学教授弗朗西斯·阿吉拉尔（Francis J. Aguilar）最早于 1967 年提出，其中，P 是政治（Politics）、E 是经济（Economy）、S 是社会（Society）、T 是技术（Technology）。任何企业和组织都处于由一定的社会、政治、经济、文化、技术和生态等组成的外部环境因素中，这些环境因素对企业的生存和发展起着至关重要的作用。环境因素是非常复杂的，下面仅列出对企业可能产生重要影响的环境因素及其产生影响的方式，如图 1-3 所示。

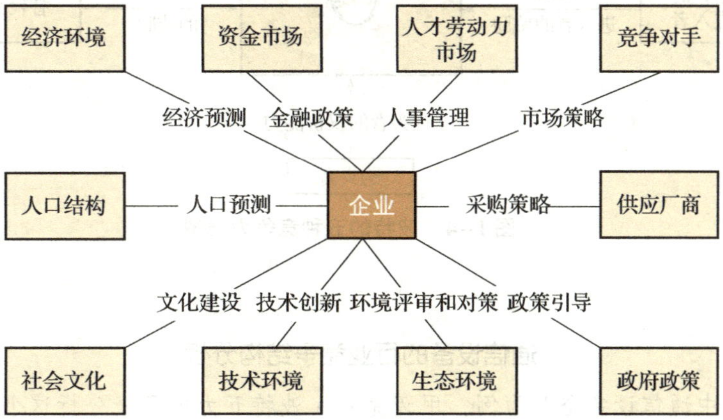

图 1-3　一般环境因素及其产生影响的方式

企业对环境的理解和分析，可推断出新的机会和威胁，进而预测企业未来的发展。如果企业所面对的环境相对简单而稳定（静止），就可以对组织环境的历史进行详细分析，也可基于历史趋势对未来做出预测，通过借鉴过去成功的经验做出可靠的决策，但突发事件除外；如果组织处于一种动态多变的环境下，管理者应对未来变化就要保持高度敏感性。

2. 产业竞争结构分析

企业总体战略决定选择经营什么产业或者在已经经营的各个产业中如何分配资源，决策的关键问题在于确定产业的获利性。产业的获利性是最能说明上述问题的经济指标，为此，需要弄清楚产业获利性的决定因素是什么。理论与实践经验表明，获利性是由竞争程度决定的，而竞争程度又由产业结构决定。因此，通过对产业结构的分析就可以对一个产业未来的获利性做出预测。

对产业结构及其竞争态势进行分析诊断的基本框架，是由哈佛大学的迈克尔·波特于 20 世纪 80 年代提出来的竞争结构分析模型，又称五种竞争力模型，如图 1-4 所示。他认为行业中存在着决定竞争规模和程度的五种力量，分别是同行业内现有竞争者的威胁、潜在进入者的威胁、替代品或服务的威胁、供应者的议价能力、购买者的议价能力。

这种竞争力模型表现出，一个产业的投资收益率取决于该产业的五种竞争压力：三种“水平”竞争压力——替代品的威胁、潜在的进入者、现有的竞争者；两种“垂直”竞争压力——供应者和购买者的议价能力。这五种竞争压力能够决定产业的获利能力，它们会影响产品的价格、成本与必要的投资，也决定了产业结构。企业如果想拥有长期的获利能力，就必须先了解所处产业的结构，即五种竞争力，并塑造对企业有利的产业结构。

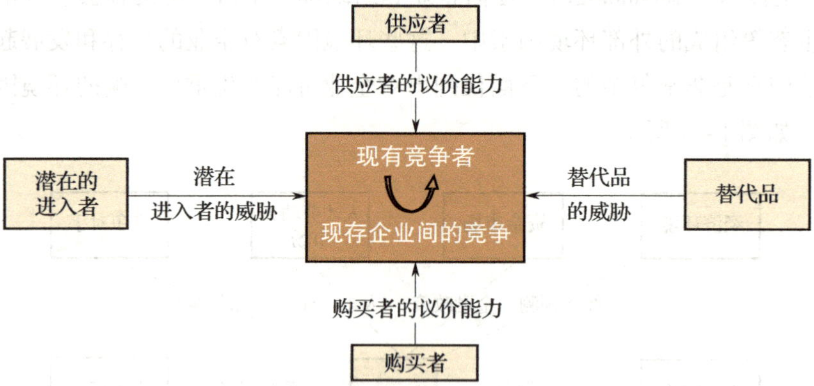

图 1-4　波特的五种竞争力模型

案例

通信设备的行业竞争结构分析

以通信产业中通信设备企业为例，用迈克尔·波特五力模型来分析这个行业中的各种竞争关系，帮助企业制定企业总体战略和市场、产品等战略。框架图如图 1-5 所示。

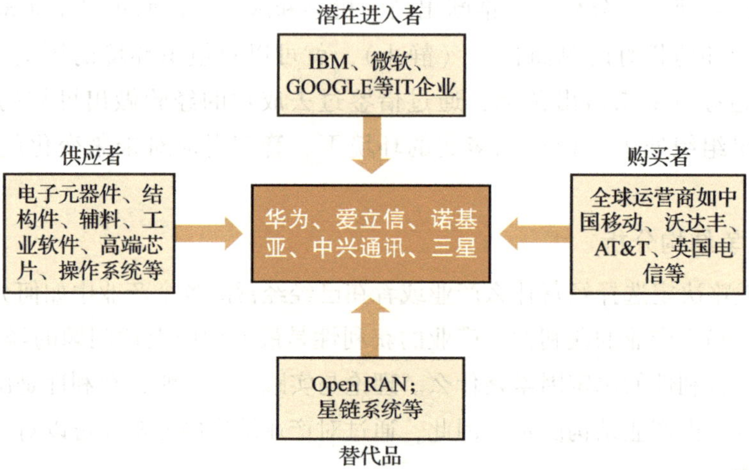

图 1-5　通信设备企业的五力模型

（1）同行业竞争者的竞争关系　通信设备这个行业的竞争关系主要来自当前全球的 5 家主流企业，分别是华为、爱立信、诺基亚、中兴通讯和三星，而且集中度还在进一步提高。电信行业现在已经进入一个稳定的发展过程，企业间的竞争在加剧，基本上是此消彼长的过程，哪家企业的竞争力上升了，其市场占有率就会提升。

(2) 供应者的议价能力　通信设备行业中的主流企业基本上都是销售额超过上千亿元人民币以上的大公司，因此，对上游的企业有较强的谈判能力。例如机械件的加工和采购、一般电子元器件的采购、各种产品的辅料等供应商，谈判能力就较弱。而对于一些全球只有1~2家企业才能供应的芯片、工业软件以及操作系统等，如5G基站中的射频器件、EDA软件、微软操作系统等供应商，就具有很强的谈判能力。

(3) 客户的议价能力　以通信设备企业的电信产品为例，由于全球的主流通信设备企业数量少，因此，通信设备企业对于大多数客户，尤其是中小型客户，其谈判能力比较强，是典型的"乙方强势，甲方弱势"，但是对于大型运营商客户而言，客户的谈判能力则比较强，如中国移动、沃达丰、AT&T等全球性知名运营商。

(4) 潜在进入者的威胁能力　通信设备行业是一个门槛非常高的行业，主要体现在：要遵循标准组织如3GPP (3rd Generation Partnership Project，第三代合作伙伴计划)、ITU (International Telecommunication Union，国际电信联盟) 等的各种标准、技术门槛非常高、资金要求高、人才密度要求高等方面。这么高的门槛，挡住了大量企业的进入。从2000年以来，大量的通信设备企业在激烈的竞争中退出了这个行业，如摩托罗拉、北电网络、朗讯等曾经的巨无霸企业或倒闭或被并购，形成了今天全球"五大巨头"的格局，依次为华为、诺基亚、爱立信、中兴、三星。

(5) 替代品的威胁能力　目前电信产品的架构采用的是RAN (Radio Access Network) 架构，也称为无线接入网架构，主要的功能就是控制用户的通信设备通过无线接入到移动通信网络中来。这几十年电信网络发展都是基于RAN架构在不断地演进，例如从2G到3G、4G再到现在的5G。最近几年，由一些运营商如AT&T、沃达丰等成立了Open RAN (开放式RAN) 联盟组织，试图替代现有的RAN架构，对现有的电信产品"五大巨头"进行颠覆式竞争，从目前的竞争来看，暂时没有优势。

此外，马斯克的"星链系统"采用的是卫星通信的架构，对RAN架构也是一种颠覆，但由于卫星通信本身的局限性，只能作为RAN架构的一种补充，难以实现对RAN架构的替代。

(资料来源：https://www.cecon line.com/strategy/ma/8800117677/01/)

3. SWOT分析

SWOT是一种常用的战略制定工具，是哈佛商学院的肯尼斯·安德鲁斯 (Kenneth R. Andrews) 于1971年在其《公司战略概念》一书中首次提出。SWOT四个英文字母分别代表优势 (Strength)、劣势 (Weakness)、机会 (Opportunity)、威胁 (Threat)。从整体上看，SWOT可以分为两部分：第一部分为SW，主要用来分析内部环境；第二部分为OT，主要用来分析外部环境。SWOT分析就是一种对企业内部的优势、劣势和外部的机会、威胁进行综合分析，据此对备选的战略方案做出系统的评价，最终选出适宜的战略的方法。表1-1列出了确定企业优势、劣势、机会、威胁时应该考虑的主要因素。

表 1-1 确定企业优势、劣势、机会、威胁应该考虑的因素

潜在资源优势和能力优势	潜在资源劣势和能力劣势
▲ 战略强大，有关键领域内的能力和专门技术的支持 ▲ 财务资源强大，有足够的财物资源来发展业务 ▲ 品牌知名度/企业声誉很高 ▲ 被公认为市场领导者，有忠实的客户群 ▲ 能够利用规模经济和经验曲线效应 ▲ 专有技术、重要专利和卓越的技术能力 ▲ 成本优势 ▲ 强大的广告和促销能力 ▲ 产品革新能力 ▲ 改善产品生产工艺的卓越能力 ▲ 有着良好客户服务的声誉 ▲ 产品质量比竞争对手优越 ▲ 很好的地域覆盖能力和分销能力 ▲ 同其他企业建立了战略联盟/合作伙伴关系	▲ 没有明显的战略方向 ▲ 生产设施陈旧、过时 ▲ 资产负债率高，债务负担过重 ▲ 同主要竞争对手相比，整体单位成本很高 ▲ 一些关键的技能或能力正在丧失 ▲ 企业盈利水平低于平均水平 ▲ 为内部的经营问题困扰 ▲ 在研究与开发方面落后 ▲ 同竞争对手相比，产品线过于狭窄 ▲ 企业的声誉与品牌知名度很低 ▲ 特约经销商或分销商网络比竞争对手弱 ▲ 缺乏为有前途的战略行动提供资金的财务资源 ▲ 工厂生产能力利用不足 ▲ 产品质量落后
企业所面临的潜在机会	**危及企业利益的潜在威胁**
▲ 客户群扩大，业务进入新的地域市场、产品细分市场 ▲ 可扩大产品线的宽度，为更大客户群服务 ▲ 将企业的技术诀窍或能力转移到新产品或新业务中 ▲ 前向或后向整合 ▲ 有吸引力的市场的进入障碍正在降低 ▲ 出现了从竞争对手处获得市场份额的机会 ▲ 市场需求增长势头强劲，可以快速扩张 ▲ 购并竞争对手 ▲ 建立的战略联盟/合作伙伴扩大了企业的地理覆盖面和竞争能力 ▲ 有机会充分利用新技术 ▲ 出现了向其他地理区域扩展企业声誉或品牌的机会	▲ 出现强大的新竞争对手 ▲ 替代品抢占企业的市场份额 ▲ 市场增长率下降 ▲ 外汇汇率和外国政府贸易政策发生不利变动 ▲ 有关部门采取的管理措施会使企业付出很大的代价 ▲ 很容易受到经济萧条和业务周期的冲击 ▲ 客户或供应商的谈判能力提高 ▲ 购买者需求和品位朝偏离行业的方向变动 ▲ 不利的人口特征变动 ▲ 容易受到行业驱动因素的冲击

（资料来源：汤姆森，斯迪克兰德．战略管理：概念与案例［M］．10 版．北京：北京大学出版社，1998 年．）

第三节 战略选择

凡战者，以正合，以奇胜。说明战略选择是战略管理的核心内容。这一部分主要包括两个方面，一方面是组织目标，是企业战略需要解决的首要问题；另一方面是战略架构，是企业所选择的战略方案。

一、组织目标

1. 组织使命

一个企业的使命包括两个方面的内容，即组织哲学和组织宗旨。所谓组织哲学，是指组织为其经营业务的方式规定出价值观、信念和指导原则。国际上成功企业的组织哲学往往是不变的，如世界著名的国际商用机器（IBM）公司的组织哲学包括：一是尊重个人；二是希望在世界上的所有企业中，给予顾客最好的服务；三是一个组织应该树立一个信念，即所有工作任务都能以卓越的方式去完成。

所谓组织宗旨，是指规定组织去执行或打算执行的活动，以及现在的或期望的组织类型。要确定一个组织的宗旨，就得首先确定它现有的和潜在的顾客。在决定组织宗旨时，需要考虑的问题是，组织的经营业务是否适当？是否应改变经营业务？相对于组织哲学，组织宗旨往往是需要经常变动的，如福特汽车的宗旨是让每个人都用得起汽车。

2. 组织目标的划分

企业往往把组织目标划分为长期目标、中期目标和短期目标，但在时间上的划分并不是绝对的。

1）长期目标必须支持组织的使命，给组织的活动指明一个具体的前进方向和奋斗目标，一般是3~5年或5年以上的计划。

2）中期目标是把企业提出的长期目标基本任务进行划分，使之具体化，便于付诸施行，一般是1~3年或3年以上的计划。例如某一企业的长期目标规定，在今后10年内争取产值和利润翻两番；中期目标是要把翻两番的基本任务划分为生产设备增加或更新多少，职工要增加多少，管理要有哪些方面的改进，劳动生产率要提高多少，要开辟哪些原料和市场基地等。

3）短期目标是执行性目标，时限常在1年以内，是管理者用来实现组织长期目标的基础。如下一年使利润增长6%；本年度内使会员增加12%等。

3. 组织愿景

愿景就是要解决“企业是什么，要成为什么”的基本问题。如华为技术有限公司的愿景是“把数字世界带入每个人、每个家庭、每个组织，构建万物互联的智能世界”。

随着学习型组织理论在西方国家中的盛行，一种新的组织目标——共同愿景也逐渐流行开来。共同愿景的建立是把管理者个人的愿景转化为能够鼓舞组织的共同愿景，实际上是一个整合的过程。共同愿景促使组织形成共同的方向和目标，具体包括：组织的方向；所追求的价值观的实现；目标达成的状态；未来成果的约定。

二、战略架构

战略架构是在企业使命和战略目标统领之下的全局性、长远性和整体性的战略规划，是对企业发展的系统思考，关系到整个企业的兴衰成败。战略架构包括一般竞争战略、行动战略以及战略实现途径的选择三个方面，如图1-6所示。

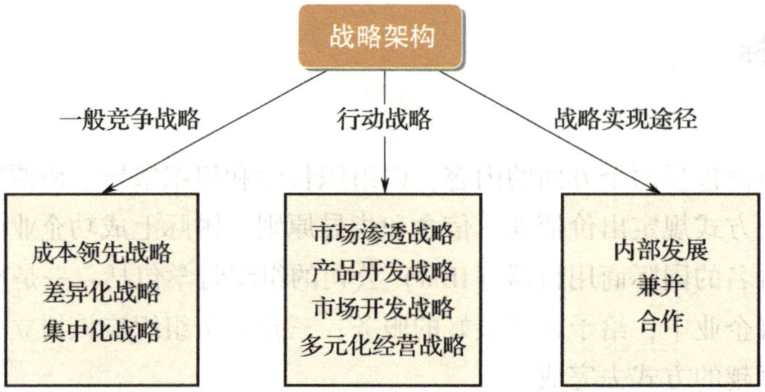

图 1-6　战略架构图

（资料来源：和金生. 企业战略管理［M］. 天津：天津大学出版社，1994 年.）

1. 一般竞争战略

一般竞争战略思想的基本观点是：竞争优势是一切战略的核心。迈克尔·波特认为，能够给企业带来成功机会的三种基本竞争战略是：成本领先战略、差异化战略和集中化战略，其中成本领先战略是构建竞争优势的基础。

（1）成本领先战略　成本领先战略是指一家企业以力争使其总成本降到行业最低水平，作为战胜竞争对手的基本前提条件。采用成本领先战略，核心是争取最大的市场份额，通过规模效益的显现使单位生产成本和营销成本最低，从而以较低的售价赢得竞争优势和市场占有率。

成本领先战略目标的实现，要求企业具有良好的融资渠道，能够保证资本持续不断地投入；产品便于制造，便于实现大规模生产和规模效益；企业在生产和营销等领域具有较高的技术水平和管理能力，以保证各环节成本的节约。同时，企业还需要在技术、设备、员工素质、生产效率、成本控制和组织体系等各方面具有严格的保证措施和激励制度，以保证最大限度降低成本目标的实现。

成本领先战略并不等同于价格最低。如果企业陷入价格最低，而成本并非最低的误区，换来的只能是把自己推入无休止的价格战中。因为，企业一旦降价，竞争对手也会随着降价，而且由于竞争对手的成本比自己成本更低，因此具有更多的降价空间，能够支撑更长时间的价格战。

案例

效率为王，成本至上——春秋航空的成本领先战略

2020 年的航空业受到了巨大影响，国内几家大型航空企业也遭受重创。据财务报告显示，2021 年，中国国航亏损达 188.3 亿元、南方航空亏损达 110.1 亿元、中国东航亏损达 132.8 亿元。而原本夹在这些企业中间“默默无闻”的春秋航空却实现了盈利。春秋航空成立于 2004 年，是首批民营资本独资运营的航空公司，也是首个由旅行社起家的低成本航空公司。

其成功的做法是低成本领先战略。主要做法：①采用一种机型，公司全部飞机为空客 A320 系列飞机，降低飞机购买、租赁、后续维修、养护等成本，同时降低了飞行员、机务人员的培训复杂度；②设计单一舱位，公司飞机不设置头等舱、公务舱，只设置经济舱，相比于传统两舱布局的A320飞机，春秋航空的单机可用座位数要高15%~20%；③采取电子商务直销机票，代理费用保持在极低水平，销售费用远低于同业平均水平；④降低日常管理费用，利用第三方服务商在各地机场的资源与服务，通过严格的预算管理、费控管理和科学的绩效考核及人机比的合理控制，降低人力成本及日常费用。

（资料来源：施博文. 春秋航空成本领先战略研究［D］. 石河子：石河子大学，2023.）

（2）差异化战略　其基本思路就是力求在产品设计、工艺、品牌、特征、款式、产品诉求和服务等不同领域，与竞争对手具有明显的区别和独到之处。从本质上讲，差异化战略是为了让企业的产品、服务与市场上同类产品、服务进行区分，通过这种方式降低产品、服务的可替代性，并增强它们的可垄断性，可以不通过降价等方式寻求与其他企业之间的竞争，从而获得更高的利润。所以，各大企业在现代化竞争中越来越重视差异化战略的应用。

差异化战略的有效实施，需要企业在市场营销、研究与开发、技术工艺设计等领域具有较强的实力和较好的企业形象和声誉。主要实施途径有产品差异化、品牌差异化、服务差异化、渠道差异化、人员差异化等。

相对于成本领先战略，差异化战略在一般企业中的可行性会更大些，企业在产品的某些方面突出和塑造差异化的难度要远远小于企业总成本的降低。

案例

打造“高端零食”，差异化竞争打破同质低价困局

良品铺子于2006年8月在武汉成立，十几年来深耕华中，辐射全国。公司以“良品铺子”为核心品牌，主要产品包括肉类零食、坚果炒货、糖果糕点、果干果脯、素食山珍等多个品类、1000余种产品组合。2018年9月，公司经过多方研究最终选择“高端零食”作为未来十年的战略发展方向，明确了未来三年良品铺子要实现“良品铺子=高端零食”的战略目标，是行业内首家正式将“高端零食”定义为品牌战略和企业战略的企业。

“高端”即高品质、高颜值、高体验和精神层面的满足，主张“细分”，从不同消费群体进行市场细分、产品细分，精准满足不同客群消费需求，打造差异化战略。为此，良品铺子成立专业产品研发团队，与第三方研发单位在产品包装、产品口味、产品营养等方面进行专业性的突破与合作，不断探索产品品类、工艺及口味特点，以满足消费者不断变化的消费需求。公司每年研发近400款新产品，只保留其中10%品质和市场表现最好的产品，对其他新品快速地进行淘汰或迭代升级。

（资料来源：https://baijiahao.baidu.com/s?id=1678984980374619290）

（3）集中化战略　以上两种战略，不管是成本领先战略还是差异化战略，都需要企业具有相对较强的综合实力和优势，都是着眼于整个市场、整个行业。对于实力较弱的中小型企业，或者是刚刚进入某产业的新兴企业，要想在整个市场领域中实现成本领先或者差异化，一般都具有较大的难度。因此，中小型企业选择重点进攻、专攻一点的集中化战略，即在某一相对集中的狭小市场领域中进行重点进攻，更具有可行性。

集中化战略的风险在于，如果局部市场出现需求变化，或受外界宏观不可控因素影响而

出现大的波动，或者有强大的竞争对手加入，则企业可能面临严重的危机，并陷入困境，这其实就是所谓的“把鸡蛋放在一个篮子里”。

三种不同的战略类型并不是完全对立的，企业也可以根据自身企业的特殊性，发展这三种基本战略，采取更加灵活、更具有适应性的具体战略模式，适应企业、市场和竞争的需要。

案例

特种绳缆制造方——青岛海丽雅集团有限公司

一根绳缆，让海丽雅站上了中国特种绳缆的高峰。这根绳索，不仅能上天，解决降落伞和天问一号的连接问题，帮助天问一号穿越“黑色7分钟”，安全落地；还能入海，在“蛟龙号”下潜7000米深度时，一旦需要就可以立即把它拽上来，堪称“救命之绳”。上天、入海，掌握“独门绝技”的海丽雅把一根绳子做到极致，并创下了中国绳缆界的“四个第一”，即：“中国深度”“中国精度”“中国温度”“中国强度”，有“中国绳王”之美誉。

海丽雅创立于1922年，开启扎头绳国产化制造的先河。企业走过百年，也经历过“死亡之吻”，它在变与不变之间寻找平衡，既能做到坚守，又能做到应变。海丽雅集团有限公司董事长张旭明介绍：“20世纪90年代，海丽雅曾经遍地开花，什么业务都做，后来发现必须聚焦，关、停、并、转了9个与主业无关的子公司。最终聚焦主业，进军绳缆。”秉持“专精特新”深耕精神，历经百年风雨，如今的海丽雅集团有限公司已成为以海洋装备产业、安全应急产业等板块为主体的国家高新技术企业。

（资料来源：http://www.qingdaohk.com/newsshow-17-858-1.html）

2. 行动战略

企业确立了一般竞争战略后，就要选择行动战略，由战略管理的鼻祖伊戈尔·安索夫（Igor Ansoff）于1957年提出。他以产品和市场作为两大分类依据，区别出四种产品/市场组合和相对应的战略方式，如图1-7所示。

	现有产品	新产品
现有市场	市场渗透战略	产品开发战略
新市场	市场开发战略	多元化经营战略

图1-7　行动战略

（1）市场渗透战略　市场渗透战略是指增加现有产品在现有市场上的销售量，从而提高市场份额，是一个稳扎稳打、步步为营的策略。企业一般可以通过以下途径实现市场渗透：

1）鼓励老顾客增加现有产品的使用数量和使用频率。

2）开拓现有产品的新用途。

3）通过降价或广告等促销手段为现有产品争取新的顾客。

4）改善对顾客服务。

5）加强广告、营业推广和人员推销等活动。

企业运用这种策略时，必须深入了解目标市场各种顾客的需求，采取各种促销手段争取客户，有效地出售产品或服务。

（2）产品开发战略　产品开发战略是以产品或服务的更新换代来维持和提高市场占有

率的战略类型，要求企业为现有市场开发新产品，或者是通过产品差异化设计一种在用户看来与现有产品不同的新产品。

案例

周黑鸭："单手吃虾"背后的企业创新之路

周黑鸭国际控股有限公司（以下简称周黑鸭），是一家专门从事休闲熟卤制品生产、营销及零售的企业，主营业务为卤鸭、鸭副产品、卤制红肉、卤制蔬菜、卤制家禽及水产类等其他产品。2022年，周黑鸭上线了"单手吃虾、一嗦脱壳"的虾球，主张"吃虾不再需要两只手，一只手就可以，就像嗑瓜子一样方便"，一上市就解决了吃货们怕麻烦的痛点。

在社交平台上，单手吃虾的话题播放量达3.9亿次。小龙虾虾球迎来了高光时刻，创下了单月最高销量突破100万盒的纪录，全年小龙虾虾球终端零售额超人民币2.3亿元。

在产品创新之后，周黑鸭察觉到，消费者们的口味需求也在改变。"2022年，通过盲测发现，很多消费者说想吃周黑鸭但是觉得产品太辣。"2023年初，周黑鸭推出了相当友好的微辣系列口味，覆盖了大量不太能吃辣的主流消费人群。

（资料来源：https://baijiahao.baidu.com/s?id=1770450348127416924&wfr:spider&for=pc）

产品开发战略实现途径主要是改进原有产品和产品功能或发展产品的新规格、新式样等，促进产品销售，扩大产品销路。其实质，一是提高单位产品的价值，二是缩短产品的生命周期，加快产品更新换代速度，以适应市场发展和消费者需求变化的需要。

（3）市场开发战略　市场开发战略主要是将现有市场中占有率已经趋于饱和的现有产品在新市场中寻找新的发展空间，通过营销努力增加现有产品在新市场中的销售量，使原有产品获得更大的发展空间，延长产品的生命周期，获得长期的企业利润。

如尼龙原来只是美国杜邦公司生产的一种军需品，主要功能是制造降落伞。但是在和平时期，军用降落伞的生产量和需求量毕竟有限，于是尼龙就被应用到其他民用领域。首先产生了尼龙丝袜、尼龙衬衫等产品，现在尼龙又被用到了汽车轮胎的生产中。这都属于尼龙产品在不同新市场中扩张的结果。

企业可以采用以下途径实现市场开发战略的目标。

1）将现有产品销售到新市场。

2）发现产品的新用途，开拓新的细分市场。

3）采用新的分销途径和开拓新的用户。

（4）多元化经营战略　企业在发展壮大的过程中，走产品多元化的道路，开拓新的产品和市场领域，是一种必然选择，企业要想在规模和业绩上有大的发展，多元化成为一条必然之路。

多元化战略也称为多角化战略，是指企业在保持现有产品和市场的同时，朝着其他方向进行的开发。多元化一般分为两大类，即相关多元化和复合多元化。

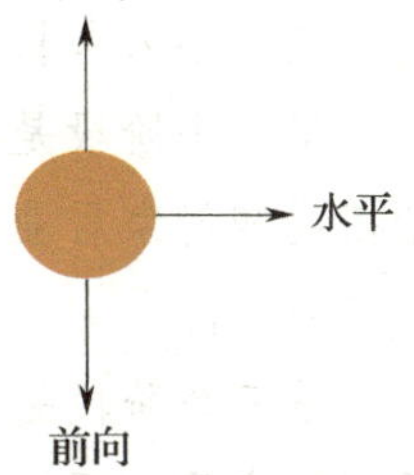

图1-8　相关多元化

1）相关多元化是指企业保持现有产品和市场的同时，在本产品范围内进行的多元化发展。可将其分为垂直多元化和水平多元化，如图1-8所示。

①垂直多元化又分为前向多元化和后向多元化。前向多元化是指将企业的价值链进一步向前延伸，在输出部分的多元化，开展诸如运输、分销、维修和服务等活动。前向多元化可以使企业直接进入销售渠道，降低销售渠道拥有的议价能力，有助于企业直接获取市场信息，获取顾客的购买趋势及市场的竞争发展态势等一手资料，更有利于制定企业发展战略。后向多元化是指企业的价值链进一步反向延伸，在输入部分的多元化，例如将原材料、设备、劳动力等属于企业后勤的组成部分进行多元化，可以削弱供应商的议价能力，保证原材料等的充分供应，更有利于企业获取竞争优势。

②水平多元化是指围绕现有产品开发多种更具竞争力的新产品，作为对现有产品的替代或补充。如照相馆从原来单纯的照相业务扩展到租赁服装或销售照相器材。

2）复合多元化又称无关多元化，是指企业在保持现有产品和市场的同时，在本产品范围以外进行的多元化发展。从表面上看，这种多元化与现有产品或是市场没有明显的联系，如娃哈哈由生产液体饮料扩展到儿童服装领域。进行复合多元化的最主要的目的是使企业产生协同作用，即多种产品的互补和多方面市场活动的互补。

企业实施多元化战略有四个好处：一是减少企业承担的经营风险；二是充分利用企业的剩余生产能力；三是综合、有效利用企业资源；四是节约企业生产经费。

企业在运用产品多元化战略时，应该注意三个问题：一是多元化经营要以一定的经济实力为基础；二是企业要控制多元化的程度；三是多元化经营必须和集中经营相结合。

案例

小米的多元化发展战略

近年来，越来越多的中国上市企业选择多元化经营，特别是随着科学技术的革新和发展，互联网行业整体上也呈现出多元化程度逐步上升的趋势。

由于行业知识难以迁移使用、多市场经营行业壁垒与技术壁垒的存在等，使创新性科技企业多元化经营相较单一市场经营研发投入更多、经营风险更大，企业更难达到稳健经营的目的。小米作为中国创新型科技企业的领军者，成功实施了多元化战略。其多元化发展主要分为三个阶段。

第一个阶段是从2013年开始，小米先后开发了小米盒子、小米充电宝、小米路由器等，主要是手机相关的配件，这些产品在上市之初就受到消费者的青睐，取得开门红的好成绩，这也激励小米坚持多元化之路。

第二个阶段是从2014年开始，小米正式开启了多元化，即向消费物联网领域进军，开始拓展智能家居业务。小米通过投资有潜力的企业，实现产品开发的协同，进一步扩充了小米产品矩阵。

第三个阶段是从2015年开始，小米正式跨入互联网服务业务，并推出消费金融和商业保理等产品。同时小米利用MIUI平台开展一系列广泛的互联网应用服务，创新性地让消费者参与手机操作系统的开发和改善中。

2017年小米致力于线下零售小米之家的门店扩张，为消费者提供更好的用户体验和服务。2018 年，小米于港交所正式上市。2019 年，小米被《财富》杂志纳入世界500 强，成为有史以来榜单中最年轻的企业之一。

2021 年小米宣布智能汽车业务正式立项，它采用独资模式，成立一家智能电动汽车全资子公司，拒绝外来投资。小米计划未来十年投资100 亿美元完成“小米造车”。

小米多元化战略的成功经验，主要表现为保持关键资源能力。小米对产业链的各个环节进行优势布局与资源整合，构建了良好的商业生态体系，这是小米的盈利能力一直维持在较高水平的重要原因。关键是小米在实施多元化战略过程中并未放弃自身的核心产业——智能手机，而是进一步围绕智能手机业务，进行周边产品相关多元化发展。各产品间形成牢不可破的内在联系，客户忠诚度、协同效益都能得到增强，进而提高了企业的经营效益。

（资料来源：王培森. 小米集团多元化经营动因及财务绩效研究［D］. 蚌埠：安徽财经大学，2023.）

3. 战略实现途径

战略实现途径可分为三种形式，即内部发展、兼并和合作。选择哪一种战略实现方法不仅取决于企业的内部与外部环境，还取决于决策者个人的态度。

（1）内部发展　对许多企业来讲，在创业初期，他们大多采用内部发展的方法实现自己的战略目标。因为内部发展可以使企业避免对其他企业的依赖，能够不断提高自己的技术实力和开发出独特的产品；能够尽量减少新举措对企业正常秩序造成混乱；能够避免因兼并或合并等行为对企业造成的损害。但由于内部发展会导致成本提高等不利因素出现，所以许多企业如果不选择外部合作伙伴很难通过内部发展谋求进步。

（2）兼并　兼并含有吞并、吸收、合并之意，是指两家或更多的独立企业合并成一家企业，通常占优势的一方吸收一家或更多的企业。

1）兼并的方法主要有：一是可用现金或证券购买其他企业的资产；二是购买其他企业的股份或股票；三是对其他企业股东发行新的股票以换取其所持有的股权，从而取得其他企业的资产和负债。

2）兼并的形式主要有：一是横向兼并，双方企业在同一市场生产相同的产品；二是扩大市场的兼并，被兼并企业在不同市场生产相同的产品；三是纵向兼并，被兼并的企业成为兼并企业的供应者或消费者。如果被兼并企业与兼并企业的原有业务无关，则新企业就成为跨行业企业。

3）企业采取兼并策略的好处有：一是可以迅速打入一个新的产品或市场领域；二是可以利用外部的研发力量或某种特殊的生产系统或资源，提高本企业的竞争实力；三是可以给企业带来成本上的领先优势；四是可以低价购买资产，然后再根据自身情况进行资产整合、优化，从中获得差额利润。

兼并的优点很多，但也存在不可避免的缺陷，最主要的缺陷就是经过合并后的双方能否相互融合，真正成为一个整体。

（3）合作　企业合作是指不同的企业之间通过协议或其他联合方式共同开发产品或市场，共享利益，以获取整体优势的经营活动。当今具有代表性的企业间合作形式有：企业合作网络、战略联盟、供需链管理、企业集团、业务外包、虚拟企业等。

1）企业合作网络就是将企业和经济组织间相互依赖的活动关系看作是一种企业网络，而各种从事这类活动的经济行为者就是网络中的节点。

2）战略联盟又称策略联盟，它是两个乃至多个企业或经济组织之间为了达到某种战略目的，通过某种契约或者部分股权关系而形成的一种合作形式。

3）供需链管理是对一个企业与其供应商、供应商的供应商，以此类推依次向前直到最初的供应商，以及与其销售商、销售商的销售商，以此类推依次向后直到最终用户之间的关系网链的管理。

4）企业集团。企业集团是多个法人企业通过一定纽带，具有多个层次的，并允许跨行业、跨部门、跨所有制、跨国所组成的大型经济联合组织。

5）业务外包是指如果企业在价值链的某一环节上无法做到行业领先，如果这又不是企业的核心竞争优势，且这种活动不至于把企业同客户分开，那么企业应当把某环节的工作外包给行业中领先的专业企业去做。

6）虚拟企业是指在有限资源的条件下，为取得最大的竞争优势，企业以自己拥有的优势产品或品牌为中心，由若干规模各异、拥有专长的小型企业或车间，通过信息网络和快速运输系统连接起来而组成的开放式组织形式。

案例

吉利跨国并购之路

浙江吉利控股集团（以下简称“吉利”）始建于1986年，1997年进入汽车行业，连续11年进入《财富》杂志世界500强（2022年排名229位），是全球汽车品牌组合价值排名前十中唯一的中国汽车集团。

2010年，吉利从福特汽车公司收购了沃尔沃汽车，但并不被外界看好。在收购11年之后，即2021年10月29日，沃尔沃汽车在瑞典斯德哥尔摩IPO上市，为10年前的这桩跨国收购画上了一个阶段性的完美句号。

吉利顺利完成对沃尔沃汽车的收购和整合，有两个至关重要的因素起了决定性作用：一是董事长李书福提出要将中国作为沃尔沃汽车的“第二本土市场”来建设和发展的战略；二是李书福提出吉利对沃尔沃汽车的管理实行“放虎归山”的战略，即一方面尊重沃尔沃汽车原有的管理、技术创新能力及其全球运营，另一方面不断探索实现双方深度协同的方式。

哈佛大学商学院的战略管理教授菲利克斯·奥伯霍尔策－吉（Felix Oberholzer-Gee）评价吉利收购沃尔沃汽车的案例时说：“沃尔沃汽车拥有品牌，并且掌握技术，似乎万事俱备，但却没有一个好老板，沃尔沃汽车就是因为此问题陷入困境的，这很棘手。吉利带来了资本、带来了资产融资，这些是沃尔沃汽车的救命稻草，吉利拯救了沃尔沃汽车并让它运转起来。”

（资料来源：胡杨. 吉利沃尔沃：从收购整合到融合创新［J］. 国企，2021（23）：63—64）

第四节 战略实施

选择好合适的战略，战略管理活动的重点就从战略选择转移到了战略实施阶段。所谓战略实施，就是执行达到战略目标的战略计划，是将战略付诸实际行动的过程。哈佛大学商学院教授罗伯特·卡普兰（Robert S. Kaplan）指出，好的战略加上差的执行，几乎没有胜算；差的战略加上好的执行，或许可能成功。因此，再好的战略也必须认真贯彻和实施。

一、战略实施过程

在战略的实施过程中，有三个相互联系的阶段，即战略发动阶段、战略计划阶段、战略运作阶段。

1. 战略发动阶段

战略的实施是一个发动广大员工的过程。在这一阶段，企业的领导人要向广大员工讲清楚企业内外环境的变化给企业带来的机遇和挑战，旧战略存在的各种弊病，新战略的优点以及存在的风险等，使大多数员工能够认清形势，认识到实施战略的必要性和迫切性，树立信心，打消疑虑，为实现新战略的美好前途而努力奋斗。在发动员工的过程中，要努力争取战略的关键执行人员的理解和支持，企业的领导人要考虑机构和人员的人事调整问题，以扫清战略实施的障碍。

2. 战略计划阶段

战略计划阶段包括六个方面的内容。

（1）对企业总体战略的说明　①什么是企业总体经营战略，包括总体战略目标和实现总体战略的方针政策；②为什么做这些选择；③实现此战略将会给企业带来什么样的重大发展机遇。企业总体战略应是概括性的和非限制性的。

（2）企业分阶段目标　将企业战略分解为几个战略实施阶段，包括每个分阶段的目标、相应的政策措施、部门策略以及方针等，并明确分阶段目标的时间表。对远期阶段的目标方针可以概括一些，对于近期阶段的目标方针应该尽量详细一些。

（3）企业的行动计划和项目　行动计划是组织为实施其战略而进行的一系列重组资源活动的汇总，根据具体的项目来实施。

（4）企业的资源配置　对各种行动计划的资源配置的优先程度应在战略计划系统中得到明确规定。所有必要的资源，在尽可能的情况下应折算为货币价值，并以预算和财务计划的方式来表达。

（5）企业的组织保证及战略子系统的相互协调　为了实现企业的战略目标，必须有相应的组织结构来适应企业战略发展的需求，且要明确战略各子系统间接口处的管理和控制。

（6）应变计划　为应付各种瞬息万变的环境，企业必须具备较强的环境适应能力，要有相应的应变计划作为保障，并作为整个战略计划系统的一部分。

3. 战略运作阶段

企业战略的实施运作主要考虑六个因素：各级领导人员的素质和价值观念；企业的组织机构；企业文化；资源结构与分配；信息沟通；控制及激励制度。通过这六个因素使战略真正进入到企业的日常生产经营活动中，成为制度化的工作内容。

二、战略实施的基本原则

企业在经营战略的实施过程中，常常会遇到许多在制定战略时未估计到或者不可能完全估计到的问题。因此，在战略实施中要注意三个基本原则，它们可以作为企业实施经营战略时的基本依据。

1. 适度合理性的原则

战略目标具有长期性的特征，在战略的实施过程当中，企业所面临的内外部环境都可能出现变化，而面对这些变化，相应地也需要调整和改变战略目标。在无法准确预知可能出现的复杂变化之前，战略的制定要具有自由拓展度。战略的实现不是机械的执行过程，只要不妨碍总体战略目标的实现，做出某些调整和改变都是可行的。

2. 统一领导、统一指挥的原则

一般来讲，企业的高层领导人员比企业中下层管理人员以及一般员工掌握的信息多，对企业战略各个方面的要求以及相互联系的关系了解得更全面，对战略意图体会最深。因此，战略的实施应当在高层领导的统一领导、统一指挥下进行，才能使企业资源的分配、组织机构的调整、企业文化的建设、信息的沟通及控制、激励制度的建立等各方面相互协调、平衡，确保企业为实现战略目标而卓有成效地运行。

3. 权变原则

企业经营战略的制定是基于一定的环境条件的假设。在战略实施中，事情的发展与原先的假设有所偏离是不可避免的。战略实施的过程就是解决问题的过程，如果企业内外环境发生重大变化，使原定的战略无法实现，就需要把原定的战略进行重大的调整，这就是战略实施的权变问题。权变的观念应当贯穿于战略实施的全过程，即从战略的制定到战略的实施。

第五节　战略控制

战略控制主要是指在企业经营战略的实施过程中，检查企业为达到目标所进行的各项活动的进展情况，评价实施企业战略后的企业绩效，把它与既定的战略目标和绩效标准相比较，发现战略差距，分析产生偏差的原因，纠正偏差，使企业战略的实施更好地与企业当前所处的内外环境、企业目标协调一致，确保企业战略得以实现。根据控制方式所起的作用不同，战略控制可划分为不同类型。

一、从控制时间来看，战略控制分为三种类型

1. 事前控制

在战略实施之前，要制订有效的战略计划，这些计划内容一般是企业制定考核经营活动绩效控制标准的基础。事前控制多用于对重大问题的控制，如任命重要的人员、重大合同的签订、购置重大设备等。由于事前控制是在战略行动成果尚未实现之前，通过预测发现战略行动的结果可能会偏离既定的标准，因此领导者必须对预测因素进行分析与研究。

2. 事后控制

事后控制发生在企业的经营活动之后，即把战略活动的结果与控制标准相比较。这种控制方式的工作重点是要明确战略控制的程序和标准，把日常的控制工作交由职能部门人员去做，即在战略计划部分实施之后，将实施结果与原计划标准相比较，由企业职能部门及各事业部定期向高层领导汇报战略实施结果，由领导者决定是否有必要采取纠正措施。

3. 随时控制

随时控制即过程控制，企业高层领导者要控制企业战略实施中的关键性过程或全过程，随时采取控制措施，纠正实施中产生的偏差，引导企业沿着战略的方向进行经营，这种控制方式主要是对关键性的战略措施进行随时控制。

二、从控制主体的状态来看，战略控制分为两种类型

1. 避免型控制

避免型控制是指采用适当的手段，防止不适当的行为的产生，达到不需要控制的目的。具体手段包括：通过自动化和信息化使工作的稳定性得以保持，按照企业的目标正确地工作；通过与外部组织共担风险减少控制；转移或放弃某项活动，以此来消除有关的控制活动。

2. 开关型控制

开关型控制又称为事中控制或行与不行的控制，即在战略实施的过程中，按照既定的标准检查战略行动，确定行与不行，类似于开关的开与止。开关控制法一般适用于实施过程标准化的战略实施控制，或某些过程标准化的战略实施控制。

三、从控制的切入点来看，战略控制分为五种类型

1. 财务控制

财务控制覆盖面广，是用途极广的非常重要的控制方式，包括预算控制和比率控制。

2. 生产控制

生产控制是对企业产品品种、数量、质量、成本、交货期及服务等方面的控制，可以分为产前控制、过程控制及产后控制等。

3. 销售规模控制

销售规模太小会影响经济效益，太大会占用较多的资金，随即影响经济效益，为此要对销售规模进行控制。

4. 质量控制

质量控制包括对企业工作质量和产品质量的控制。工作质量不仅包括生产工作的质量，还包括领导工作、设计工作、信息工作等一系列非生产工作的质量。因此，质量控制的范围包括生产过程和非生产过程的其他一切控制过程。质量控制是动态的，着眼于事前和未来的质量控制，其难点在于全员质量意识的形成。

5. 成本控制

通过成本控制使各项费用降低到最低水平，达到提高经济效益的目的。成本控制不仅包括对生产、销售、设计、储备等有形费用的控制，还包括对会议效率、领导决策质量、时间浪费等无形费用的控制。在成本控制中要建立各种费用的开支范围、开支标准并严格执行，要事先进行成本预算等工作。成本控制的难点在于企业中大多数部门和单位是非独立核算的，因此缺乏成本意识。

知识拓展

数字化转型战略

近年来，互联网、大数据、云计算、人工智能、区块链等技术加速创新，数字经济发展速度之快、辐射范围之广、影响程度之深前所未有，它们正在成为重组全球要素资源、重塑全球经济结构、改变全球竞争格局的关键力量。

全球经济从增量发展转向存量竞争，资源环境刚性约束日益增强，企业仍面临多重不确定，我国产业发展亟须开辟价值创造新空间，由价值链低端向中高端跃升。深入推进信息技术和实体经济深度融合，以数字化转型化解不确定性，是当前战略转型的核心。为此，首要任务就是要制定数字化转型战略。

(1) 基于竞争合作优势　为适应快速变化和不确定的市场竞争合作环境，增强竞争合作优势的可持续性和战略柔性，组织应逐步从过去的仅关注竞争转向构建多重竞争合作关系，将竞争合作层次从单一技术产品的竞争合作升维到智能技术产品（服务）群的竞争合作，从资源要素的竞争合作升维到新型能力体系的竞争合作，从组织之间的竞争合作升维到供应链、产业链和生态圈之间的竞争合作。

(2) 基于业务场景　为形成支撑柔性战略的灵活业务，组织应打破传统的基于技术专业化职能分工形成的垂直业务体系，以用户日益动态化和个性化的需求为牵引，构建基于能力赋能的新型业务架构，根据竞争合作优势和业务架构设计端到端的业务场景，以形成支撑柔性战略的灵活业务。组织应从目标、内容、资源等方面统筹考虑，系统开展业务场景设计。

(3) 基于价值模式　为最大化获取价值效益，组织应顺应新一代信息技术引发的变革趋势，改变传统工业化时期基于技术创新的长周期性获得稳定预期市场收益的价值模式，构建基于资源共享和能力赋能实现业务快速迭代和协同发展的开放价值生态。价值创造模式主要包括价值创造主体、主要价值活动及管理（合作）方式，以及价值创造和传递的过程和路径等。价值分享模式主要包括价值度量方式、价值分配机制以及价值交换模式等内容。

（资料来源：北京国信数字化转型技术研究院. 数字化转型参考架构［M］. 北京：清华大学出版社，2020.）

参考文献：

[1] 希特，等. 战略管理：概念与案例［M］. 刘刚，等译. 13版. 北京：中国人民大学出版社，2021.

[2] 蓝海林. 企业战略管理［M］. 3版. 北京：中国人民大学出版社，2021.

[3] 安索夫. 战略管理［M］. 邵冲，译. 北京：机械工业出版社，2010.

思考题：

1. 什么是战略？企业战略有哪几个层次？
2. 什么是战略管理？主要包括哪些内容？
3. 战略管理有哪些基本特征？
4. 什么是战略分析？
5. 如何理解波特的五种竞争力模型？
6. 什么是SWOT分析方法？
7. 公司的一般竞争战略有哪些？
8. 公司采取的战略行动方向有哪些？
9. 公司通常采取哪几种战略实现方法？
10. 战略实施的过程包括哪些步骤？
11. 战略实施中应注意哪些原则？

练习题：

根据所学知识尝试设计某一企业的SWOT分析表，并编写1000字的分析报告。

案例讨论题

一家单项冠军企业成长之路——卫华集团战略管理实践

自1988年创建以来，卫华集团有限公司（以下简称“卫华集团”）基于不同发展阶段的主要问题，灵活调整发展战略，从生产电动葫芦起步，逐步成长为工业起重机行业单项冠军，产品涵盖工业起重机、物料输送设备、智能停车设备、特种机器人等领域，跻身“中国制造业企业500强”“中国机械工业100强”榜单。纵观卫华集团的发展历程，战略管理起到了关键作用。

卫华集团各个发展阶段面临不同的主要矛盾和问题，因此选择的发展战略也不同，如表1-2所示。

表 1-2　卫华集团不同发展阶段面临的矛盾和问题及选择的战略

时间	市场行情	发展难题	战略选择	战略结果
1988—1996 年	创业初期竞争白热化	如何获得市场认可求得生存	诚信经营	塑造品牌，赢得市场
1997—2000 年	亚洲金融危机	如何增强抗风险能力	调整产品结构	上马起重机整机业务，奠定发展基础
2001—2003 年	需求旺盛竞争激烈无序竞争	如何由小到大	低成本扩张	单/双梁起重机、电动葫芦产销量分别居全国第一、第二
2004—2012 年	需求旺盛竞争激烈	如何由大到强	差异化	跻身国内起重机行业第一方阵，专利数量居工业起重机领域企业之首
2013—2017 年	需求下降产能过剩	如何稳住市场份额	相关多元化	重新激活市场，保持既有市场份额
2018 年至今	需求结构性变化	如何在新技术环境下持续发展	高质量发展	成为国内第一大、世界第二大工业起重机品牌；实现标准替代，发布“新中式起重机”产品标准

1）实施诚信经营战略，解决创业初期生存问题。卫华集团创业初期生产电动葫芦，市场上竞品很多，仅公司所在地河南省长垣县就有多家经营电动葫芦的企业。当时，企业面临的迫切问题是如何在激烈的市场竞争中求生存。卫华集团创始人韩宪保实施“三个第一”诚信经营战略，即第一家为客户免费提供住宿、第一家免收客户装车费、第一家保证客户资金随用随取的企业。与客户打交道要先交朋友后买卖、先交心后赚钱、宁可自己吃亏而不让客户吃亏——这是韩宪保对诚信经营的朴素解读，也是卫华集团最初的营销策略。这也孕育了卫华集团诚信文化的雏形，获得了市场认可和客户信赖，在激烈的市场竞争中脱颖而出，塑造了“卫华”品牌。

2）逆势上马起重机业务，解决产品结构单一的风险问题。1997 年，受亚洲金融危机影响，卫华集团产品销量急剧下滑，企业发展遭遇重大危机，这是考验企业战略决断力的关键时刻。韩宪保从多方面寻找原因后认为，卫华集团当时的主要产品是电动葫芦及配件，产品结构单一，所以在面临重大危机时抗风险能力不强，很容易导致业绩断崖式下滑。1997 年年底，卫华集团调整产品结构，逆势上马单/双梁起重机整机制造业务，起重机代替电动葫芦成为公司主业，为后续成长为起重机行业单项冠军奠定了基础。

3）实施低成本扩张战略，解决由小到大的规模化发展问题。卫华集团上马起重机业务之时，市场对起重机的需求旺盛，而对质量要求不是很高，行业处于无序竞争状态。在这种情况下，如何迅速扩大市场份额，壮大企业规模，是卫华集团面临的发展难题。为此，卫华集团采取低成本扩张战略，扩大生产规模，以价格适中、质量合格的产品迅速抢占市场。2004 年，卫华集团的单/双梁起重机、电动葫芦产销量分别跃居国内市场占有率第一和第二。但这一阶段，高技术含量、高附加值产品的销售额占比不到10%，企业面临着技术和管理专业化的问题。

4）实施差异化战略，引进职业经理人，解决专业人才匮乏问题。卫华集团从2004开始大规模招聘技术和管理专业人才，聘请具有央企管理经验的职业经理人俞有飞任集团总裁。俞有飞制定了卫华集团“三个转变”差异化发展战略：从做大向做强转变；从外延式增长向内涵式增长转变；从粗放经营、粗放管理向精益经营管理转变。

在管理创新方面，俞有飞经验总结的《以产业链延伸和产品升级为重点的民营装备制造企业战略转型》获得全国企业管理现代化创新成果一等奖；推行全面质量管理和卓越绩效管理，先后荣获“河南省省长质量奖”“全国机械工业质量奖”；在行业内率先推行精益管理，完成73个精益管理项目，创造直接经济效益逾亿元，先后三次获评“全国质量标杆”等。

在技术创新方面，卫华集团持续实施创新驱动战略，打造核心竞争力。一方面，加大科研投入，研发费用不低于集团年营业收入的5%，累计获得各类专利900多件；另一方面，大量引进海内外专业技术人才，组建国内起重机行业最大的研发队伍。如引进新加坡南洋理工大学博士，研发出起重机防摇摆技术，填补了我国起重机行业在防摇摆自动定位控制技术领域的空白。

5）实施相关多元化战略，解决市场需求萎缩问题。2013年，国内工业起重机行业产能过剩危机显现，卫华集团面临如何在市场需求萎缩的形势下保持既有市场份额的问题。

为此，集团采取战略联盟企业合作，打出定制开发特定行业专用产品和相关多元战略“组合拳”，以应对市场需求萎缩问题。如与茅台酒厂合作，定制开发酒厂专用起重机，以及基于联盟企业需求定制研发的铸造起重机、夹钳起重机、多功能起重机等特色产品，深耕细分市场。同时，开发物料传输设备、起重专用车等与起重机相关的产品，因为这些产品可以共享卫华集团的制造技术和市场渠道优势。实施相关多元化战略，使得卫华集团在保持国内起重机市场40%份额的基础上，拓展了新业务领域，培育了效益增长点。

6）实施高质量发展战略，解决新技术环境下持续发展问题。以云计算、大数据、人工智能、工业互联网为代表的新一代信息技术深刻影响起重机行业，卫华集团实施高质量发展战略，即政产学研联合和向数字化、网络化、绿色化、定制化方向发展相结合的战略“组合拳”。卫华集团联合多家科研机构和互联网企业，搭建全球首个起重设备工业互联网平台。在中国重型机械工业协会支持下，2021年5月，卫华集团发布“新中式起重机”产品标准，充分体现了中国制造业的自信，开启中国起重技术的超越领跑之路。

（资料来源：张记华．一家单项冠军企业成长之路——卫华集团战略管理实践［J］．企业管理，2022（11）：78-81.）

【问题讨论】

（1）卫华集团在创业初期采取了什么战略？

（2）卫华集团在实施成本领先战略时遇到了哪些问题？是如何解决的？

（3）卫华集团为什么采取相关多元化战略？具体的实施路径有哪些？

第二章 组织管理

教学目标与要求

通过本章学习，使学生对组织管理的基本知识体系有全面的了解和认识。要求学生掌握组织的概念，理解组织设计的原则、组织结构的形式和优缺点，领悟组织变革和组织文化建设的深层含义及重要性，把握组织管理的发展趋势。

思想导入

我们以巨大的政治勇气全面深化改革，打响改革攻坚战，加强改革顶层设计，敢于突进深水区，敢于啃硬骨头，敢于涉险滩，敢于面对新矛盾新挑战，冲破思想观念束缚，突破利益固化藩篱，坚决破除各方面体制机制弊端，各领域基础性制度框架基本建立，许多领域实现历史性变革、系统性重塑、整体性重构，新一轮党和国家机构改革全面完成，中国特色社会主义制度更加成熟更加定型，国家治理体系和治理能力现代化水平明显提高。

资料来源：习近平．高举中国特色社会主义伟大旗帜 为全面建设社会主义现代化国家而团结奋斗：在中国共产党第二十次全国代表大会上的报告［M］．北京：人民出版社，2022.

组织是一个社会系统，且必须是适应外部环境才能生存的开放系统。“互联网＋”改变了企业的思维模式，社交与生态圈促进企业的跨界融合等新经济现象不断涌现。以市场需求为中心，平台经济、共享经济、“去中介化”、整合资源等一系列新的企业管理运营模式都在颠覆传统的经济形态。组织作为企业运营的载体，在新经济环境中如何把握新的发展趋势，进行有效的组织管理，是决定企业获取竞争优势的关键环节。

第一节 组织管理概述

一、组织管理的基本知识框架

组织是管理的一项基本职能。管理者的主要任务之一就是要使组织不断发展、完善，使之更加富有成效。组织管理一般包括组织设计、组织结构、组织权力、组织变革和组织文化等内容，如图 2－1 所示。

图 2-1 组织管理的基本知识框架

组织设计是根据企业的经营现状，对组织的各种资源进行合理安排的过程；组织结构是组织在职、责、权方面的动态结构体系，是整个管理系统的“框架”；组织权力是组织中权力分配的关系；组织变革是为适应组织内外部环境的变化而进行的改变；组织文化体现组织成员的共同价值观体系，是组织管理的本质所在。

1. 组织

组织这一概念同计划一样，既是一个名词又是一个动词。组织作名词用，是指按一定规则建立起来的人的集合体。著名的组织学家巴纳德认为，由于生理的、心理的、物质的、社会的限制，人们为了达到个人的和共同的目标，就必须合作，于是形成群体，群体逐渐发展为组织。组织作为动词，是指组织工作，即对人的集合体中各个成员的角色安排、任务分派。

在一个组织中，构成要素有人、物、财、信息等，其中人是最主要的要素，是起决定作用的要素，组织工作是围绕组织中的人展开的。

本书中将组织定义为：为了达到某些特定目标，经由分工与合作，及不同层次的权力和责任制度，而构成的人的集合，包含三层意思。

(1) 组织必须具有目标　因为任何组织都是为了目标而存在的，不论这种目标是明确的还是隐含的，目标都是组织存在的前提。

(2) 组织必须有分工与协作　分工与协作是由组织目标限定的。企业为了达到经营的目标，要有采购、生产、销售、财务和人力资源等诸多部门。这是一种分工，每个部门专门从事特定的工作，各个部门又要相互配合　只有把分工与协作结合起来，才能提高效率。

(3) 组织要有不同层次的权力与责任制度　组织内部分工之后，就要赋予每个部门乃至每个人相应的权力和责任，以便实现组织目标。

2. 正式组织与非正式组织

(1) 正式组织　正式组织一般是指企业中有意识形成的角色职务结构。它是组织设计的结果，是管理者通过正式的筹划，并借助组织结构图和职务说明书等文件予以明确规定。正式组织有明确的目标、人物、结构、职能以及由此形成的成员之间的权责关系，对成员行为具有相当程度的强制力具有目的性、正规性、稳定性等基本特征。

正式组织的组建和运行需要有三个基本要素，即意愿协作、共同目标和信息沟通。

（2）非正式组织　与正式组织相比，非正式组织是未经正式筹划的而由人们在交往过程中自发形成的一种个人关系和社会关系的网络。在非正式组织中成员之间的关系是一种自然的人际关系，他们是由于日常接触、感情交融、情趣相同或价值取向相近而发生联系的。

非正式组织具有自发性、内聚性和不稳定性的特征，它是一把双刃剑，管理者不能简单地加以否定，而应因势利导，最大限度地发挥非正式组织的积极作用，克服消极作用。

二、组织管理

组织管理是把组织中成员组合起来，有意识、有计划地协调组织内部的人力、物力，以有效地实现组织既定目标的过程。组织管理有以下三个特点。

（1）围绕组织目标进行　组织管理就是为了有效地协调组织内的各种信息和资源，提高组织的工作效率，以期顺利地达到组织目标的过程。

（2）一个动态的协调过程　组织管理既要协调组织内部人与人的关系，又要协调组织内部人与物的关系。

（3）一种有意识、有计划的自觉活动　主要包括：根据组织目标的要求建立一套与之相适应的组织机构；明确规定各部门之间的职权关系；明确规定各部门之间的沟通渠道与协作关系；在各个部门之间合理地进行人员调配；根据组织外部环境的变化适时调整组织的结构和人员配置。

总之，通过科学的组织管理活动，可以使组织结构合理、组织运转高效、资源配置优化、各种关系处理恰当、人的积极性得到充分发挥。

三、数字化组织管理

数字化组织管理是基于当前数字化时代的大背景而产生的一个新名词，具有三个特点。

（1）赋能　传统的组织管理主要是管控，也的确发挥了积极的作用。然而面对当前这种剧烈动荡、充满不确定性的经营环境，企业要有能力快速地响应变化，就必须真正给员工赋能，而不仅仅是管控。赋能强调的是激发组织成员的能量，赋予员工更大的做事空间。

（2）共生　在数字时代，任何一个企业都不能独立创造价值，必须能够跟更多的组织、更多的系统，甚至跟整个外部环境共生。企业被看作环境的一部分，所有的变化都涵盖在环境中，当企业愿意接受这个变化，并真正能够与其共处时，变化对组织来说反而可以提供无限可能的条件，帮助组织找到自己新的成长空间，进而得到非常高的成长性。

（3）协同　实践证明，企业在高速发展的过程中，最难的是能不能达成更多人共同工作，产生最好的效果，这就需要协同发挥作用。协同既要求在内部打破“部门墙”，也要求能够在外部把边界打开，跟更多人合作，去创造价值。

第二节 组织设计

组织设计（Organizational Design）是管理者对有助于实现组织目标的要素进行安排，是以适当的时间、适当的地点把生产经营所需的各种资源有效组合到一起的管理活动过程。组织设计工作的直接结果是形成一种关系网络。巴纳德将其界定为："有意识地加以协调的两个或两个以上的人的活动或力量的创作系统。"

一、组织设计的内容

组织设计的主要目的是建立有益于计划、有益于指挥、有益于控制的组织。通常情况下，组织设计工作包括三个内容。

1. 职务分析与设计

它是组织设计最为基础的工作。在对组织的目标进行逐级分解的基础上，具体确定出组织内各项业务和管理活动开展所需设置的职务种类，以及每个职务所拥有的职责权限和任职人员所应具备的素质。

2. 部门划分和层次设计

根据各个职务所从事工作的性质、内容及职务间的相互关系，管理者依照一定的原则，将各个职务组合成被称为"部门"的业务或管理单位。这些部门单位又可以按一定的方式组合成更大的部门，这样就形成了组织的层次。

3. 结构形成

管理者通过职责权限的分配和各种联系手段的设置，使组织中的各构成部分（各职务、各部门、各层次）联结成一个有机整体，使各方面的行动协调配合起来。

二、组织设计的原则

管理者在设计组织结构时应该遵循以下七个原则。

1. 目标原则

组织结构是实现组织目标的手段，是落实组织职能的工具。管理者在进行组织设计时，无论决定选取何种形式的组织结构，或者决定配置哪些部门、职位与层次，都必须从实现组织的目标出发加以考虑和选择。组织在一定时期的战略目标和核心职能，往往对组织结构的形式与构成起着决定性的作用。

2. 管理幅度原则

所谓管理幅度，也称管理跨度（Span of Control），是一个主管人员有效领导的直接下属的数量。一般来讲，任何主管人员能够有效地领导和监督下属的数量总是有限的。管理学者研究发现，对高层管理者来说，通常是4～8人，对于较低层次的管理者则为8～15人。

在给定组织规模的情况下，管理层次与管理跨度成反比，每个主管所领导的下属人数越多，所需的管理层次就越少。管理跨度过大，会造成指挥监督不力，使组织松散、涣散；管理幅度过窄，又会造成主管人员过多，管理效率低下。所以，保持合理的管理幅度是组织设计工作的一个重要原则。

3. 统一指挥原则

“政出多门”不仅会使真正想做事的员工无所适从，也会为那些不想做事的员工提供利用矛盾、逃避责任的机会。为避免多头领导，组织中的每个员工应当而且只能向一个上级主管汇报工作。组织内部分工越细致、越深入，统一指挥原则的作用就越重要。

4. 权责对称原则

在进行组织设计时，既要明确每一个部门或职务的权责范围，又要赋予其完成职责所必需的职权，使职权和职责两者保持一致，是组织有效运行的前提，也是组织设计时必须遵循的基本原则。有责无权或权限太小，会使工作者个人积极性和主动性受到约束；相反，有权无责或者所担责任程度太小，则会导致组织中出现权力滥用和无人负责现象并存的局面。

5. 因事设职原则

组织中的各部门、每个职务都必须要有一定的人员来完成规定的工作任务。组织设计必须确保实现组织目标活动的每一项内容都能落实到具体的职位和部门，做到“事事有人做”。这样，组织设计中自然就要求从工作的特点和需要出发，因事设职，因职用人。

6. 执行与监督分开原则

在组织设计时，应将外部监督人员与执行人员在组织上分开，避免二者组织上一体化。否则，监督与被监督者利益上趋于一体化，会使监督职能名存实亡。

7. 分工与协作原则

分工是提高工作效率的有效手段，通过分工，人们可以专心从事某一方面的工作，对工作会更加熟练，更能提高效率。协作是与分工相联系的一个概念，它是指明确部门与部门之间以及部门内部的协调关系与配合方法。组织作为一个系统，各部门之间只有相互协作，才能保证组织目标的实现。

三、影响组织设计的主要因素

对组织结构设计有重要影响的是组织环境、组织战略、组织使用的技术以及人力资源四个因素，如图 2-2 所示。

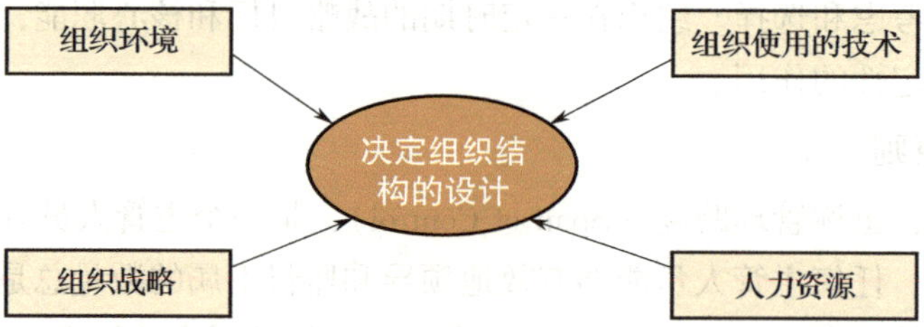

图 2-2　影响组织设计的主要因素

1. 组织环境

外部环境变化得越快，不确定性就越大，管理者在获取稀缺资源时所面临的问题就越多。为了加快决策和沟通的速度，管理者通常倾向于给组织结构增加弹性，把职权分散化，授权员工做出重要的运营决策。如果外部环境是稳定的，资源是可靠的，那么人员和职能之间只需较低的协调和沟通成本，这时的管理者喜欢在明确的职权关系等级体系中做决策，并且喜欢运用大量的规章制度和标准运作程序进行管理。

2. 组织战略

不同的战略往往要求运用不同的组织结构。如差异化战略的目的在于提高顾客对一个组织的产品和服务所感知的价值，战略的实施通常需要弹性的组织结构来快速响应顾客的差异化需求。而成本领先战略往往在一种更规范和稳定的结构中最易成功，在这种结构中，管理者对组织各部门的活动有更大的控制权。

3. 组织使用的技术

组织使用的技术是组织在产品和服务的设计、生产和分销中所运用的技能、知识、工具和设备的结合。通常，一个组织运用的技术越复杂，管理者和员工就越难对技术施加严格而有效的控制。于是，技术越复杂，就越需要一种弹性结构来提高组织的反应能力。反之，技术越常规，规范的结构就越适合，因为当任务相对简单时，生产的产品和服务所需的步骤可以事先拟订出来。

4. 人力资源

一般而言，组织中劳动力的技术含量越高，越适宜使用弹性的组织结构。具有较高技能的员工，将专业价值或行为规范内化的员工，往往渴望自由和自治，不喜欢被严密监督。

总之，当组织面临的不确定性越大，组织的战略和技术越复杂，劳动力的素质就越高，管理者就越需要设计一个弹性的组织结构。而组织的环境越稳定，组织的战略或技术就越简单，越容易理解，劳动力的技能就越少，管理者则越可能设计一个规范而可控的组织结构。

四、组织设计的步骤

组织设计通常可分为五个步骤。

1. 工作划分

根据目标一致和效率优先的原则，把达成组织目标的总任务划分为一系列各不相同又相互联系的具体工作任务。

2. 建立部门

把相近的工作归为一类，在每一类工作之上建立相应的部门。这样，就在组织内部根据工作分工建立了职能各异的组织部门。

3. 决定管理跨度

根据人员素质、工作的复杂度、授权的情况等合理地决定管理跨度，相应地也就决定了管理层次和职责、职权的范围。

4. 确定职权关系

授予各级管理者完成任务所必需的职务、责任和权力，从而确定组织成员间的职权关系。

5. 通过组织运行不断修改和完善组织结构

组织的设计不是一蹴而就的，而是一个不断修改和完善的动态过程。在组织运行中暴露出的矛盾和问题，及获得的某些有益经验，作为反馈信息，使领导者重新审视原有的组织设计，并进行相应修改，使其日臻完善。

第三节　组织结构

组织结构（Organization Structure）描述了组织的框架体系。就像人类由骨骼确定一样，组织也是由结构来决定其形状。目前常用的组织结构形式有直线职能制结构、事业部制结构、模拟分权制结构、矩阵制结构以及网络型结构等。这些组织结构形式没有优劣之分，管理者应根据实际情况选择适合企业的组织结构形式。

一、直线职能制结构

直线职能制又称为直线参谋制，是当前国内各类组织中最常采用的一种结构，如图 2-3 所示。这种组织系统中管理人员分为两类：一类是直线指挥人员，有进行指挥和下达命令的权力；另一类是职能人员，不参与指挥只发挥参谋的作用。

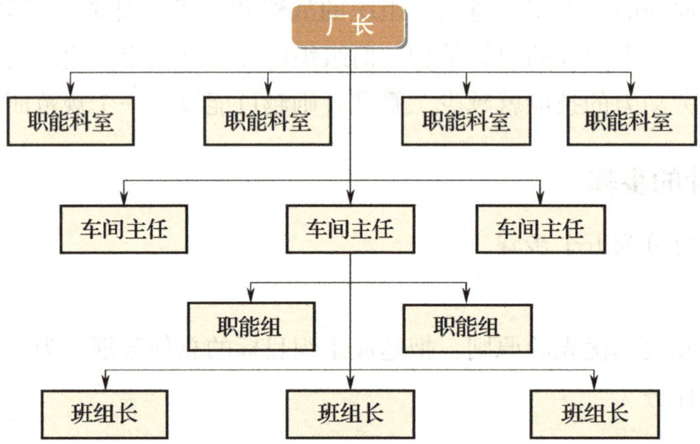

图 2-3　直线职能制结构示意图

直线职能制结构的优点是分工细密，任务明确，且各个部门的职责具有明显的界限，可以专心从事这方面的工作，因此具有较高的效率。

直线职能制结构的缺点是各职能单位自成体系、不重视工作的横向信息沟通、注重局部利益和本位主义、常常引发组织中的各种矛盾和不协调的现象，最高领导者的协调工作量大，对企业的生产经营和管理效率造成不利的影响。此外，组织结构弹性不足，对环境变化的反应比较迟钝，不利于培养综合型人才。

我国绝大多数企业尤其是环境稳定下的中小型企业，广泛采用直线职能制组织结构。

案例

王氏年糕厂的直线职能制结构

王晓旺是北京平谷的一位普通农民，早在清朝道光年间，王晓旺祖上所创的年糕店远近闻名。20世纪80年代，改革之风吹来，王晓旺丢了锄把，在本村办起了“利平年糕厂”，开始生产“老饕”牌袋装和罐装系列年糕食品。

年糕厂主要部门有质量检验科、生产科、销售科和设备维修科，还有一个财会科以及一个小小的开发科。工厂的产品很少改变，品种也不多。王晓旺坚持就生产几种传统产品，服务的对象也是老主顾们，彼此都很熟悉。厂里质检科要检测进厂的所有原料，保证必须是最优质的。每一批产品都一定要抽检，化验产品的构成成分、甜度、酸碱度。当然最重要的是检控产品的味道，厂里高薪聘有几位品尝师，他们唯一的职责是品尝本厂生产的美食。他们经验丰富，可以尝出与要求标准的微小偏差。由于其独特风味和优秀质量，牌子很快打响。不仅在当地，在北京市里也是供不应求。

（资料来源：吴价宝．管理学原理［M］．2版．北京：高等教育出版社，2018.）

二、事业部制结构

事业部制结构，就是一个企业内对于具有独立的产品和市场、独立的责任和利益的部门实行分权管理的一种形态。它必须具备三个要素：一是具有独立的产品和市场，是产品责任或市场责任单位；二是具有独立的利益，实行独立核算，是一个利润中心；三是具有足够的权利，能自主经营。其组织形态如图2－4所示。

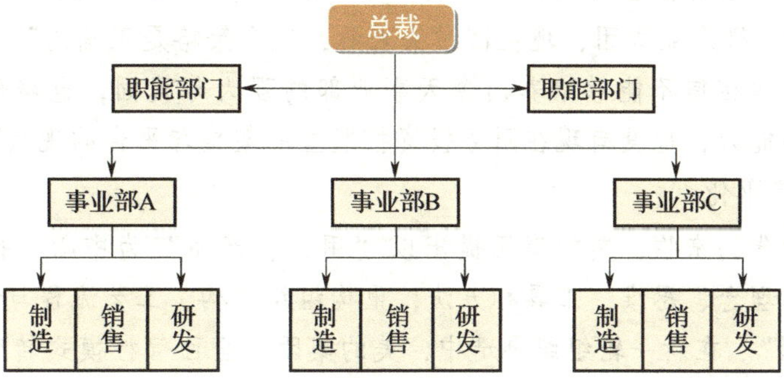

图2－4　事业部制结构示意图

事业部结构的优点是：一是权力下放，有利于最高管理层摆脱日常行政事务，专心致志于长远的战略规划；二是各事业部自主性、积极性高，提高了管理的灵活性和适应性；三是强调结果，各事业部经理对一种产品或服务负完全的责任；四是有利于培养高级管理人才。

事业部结构的缺点是：资源重复配置；增加总部控制的难度。

事业部结构适用于那些经营规模大、生产经营业务多样化、市场环境差异大、要求有较强适应性的大型企业。

案例

美的集团事业部制结构及其调整

在美的集团成立早期，为了方便管理，抵抗风险，直线制管理符合当时的需求，但随着美的集团的发展壮大，这种直线制管理模式限制了企业发展。

1. 建立事业部制组织结构

1997 年，当时的美的集团掌舵人何享健推行了一次大规模的组织结构转型，根据生产产品类别的不同，成立了 5 个事业部，即压缩机事业部、空调事业部、厨具事业部、电机事业部和风扇事业部。公司将获取利润的任务分散到事业部，每个事业部都是利润的核心，拥有市场、计划、服务、财务、经营管理等五大职能。事业部独立经营并且独立核算，是一个完全由市场决定的架构。美的集团总部成为综合战略规划、投资决策、资本经营、人力资源管理等众多功能于一体的投资、监控和服务部门，使总部不再被不同事业部之间的利益所牵绊，可以更好地从战略和全局的角度做出决策。

2. 打破事业部制

事业部制为美的集团带来了高速发展，但到 2005 年，何享健发现，“经营主体太多，协调难的问题开始突出，如果解决不好，将成为美的的危机，所以我们必须调整。”

何享健曾问时任美的集团总裁的方洪波：“你认为把事业部制打破，行不行?”于是方洪波提出了以“产品事业部 + 区域事业部”的组织模式。2005 年，何享健将包括微波炉、电饭煲和电风扇等在内的小家电业务整体从上市公司美的电器剥离，成立美的日用家电集团；撤销饮水设备事业部，并入生活电器事业部；撤销取暖清洁电器事业部，并入环境电器事业部。

借此事业部制调整，美的集团成立二级集团，包括制冷家电集团、日用家电集团、机电设备集团等，将各事业部重合的销售、研发、财务等权利收归二级集团。

“2005 年成立二级产业集团，现在回过头来看，这个策略是正确的”，何享健说，“没有二级集团的产生，我相信不能够培养出今天事业部的强大与稳固，也培养不出现在集团管控、管理的水平与能力，也没有现在财务投资控股型的架构与平台的现状”。

3. 事业部的扁平化

随着互联网时代的来临，美的集团提出以“用户、产品”为中心，推进组织开放和扁平化，用互联网的理念、思维、工具和方法，重构组织架构、工艺流程与运营机制，做互联网时代的“新公司”。在新一轮组织再造中，美的集团从全面管控模式转变为“小集团、大事业部”模式，集团职能部门与事业部之间由上下级管控关系转为平行协作关系；工作职责从业务指导转向为事业部提供资源。而事业部则从多元化回归专业化，潜心聚焦产品创新、产业升级与效率提升。

（资料来源：赵超. 组织变革视角下企业创新绩效的提升路径研究 [D]. 呼和浩特：内蒙古大学，2022.）

三、模拟分权制结构

模拟分权制结构是介于直线职能和事业部之间的一种模拟分权结构，其组织形态如图 2－5 所示。

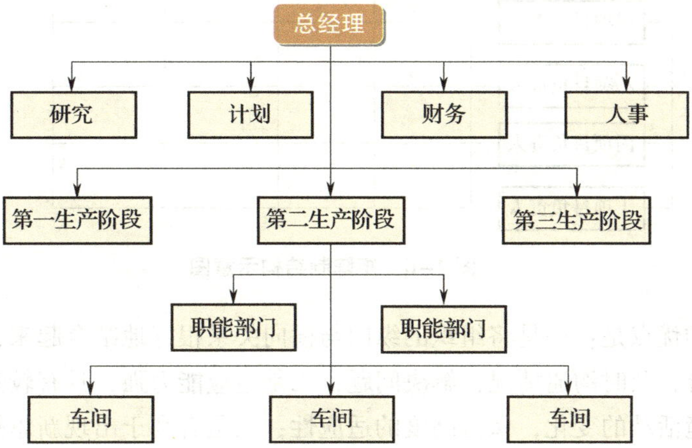

图 2－5　模拟分权制结构示意图

模拟分权制结构是模仿事业部结构的形式进行分权，它与事业部结构的主要差别是：这种结构的组成单元不是真正的事业部门，实际上是一种生产阶段；这些生产阶段都有自己的管理部门，自己的利润指标，这些指标都是按整个企业的内部价格确定的，不是来源于外部市场；各个生产阶段没有自己的外部市场，并且各个生产阶段的联系是相当密切的，一个生产阶段出现障碍，就可能导致其他生产阶段出现障碍。

模拟分权制结构的优点是：解决了企业规模过大不易管理的问题，在这种结构下，高层管理人员可将权力下放给每个生产阶段的管理人员，减少自己的行政工作，可以将大部分精力集中在战略性问题上。

模拟分权制结构的缺点是：不能让每个员工能清楚自己的任务；各个部门的领导不易了解企业整体情况；在沟通效率和决策权力方面存在较大的缺陷。此外，这种结构要求各生产阶段的管理人员要有较强的容忍力，把单位和个人的利益移交给上级来处理。

尽管模拟分权制结构有些缺陷，但对于大型材料工业企业，如造纸、化工、钢铁等企业来说，是较为适合的组织结构形式。

四、矩阵制结构

矩阵制结构是在直线职能制结构的垂直指挥链系统的基础之上，再增加一种横向的指挥链系统，形成具有双重职权关系的组织结构，其形态如图 2－6 所示。

矩阵制结构的特点是根据任务的需要，从各个职能部门中抽调所需的各类专业人员组成项目组，配备项目经理。这些被抽调的人员在行政关系上隶属于原所在职能部门，但在工作过程中要同时受项目经理的指挥，人员实际拥有两个上级。任务完成后项目组解散，各类人员回到原来所属部门。

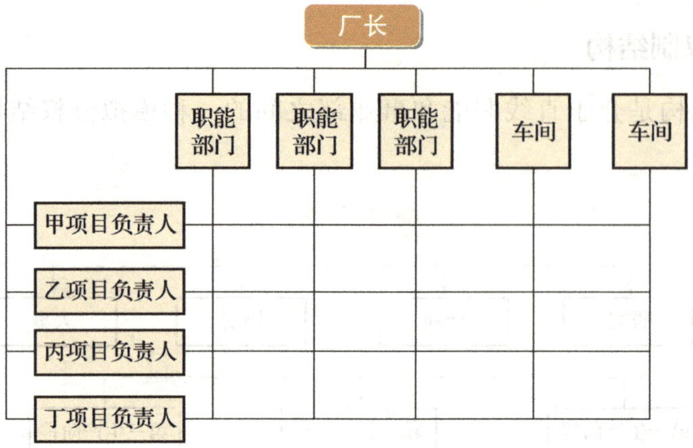

图 2-6　矩阵制结构示意图

矩阵制结构的优点是：一是将组织的纵向与横向关系很好地结合起来，有利于各职能部门间的协作和配合，及时沟通情况，解决问题；二是适应能力强，具有较强的机动性，能根据特定需要和环境活动的变化，保持高度的适应性；三是有利于出现新思想、新观点。

矩阵制结构的缺点是：稳定性差，双重领导权责不清、容易造成混乱，在规模上有很大的局限性。

案例

ABB 集团的矩阵制结构

ABB 集团是位列全球 500 强的企业，集团总部位于瑞士苏黎世。ABB 由两个历史 100 多年的国际性企业瑞典的阿西亚公司（ASEA）和瑞士的布朗勃法瑞公司（Brown Boveri）在 1988 年合并而成，两家公司分别成立于 1881 年和 1893 年。ABB 集团是电力和自动化技术领域的领导厂商，产品涉及从运输机械、自动化工程设备到发电、输电、配电的多个领域，2010 年销售额高达 310 亿美元。ABB 集团业务遍布全球多个国家，拥有数十万名员工，其中约有上百位来自不同国家的经理经营着其国内公司；另外，公司配备了几十名全球经理人员，将他们分配到运输集团、过程自动化与工程集团、环境装置集团、金融服务集团、电子设备集团，以及发电、输电和配电三个电力实业集团。

ABB 集团采用的是典型的矩阵式结构。主要是出于对遍布全球的业务单元既能进行统一管理又能够保持调整业务项目的灵活性，同时又能够让各地的公司都共享其他公司的技术成果，建立不同国家公司之间的学习机制，发挥提高整体效益的作用。其突出的特点是具有专业技术的全球业务经理和各所在国经理的双重指挥链，其有效运行的必要条件是两条指挥链上的经理之间有良好的协调与合作，从而保证命令的统一。

这种结构的优点是既保持了全球业务经理的专业化分工带来的优势，使各专业集团在各自的业务领域充分保持专长，做好做强，又保证了各个国家的业务能更加符合当地情况，有较高的灵活性与适应性，还能便利地调整其全球业务。

（资料来源：https://wenku.so.com/d/f56dce1a473c36c5de1cfe129d3fde4c）

五、网络型结构

网络型结构是采用现代管理理念和生产方式，利用信息手段而建立和发展起来的一种新型组织结构。现代信息技术加强了企业之间的合作，外部的法制环境和信用环境的不断完善，保证了企业之间的分工更趋于合理。利用这一有利条件，企业可以考虑重新安排自己的业务和自身的机构边界。通过精心选择核心业务，不断缩小内部的生产经营范围，相应地扩大同外部企业的分工合作。这就产生了一种基于契约关系的新型组织结构形式，即网络型结构，其结构示意图如图 2-7 所示。

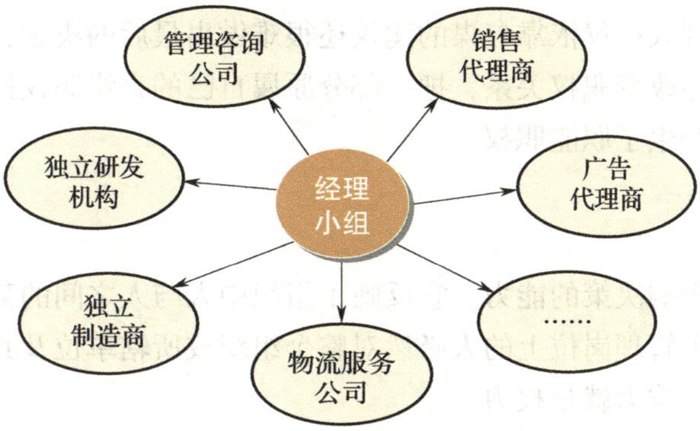

图 2-7　网络型结构示意图

网络型结构的优点是：有助于加强组织的灵活性和柔性，增强组织的市场竞争力，这也可能是最节省成本的方式。

网络型结构的缺点是：一是缺乏对组织的控制；二是难以保护创新；三是由于外部合作组织都是临时的，如果网络中的某一合作单位因故退出且不可替代，组织将面临解体的危险；四是这种模式要求建立完善的组织文化以保持一定的凝聚力，但由于项目的临时性，员工随时都有被解雇的可能，因而员工的组织忠诚度也比较低。

第四节　组织权力

无论何种类型的组织，都有其上下等级结构，组织成员在行为上都有一致性，隐藏在这种等级和一致性后面的本质因素就是权力。权力是组织的本质特征，组织之所以是组织而不是松散的人的结合体，就是因为组织中的成员拥有权力。

一、职权

职权是指管理职位所固有的发布命令和希望命令得到执行的一种权力，可以向下委让给下属管理人员，授予他们一定的权力，同时规定他们在限定的范围内行使这种权力。

每一个管理职位都具有某种特定的、内在的权力，任职者可以从该职位的等级或头衔中获得这种权力。职权与组织内的一定职位相关，是职位本身赋予任职者的权力，而与谁担任该职位管理者无关。

职权分为三种形式，即直线职权、参谋职权和职能职权。

1）直线职权是指管理者指挥其下属工作的权力，就是通常所说的指挥权。每一个管理层的主管人员都具有这种职权，而管理层次的功能不同，其职权的大小及范围也会不同。

2）参谋职权是指管理者拥有某种特定的建议权或审核权，可以对组织活动进行评价，进而提出建议或提供服务。

3）职能职权是指参谋人员或某部门的主管人员所拥有的原属直线主管的那部分权力。在纯粹参谋的情形下，参谋人员所具有的仅仅是辅助性职权，并无指挥权。但是，随着管理活动的日益复杂，主管人员仅依靠参谋的建议还很难做出最后的决定，为了改善和提高管理效率，主管人员就可能改变职权关系，把一部分原属自己的直线职权授予参谋人员或某个部门的主管人员，这便产生了职能职权。

二、权力

权力是指一个人影响决策的能力。它反映了组织中人与人之间的某种关系。在一个层级化的组织中，处在某个管理岗位上的人必然对整个组织或所辖单位及其人员具有某种潜在或显在的影响力，这种影响力就是权力。

职权是权力的部分集合，职权固然可以影响决策，但是影响决策的力量不一定来自职权。一个人可以不必拥有职权但却可以拥有权力。图 2－8 给出了权力与职权的区别。横坐标表示职权行使的范围，每个横向分组代表一个职能领域。用纵坐标表示一个人在组织中拥有的影响力。在组织中所处的层次越高，这个人的职权也就越大。

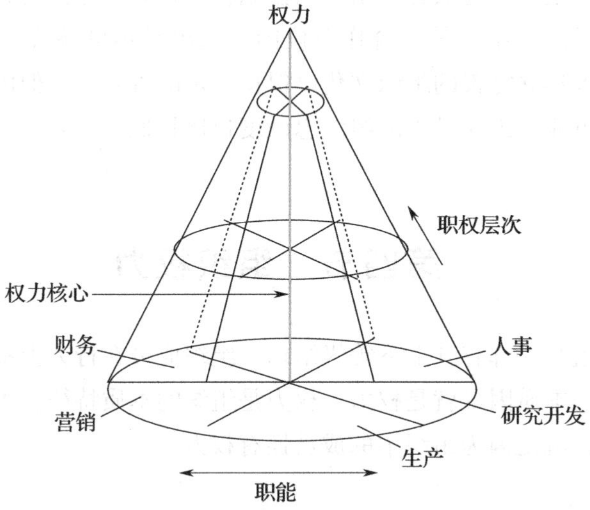

图 2－8　权力与职权的区别

权力是一个三维的概念，它不仅包括了职能和职权两个层次，还增加了第三维，称为中心性。职权是由一个人在组织层级中的纵向职位决定的；权力则是同时由他的纵向职位和他与组织权力核心（或称权力中心）的距离共同决定的。

把图中的锥体想象为一个组织，那么，锥体的中心就是组织的权力核心。距离这个权力核心越近，一个人对决策的影响就越大。锥体的比喻清楚地说明了两个问题：①一个人在组织中晋升的职位越高（反映职权的提升），他与权力核心的距离就越近；②未必需要有职权才能产生权力，因为一个人可以向权力核心的内圈作水平移动而不必沿圆锥表面往上升迁。

三、集权与分权

1. 集权与分权的概念

所谓“分权”即职权的分散化，就是决策权尽量分散到处于较低层次的职位上去。所谓“集权”是指权力的集中化，也就是决策权在很大的程度上处于较高管理层次上。

使用集权还是分权不能简单地用好和坏来区分，在诸多成功的企业中，有很多是相对分权的企业，也有一部分是相对集权的企业。即使是在同一个企业中，集权与分权在不同的阶段也是不同的。因此，对于分权和集权并没有一个标准。

确定一个组织职权集中或是分散，一般需要考虑到五个方面：一是经营环境条件和业务活动性质；二是组织规模和空间分布；三是决策重要性和管理者的素质；四是协同一致的要求和现代化的控制；五是组织的历史和领导的个性。

2. 集权制和分权制的特点

按照集权程度的不同，可以把组织的管理模式分为集权制和分权制两种。

1）集权制是集权程度较高的领导方式，其特点是：一是决策的主体是组织的最高领导者个人或最高领导层，决策的性质是指令性的，组织的下级部门是这种指令的单纯接受者和执行者；二是对下级的控制较多，下级的决策多数要经过上级的审核；三是对于企业来说采取的是统一经营和统一核算的管理模式。如直线职能制结构。

2）分权制是分权程度较高的领导方式，其特点是：一是组织的重大决策仍在最高领导层手中，决策主体不仅是最高层，还包括下级部门，中下层有较多的决策权；二是组织上层的决策多为指导性的，组织各层级之间的决策关系是松散的。上级的控制较少，主要是控制目标和方向性的问题；三是独立经营，独立核算，下级有一定的财务支配权。如事业部制结构。

案例

母子公司集权与分权管控思路

中车山东机车车辆有限公司（以下简称“中车山东”）隶属于中国中车集团，是具有百年历史的传统铁路货车制造企业。随着各产业板块快速发展，如何加强对子公司的管理，充分发挥公司总部和子公司的主观能动性、积极性，避免“一管就死、一放就乱”的现象循环发生，公司提出了母子公司集权与分权管控的基本思路。

1）母子公司管控的目的和总体原则是实现企业整体利益最大化。母子公司管控的核心是处理好集权与分权的关系。按照放权从大的原则看，凡是下级有能力做好，上级管不好、管不了的，都应下放权力。按照“集权有道、分权有序、授权有章、行权有度”原则实行对子公司的管控，确保管控设置科学、功能完备、运转有效。

2）坚持既要实现对子公司的管控，又要做好协同与服务的理念。在管控层面，公司总部发挥战略管控功能，必要时给下属公司以实战指导；站在战略全局的高度发挥总部的战略协同功能，审议和策划与之相应的子公司发展规划和目标。在整合层面，发挥整合协同功能，对各项资源进行优化配置，给予子公司最有效的服务。

3）母子公司管控的职责与定位。公司总部主要在合规经营、风险管控、专业支撑、业务管理等方面为子公司服务，制定管控清单，放权不放责。根据各子公司产业发展阶段、管理能力等因素，将与市场经营有关的资源不同程度地配置给子公司，让“听得见炮声的人”来决策。

（资料来源：李广伟. 母子公司集权与分权管控［J］. 企业管理，2020，（11）：55 –58.）

四、授权

授权与分权都与职权下授有关，但两者是有区别的。分权一般是组织最高管理层的职责，授权则是各个层次的管理者都应掌握的一门职能。分权是授权的基础，授权以分权为前提。

授权是委派工作和分配权力的过程。要正确理解授权的意义，必须把握授权的五个特点。

1）上级必须通过自己的职位把职权授予下属。

2）职权可以授予出去，但最终成果完成好坏的责任还必须由上级来承担，因此授权不等于授责，更不等于有意识地推卸责任。

3）授权不等于放任不管，授权以后的上级仍必须保留适当地对下属的检查、监督、指导与控制的权力，以保证下属正确地行使职权，以确保预期成果的圆满实现。

4）授权不是上司对下属的一种权力施舍，而是为了充分调动下属的积极性，以更好地实现组织的整体目标而必须采取的一种手段和艺术，因此授权不是上司的一种个人行为，而是一种组织行为。

5）权力既可以授予出去，也可以收回来。

虽然授权有很多好处，也很有必要，但实际工作中经理人员却往往难以授权或不愿意授权，究其原因，经理人员通常对于让下属对其行动负责具有一种心理上的障碍，主要表现为：害怕失去控制、害怕竞争、害怕失去权威性、害怕失去被奖赏的满足、害怕失去工作的感觉等。

第五节　组织变革

全球的经济发展环境动荡不安，变化迅速，这些变化对企业的影响复杂而深远，企业如何有效应对就变得尤为关键。组织虽然是人为事物，也有生命周期，能历经动荡环境，穿越生命周期仍然生机勃勃，是非常难的一件事，可以说是一件小概率事件。也正是因为如此，如何使组织始终具备对外部环境的适应性，如何保持使组织充满活力已成为企业经营管理的核心命题。

一、组织变革概述

一个组织为适应内外部环境的变化，对组织的目标、结构及其各组成要素等实施有效的调整和修改，也就是进行组织的变革和发展。

组织变革主要达到两个目标：一是使组织适应环境，以便在不断变化的环境中求发展；二是改变组织成员的观念、态度、交往手段和彼此联系的方式等。为了实现这两大目标，组织变革应以三个方面为重点。

1）以组织结构为重点。这是一种通过组织结构的变革来实现组织的变革，它包括变动组织的部门或单位、改变职位及其责权范围、各部门之间关系的重新协调、调整管理幅度和管理层次等。

2）以任务和技术为重点。这方面的变革主要是指对各个部门或各个层次的工作任务进行重新组合，改革原有的工作流程。一般包括扩大工作范围、丰富工作内容、工作群体自治和工作岗位轮换等内容。

3）以人为重点。人是实现组织所有变革的基础，无论是组织结构的变革，还是任务和技术的变革，都离不开人的作用，都是通过改变组织成员的观念和态度而实现的。以人为重点的变革主要包括观念与态度的变革、技术知识的变革、个人和群体的行为改变等。

二、组织变革的原因

组织变革的原因分为外部和内部两个方面。

1）外部原因是指市场、资源、技术、社会和环境的变化，这部分是管理者控制不了的。组织从属于社会大环境中的一个子系统，它无力控制外部环境，只能主动适应外部环境。

2）内部原因是指人的变化、组织运行和成长中的矛盾所引起的。如员工的价值观念、工作态度的变化，工作效率不高、士气低落等，都促使管理者采取变革的措施，以保证组织的生存与发展。

三、组织变革的实施

在VUCA环境中，组织面临高度不确定性和复杂性，为应对外部环境及内部力量的变化，企业要对组织中的要素，如组织的管理理念、工作方式、组织结构、人员配备、组织文化及技术等进行调整、改进和革新。

1. 组织变革的过程

库尔特·勒温（Kurt Lewin）是组织变革模型中最有影响力的人物。他在20世纪40年代提出了三阶段变革过程模型，即解冻—改变—再冻结，奠定了组织变革理论研究的基础。

成功而有效的组织变革，通常都需要经历解冻、改变、冻结这三个有机联系的过程。

（1）解冻　由于任何一项组织变革或多或少会面临来自组织自身及其成员的一定程度

的抵制，因此组织变革过程需要有一个解冻阶段作为实施变革的前奏。解冻阶段的主要任务是发现组织变革的动力，营造危机感，塑造出改革是大势所趋的气氛，并在采取措施克服变革阻力的同时描绘具体的组织变革蓝图，明确组织变革的目标和方向，以形成待实施的比较完善的组织变革方案。

（2）改变　改变或变动阶段的任务就是按照所拟订变革方案的要求，开展具体的组织变革运动或行动，以使组织从现有结构模式向目标模式转变。这是变革的实质性阶段，通常可以分为试验与推广两个步骤。这是因为组织变革的涉及面较为广泛，组织中的联系相当错综复杂，往往“牵一发而动全身”，这种状况使得组织变革方案在全面付诸实施之前一般要先进行一定范围的典型试验，以便总结经验，修正进一步的变革方案。在试验取得初步成效后再进入大规模的全面实施阶段。

（3）冻结　组织变革过程不是在实施了变革行动后就宣告结束。组织变革行动发生之后，个人和组织都有一种退回到原有习惯行为方式中的倾向。为了避免出现这种情况，变革的管理者就必须采取措施保证新的行为方式和组织形态能够不断得到强化和巩固。这一强化和巩固的阶段可以视为重新冻结的过程。缺乏这一冻结阶段，变革的成果就有可能退化消失。

2. 组织变革的步骤

哈佛商学院领导力大师约翰·科特1996年出版了《领导变革》，书中提出了组织变革八步法，即成功的大规模变革是一个复杂的事件，它通常包含八个步骤。

（1）增强紧迫感　在发动变革之前，在相关人员心里创造一种紧迫感。目的是帮助大家认识到变革的必要性，以及马上采取行动的重要性。

（2）建立指导团队　有了紧迫感之后，成功的变革领导者，会马上召集那些有一定可信度、技能、关系、声誉和权威的人员，组成一支指导团队来担任变革过程中的领导工作。但当从事具体变革领导工作的人，缺乏必要的权威和能力的时候，整个变革工作就会难以继续开展。

（3）设定愿景　指导团队会为此次变革确立合理、明确、简单而振奋人心的愿景和相关战略，让大家清楚认识到变革后的未来与过去会有怎样的不同，未来将如何变成现实。

（4）感召众人　就是将愿景和战略传达给所有的相关人员。领导者们需要把简明扼要的信息通过通畅的渠道传达下去。目标就是在所有相关人员内部形成一种共识、建立一种责任感，并因此更多地释放组织当中大多数人的能量。

（5）赋能行动　要想在组织变革中取得成功，领导者们必须进行充分赋能。通过赋能，可以尽可能地为那些愿意投身变革的人扫除包括人在内的障碍。目的是让更多的人能够更切实地根据本组织的愿景采取必要的行动，对有些员工来说，这也意味着他们要以一种完全不同的方式开展工作。

（6）创造短期成效　设法帮助组织取得一些短期成效，这是非常关键的。因为它们可以为整个组织变革工作提供强有力的证明，并为随后的工作提供必要的资源和动力。如果没有一个管理良好的流程、精心选择的初期项目，并以足够快的速度取得一些短期成效，组织中产生的怀疑情绪会让所有的变革工作功亏一篑。

(7) 再接再厉　取得最初的成功后要加倍努力，不断地将变革推向前进，直到彻底实现组织变革的愿景。

(8) 巩固成果　培育一种新的企业文化来把所有的变革成果固定下来，包括组织当中的群体行为规范和人们的价值观念。虽然传统行为方式等因素的影响仍在，但新的行为规范还是确立了下来。坚持新的行为方式，确保它们成功并日益强大，直至取代旧传统。

组织变革是非常复杂的，有些过程并不一定要严格遵守这八个步骤，但它们却是许多组织变革当中所必须遵守的基本模型。

四、组织变革的方式

组织在选择变革方式时，需要本着权变与适用的原则，还必须根据具体的形势采取相应的组织变革方式。

1. 按照变革的程度，分为量变式与质变式

1）量变式是以变革组织机构和人员的数量为主的一种变革方式，其变革的重点在于增设或撤销部门单位，增加或减少管理人员等。这种变革比较简单易行，适用于在组织结构、责权体制和行为规范等方面都基本适宜的情况下，用以解决机构臃肿、人员过多、管理开支费用过大等较为单一的问题，对管理职能强弱的调整也有一定的效果。但这种变革，因为只涉及组织中的表层问题，是一种以控制管理组织的规模为主要目的的变革。

2）质变式是以解决组织的深层次问题为重点的，能使组织效能和内部关系发生根本变化的一种变革方式。针对质变的广度区分，它可以是局部性的，也可以是全局性的。某个部门的组织形态发生质变，并不一定意味着整个组织也发生质变。一个部门在组织中所处的地位越靠中心，与其他部门的联系越紧密，那么它对整个组织变革的影响也就越大。再从质变的深度来看，越是深层的变革，越要涉及基本价值观念和制度体系的改变。

2. 按照变革的力量来源不同，分为主动思变式和被动应变式

1）主动思变式的动力来源于组织内部，而且是在事先预见的基础上做出变革的决策。由于组织变革通常需要一段较长的时间才能产生效果，组织若能在危机来临之前就着手进行组织变革，这样就可以避免组织在绩效大幅度滑坡或者生死存亡之际，仓促地进行组织改组。

2）被动应变式是在迫于外部压力的情况下产生的，如由于经济绩效不佳、宏观行政干预、政治环境等外部压力而进行的组织变革，这些都是被动的而不是主动的，是应变的而不是思变的。

3. 按照变革的进程，分为突变式和分段发展式

1）突变式是指在短时间内一次性的变革，这种变革方式雷厉风行、一次到位、解决问题迅速，但由于涉及面广、速度猛，容易引起社会心理动荡，并招致成员抵制。特别是当其他配套措施未能及时跟上时，容易造成疏漏，甚至半途夭折。因此，内容广泛而又深刻的突变式变革，除非是危机之际对变革的客观要求十分迫切，否则必须在成员社会心理承受能力和国家政治条件都充分允许，并做了认真准备和周密计划的基础上进行。

2）分段发展式既不是迅猛的革命，也不是逐步的演变，而是在对组织现状和内外条件的全面论断及综合分析的基础上，有计划、有步骤地逐个实现变革的分阶段目标，最终促成变革总体目标的实现。其优点是可以随时加以调整，但变革见效比较慢。因此，这种变革一般适用于客观因素发生重大变故，需进行广泛、深入、大规模的组织变革，而内部承受能力和外部条件还不能马上适应的情况。

上述不同的变革方式在实际中往往是相互交叉的。组织变革不能绝对地采取某一种方式，而应根据实际情况灵活地、综合地运用各种变革方式，充分发挥它们各自的功效，使它们相互取长补短，相得益彰，取得整体最佳的变革效果。

五、组织变革的阻力及应对策略

1. 组织变革的阻力

组织变革的阻力是指人们反对变革、阻挠变革甚至是抵抗变革的制约力。成功的变革管理者，能够看清阻力对变革的影响，并能采取积极的措施减弱或转化这种阻力。

组织变革的阻力主要来源于三个方面。

（1）个体和群体方面的阻力　个体对待组织变革的阻力，主要是因为其固有的工作和行为习惯难以改变、就业安全需要、经济收入变化、对未知状态的恐惧以及对变革的认识存有偏差等而引起的；群体对变革的阻力，可能来自群体规范的束缚，群体中原有的人际关系可能因变革而受到改变和破坏等。

（2）组织层次对组织变革的阻力　包括现行组织结构的束缚、组织运行的惯性、变革对现有责权关系和资源分配格局所造成的破坏和威胁，以及追求稳定、安逸和确定性甚至革新和变化的保守型组织文化等，这些都是可能影响和制约组织变革的因素。

（3）外部环境的阻力　由于组织外部环境发生了变化，而组织仍然以原有的办法来应对，这就会导致组织迎接外部挑战的失败。

2. 消除组织变革阻力的应对策略

组织变革存在阻力是客观的，这并不可怕，关键是采取有效的应对策略。约翰·科特在《领导力革命》一书中，提出了六种方法以化解人们对变革的阻力。

（1）沟通　通过沟通（教育与交流），让人们充分了解到变革的必要性及合理性，以及变革后可能出现的情形，从而消除他们的抵触情绪。尤其当人们抵触组织变革是因为信息不充分、不正确导致的，这一方法效果尤为明显。

（2）邀请参与　让潜在的阻碍者参加组织变革，可以倾听和采纳他们对于变革的意见，能够预防他们对变革产生阻力。

（3）推动和支持　企业可以为潜在阻碍者提供帮助和支持，帮助他们适应组织变革，避免因为自身不足成为组织变革的受影响者。如果阻力的根源是害怕和忧虑，这种方法很有效果。

（4）谈判　给潜在阻碍者提供激励，例如给予更高的工资，以换取他们对变革的支持。或者提升待遇，让其退居二线等。这种方法效果比较明显，但需要付出较高的成本。

（5）操纵　操纵是指有意识地使用信息和安排进程，常见的操作方式是拉拢。例如让阻碍者担任变革中某个他期望的角色，人们一般会维护自己所参与的决策。

（6）胁迫　用强制力量来消除阻力也是比较常用的手段。例如，暗示对方如果阻碍变革，可能会被降职甚至开除，以换取对方对变革的支持。

在实际操作中，可以根据产生变革的具体原因，采取相应的措施以消除阻力，同时还需要注重以下九个方面。

（1）营造变革逼近的气氛　通过各种手段告诉员工组织变革迫在眉睫，使他们做好变革的心理准备。

（2）解释为什么要变革　让员工知道为什么要变革，这种变革会产生哪些影响，会带来哪些好处，以及企业采取什么方式弥补由于变革带来的损失。

（3）广泛听取意见　变革通过广泛听取意见，一方面可以使员工了解变革，另一方面有些经历过类似变革的员工，可以提出变革的宝贵意见。

（4）关注抵制苗头　当出现抵制的信号时，说明管理者在变革中某些事做错了，应该仔细研究问题出现在哪里，并做出相应的改进措施。

（5）促进员工积极参与　无论在什么情况下，管理者都应调动员工的积极性，调动员工的主人翁责任感，使他们参与到组织变革中去。

（6）不是为了变革而变革　组织变革涉及多方面，作为领导，必须慎重考虑组织变革。变革是不得已而变，而不是因为一点小事就轻率地做出变革决定。

（7）注重改变员工的态度　由于变革可能冲击员工原有的习惯、价值观。管理人员应利用多渠道多方式改变自己和员工态度。

（8）尽量避免持续变革　持续的变革会给员工带来持续的不安全感，员工就会产生抱怨，内部军心涣散，抵制变革。

（9）不要轻易批评员工抵制变革　一味地批评往往会让变革变得更加困难。

案例

海尔“人单合一”的组织变革

变革是为了生存，变革也是为了领先。目前，海尔“人单合一”的双赢模式正在积极展开，其中“企业平台化、员工创客化、用户个性化”（统称“三化”）是其战略主题，并在“三化”的指导下，转换员工角色，由原来的命令执行者转变为创业者，以求实现员工的自身价值。

海尔公司采取了“人单合一”的双赢模式。“人单合一”中的“人”指公司员工，而其中的“单”并非狭义上的概念——订单，而是指用户的需求。所谓“人单合一”就是把公司员工和市场目标即用户融合在一起。而“双赢”指既为用户创造价值，又包含员工在为用户创造价值的过程中实现自己的价值。

这种“人单合一”双赢模式巧妙地抓住了互联网时代的要求。传统的管理模式是以企业为中心制定的，而“人单合一”的管理模式是以用户的角度来制定的，这是两者之间的根本区别。现代社会是互联网时代，用户可以轻松了解并掌握各种需要的信息，使信息不对称的主动权逐渐向用户手中转移，用户有权决定企业的生存，企业要想不被淘汰，就必须跟得上时代发展的速度。

这就需要服务在一线的员工拥有更大的自主权和决策权，才能保证员工能在第一时间接到客户的问题后做出及时正确地处理，让客户满意。“人单合一”双赢模式就创造了这样一个新格局，让员工有了更多自主创新的机会，由原来凡事都经老板同意，变成现在员工听客户的，企业听员工的，目的就是只为客户。

“人单合一”双赢模式在推进过程中，把传统的金字塔组织转变为动态的网络组织，并由此涌现出一批自主创业的小微团队。

海尔平台上一共出现了三类小微组织，分别为创业小微、转型小微以及生态小微。创业小微是内部从无到有的项目孵化出来的；转型小微，就是指向成长、成熟的产业模式方向进行创新转型；生态小微，是在海尔的生态圈平台上共同创造用户价值，然后再在平台上变现并分享价值的小微组织，例如9万辆服务车的车小微或商圈小微等。

如此一来，海尔变成了一个平台型组织。所谓平台型组织，主要体现在资源的按单聚散。按单聚散的员工分为两类，在册员工和在线员工。在原来的管理模式中，员工没有自主权，任何事情需要上级同意后才能执行，属于听从者；而现在员工变成了资源接口人，例如，海尔家电的研发，员工由原来的研发者变成了主要负责连接外部资源的接口人。

（资料来源：方永飞．自组织：互联网＋企业管理创新［M］．广州：广东经济出版社，2016.）

第六节　组织文化

一个组织的良性运转，依赖成员的共同努力，如果缺乏强劲的主导性组织文化，势必削弱组织的整体合力和协同效应，导致组织工作效能低下。迪尔和肯尼迪于1982年出版了《公司文化》一书，在该书的最后写道：“我们希望向读者们灌输企业经营中的一条新定律：文化存在力量。”可见，文化因素对组织管理具有重要的意义和举足轻重的作用。

一、组织文化的概念

1. 组织文化的形成

最初的组织文化源于组织创建者的思想、创意和策略，再经由各项经营实务操作，然后产生经营成果，并且持续相当长的时间，在此过程中逐渐形成组织文化。组织文化包含企业创业思想和经营策略，同时也反映了人们实施这些策略的心得体会。

2. 组织文化的含义

组织文化是指组织全体成员在长期的创业和发展过程中培育形成并共同遵守的共同目标、价值标准、基本信念及行为规范。它包含组织的理念形态文化、物质形态文化和制度形态文化。

3. 组织文化的特征

组织文化主要有以下六个特性。

(1) 独特性　组织文化具有鲜明的个性和特色，是在特定组织中形成的，每个组织都有其独特的文化积淀，这是由组织的生产经营管理特色、组织传统、组织目标、组织员工素质以及内外环境不同所决定的。

(2) 稳定性　组织文化是在组织长期的发展中逐渐积累形成的，具有相对的稳定性。当组织发生变革、战略进行调整时，组织的文化调整往往滞后于这些变革，并且它的变化幅度也弱于组织变革的幅度。

(3) 综合性　组织文化是在特定的背景下形成的，必然会受到国家和地区的价值体系的影响。同时，组织文化的发展过程中也会吸收其他组织的优秀文化，融合世界先进的文化，不断地充实和发展组织文化。

(4) 继承性　每个组织都需要注意本组织优良文化的积累，通过文化的继承性，把自己的过去、现在和将来联结起来，把组织精神灌输给一代又一代成员，并且要在继承的过程中去其糟粕、留其精华。

(5) 创新性　创新既是时代的呼唤，又是组织文化自身的内在要求。优秀的组织文化往往在继承中创新，随着组织内外环境的变化而改革发展，引导大家追求卓越，追求创新。

(6) 社会性　企业作为进行生产技术经济活动的社会细胞，需要直接或间接地依赖其他企业和单位的协作配合，企业文化也正是通过社会生产技术经济协作得以继承和发展。

二、组织文化的结构

组织文化的结构一般可分为三个层次，即物质层、制度层和精神层，这三个层次由表及里，由物质到精神，涵盖组织文化的全部重要内容，如图 2-9 所示。

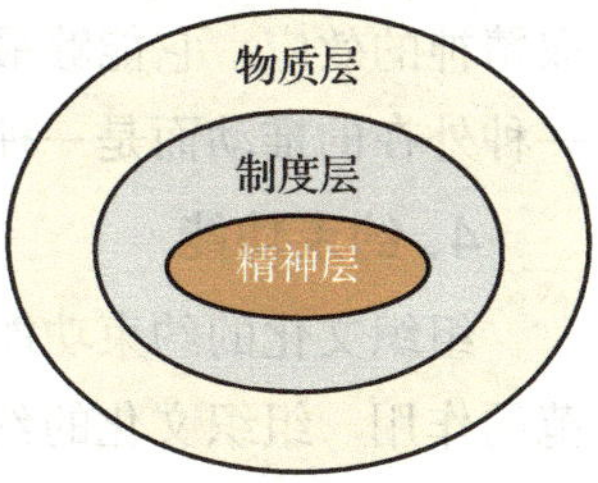

图 2-9　组织文化的结构

1. 物质层

物质层是组织文化的表层部分，是组织创造的物质文化，是形成组织文化精神层和制度层的条件。如组织名称、组织外貌、工作的性质、特点、组织造型和纪念性建筑等。

2. 制度层

制度层是组织文化的中间层次，主要是指对组织和成员的行为产生规范性，约束性影响的部分，它集中体现了组织文化的物质层和精神层对成员和组织行为的要求。制度层规定了组织成员在共同的活动中应当遵守的行为准则，它主要包括一般制度、特殊制度、组织风俗三个方面。

3. 精神层

精神层主要是指组织的领导和成员共同信守的基本信念、价值标准、职业道德和精神风貌。精神层是组织文化的核心和灵魂。它包括六个方面：组织最高目标、组织哲学、组织精神、组织风气、组织道德、组织宗旨。

组织文化的三个层次是紧密联系的，物质层是组织文化的外在表现和载体，是制度层和精神层的物质基础；制度层则约束和规范着物质层及精神层的建设，没有严格的规章制度，组织文化建设便无从谈起；精神层是形成物质层和制度层的思想基础，也是组织文化的核心和灵魂。

三、组织文化的功能

组织文化的功能主要概括为七个方面。

1. 导向功能

组织文化的导向功能，是指组织文化能对组织整体和组织每个成员的价值取向及行为取向起引导作用，使之符合组织所确定的目标。组织文化通过组织的共同价值观向个人价值观渗透和内化，使组织自动生成一套自我调控机制，以一种适应性文化引导组织行为和活动。

2. 凝聚功能

组织文化的凝聚功能，是指当一种价值观被该组织成员共同认可之后，它就会成为一种黏合剂，从各个方面把成员团结起来，从而产生一股巨大的向心力和凝聚力。而这正是组织获得成功的主要原因，“人心齐，泰山移”，凝聚在一起的成员有共同的目标和愿景，推动组织不断前进和发展。

3. 激励功能

组织文化的激励功能，是指组织文化具有使组织成员从内心产生一种高昂情绪和发奋进取精神的效应，它能够最大限度地激发员工的积极性和首创精神。组织文化对人的激励不是一种外在的推动而是一种内在引导，使每个组织成员从内心深处为组织拼搏的献身精神。

4. 约束功能

组织文化的约束功能，是指组织文化对每个组织成员的思想、心理和行为具有约束和规范的作用。组织文化的约束不是制度式的“硬约束”，而是一种“软约束”，这种“软约束”表现为组织中弥漫的组织文化氛围、群体行为准则和道德规范。

5. 协调功能

组织文化的协调功能，是指增进员工之间的信任和友谊，进行员工的情感和信息沟通，从而提高员工的工作热情，培养员工与企业同甘共苦的感情；帮助新成员尽快适应组织，使自己的价值观和组织相匹配；在组织变革的时候，可以帮助组织成员尽快适应变革后的局面，减少因为变革带来的压力和不适应。

6. 美化功能

组织文化的美化功能，主要体现在对产品的美化，对环境的美化，对企业员工精神的美化和对企业形象与声誉的美化。

7. 辐射功能

组织文化一旦形成，不仅在组织内部产生作用，还会通过辐射功能对社会产生影响，向社会传递自己的管理风格、经营状态、精神风貌、产品竞争力等信息，从而得到社会的认可。

案例

豪迈公司组织文化在企业发展中的作用

山东豪迈机械科技股份有限公司（以下简称“豪迈公司”）创建于1995年，地处山东省高密市，已成为轮胎模具研发与制造基地，拥有4家高新技术企业，30多家分子公司，在美国、泰国、匈牙利、印度、印度尼西亚、巴西、越南分别成立了7家海外公司，连续8次登上美国福布斯“中国潜力企业榜”。在过去20多年的发展中，豪迈公司从一个濒临倒闭的企业维修车间发展为总资产超百亿的行业领军企业，如此迅速的成长速度和耀眼的业绩与其独特的组织文化密不可分。

豪迈公司的组织文化核心是“把企业办成让每一个员工实现自我价值并奉献社会的理想平台”。公司董事长张恭运认为，做企业就是做平台，在这个平台上，企业要逐渐形成利益、事业和精神的三个共同体。

（1）导向作用　公司推崇合伙人制度，对合伙合作给出了平等、自愿、诚信和互有价值四个条件。诚信表现为企业诚信对待员工，不克扣工资、加班费；员工与企业之间、员工与员工之间互讲诚信；公司与上下游客户诚信合作，注重双方“重合同，守信用”。

（2）约束作用　公司用来约束员工行为的规章制度很少，大多数的制度和规范的制定都是由员工自主参与并完成的，这样不仅能够保证制度的公正性，提高制度的执行力，而且减少了制度执行过程中的阻力和障碍。

（3）凝聚作用　公司不仅是员工的利益共同体，更是事业共同体和精神共同体。豪迈公司通过科学合理的薪酬分配体系和“资合人合”的股权机制，使公司与员工“利益均沾、风险共担”，形成了员工“我的公司我做主”的主人翁意识。

（4）激励作用　豪迈公司从开始创办就致力于促进资本与劳动的融合，拥有入股资格及其认股权的多少已经成为豪迈公司的员工工作能力的标志，实现了“心合”，有效地激发了员工的进取精神。

（5）创新作用　很多普通的豪迈公司的员工由于创新、创造而成为“富豪员工”。在豪迈公司，创新是“人人可做、时时可做、事事可做、处处可做”的事情，只要是能提高工作运行的地方就是创新，只要是能提出创新想法并付诸实践的个人都是创新者。同时，豪迈公司“鼓励创新，宽容失败”的氛围也给了员工创新的勇气。

（6）辐射作用　豪迈的诚信不仅在当地已经家喻户晓，而且在国内外的客户中形成了良好的口碑。数万名豪迈公司的员工通过各自的社会交往，把公司的诚信文化、合伙合作的价值观念和勇于创新的理念传播给社会公众，使豪迈公司成为社会正能量的传播者。

（资料来源：仉璐. 组织文化在企业发展中的作用探究——以豪迈公司为例 [J]. 商展经济，2021（16）：122－124.）

四、组织文化的建设

组织文化建设既是组织管理的基础，又是组织管理的灵魂，是一个组织可持续发展的重要保障。组织文化建设需要做好以下九个方面的措施。

（1）领导以身作则　组织文化最关键的传达方式是领导的身体力行、以身作则，通过各种机会向员工传达组织的基本价值取向。

（2）确立宏伟的远景目标　文化建设首先就是要树立远大的组织思想，建立起一种不断进取、永争先进的共同价值观念，形成全体员工共同奋斗的组织目标。

（3）确立合理的报酬与晋升标准　组织成员能从报酬制度、考评标准、晋升政策等方面识别出组织的价值观、态度和期望。因此，必须设计出一套与组织价值观相配套的奖励和晋升制度。

（4）完善组织结构设计　组织结构是为了实现人们有效工作的系统，通过组织结构的设计，领导可以表露自己的价值观和信念，组织结构的设计是组织文化建设的基础。

（5）建立制度和程序　组织的各项制度和程序的设立可以把组织文化固定下来。因此，制度和程序可以推动组织文化的形成与维持。

（6）设计企业形象与工作环境　组织建筑物的设计、卫生状况、办公环境等信息也影响组织的变化。这既可以强化已有的文化，也可以带来新的价值观和行为规范。

（7）组织文化宣传　宣传工作是组织文化建设的重要环节，通过传播和价值观相符的各种先进事迹，推行各种有利于组织文化的仪式和礼仪，可以促进组织文化的形成与巩固。

（8）典范示范教育　典型人物是组织文化的精髓，可作为一种典范以生动具体的形象展示组织文化，对组织文化的成型和强化起到有效的作用。

（9）重视和完善文化网络　文化网络能传递大量的信息，在建设组织文化时要充分重视非正式组织的作用。还要善于利用特定的文化网络，传输对企业文化建设有利的信息，促进企业健康发展。

案例

阿里巴巴的企业文化建设

阿里巴巴是典型的互联网企业文化建设的成功案例，它的企业文化建设经历了三个阶段。

第一个阶段是企业成立初期。阿里巴巴企业文化建设带有强烈的中国文化特点，即可信、亲切、简单。这一口号是企业创立初期阿里巴巴员工的行为准则和价值观的体现。互联网创业公司最害怕的就是员工之间的内耗、办公室文化和不团结的问题。可信、亲切、简单地提出给公司在人力资源管理上节约了成本，使得员工能够团结在一起努力工作。

第二个阶段是企业文化提炼期。阿里巴巴在获得了市场的肯定和成功融资后，认识到所有的企业都需要有一整套比较完整的价值体系作为企业决策和成功的前提，所以企业管理者对第一版本的阿里巴巴企业文化进行了完善和补充，升级版的文化被阿里巴巴的员工形象地形容为“独孤九剑”，即群策群力、简洁、创新、教学相长、激情、专注、质量、开发、服务和享受。

第三个阶段是企业文化建设成熟期。企业组织在从诞生到成熟的成长过程中，企业组织文化也会经历同样的阶段，阿里巴巴领导人正是在这样一个过程中领悟到企业文化不是摆在桌上的文件，一成不变，而是企业一个活的价值体系。所以阿里巴巴在企业成熟期又对企业文化进行了提炼和概括，被员工称为“六脉神剑”即客户第一、团队合作、拥抱变化、诚信、激情、敬业。

（资料来源：程欢．互联网企业文化建设及对策分析［D］．北京：北京交通大学，2012.）

知识拓展

数字经济背景下平台型组织的价值共创

2016 年提出的《二十国集团数字经济发展与合作倡议》将数字经济界定为：以使用数字化的知识和信息作为关键生产要素、以现代信息网络作为重要载体、以信息通信技术的有效使用作为效率提升和经济结构优化的重要推动力的一系列经济活动。

平台经济体的崛起是数字经济时代具有代表性的特征，平台型组织作为资源整合和价值创造的重要载体，颠覆并重塑了整个产业链，基于云计算、数据分析、在线社区、社交媒体等数字技术工具和系统为支撑的数字基础设施，借助移动互联网强大的功能性与辐射性，形成了具有柔性、敏捷性和共生性的平台体系，通过网状运作结构调动并集成分散在各方的资源，再将各种资源迅速、精准地分布到网络的末端，整个过程的通畅运行需要平台各方的协作才能发挥功效。大数据是平台搭建的基石，数据本身具有较强的韧性，可自由访问、可互换、可操作，且应为高质量和最新的，这一特性使其可以跨越组织边界，在平台型组织构建的生态网络和价值网络中自由流动，并与组织内、外部各主体共享。

平台型组织作为一种新型的企业网络商业生态系统，实现了不同主体之间的价值共创，有以下几种形式。

（1）部门与部门的价值共创　数字经济时代，信息在企业各个部门内部以及部门与部门之间都能够实现畅通无阻地传递，增加了部门与部门之间、团队与团队之间的协作，以实现价值共享。

（2）企业与员工的价值共创　数字经济时代，企业的最终价值体现在人的创造力上，企业与员工之间是平等、互利、可持续的合伙人关系，越来越多的员工希望自身价值能够得到更好的体现，在企业的努力与付出能够获得相应的回报，能够更好地与企业共同发展。

（3）企业与用户的价值共创　平台型组织是一种高度以客户为导向的生态型网络化组织。企业处理用户关系的侧重点转向对已有用户深度经营与提升人均用户价值创造。

（4）企业与竞争者的价值共创　靠共赢的合作来竞争的企业竞争关系理念已经成为当前平台型组织的新观念。竞争逻辑围绕的是满足需求（已有需求），共生逻辑围绕的是创造需求（新需求）。企业通过挖掘自身不可替代的价值贡献，构建或加入“合作主体的共生系统”，在“共生空间”中协同发展、共创价值。

（资料来源：刘源，李雪灵．数字经济背景下平台型组织的价值共创［J］．人民论坛，2020，（17）：84－85．）

参考文献：

［1］《管理学》编写组．管理学［M］．北京：高等教育出版社，2019．

［2］许玉林．组织设计与管理［M］．2 版．上海：复旦大学出版社，2010．

［3］罗宾斯，贾奇．组织行为学［M］．孙健敏，等译．18 版．北京：中国人民大学出版社，2021．

［4］张德．组织行为学［M］．6 版．北京：高等教育出版社，2019．

思考题：

1. 什么是组织？
2. 为什么不适当的授权往往造成管理失败？原因是什么？
3. 常见的组织形式有哪些？各有什么优缺点？
4. 组织设计的原则是什么？
5. 组织变革就是组织创新，这种说法对吗？
6. 如何排除组织变革的阻力？
7. 组织变革的原因是什么？
8. 什么是组织文化？它有什么特点？
9. 组织文化的功能是什么？如何建立组织文化？

练习题：

分析一个企业的组织结构，画出企业的组织结构图，并做分析，写出1000字的分析报告。

案例讨论题

组织变革：华为，进入分权体制变革时代

华为走到今天，要在全球产业格局中继续获得话语权，就必须进行经营体制创新，特别是面对目前全球经济衰退的状况。董事长任正非积极改变一直实行的中央集权管理模式，推进分权体制。这标志着华为将进入一个自下而上变革的崭新发展阶段。

华为的每一次变革都是在公司发展顺利的时候，这也是一个企业变革的最佳时期。对华为来说，最大的竞争对手就是华为自己，华为的主要问题源自内部。

从内部来看，如今的华为已是一个大型企业，面临着一个突出的问题——内部管理系统开始政治化、官僚化，此时的华为管理层次多，从客户到分公司再到总部，层层推进的方式会导致决策缓慢、信息流通缓慢，易陷入交叉、双重甚至多重管理，创新机制开始衰竭，获取客户需求信息的周期变长，服务客户的效率降低。为此，华为采取了如下变革举措：

（1）坚决对内开刀　整饬内部纪律，遏制“大企业病”，反对腐败，防止华为企业文化变质；从一线培养管理人员，夯实华为组织根基。从“集团军”作战形式，转变为更灵活的“小分队”作战形式，从半军事化管理，转变为军事化管理。在内部推行称呼简单化、交往简单化，对于存在的问题，不遮掩、不推卸责任，积极反映，认真解决。

（2）寻求快速应变　任正非提出，“让听得见炮声的人来呼唤炮火的管理模式的转变”。行伍出身的任正非习惯于用军事术语描述公司运行，他所说的“一线炮声”，其实就是指来自市场一线的客户需求，所谓“炮火”，是指华为的各种资源，让一线呼唤炮火就是说，要让真正了解客户需求的一线员工直接从总部配置人力、物力等资源，更好地服务客户，满足客户需求。

【问题讨论】

（1）面对外部环境的变化，华为的组织变革为什么要从内部着手？

（2）华为从中央集权管理模式向分权体制推进，采取了哪些措施？

第三章 运营管理

教学目标与要求

通过本章学习，使学生对运营管理的基本知识体系有全面的了解和认识。要求学生掌握运营管理的概念、运营管理绩效目标，理解产品开发与服务设计流程，了解三种运营计划，熟知准时生产方式、精益生产等运营过程的组织方式，把握互联网运营、智能制造的发展趋势。

思想导入

建设现代化产业体系，坚持把发展经济的着力点放在实体经济上，推进新型工业化，加快建设制造强国、质量强国、航天强国、交通强国、网络强国、数字中国。

推动战略性新兴产业融合集群发展，构建新一代信息技术、人工智能、生物技术、新能源、新材料、高端装备、绿色环保等一批新的增长引擎。

加快发展物联网，建设高效顺畅的流通体系，降低物流成本。

加快发展数字经济，促进数字经济和实体经济深度融合，打造具有国际竞争力的数字产业集群。

资料来源：习近平. 高举中国特色社会主义伟大旗帜 为全面建设社会主义现代化国家而团结奋斗：在中国共产党第二十次全国代表大会上的报告［M］. 北京：人民出版社，2022.

在以大数据、人工智能、物联网、“互联网 +” 等数字技术的发展为依托的数字经济时代，不断推进技术赋能，给传统企业带来全新的发展趋势和价值创造方式，尤其对企业的运营模式提出了更高挑战。市场需求逐渐呈现多样化的态势，除了要考虑价格、质量等基本要素，还要着眼于产品的附加价值，如服务、速度、生产柔性等。企业的服务型制造创新与价值链重构成为一种新理念，它并不局限于传统意义上的生产过程，更多的是强调以客户为中心。这就要求企业更新管理理念，加强运营管理创新，以增强企业核心竞争力。

第一节 运营管理概述

一、运营管理基本知识框架

运营管理贯穿于企业从资源投入到成果产出的整个转换过程，渗透于运营过程的每一个具体环节。主要包括产品开发设计、运营计划、运营过程组织、库存管理、质量管理等内容，如图3-1所示。通过对这些运营环节的有效管理，实现企业运营绩效的提升。

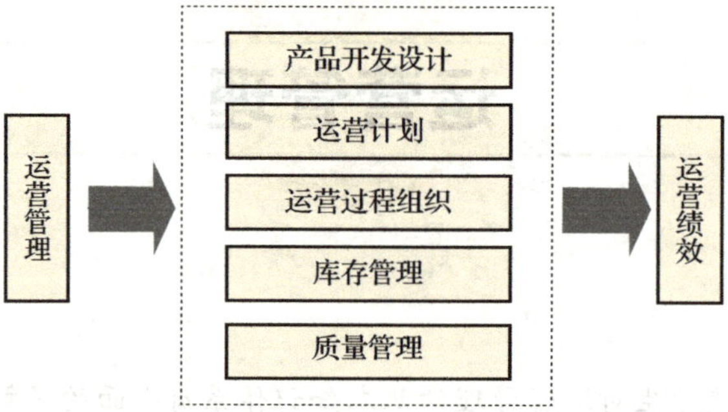

图3-1 运营管理基本知识框架

二、运营管理的基本概念

1. 运营

由于管理学科源于制造业，最初主要限于对有形产品的生产研究，其学科被称为“生产管理”。随着社会的发展和技术的进步，生产的范围从制造业扩大到了服务业，如流通、零售、金融等服务行业。这种扩大了的“生产”概念，在西方管理学界被称为“Operations”，即运营（有的译为运作、作业、业务）。从一般意义上讲，运营是一切社会组织将投入转化增值为产出的过程。

2. 运营系统

（1）运营系统的概念 运营系统是由人和机器构成的、能将一定投入转化为特定产出的有机整体，如图3-2所示。运营系统本身是一个人造系统，可以按照需要进行构造和重构，使它能够适应外界环境的剧烈变化。

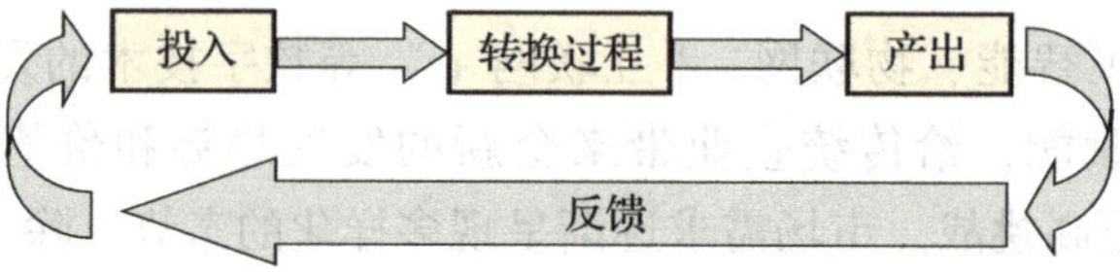

图3-2 运营系统转换模型

表3-1为不同运营系统的“投入—转换—产出”的关系，需要注意的是，这里只列出了显性的直接资源，更完整的系统还要包括管理职能和支持职能。

表3-1 不同运营系统的转换关系

系统	投入	主要转换功能	期望产出
医院	医生、护士、药品、设备等	健康护理（生理）	满意的医疗服务
汽车生产企业	工具、设备、工人、钢板、动力等	装配和制造汽车（物理）	优质的汽车
大学	教师、教材、教室等	知识和技能	满意的教育服务
超市	商品、结账员、建筑、展示等	吸引顾客、推销产品	满意的销售服务

（2）运营系统的三个特征　一是能够满足人们的某种需要，即具有一定的使用价值；二是存在着“投入—转换—产出”的过程，即要投入一定的资源，经过一系列形式的转换，向社会提供某种形式的产出（有用的产品），实现价值增值；三是需要面对市场，即把设备和人员组织起来，进行计划、组织、控制。

（3）运营系统的绩效目标　所有的运营系统都应具有质量、速度、可靠性、柔性和成本五个绩效目标，但在不同运营系统中每一个绩效目标都有不同度量标准。

①质量是指正确地做事，提供符合顾客需求、使顾客满意的产品或服务，从而获得质量优势。

②速度是指迅速地做事，尽量快地使顾客获得产品或服务，从而获得速度优势或时间优势。

③可靠性是指准时地做事，保证公司及时发货，在向顾客承诺的交货期前提交产品或服务，从而获得可靠性优势。

④柔性是指有能力改变所做的事情，当情况发生变化或顾客需要特别的服务时，能够通过改变工作内容、工作方式或工作时间，满足顾客不断变化的个性化需求，从而获得柔性优势。

⑤成本是指以最低的成本达到需要的质量，获得成本优势。

3. 运营管理及其分类

运营管理的核心是对运营系统的管理，是对生产运营系统的设计、运行与维护过程的管理。从管理的角度，可以将生产运营分成两大类：制造性生产和服务性运营。

1）制造性生产是指通过物理和（或）化学作用将有形投入转化为有形产出的过程。例如，通过锯、切削加工、装配、焊接、弯曲、裂解、合成等物理或化学工程，将有形原材料转化为有形产品的过程，就属于制造性生产。通过制造性生产能够产生自然界原来没有的物品。

2）服务性运营又称为非制造性生产，它的基本特征是提供劳务，而不制造有形产品。但是，不制造有形产品不等于不提供有形产品。按是否提供有形产品可将服务性运营分成纯劳务运营和一般劳务运营两种。纯劳务运营不提供有形产品，如咨询、法庭辩护和讲课等；一般劳务运营则提供有形产品，如零售、餐饮、邮政、图书馆书刊借阅等。

三、服务型制造

服务型制造、智能制造、绿色制造，是我国制造业转型升级的三个重要方向。为贯彻党中央、国务院关于推动先进制造业和现代服务业深度融合，发展服务型制造的决策部署，2016年，工业和信息化部（以下简称工信部）等三部门出台《发展服务型制造专项行动指南》；2020年，工信部、人力资源和社会保障部（以下简称人社部）等联合印发的《十五部门关于进一步促进服务型制造发展的指导意见》。

服务型制造是基于制造的服务和面向服务的制造，是基于生产的产品经济和基于消费的服务经济的融合，是制造与服务融合发展的新型产业形态，是一种新的制造模式。制造业企业通过创新优化生产组织形式、运营管理方式和商业发展模式，不断增加服务要素在投入和产出中的比重，从加工组装向“制造+服务”转型，从单纯出售产品向出售“产品+服务”转型，有利于延伸产业链和提升价值链，提高全要素生产率、产品附加值和市场占有率。

第二节　产品开发设计

企业追求的是通过为顾客提供满足需求的产品而持续生存下去。因而，产品开发对于企业的生存和发展是至关重要的。

一、产品开发设计的含义

产品开发设计是为了满足人们不断提高和变化的需求，对新产品或老产品进行功能、特性、外观、包装等方面的研发和改进，使其性能优化，质量提升。其中产品的概念范围很广，只要是能够满足某种需求的物品都可以称之为产品。产品的表现形式多种多样，菲利普·科特勒（Philip Kotler）从营销管理的角度将产品的表现形式分为实体商品、服务、场所、人、组织和创意。本章主要指工程化的、独立的、有实体形态的产品。

产品开发设计是一个非常繁复的过程，从依据客户需求提出产品概念到批量生产产品进入市场为止，过程中包含很多程序，所涉及和需要调动的资源较多，且所需技术性强、周期长，所以产品开发必须有章可循。

二、产品开发设计的流程

产品开发设计的流程是指自产品概念构思与提出起，到产品实现量产，最终进入市场的全过程，主要包括以下六个步骤，如图3-3所示。

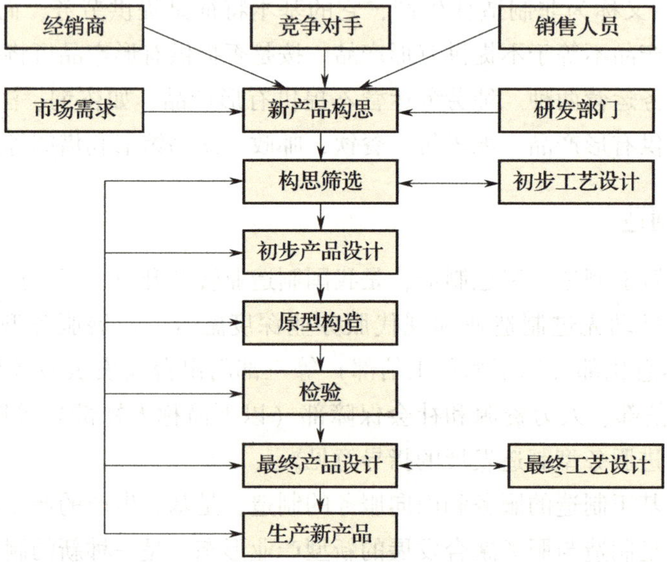

图3-3　产品开发设计流程

1）新产品构思是新产品设计的第一步，这需要设计人员根据市场需求、研发部门、竞争对手、经销商、销售人员反馈回来的各种信息，发挥想象力，提出产品初步的设计构思，然后再考虑市场的需求提出具体的设计方案。

2）公司不可能采纳所有的产品构思，所以必须考虑自身财物上的可行性及运作上的协调性，然后做出构思筛选。

3）初步产品设计是将选定的产品构思转换成为文字、图表等对产品描述的形式。这是对产品全方位的定义，需要对产品的一些关键的零部件进行研究，确定产品的结构、尺寸，绘出产品的草图等。

4）原型构造就是构造出产品的样式，这种原型最好能够给顾客留下深刻的印象。

5）检验包括市场业绩的检验、性能的检验。如果新产品的重构率和试用率较高，就可以继续发展。反之，则表示产品存在一定的不足，需要改进。

6）最终产品设计阶段要完成产品研制和将产品定型，并修改设计中的“缺陷”，从而在工程上确保产品的完美。这一步需要拿出最终产品的设计图纸和设计说明书。

三、产品开发设计的方法

1. 串行工程方法

长期以来人们在产品开发时习惯采用串行工程方法。串行工程（Serial Engineering，SE）方法是先进行市场需求分析，将分析结果交给设计部门，设计人员进行产品设计，然后将图纸交给另一个部门进行工艺和制造过程的设计，最后交给制造部门进行生产，做出原型产品。但是串行工程方法中各个部门之间的工作是独立地按顺序进行的，在设计过程中难以考虑到下游各个制造过程及支持过程的问题。因此，经常造成整个设计过程的大修改，使得产品开发周期加长，成本上升，质量也难以保障。

2. 并行工程方法

1986 年，美国国防部防御分析研究所（IDA）在著名的 R—338 报告中，首次提出了并行工程（Concurrent Engineering，CE）的概念，并将其解释为对产品及其下游的生产运营和支持过程进行并行一体化设计的系统方法，即并行工程是集成地、并行地设计产品及其相关的各种过程的系统方法。这种方法要求产品开发人员从设计一开始就考虑产品整个生命周期中从概念形成到产品报废处理的所有因素，包括质量、成本、进度计划和用户的要求。并行工程方法是对传统的产品开发模式和组织管理方式的创新与变革。根据并行工程的含义，可以将其特征概括为以下三个方面。

（1）面向设计过程　并行工程是一个关于设计过程的方法，只是针对设计过程，虽然要从思维、设计层分析制造、销售等方面的问题，但并非包含这些过程。

（2）突出并行理念与方法　突出并行，就是要应用并行的理念与方法处理设计过程中的各种关系，安排各项工作，争取做到工作并行交叉，尽早开始。但必须注意的是，这样做并不意味着可以违反产品开发过程必要的逻辑顺序和规律，不能取消或超过任何一个完整过程中必经的阶段。

（3）强调系统集成思想 思想主要体现在三个方面：一是设计过程各阶段的集成；二是设计组织与人员的集成；三是管理与技术的集成。并行工程强调依靠团队所有人员的智慧和共同努力，利用 DFX（Design for X）技术（包括面向制造的设计 DFM、面向装配的设计 DFA、面向检测的设计 DFT）和 CAX 技术（包括计算机辅助设计 CAD、计算机辅助制造 CAM、计算机辅助工艺过程设计 CAPP、计算机辅助工程 CAE），妥善处理设计的“可制造性”“可生产性”“可使用性”和“可维护性”，追求设计的一次成功，实现整体优化。

3. 价值工程

价值工程（Value Engineering，VE）是从功能出发，以提高产品、项目或服务价值为目的的一种科学方法。2009 年颁布的 GB/T 8223.1—2009《价值工程第 1 部分：基本术语》国家标准 GB/T 8223.1—2009 中，对价值工程的定义是：通过各相关领域的协作，对研究对象的功能和费用进行系统分析，持续创新，旨在提高研究对象价值的一种管理思想和管理技术。

价值工程主要研究功能（Function）、生命周期成本（Cost）和价值（Value）之间的关系。在产品设计领域是指通过对产品的功能和成本进行系统分析，力求用最低成本实现产品必要功能，提升产品价值的同时获得企业效益的增加。

1）功能（F）是指产品能够满足消费者某种特定需求的一种属性。从设计角度出发，产品可以看作是功能的载体，与其说用户购买一个产品，不如说用户购买的是产品的功能。功能是价值工程的核心，也是连接用户与企业的纽带。

从用户的功能需求出发，可以将产品功能分为必要功能和非必要功能。必要功能是指实现产品功能不可或缺的功能；非必要功能是指对产品功能的实现作用不大的功能。功能分析的目的是根据合理的用户需求保证产品实现其必要功能，减少或消除非必要功能，达到降低成本增加产品价值的目的。

2）成本（C）。在价值工程中，产品的成本费用是指产品在生命周期内的全部费用，包括产品设计研发、制造过程的费用 C_1，使用过程中的资源消耗、维修保养、报废处置等费用 C_2。产品全生命周期成本 C 是二者之和，即 $C=C_1+C_2$。

3）价值（V）是指产品功能与生命周期内所产生费用的比值，即 $V=F/C$。从公式中可以看出，产品或项目的价值与功能成正比，与成本费用成反比。由此可知，价值是可测量的，“最高价值”表示用最具成本效益的方法来满足客户的功能要求。产品价值高低表明了产品合理、有效利用资源的程度和产品“物美价廉”的程度。

第三节 运营计划

计划是管理的重要职能之一。在现代企业中，内部分工精细，协作严密，任何一部分活动都不可能离开其他部分而单独进行。尤其是生产运营活动，它需要调配多种资源，在需要的时候，按需要的量，提供所需的产品和服务，这就更离不开周密的计划。

运营计划是根据需求和企业的运营能力的限制，对一个运营系统的产出品种、产出速度、产出时间、劳动力和设备配置以及库存等问题所预先进行的考虑和安排，无论是制造业还是非制造业，均存在运营计划问题。本节主要以制造业的生产计划为主。

一、三种主要的生产运营计划

生产运营计划一般分为三种：综合计划、主生产计划和物料需求计划。

1. 综合计划

综合计划（Aggregate Production Planning，APP）又称为生产大纲，它是对企业未来较长一段时间内资源和需求之间的平衡所做的概括性设想，是根据企业所拥有的生产能力和需求预测，对企业未来较长一段时间内的产出内容、产出量、劳动力水平、库存投资等问题所做的大致性描述。

综合计划并不具体确定每一款产品的生产数量和出产时间以及每一个车间、工位的具体工作任务，而是按照以下的方式对产品、时间和人员进行安排。

（1）产品　按照产品的需求特性、加工特性、所需人员和设备上的相似性等，将产品综合为若干系列，以系列为单位来制订综合计划。

（2）时间　综合计划的计划期通常是年。有些企业也把综合计划称为年度生产计划或年度生产大纲。

（3）人员　综合计划可用几种不同方式来考虑人员安排问题，例如，将人员按照产品系列分组或者根据产品的工艺特点分组。

2. 主生产计划

主生产计划（Master Production Schedule，MPS）主要是要确定每一个具体的最终产品在每一段具体时间段内的生产数量。这里的最终产品主要指最终完成、确定出厂的完成品，它可以是直接用于消费的消费产品，也可以是作为其他企业的部件或配件。这里的具体时间段通常是以周为单位，在有些情况下也可能是日、月或旬。

3. 物料需求计划（MRP）

（1）物料需求计划（Material Requirements Planning，MRP）运行逻辑　主生产计划确定以后，生产管理部门下一步要做的就是，保证主生产计划所规定的最终产品所需的全部物料（原材料、零件、部件等）以及其他资源能在需要的时候供应上。这个问题看似简单，但做起来却并不容易。因为一个最终产品所包括的原材料、零件、部件的种类和数量可能是相当大的，不同的零部件之间还有相关的“母子”关系，从而构成一个多层结构。所谓的物料需求计划就是要制订这样的原材料、零件和部件的生产采购计划，即外购什么、生产什么、什么物料必须在什么时候订货或开始生产、初次订多少、生产多少等。图 3－4 为 MRP 逻辑流程图。

制订 MRP 所需的关键信息要素有三个。

①主生产计划是每一个最终产品的生产计划，据此推算出所需的相关物料。

②物料清单（Bill of Materials，BOM）说明一个最终产品是由哪些零部件、原材料所构成的，这些零部件之间的时间、数量上的相互关系是什么。

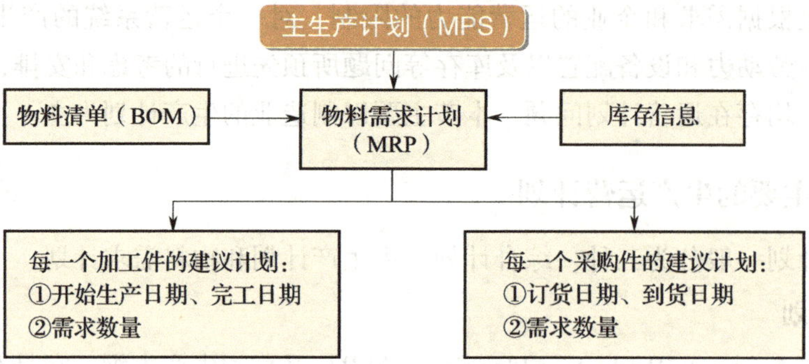

图 3-4 MRP 逻辑流程图

③库存记录。告诉计划人员，现在库存中有哪些物料，数量有多少，已经准备再进多少，从而在制订新的加工、采购计划时减掉相应的数量。

（2）闭环 MRP 的基本原理　MRP 从 20 世纪 60 年代中期出现，一直到 70 年代中期都深受经济发达国家的企业重视和广泛使用，但人们在使用 MRP 过程中也发现了 MRP 的明显不足之处：一是 MRP 仅考虑物料的需求，而且是按需求的优先顺序做计划的，没有考虑实际生产能力，没有考虑车间作业和采购作业，计划做出后是否能够顺利执行则是未知数，致使计划的现实性和可执行性存在着许多问题；二是 MRP 计划在执行过程中，对千变万化的现实情况没有做出相应的反应和反馈。

因此，在 20 世纪 70 年代中后期，很多专家在 MRP 基础上对其功能又进行了进一步的扩充，提出了闭环 MRP 的概念，它有两层含义：一是把生产能力计划、车间作业计划和采购计划纳入 MRP，形成一个封闭系统；二是在计划执行过程中，必须有来自车间、供应商和计划人员的反馈信息，并利用这些反馈信息进行计划平衡调整，从而使生产计划方面的各个子系统得到协调统一。

闭环 MRP 的基本原理是：MRP 的正常运行需要有一个现实可行的主生产计划。它除了要反映市场需求与合同订单外，还必须满足企业的生产能力约束条件。因此，除了要编制资源需求计划外，企业还需要制订能力需求计划（CRP），同各个工作中心的能力进行平衡。只有在采取了措施做到能力与资源均满足负荷需求时，才能开始执行计划。要保证实现计划就要控制计划，执行 MRP 时要用派工单来控制加工的优先级，用采购单来控制采购的优先级。这样，闭环 MRP 进一步发展，把能力需求计划和执行及控制计划的功能也包括进来，形成一个环形回路。

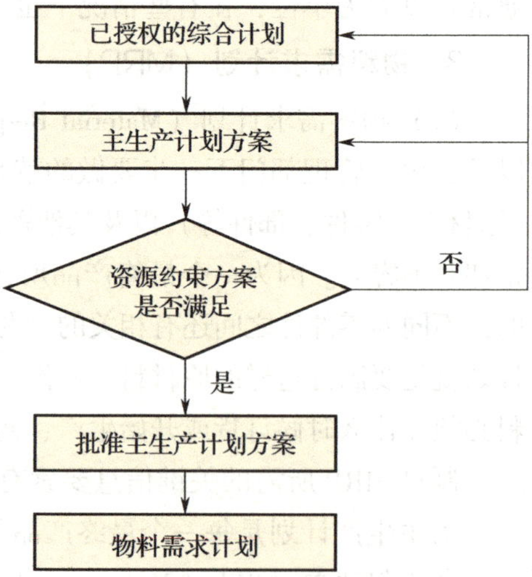

图 3-5 三种生产计划间的关系

4. 三种计划间的关系

三种生产计划间的关系如图 3-5 所示。MPS 所需满足的约束条件，首先，MPS 所确定的生产总量必须等于综合计划确定的生产总量；其次，在决定产品批量和生产时间时必须考虑资源的约束。就是在制订 MPS 时，必须首先清楚地了解这些约束条件，根据产品的轻重缓急来分配资源，将关键资源用于关键产品。

二、制造资源计划和企业资源计划

1. 制造资源计划（MRP Ⅱ）

为了在 MRP 的运行过程中消除冗余、减少冲突、提高效率，人们把生产、财务、销售、采购、工程技术等各个子系统结合为一个一体化的系统，称为制造资源计划（Manufacturing Resource Planning，MRP Ⅱ）。

MRP Ⅱ的基本思想是把企业作为一个有机整体，从整体最优的角度出发，通过运用科学方法对企业各种制造资源和产、供、销、财各个环节进行有效的计划、组织和控制，使它们得以协调发展，并充分地发挥作用。MRP Ⅱ逻辑流程图如图 3－6 所示。

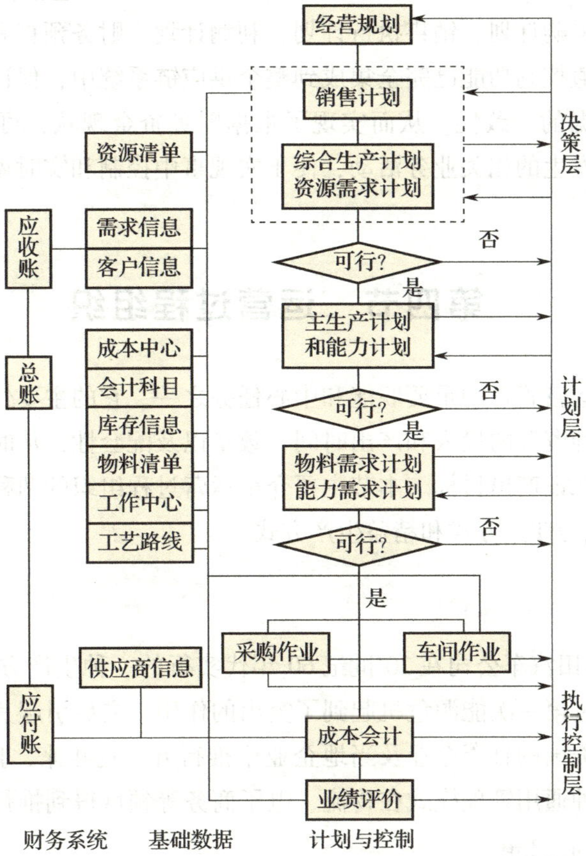

图 3－6　MRP Ⅱ逻辑流程图

2. 企业资源计划（ERP）

实施以客户为中心的经营战略就要对客户需求迅速做出响应，并在最短的时间内向客户交付高质量和低成本的产品，这就要求企业能根据客户需求迅速重组业务流程。显然，这种需求变化是传统的 MRP Ⅱ 所难以满足的，就必须转向以客户为中心、基于时间、面向整个供应链的企业资源计划（Enterprise Resource Planning，ERP）。

ERP 的核心管理思想就是实现对整个供应链的有效管理，主要体现在以下三个方面。

（1）对整个供应链资源进行管理的思想　企业为应对复杂激烈的竞争，不但要依靠自己的资源，还必须把经营过程中的有关各方，如供应商、制造工厂、分销网络、客户等纳入一个紧密的供应链中，才能获得竞争优势。

（2）精益生产和敏捷制造的思想　ERP 支持混合型生产方式的管理，其管理思想表现在两个方面：一是精益生产（Lean Production，LP）的思想，即企业把客户、销售代理商、供应商、协作单位纳入生产体系，对产品实行全生命周期成本管理；二是敏捷制造（Agile Manufacturing，AM）的思想，当市场上出现新的机会，企业组织由特定的供应商和销售渠道组成的短期或一次性供应链组织生产，用最短的时间将新产品打入市场，时刻保持产品的高质量、多样化和灵活性，这是“敏捷制造”的核心思想。

（3）事先计划与事中控制的思想　ERP 中的计划体系主要包括：主生产计划、物流需求计划、能力计划、采购计划、销售执行计划、利润计划、财务预算和人力资源计划等，而且这些计划功能与价值控制功能已完全集成到整个供应链系统中，保证了供应链中资金流与物流的同步记录和数据的一致性。从而实现了根据财务资金现状，可以追溯资金的来龙去脉，并进一步追溯所发生的相关业务活动，便于实现事中控制和实时做出决策。

第四节　运营过程组织

运营过程组织是运营管理的重要职能和中心任务之一。它的主要任务就是按照预先指定的作业计划，检查各种资源的投入和产出时间、数量以及配套性，从时间进度、质量和成本上进行全面的控制，保证产出目标。本节主要介绍运营过程组织的两种现代生产方式，即准时生产（Just In Time，JIT）方式和精益生产方式。

一、JIT 方式

JIT 方式是日本丰田汽车公司在 20 世纪 60 年代实行的一种生产方式，1973 年以后，这种方式对丰田公司渡过第一次能源危机起到了突出的作用，之后引起其他国家生产企业的重视，并逐渐在欧洲和美国的日资企业及当地企业中推行开。近年来，JIT 方式不仅作为一种生产方式，也作为一种通用管理模式在物流、电子商务等领域得到推行。

1. JIT 方式的核心思想

在 JIT 方式倡导以前，世界汽车生产企业包括丰田公司均采取“福特式”的“总动员生产方式”，即一半生产时间，人员和设备、流水线等待零件，等零件一运到，全体人员总动员，利用另一半生产时间紧急生产产品。这种方式造成了生产过程中的物流不合理现象，尤以库存积压和短缺为特征，生产线或者不开机，或者开机后就大量生产，从而导致了严重的资源浪费。

JIT 方式采取的是多品种少批量、短周期的生产方式，其核心是追求一种无库存或使库存达到最小的生产系统。其基本思想可概括为“在需要的时间，按需要的量生产需要的产品”，即用最准时、最经济的生产资料采购、生产、配送方式来满足市场需求。

在具体实施方面，开发了包括“看板”在内的一系列工具，并逐渐形成了一套独具特色的生产经营体系。它将传统生产过程中前道工序向后道工序送货，改为后道工序根据“看板”向前道工序取货。因此，JIT 方式是反工艺顺序的拉动方式。

2. JIT 方式实现的目标

在“福特”时代，降低成本主要是依靠单一品种的大规模生产来实现的，但是在多品种小批量生产的情况下，这一方法是行不通的。因此，JIT 方式力图通过“彻底消除浪费”来达到这一目标。所谓浪费，是指不增加价值的活动。对于 JIT 方式来讲，凡是超出增加产品价值所绝对必需的最少量的物料、设备、人力、场地和时间的部分都是浪费，主要有生产过剩（即库存）、重复的动作、机器设备的等待、对不良产品的重新加工等。

JIT 方式的目标是彻底消除浪费，以获取最大利润。具体应达到以下三个目标。

（1）质量目标　即废品量最低，JIT 方式要求消除各种产生不良产品的原因，在加工过程中要求每一道工序都达到标准要求。

（2）生产目标　即库存量最低，JIT 方式认为，库存是生产系统设计不合理、生产过程不协调、生产操作不良的证明。

（3）时间目标　即准备时间最短，准备时间长短与批量选择相联系，如果准备时间趋于零，准备成本也趋于零，就有可能采用极小批量，从而增强应变能力。

3. JIT 方式的质量保证

在 JIT 方式中，通过将质量管理贯穿于每一道工序之中来实现提高质量与降低成本的一致性，具体方法是“自働化”㊀，即在生产组织中融入以下两种机制。

①使设备或生产线能够自动检测不良产品，一旦发现生产异常或不良产品，可以自动停止设备或生产线运行的机制。为此，可在设备上开发、安装各种自动停止装置和加工状态检测装置。

②生产第一线的设备操作工人发现产品或设备的问题时，有权自行停止生产的管理机制。依靠这样的机制，不良产品一出现马上就会被发现，防止不良产品的重复出现或累积出现，从而避免由此可能造成的大量浪费。而且，比较容易找到发生异常的原因，从而能够有针对性地采取措施，防止类似异常情况的再发生，杜绝类似不良产品的再产生。

4. JIT 方式的实施手段

JIT 方式的实施手段可以概括为三个方面。

1）生产流程化。即按生产所需的工序从最后一道工序开始往前推，确定前面一道工序

㊀ 自働化中的“働”为“动”的异体字，但在丰田生产方式中被赋予了不同于“动”的特殊含义，且被业界所公认并广泛使用。

的类别，并依次恰当地安排生产流程，根据流程与每个环节所需库存数量和时间先后来安排库存和组织物流。尽量减少物资在生产现场的停滞与搬运，让物资在生产流程上毫无阻碍地流动。

2）生产均衡化。即总装配线在向前道工序领取零部件时应均衡地使用各种零部件，生产各种产品。为此，在制订生产计划时就必须考虑生产均衡化，然后将其体现于产品生产顺序计划之中。在制造阶段，均衡化是通过专用设备通用化和制定标准作业来实现的。所谓专用设备通用化，是指通过在专用设备上增加一些工夹具的方法使之能够加工多种不同的产品；标准作业是指将作业节拍内一个作业人员所应完成的一系列作业内容标准化。

3）资源配置合理化是指实现降低成本目标的最终途径，具体指所有的设备、人员和零部件都得到最合理的调配和分派，在最需要的时候以最及时的方式到位。

二、精益生产方式

精益生产方式来源于日本的丰田生产方式，它是美国麻省理工学院在《国际汽车计划》（International Motor Vehicle Program，IMVP）的研究中，总结日本企业成功经验后提出的一个新概念，翻译为精益生产方式。

1. 精益生产的含义

精益生产方式既是先进制造技术，从管理的层面上看，又是企业的组织管理方法，即企业生产要素的配置方式。它是指以整体优化的观点，以社会需求为依据，以发挥人的因素为核心，有效配置和合理使用企业资源，最大限度地为企业谋求利益的一种新型生产方式。

精益生产方式的核心思想在于“消除浪费、强调精简组织机构”和“不断改善”。前者是指组织管理到生产过程侧重分析“产品流”“物资流”和“信息流”，及时发现问题，删繁就简，杜绝浪费，从而使“价值流”连续流动起来；后者则强调充分发挥人的潜能，力争精益求精，追求尽善尽美。

2. 精益生产方式的特征

精益生产方式具有四个方面的特征。

1）在生产制造程中，实行拉动式的准时化生产。

2）在生产组织结构和协作关系上，精益生产方式一反大量生产方式追求纵向一体化的做法，把70%左右的零部件设计和制造委托给协作厂进行，主机厂只完成约占30%的设计和制造任务，主机厂与协作厂在开发产品、提高质量、改善物流、降低成本等方面密切合作，确保双方共同获得利益。

3）在劳动力使用上，精益生产方式强调员工的一专多能，多机操作，多工序管理而且参与企业管理，从事各种改善活动。

4）在产品开发和生产准备工作上，精益生产方式克服了大量生产方式中由于分工过细造成的信息传递慢、协调工作难、开发周期长等缺陷，采用了“主查制”和并行工程（CE）的方法。

案例

南京钢铁股份有限公司“JIT+C2M”智能工厂

南京钢铁股份有限公司（以下简称“南钢”）借助数字化的驱动作用，促进主营业务实现设计多元化、柔性化，产品实现个性定制化、环保化以及供应稳定化等全系列升级创新的特征，整体上提升企业的各工序协作与上下游合作水平。

南钢在行业内首推“JIT（Just in Time）+C2M（Customer to Manufacturer）”个性化定制模式，以工匠精神为主导，为用户提供双线定制服务。“JIT+C2M”智能工厂是以工业4.0标准设计的有完整架构、自动化和信息化的智能制造工厂。其以“最短物流，最少设备程序，合理配合”的布局规划高效低价，形成绿色化、紧凑、美观、整齐、安全、合理、环保、自动化整体布局。以MES（Manufacturing Execution System）为核心的智能工厂包括5个层级：智能设施、基础设备、智能控制、智能生产、智能运营。经过制造设备、加工车间及生产系统间的协作，产生数字化柔性生产线。MES结合ERP对工件进行工艺转化、生产间隙简化和成本标准化，将收到的订单、生产规划与材料直接衔接，实现全过程的JIT生产。而营销服务系统可到达C端用户，即使是在偏远地区的特殊工件，通过现场3D扫描工件，即可用互联网传回工厂进行工件转化和建模，同时C端用户可在线定制产品。

南钢还引入了海外集成化售后服务体系，建设“5G+工业互联网”的钢铁“JIT+C2M”智能工厂，实现自动化与智能化相结合的全面生产体系。

以“5G+工业互联网”为支撑，南钢自主实现了数控机床、桁架机器人、六轴机器人以及AGV小车等高端制造装备的端到端集成，通过这些设备的协同作业，完成了从制造到集成的全流程包括机器人进行分拣、识别、热处理、抛丸、喷涂、打包等工序。此外，AGV小车、机器人、传输带的协同工作，实现了工件的物流搬运、管理调度的自动化。

智能工厂在交付上敏捷、准时配送，既提高用户体验又精准降低成本，共享价值链收益。传统订货方式需经“钢厂订货→贸易商→加工厂→贸易商→主机厂→用户”多步，周期45~60天的长流程，而智能工厂以去中间化方式，仅需15天订货周期。传统工厂生产效率人均9~16吨/月，而智能工厂生产效率人均100吨/月，效率提高达到5~10倍。

（资料来源：何婧雯，王安逸，蔡小慧，等. 数字经济背景下传统制造业数字化转型研究——以南京钢铁股份有限公司JIT+C2M智能工厂为例［J］. 标准科学，2022（S2）：54-57.）

第五节 库存管理

一、库存的概念

“库存”（Inventory）有时被译为“存贮”或“储备”，它无论对制造业还是对服务业都十分重要。传统意义下的库存是指存放在仓库中的物品，指像蓄水池中的水一样，暂时派不上用场的备用品。美国生产与库存管理协会（APICS）对库存的定义是：以支持生产、维护、操作和客户服务为目的而存储的各种物料，包括原材料和在制品、维修件和生产消耗、成品和备件等。

二、库存的作用与弊端

库存对企业的正常运作与发展具有非常重要的作用。

1. 库存的作用

（1）缩短订货提前期　制造业企业对最终销售产品保持一定数量的库存时，顾客可以很快采购到他们所需的物品，这就缩短了顾客的订货提前期，有助于企业在激烈的竞争中获得时间优势。

（2）维持生产的稳定　企业按销售订单与销售预测安排生产计划，并制订采购计划，下达采购订单。由于采购的物品需要一定的提前期，这个提前期是根据统计数据或者是在供应商生产稳定的前提下制定的，但存在一定的风险，例如企业生产有可能拖后而延迟交货，最终影响企业的正常生产，造成生产的不稳定。为了降低这种风险，企业就会增加材料的库存量。

（3）平衡企业物流　企业在采购材料、生产用料、在制品及销售物品的物流环节中，库存起着重要的平衡作用。采购的材料会根据库存能力（资金占用等），协调来料收货入库。同时，企业对生产部门的领料应考虑库存能力、生产线物流情况（场地、人力等），平衡物料发放，并协调在制品的库存管理。另外，对销售产品的产成品库存也要视情况进行协调（各个分支仓库的调度与进货速度等）。

（4）平衡流通资金的占用　库存的材料、在制品及成品是企业流通资金的主要占用部分，因而库存量的控制实际上也是进行流通资金的平衡。

2. 库存的弊端

库存的作用都是相对的。客观来说，任何企业都不希望存在任何形式的库存，无论原材料、在制品还是成品，企业都会想方设法降低库存。库存的弊端主要表现在以下三个方面。

1）占用企业大量资金。

2）增加企业的产品成本与管理成本。库存材料的成本增加直接增加了产品成本，而相关库存设备、管理人员的增加也加大了企业的管理成本。

3）掩盖企业众多的管理问题，如计划不周、采购不力、生产不均衡、产品质量不稳定及市场销售不力。用比较形象化的比喻来说，就好像高水位掩盖了水下的礁石，容易造成触礁事故，如果水位降低，这些礁石就暴露出来了。

三、库存的控制

常见的三种典型库存控制系统是：固定量系统、固定间隔期系统和最大最小系统。

1. 固定量系统

固定量系统是订货点和订货量都是固定量的库存控制系统。当现有库存量下降到一个固定的量即订货点时，库存控制系统就向供应商发出订货请求，且每次的订货量均为一个固定的量。

2. 固定间隔期系统

固定量系统需要实时监控库存变化，对于物资种类很多且订货费用较高的情况，是很不经济的。为弥补固定量系统的不足，固定间隔期系统有所改变，它是每经过一个相同的间隔期，就向供应商发出一次订货请求，订货量是将现有库存补充到一个最高库存水平的量值。

3. 最大最小系统

最大最小系统本质上依然是一种固定间隔期系统，但它借助固定量系统的订货点的概念，使库存量的控制更加科学合理。这种库存控制系统的运行过程是：当经过固定的间隔期时，如果现有库存量降到订货点及以下，则发出订货请求；否则，经过一个间隔期再考虑是否订货。

案例

戴尔公司的零库存管理

零库存是一种特殊的库存管理模式，它并不意味着没有库存。从物流运作的角度来看，在零库存的管理模式中，生产资料不以仓库存储的形式存在，而是一直处于周转的状态。在该模式下，企业通过实施特定的库存控制策略，使库存数量趋于最小化。

戴尔公司作为全球企业首选的 IT 整体解决方案及服务供应商之一，是成功实施零库存管理模式的典型企业。“坚持直销，摒弃库存，与客户结盟”便是戴尔公司有名的“黄金三原则”。

戴尔公司的装配车间没有设置仓储空间，原配件由供应商直接运送至装配线，生产出的产品也直接配送给指定客户，原配件和产成品均采用零库存制。订单由客户传至戴尔公司的控制中心，控制中心负责将任务分解，并通过企业间信息网分派给第三方物流企业，通知其将一级供应商生产完工的配件送至戴尔公司；与此同时，控制中心还会迅速地将订单分配到各个生产线上。生产线上装配好的整机在被包装好后，被运送到特定的区域进行分区配送。从整个生产流程来看，从零部件被送进戴尔公司到产成品的运出，通常只需要四至六个小时的时间。

采用零库存管理模式是需要具备一定条件的：一是要有完备的管理信息系统；二是与供应商的协同合作；三是强大的物流运作系统。

（资料来源：张睿涵. 零库存管理模式探究——以戴尔公司为例［J］. 中外企业家，2020（21）：78.）

第六节　质量管理

高质量发展是全面建设社会主义现代化国家的首要任务，必须统筹好质的有效提升和量的合理增长，始终坚持质量第一、效益优先，大力增强质量意识，视质量为生命，以高质量为追求，坚定不移深化改革开放、深入转变发展方式，以效率变革、动力变革促进质量变革，加快形成可持续的高质量发展体制机制。

一、质量管理的基本概念

1. 质量

质量是产品的一组固有特性满足顾客及其他相关方要求的程度，可以分成产品、服务、人员和管理等各种质量。其中，产品质量是指满足产品规范要求的程度；服务质量是指满足客户对服务要求的程度；人员质量是指满足公司对人员素质要求的程度；管理质量是指满足组织对管理体系有效运作、资源优化配置及持续改进要求的程度。一般以满足要求的程度来衡量质量的好坏，如果满足了要求，质量就被评价为比较好；如果不满足要求，则称为质量比较差。

质量具有经济性、广义性、时效性和相对性。

（1）质量的经济性　质量的经济性是指企业的生产与经营管理活动必须用最低的生产成本和最少的管理费用使产品和服务质量符合客户要求。既要保证质量要求，又要控制成本，并增加企业的整体收益。

（2）质量的广义性　在质量管理体系所涉及的范畴内，相关方对企业的产品、过程或体系都可能提出要求。因此，质量不仅指产品质量，也可指过程和体系的质量。

（3）质量的时效性　由于顾客和其他相关方对企业和产品、过程和体系的需求和期望是不断变化的，例如原先被顾客认为质量好的产品，会因为顾客要求的提高而不再受到顾客的欢迎，因此企业应不断地调整对质量的要求。

（4）质量的相对性　顾客和其他相关方可能对同一产品的功能提出不同的需求；也可能对同一产品的同一功能提出不同的需求。需求不同，对产品的质量要求就不同。

2. 质量管理

质量管理是围绕质量开展的各种计划、组织、指挥、控制和协调等所有管理活动的总和，是企业管理的重要组成部分。其内涵包括三个方面：

1）质量管理是通过建立质量方针和质量目标，并为实现质量目标进行的质量策划、质量控制和质量改进活动。

2）质量管理围绕着产品质量形成的全过程展开。

3）质量管理涉及组织的各个部门，是各级管理者的职责。

案例

航天载荷生产过程质量管理

以某光学航天载荷研制过程为例，其流程可简单概括为设计、生产、试验、检验、交付等阶段。其中，生产阶段相对复杂，涉及光学、电子学、机械制造等理论知识和零部组件的加工、集成、装配、调试、总装等多个环节。此阶段影响质量的因素较多，不仅受上一阶段设计质量影响，还受人员质量、生产及检测设备质量、原材料质量、工艺质量、生产环境质量等的影响。正是由于生产阶段的复杂性，它也是最容易出现问题的阶段，因此，生产过程质量管理是整个质量管理工作的重中之重，包括七个方面：零部件加工管理、集成装配及总装过程管理、设备管理、采购及外包管理、工艺管理、质量检验管理、生产过程规范性管理。

（资料来源：李杨，姚树东．基于 MES 系统的研究型组织航天载荷生产过程质量管理研究［J］．项目管理技术，2023（5）：88－92．）

二、质量管理的发展过程

质量管理是一门科学，考察质量管理的发展过程，有助于人们有效地利用各种质量管理的思想和方法。目前，一般把质量管理的发展过程分为以下三个阶段。

1．质量检验阶段

20 世纪初期，由于企业规模的扩大以及企业内部分工的细化，大多数企业把检验从生产中分离出来，成立检验部门，质量管理进入“质量检验”阶段。这一阶段也称为传统质量管理阶段，其主要特征是按照规定的技术要求，对已完成的产品进行质量检验，这一阶段持续到 20 世纪 40 年代。质量检验只能在事后发现风险，起不到预防与化解风险的作用，因此，具有较大的局限性。这是质量管理发展的初始阶段。

2．统计质量控制阶段

20 世纪 40 年代，为适应大规模生产的要求，美国和欧洲的一些数理统计学家，把概率论和数理统计的原理运用于质量管理中，基于数理统计理论的抽样检查方法，创立了“控制图”和“抽样检查表”等体现预防为主的统计质量控制（Statistical Quality Control，SQC）方法。在生产过程中，定期地进行抽查，并把抽查结果当成一个反馈的信号，通过控制图发现或鉴定生产过程是否出现了不正常情况，以便能及时发现和消除不正常的原因。相对于质量检验阶段，统计质量控制阶段是一种积极的方式，即把废品消灭在发生之前，防止出现废品而带来损失。

3．全面质量管理阶段

20 世纪 50 年代末，美国通用电气公司的阿曼德·费根堡姆和质量管理专家约瑟夫·莫西·朱兰提出了全面质量管理（Total Quality Management，TQM）的概念。此后，随着科学技术的迅速发展和市场均衡的日趋激烈，新技术、新工艺、新设备、新材料大量涌现，工业产品的技术水平迅速提高，产品更新换代的速度大大加快，新产品层出不穷。特别是对于许多综合多种门类技术成果的大型、精密、复杂的现代工业产品来说，影响质量的因素已不是几十、几百个，而是成千上万个。对一个细节的忽略，也会造成全局的失误。在这种情况下，仅在制造过程实施质量控制已不足以保证产品质量，必须应用系统原理、行为科学等理论对产品质量形成全过程实施质量管理。这样，全面质量管理作为现代企业管理的一个重要组成部分，得到迅速推广。

全面质量管理是从过去的事后“把关”为主，转变为以预防、改进为主；从“管结果”转变为“管因素”，即提出影响质量的各种因素，抓住主要矛盾，发动各部门全员参加，运用科学管理方法和程序，使生产经营所有活动均处于受控制状态之中。全面质量管理是全过程的质量管理、全员参加的质量管理、方法科学多样的质量管理。

三、全面质量管理模式

在全面质量管理的发展过程中，一些质量管理专家为全面质量管理的发展和完善做出了不可磨灭的贡献，这些代表人物主要有爱德华兹·戴明、约瑟夫·莫西·朱兰、菲利普·克罗斯比、石川馨、新卿重夫等。其中爱德华兹·戴明和约瑟夫·莫西·朱兰两位学者一直被质量管理领域人士称为杰出代表，且他们提出的质量管理思想至今意义深远。

1. 爱德华兹·戴明循环管理法——PDCA计划循环法

美国质量管理专家爱德华兹·戴明首先提出了PDCA计划循环法，又称为“戴明循环管理法”。PDCA是英文Plan（计划）、Do（执行）、Check（检查）、Act（处理）四个词的首字母缩写。它的基本原理，就是做任何一项工作，首先有一个设想，根据设想提出一个计划；然后按照计划规定去执行、检查和处理；最后通过工作循环，一步一步地提高水平，把工作越做越好。这也是做好一切工作的一般规律。

（1）PDCA循环法的基本内容　可分为四个阶段和八个步骤的循环系统。

1）PDCA四个阶段的工作循环包括计划阶段（P）、执行阶段（D）、检查阶段（C）、处理阶段（A）如图3-7所示。

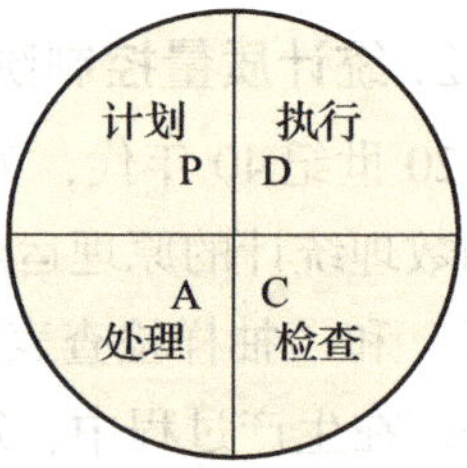

图3-7　PDCA计划循环法

2）PDCA八个工作步骤如下所示。

①分析现状，找出存在的问题和主要质量问题。

②诊断分析产生质量问题的各种影响因素。

③找出影响质量的主要因素。

④针对影响质量的因素，制订措施、提出计划，并预计其效果。措施和活动计划应该具体、明确。一般应明确：为什么（Why）要制订这一措施（或计划）；预计达到什么目标（What）；在哪里（Where）执行这一措施（或计划）；由哪个单位、谁来执行（Who）；何时开始、何时完成（When）；如何执行（How）等，即通常所说的“5W1H”的内容。

工作步骤①~④是第一阶段计划（P）的具体化。

⑤执行阶段，也就是按预定计划、目标、措施及分工安排，分头实施。这是第二阶段执行（D）的具体化。

⑥根据计划的规定和要求，检查计划、措施的执行情况：是否按计划执行，是否收到预期的效果。这是第三阶段检查（C）的具体化。

⑦对检查的结果加以总结，采取措施进行改进。把成功的经验补充到相应的标准、制度或规定中，并巩固已经取得的成绩。把失败的教训记录在案，引以为戒，以防同类问题发生。

⑧提出这一循环尚未解决的问题，也就是本次循环遗留的问题，以便将它们转到下一个PDCA循环中，目的是不让问题的解决半途而废。

工作步骤⑦~⑧是第四阶段处理（A）的具体化。

（2）PDCA循环法的基本特点

1）大循环套中循环，中循环套小循环，环环转动，相互促进。一个企业或单位是一个PDCA大循环系统；内部的各部门或处室是一个中循环系统；基层小组或个人是一个小循环系统。这样，逐级分层，环环扣紧，把整个计划工作有机地联系起来，相互紧密配合，协调地共同发展，如图3-8所示。

2）每一个循环系统包括计划—执行—检查—处理四个阶段，都要周而复始地运动，中途不得中断。每一件计划指标，都要有保证措施，一次循环解决不了的问题，必须转入下一次循环解决，这样才能保证计划管理的系统性、全面性和完整性。

3）PDCA循环是螺旋式上升和发展的。每循环一次，都要有所前进和有所提高，不能停留在原有水平上。通过每一次总结，都要巩固成绩，克服缺点；通过每一次循环，都要有所创新，从而保证计划管理水平不断地提高，如图3-9所示。

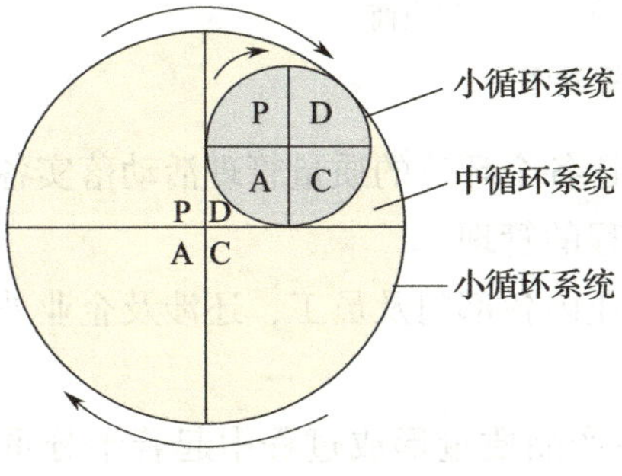

图3-8　PDCA循环

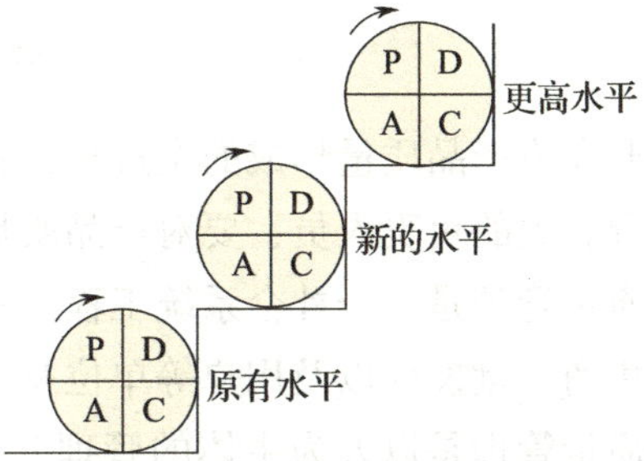

图3-9　PDCA螺旋式循环

2. 约瑟夫·莫西·朱兰质量理论

约瑟夫·莫西·朱兰（Joseph M. Juran）博士是著名的质量管理专家，他最早把帕累托原理引入质量管理。由朱兰博士主编的《质量控制手册》被称为当今世界质量控制科学的名著，为奠定全面质量管理（TQM）的理论基础和基本方法做出了卓越的贡献。

（1）朱兰“三部曲”　包括三点：①质量计划，旨在建立有能力满足质量标准化的工作程序；②质量控制，旨在掌握何时采取必要措施纠正质量问题；③质量改进，旨在有助于发现更好的管理工作方式。

（2）朱兰螺旋图（也称为质量螺旋，即QualitySpira）　约瑟夫·莫西·朱兰博士率先采用表达产品质量产生、形成、发展的客观规律的一条螺旋上升曲线，称之为朱兰螺旋图，也称为质量螺旋，如图3-10所示，该曲线对质量管理有重要的指导作用。

朱兰螺旋图主要包括以下五个方面内容：

①产品的质量形成过程包括市场研究、产品开发和设计、制定产品规格和工艺、采购、仪器仪表和设备装置、生产、工序控制、产品检验和测试、销售及服务等共13个环节。各个环节之间相互依存、相互联系、相互促进。

②产品质量形成的过程是一个不断上升、不断提高的过程。为了满足人们不断变化的需求，产品质量要不断改进、不断提高。

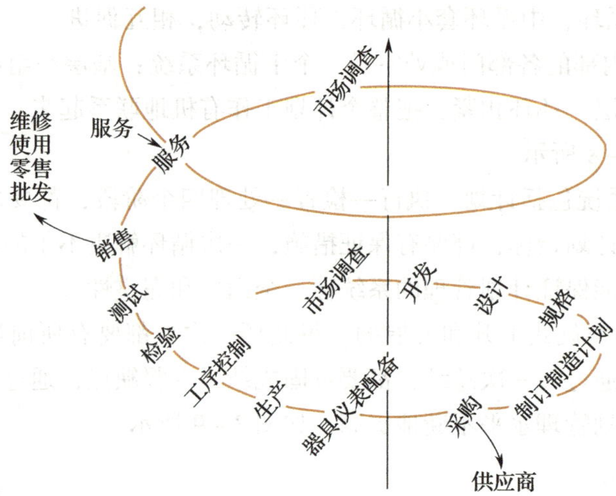

图 3－10　朱兰螺旋图

③要完成产品质量形成的全过程，就必须将上述各个环节的质量管理活动落实各个负责部门以及有关的负责人员，要对产品质量进行全过程的管理。

④质量管理是一个社会系统工程，不仅涉及企业内各部门及员工，还涉及企业外的供应商、零售商、批发商以及用户等单位及个人。

⑤质量管理是以人为主体的管理。人的因素在产品质量形成过程中起着十分重要的作用，质量管理应该提倡以人为主体的管理。

（3）80/20 原则　约瑟夫·莫西·朱兰博士还提出了质量责任的权重比例问题。他依据大量的实际调查和统计分析认为，在所发生的质量问题中，追究其原因，只有 20% 的质量问题来自基层操作人员，而有 80% 的质量问题是由于领导责任所引起的。为此，要使“循环”顺着螺旋曲线上升，必须依靠人力的推动，其中领导是关键，要依靠企业领导者做好计划、组织、控制、协调等工作，形成强大的合力去推动质量循环不断前进、不断上升、不断提高。

知识拓展

“5G＋工业互联网”的典型应用场景

2020 年 12 月 22 日，《工业互联网创新发展行动计划（2021—2023 年）》正式印发，明确了未来三年我国工业互联网发展目标，提出要深化“5G＋工业互联网”。

“5G＋工业互联网”是指利用以 5G 为代表的新一代信息通信技术，构建与工业经济深度融合的新型基础设施、应用模式和工业生态。通过 5G 技术对人、机、物、系统等的全面连接，构建起覆盖全产业链、全价值链的全新制造和服务体系，为工业乃至产业数字化、网络化、智能化发展提供了新的实现途径，助力企业实现降本、提质、增效、绿色、安全发展。

在数字中国、智慧社会建设和新型工业化发展进程中，“5G＋工业互联网”将主要发挥基础性作用、聚合性作用、融合性作用，推动产业升级与行业转型。

“5G＋工业互联网”512 工程实施以来，行业应用水平不断提升，从生产外围环节逐步延伸至研发设计、生产制造、质量检测、故障运维、物流运输、安全管理等核心环节，在电子设备制造、装备制造、钢铁、采矿、电力等5个行业率先发展，培育形成协同研发设计、远程设备操控、设备协同作业、柔性生产制造、现场辅助装配、机器视觉质检、设备故障诊断、厂区智能物流、无人智能巡检、生产现场监测等10大典型应用场景，助力企业降本提质和安全生产。

以柔性生产制造应用场景为例，数控机床和其他自动化工艺设备、物料自动储运设备通过内置5G模组或部署5G网关等设备接入5G网络，实现设备连接无线化，大幅减少网线布放成本、缩短生产线调整时间。通过5G网络与多接入边缘计算（MEC）系统结合，部署柔性生产制造应用，满足工厂在柔性生产制造过程中对实时控制、数据集成与互操作、安全与隐私保护等方面的关键需求，支持生产线根据生产要求进行快速重构，实现同一条生产线根据市场对不同产品的需求进行快速配置优化。同时，柔性生产相关应用可与企业资源计划（ERP）、制造执行系统（MES）、仓储管理系统（WMS）等系统相结合，将用户需求、产品信息、设备信息、生产计划等信息进行实时分析、处理，动态制定最优生产方案。

（资料来源：中华人民共和国工业和信息化部，2021-09-02.）

参考文献：

[1] 陈荣秋，马士华. 生产与运作管理[M]. 5版. 北京：高等教育出版社，2021.

[2] 马风才. 运营管理[M]. 6版. 北京：机械工业出版社，2021.

[3] 雅各布斯，蔡斯. 运营管理[M]. 15版. 苏强，等译. 北京：机械工业出版社，2020.

[4] 史玮璇，何正文，张萌. 运营管理：新思维、新模式、新方法[M]. 北京：机械工业出版社，2023.

思考题：

1. 运营管理的绩效目标有哪些？
2. 选择运营系统类型的原则和方法有哪些？
3. 三种主要生产计划是如何衔接的？
4. 如何理解JIT方式？
5. 如何理解精益生产方式？
6. 库存的作用与弊端有哪些？
7. 什么是全面质量管理？有哪些典型的全面质量管理模式？

练习题：

以某一企业为例，论述其运营管理的特点，写出不少于1000字的报告。

案例讨论题

酷特智能：大规模个性化服装智能定制

红领（酷特智能前身）成立于1995年，是一家传统服装制造企业。随着行业内自动化水平逐步提高，服装制造业竞争愈发激烈，库存成本居高不下，门店压力日益趋升，制造业中间加工环节的利润越发微薄，红领不得不踏上了转型探索之路。

2007年，红领改组成立酷特智能股份有限公司（以下简称“酷特智能”），以包含3000名员工的工厂做为实验室，投入上亿元人民币，开启“传统的大规模生产”转向“大规模个性化定制”的探索，为实现数据驱动生产系统进行了多次组织变革和制造转型。酷特智能在保证收益的同时，以流水线的生产模式满足了顾客个性化定制的需求，真正实现了数据驱动的智能工厂。

1. 数据驱动产品设计

不同于传统服装制造的产品设计，酷特智能探索出了顾客参与的模块化产品设计模式。

在设计之初，酷特智能省去了设计师对物料颜色、材质等要素的潮流预测，员工只需要借助完善的数据渠道，收集顾客反馈、网页大数据、时尚杂志信息、时尚博主与粉丝的互动内容，通过酷特智能的数据处理中心对这些数据进行自动整理，最终形成潮流预测报告，传递到设计中心。

在模块设计中，酷特智能摒弃了雇佣大量设计师的传统做法，只保留两名出色的设计师负责产品设计的工作。首先，这两名设计师会根据顾客反馈意见，对已有产品模块做必要的优化设计；其次，大量的设计工作被外包出去，再由酷特智能从反馈结果中遴选出较优的设计结果加入数据库中；再次，吸引世界知名设计大师加盟以获得最时尚的理念和元素；最后，自有设计师根据提供的结果做部分补充设计工作。

在最终设计实现的过程中，支持顾客在线自由组合自己喜欢的模块以及布料、颜色、适合自己的尺寸等，形成最终的产品设计结果。对于顾客尺寸的确定，酷特智能创新了“三点一线”量体法，顾客可以根据线上的量体视频进行自主量体，也可以选择酷特智能量体师提供量体服务。最终，顾客参与设计完成的方案形成订单。

酷特智能推出的顾客参与的模块化设计模式，推动了员工顾客化、顾客员工化，设计员工在进行产品设计时，始终站在顾客的角度考虑问题，以顾客同理心去影响产品的设计过程。为了保障员工与顾客的实时、高效的互动，酷特智能不仅加大在员工的职业素养和专业技能培训方面的投入，还授予一线员工必要的资金、物流、仓储、设备和人员调配权，这些资源的调动不再需要向上级提出申请并等待审批，而是依据实时的系统记录数据实行事后问责制。基于此，提高了组织的响应性和应变能力。

2. 数据驱动产品制造

酷特智能为了实现流水线定制，将标准制衣流程拆分成300多道生产工序，每道工序都设计了标准化的加工工艺。服装主体先后经过流水线各环节，生产线的员工和机器设备根据服装主体上RFID卡片存储的操作指令拼接上子模块，机器自动完成对服装主体细节的加工，最终获得成衣。

在整个制造过程中，酷特智能取消了班组长的等级制管理和资源的部门制管理，打通了与原材料供应商间的数据壁垒，使生产制造涉及的所有资源（人、事、物、财）都处在同一网络中，网络中的任意两点都能直接连接，实现员工间、员工与设备间、设备间、内部系统和外部资源间的高度协同。

基于数据驱动制造的需要，酷特智能创立灵活的“家庭式细胞核”组织管理模式来代替班组长管理。每个可以被划分出来的独立制造环节由一个“家庭式细胞”单元负责，“家庭式细胞单元”中，通常会有一到两个“多面手”（酷特智能将其称为“细胞核”），其能够胜任整个环节的所有操作，这保障了个别节点成员的缺勤不会造成生产停滞。在“细胞单元”中，没有管理者的存在，所有成员都自我设定目标、自我激励、自我管理，同时“细胞单元”成员间就像家庭成员一样各司其职、相互协同，保障工作的高效开展。

（资料来源：张明超，孙新波，钱雨．数据赋能驱动智能制造企业 C2M 反向定制模式创新实现机理［J］．管理学报，2021，18（8）：1175－1186．）

【问题讨论】

（1）酷特智能的生产过程如何体现大规模生产和个性化定制的特点？

（2）酷特智能在组织大规模定制的生产过程中采取了什么样的管理模式？

（3）数字化转型对于酷特智能业务流程产生了什么样的影响？

第四章

市场营销

教学目标与要求

通过本章学习，使学生能够对市场营销的基本知识体系有全面的了解和认识。要求学生掌握市场营销概念和4P策略，能够运用市场营销的方法和策略进行营销方案的设计，树立正确的市场营销观念，并把握大数据营销的前沿思想和方法。

思想导入

必须完整、准确、全面贯彻新发展理念，坚持社会主义市场经济改革方向，坚持高水平对外开放，加快构建以国内大循环为主体、国内国际双循环相互促进的新发展格局。

我们要坚持以推动高质量发展为主题，把实施扩大内需战略同深化供给侧结构性改革有机结合起来，增强国内大循环内生动力和可靠性，提升国际循环质量和水平，加快建设现代化经济体系，着力提高全要素生产率，着力提升产业链供应链韧性和安全水平，着力推进城乡融合和区域协调发展，推动经济实现质的有效提升和量的合理增长。

资料来源：习近平. 高举中国特色社会主义伟大旗帜 为全面建设社会主义现代化国家而团结奋斗：在中国共产党第二十次全国代表大会上的报告［M］. 北京：人民出版社，2022.

市场营销是企业实现商业目标的关键活动之一，是企业获得盈利、提高效益的重要手段。企业通过市场营销将产品介绍给消费者、树立品牌形象、提高企业知名度、促进自身快速发展。

第一节　市场营销基本概述

一、市场营销基本知识框架

在过去几十年时间里，市场营销发展迅速，其内容和知识体系逐步得到完善和健全，形成了成熟的营销理论、方法和策略，并随社会的不断进步和环境变化产生了新的内容。市场营销贯穿企业管理的全过程，其基本知识框架可以归结为营销环境分析、营销STP策略和4P营销策略三部分，如图4-1所示。

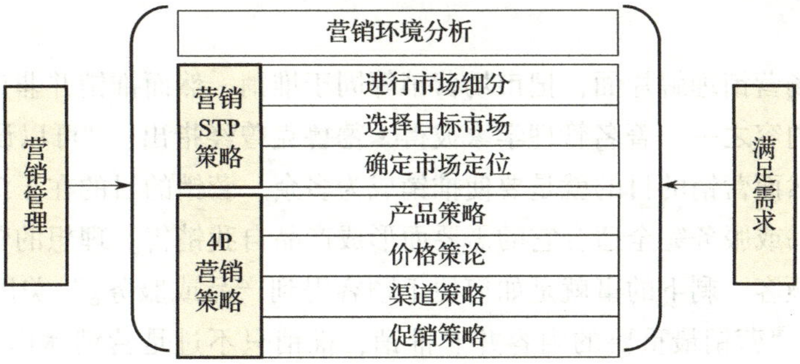

图4-1　市场营销基本知识框架

二、市场营销基本概念

首先介绍几个核心概念，也可称之为营销要素，这对充分理解营销管理理念和营销策略是非常必要的。

1. 市场

市场是指具有特定需要或欲望，愿意并能够通过交换来满足这种需要或欲望的全部潜在顾客。市场包括三个要素，即有某种需要的人、有购买欲望、为满足这种欲望的购买能力。用公式表示就是：市场 = 人口 + 购买欲望 + 购买力。

市场的这三个要素相互制约、缺一不可，只有三者结合起来才能构成现实的市场。如果一个国家和地区人口众多，但购买力有限，则不能构成容量很大的市场；如果产品不能满足人们的购买欲望，对销售者来说，仍然不能成为现实的市场；购买力大，但人口很少，也不能成为很大的市场。

特定的需要、购买欲望和购买能力构成了营销三要素，如图4-2所示。需求是企业市场组成的基本条件。营销管理作为协调企业与市场的纽带，其目的就是让企业更好地发现、创造需求和市场，并且最大限度地去满足该市场，以获得长期的、稳定的利润源泉和发展空间。

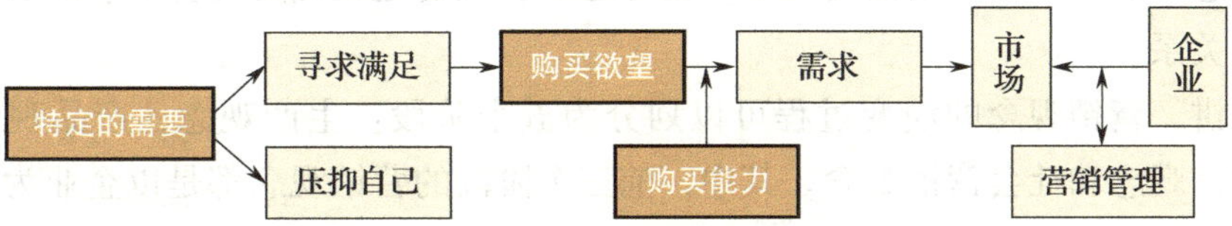

图4-2　营销三要素

2. 需要、欲望和需求

人类的需要和欲望是市场营销活动的出发点。需要是指没有得到某些基本满足的感受状态；欲望是指想得到基本需要的具体满足物的愿望；需求是指对有能力购买且愿意购买的某个具体产品的愿望。

人类为了生存和发展，会产生多种需要，包括生理的、安全的、社会的、自尊的和自我实现的需要，这些需要十分基础，客观存在，可用不同方式来满足。人的需要是有限的，但欲望却是无止境的。当具有购买力时，欲望就转化为需求，企业不能创造消费者的需要，应激发他们的欲望。

3. 市场营销

有些人对市场营销理解片面，把市场营销等同于推销。然而推销并非市场营销，推销仅仅是市场营销的内容之一。著名管理学家彼得·德鲁克曾经指出："可以设想，某些推销工作总是需要的，然而营销的目的就是要使推销成为多余。营销的目的在于深刻地认识和了解顾客，从而使产品或服务完全适合它的需要而形成产品自我销售。理想的营销会产生一个已经准备来购买的顾客，剩下的事就是如何便于顾客得到产品或服务。"美国营销学权威菲利普·科特勒认为："营销最重要的内容并非推销，推销只不过是营销冰山上的顶点。"如果营销者把认识消费者的各种需求，开发适合的产品，以及定价、分销和促销等工作做得很好，这些产品就会很容易地销售出去。

许多关于市场营销的定义将有助于对其概念的理解。美国营销协会把营销定义为，营销是引导商品和劳务从生产者到达消费者或用户手中所进行的企业活动。英国营销学会则认为，一个企业如果要生存、发展和盈利，就必须有意识地根据用户和消费者的需要来安排生产。日本企业界人士认为，在满足消费者利益的基础上，研究如何适应市场需求提供商品和服务的整个企业活动就是营销。

尽管以上有关市场营销的定义不尽相同，但从这些定义中可以归纳出以下三点含义。

1）市场营销是一个综合的经营管理过程，贯穿企业经营活动全过程。

2）市场营销是以满足顾客需要为中心来组织企业经营活动，通过满足需要而达到企业获利和发展的目标。

3）市场营销用整体性的经营手段适应和影响需求。

综上所述，本书对市场营销做出这样的概括：市场营销是企业以顾客需要为出发点，有计划地组织各项经营活动，为顾客提供满意的商品和服务进而实现企业目标的过程。

三、市场营销观念的发展

营销观念是企业从事营销活动的基本指导思想，核心是正确处理企业、顾客和社会三者之间的利益关系。

一般来讲，营销观念的演变过程可以划分为五个阶段：生产观念、产品观念、推销观念、市场营销观念和社会营销观念。其中，前三个阶段的营销观念都是以企业为出发点，是由生产推动市场的基本运作模式，属于生产导向，统称为旧观念；后两个阶段分别可以称之为市场导向和社会导向，统称为新观念，见表4－1。

表4－1　营销观念的发展与对比

观念名称	市场特点	典型口号	企业行为	基本模式
生产观念	严重的卖方市场，商品供不应求，销售压力小	我们生产什么，就卖什么	关注产量的增加和成本的降低，关注生产效率提高	生产推动市场（推式）
产品观念	开始出现竞争，消费者有了更多的选择余地，关注产品质量		关注提高产品质量、功能、特色等因素	

（续）

观念名称	市场特点	典型口号	企业行为	基本模式
推销观念	买方市场，竞争激烈，商品销售压力增加	我们卖什么，就让消费者买什么	关注销售环节，致力于产品推广和广告	生产推动市场（推式）
市场营销观念	买方市场，竞争激烈，消费者需求呈现差异化、个性化	消费者需要什么，我们就生产什么	通过调查了解消费者切实需求，为生产提供指导	市场拉动生产（拉式）
社会营销观念	社会问题严重，市场营销负面作用逐步显现		寻求社会利益、消费者需求和企业利润的统一	

四、市场营销理论

市场营销理论也称为市场营销组合策略，通常指4P策略和4C策略。4P策略是著名的营销学大师，美国密西根大学教授杰罗姆·麦卡锡（Jerome McCarthy）于1960年在其《基础营销学》中第一次提出。4C策略是著名的营销理论专家，整合营销传播理论的奠基人之一罗伯特·劳特朋（Robert F. Lauteerborn）于1990年在其《4P退休4C登场》专文中提出的。

1.4P策略

4P分别指代Product（产品）、Price（价格）、Place（地点，即分销或渠道）和Promotion（促销）四个英文单词首字母。4P策略认为，如果一个营销组合中包括合适的产品、合适的价格、合适的分销策略和合适的促销策略，那么这将是一个成功的营销组合，企业的营销目标即可实现。

4P营销组合策略为营销提供了一个简洁和易于操作的框架。正因如此，许多年来它一直是考虑和讨论营销的一个基本前提和假设，为此，大多数营销计划是在4P框架下制订的。

2.4C策略

4C分别指代Customer（顾客）、Cost（成本）、Convenience（便利）和Communication（沟通）。

1）Customer（顾客）主要指顾客需求。企业必须首先了解和研究顾客，根据顾客需求来提供产品。同时，企业提供的不仅仅是产品和服务，更重要的是由此产生的客户价值（Customer Value）。

2）Cost（成本）不仅是企业的生产成本，或者说4P中的Price（价格），还包括顾客的购买成本。这意味着产品定价的理想情况，应该是既低于顾客的心理价格，也能够让企业有所盈利。此外，顾客购买成本不仅包括其货币支出，还包括其为此耗费的时间、体力、精力消耗以及购买风险。

3）Convenience（便利），即为顾客提供最大的购物和使用便利。它强调企业在制定分销策略时，要更多地考虑顾客的方便，而不是企业自己方便；要通过好的售前、售中和售后服务让顾客在购物的同时，也享受到便利。便利是客户价值不可或缺的一部分。

4）Communication（沟通）对应4P策略中的Promotion（促销）。企业应通过同顾客进行积极有效的双向沟通，建立基于共同利益的新型企业/顾客关系，而不只是企业单向的促销和劝导顾客。

从4P策略到4C策略的发展体现了从卖方市场到买方市场的转变。4P策略诞生的背景是卖方市场，此时商品提供者考虑比较多的是如何生产物美价廉的商品，并且能够以适当的价格，在适当的地点，通过适当的促销方式提供给消费者，4P策略的出发点是卖方（企业）。4C策略考虑更多的是消费者，如何能够控制更低的成本，通过与消费者沟通，便利地给消费者提供商品，4C策略的出发点是买方（顾客）。

第二节　市场营销环境分析

一、市场营销环境的定义

市场营销环境是指影响企业市场营销活动的各种外部力量，它是企业不能控制的，既能给企业带来一些发展机会，也会给企业造成某种巨大威胁。市场营销外部环境有以下三个特点。

（1）复杂性　外部环境因素不是单一的，而是多方面的；不是孤立的，而是相互联系的。

（2）变化性　外部环境因素不是固定不变的，而是发展变化的，并且这种变化是随时随地和永无止境的。

（3）不可控制性　外部环境因素是一种强大的宏观力量，在一般情况下是企业不能够控制的。

市场营销环境分析的重要性表现为：有利于企业发现新的市场机会；有助于企业避开环境威胁；能够使企业扬长避短，发挥优势，在竞争中取胜。

因此，市场营销环境对企业的生存和发展具有重要意义。企业必须重视对市场营销环境的分析和研究，并根据市场营销环境的变化制定有效的市场营销策略，从而实现自己的营销目标。

二、市场营销环境的分类

由于观点和角度不同，学者们对市场营销环境提出了不同的分类方法。目前普遍应用的是著名营销专家菲利普·科特勒提出的分类方法，他将市场营销环境区分为微观环境和宏观环境。

1. 微观环境

微观环境是指与企业密切相关，直接影响其营销能力的各种参与者，这些参与者包括企业、供应者、营销中间商、顾客、竞争者和公众，又称为直接营销环境。

就企业本身而言，其管理者和职工素质、财务状况和资金实力、设备状况和生产能力、信息敏感度以及在公众中的形象等，都直接影响到企业能否为消费者或用户提供最佳的商品和服务；企业作为生产单位，要想满足目标市场消费者或购买者的需求，并达到自己满意的利润，必须与供应商、营销中间商等企业发生联系才能制造出合格的产品。在选择供应商时，一般要了解供应商数量及其规模和分布，并着重分析本企业对供应商所供产品的依赖程度以及对本企业的供货占供应商全部产品的比例等。在选择营销中间商时，主要应分析营销中间商的数量、与本企业交易量的大小及比重、经营规模、范围及其性质特点等。此外，竞争者的数量与实力对企业有直接影响。企业在分析竞争者时，应主要掌握竞争者的数量、规模、实力、领导作风、经营风格及营销策略等。

2. 宏观环境

宏观环境即影响企业的巨大社会力量，包括自然环境、人文环境、经济环境、社会－文化环境、技术环境、政治－法律环境。宏观环境虽不可控，但企业必须注意它们之间的相互作用，因为它们带来了机遇和威胁。如人口数量越多，如果收入水平不变，日用品需求量就越大，那么这个市场也就越大。

营销人员需考虑的自然环境包括原料的短缺、能源成本的增加、反对污染的压力、政府职能的变化等；人文环境包括世界人口增长、人口年龄组合、种族市场、教育水平、家庭类型、人口的地理迁移等；经济环境包括收入分配、储蓄和信贷可用性等；社会－文化环境包括核心文化价值观念的持续性、亚文化、组织观、社会观、自然观等；技术环境包括技术变革速度、创新、技术迭代、研发预算、对技术变革的监管力度等；政治－法律环境包括企业立法、法规及一些特殊利益团体（如消费者协会）等。

第三节　营销 STP 策略

消费者需求的多样化和差异性使得任何一家企业都无法满足整体市场的全部需求，但企业可以将市场划分成有着独特需求或需要的消费者群，并决定哪些消费者群是它能有效服务的。因此，企业可根据自身的优势和特色，采取市场细分策略和目标市场策略，在整体市场中寻求有利于自身发展的市场空间。企业需要通过三个主要步骤：一是进行市场细分（Segmenting）；二是选择目标市场（Targeting）；三是确定市场定位（Positioning）。

一、进行市场细分

市场细分是指将一个市场划分为界限清楚的几部分。一个细分市场由一组具有相似需要和欲望的消费者组成。不管使用何种细分标准，关键在于通过营销计划识别出消费者差异并进行调整。

1. 市场细分变量选择

市场细分过程中最关键的问题就是选择合适的市场细分变量。市场细分变量选择的合适与否将直接影响市场细分的成败。市场细分变量主要包括地理环境因素、人口因素、消费者心理因素和消费者行为因素四类，如图 4－3 所示。

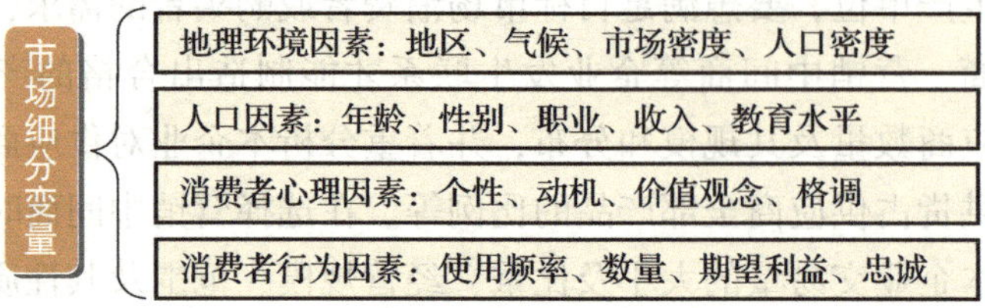

图 4－3　市场细分变量

2. 市场细分原则

从有效营销的角度考虑，并非所有的市场细分都是有意义的。一般来讲，企业市场细分应遵循以下四个原则。

1）可衡量性是指与细分市场特征有关的数据资料必须能够加以衡量和推算。

2）可实现性是指企业所选择的目标市场是否容易进入，是否能够充分体现本企业的人、财、物和技术等资源优势，企业能否在该目标市场中占有较大的市场份额等。

3）可营利性是指所选择的细分市场应有足够的需求量和购买力，并且要有较大的发展潜力，能够保证企业获得稳定的长期利润。

4）可区分性是指不同的细分市场之间存在需求的差异性，此时才有进行市场细分的必要性，否则就需要对几个不同的细分市场进行合并，以降低成本。

案例

欧莱雅的市场细分

欧莱雅为全球 500 强企业之一，由发明世界上第一种合成染发剂的法国化学家欧仁·舒莱尔创立于 1907 年。历经一个世纪的努力，欧莱雅从一个小型家庭企业跃居为世界化妆品行业的领头羊，事业遍及 150 多个国家和地区，产品包括护肤防晒、护发染发、彩妆、香水、卫浴、药房专销化妆品和皮肤科疾病辅疗护肤品等。

欧莱雅进入中国市场至今，向公众充分展示了“巴黎欧莱雅，你值得拥有”的理念。目前已在全国数个大中城市的百货商店及超市设立了形象专柜。其成功业绩，关键取决于欧莱雅独特的市场细分策略。

欧莱雅公司将化妆产品的品种进行细分，如彩妆、护肤、染发护发等，同时对每一品种按照化妆部位、颜色等再进一步细分，如按照使用部位不同将彩妆分为口红、眼膏、睫毛膏等；再如口红，进一步按照颜色细分为粉红、大红、无色等，此外，还按照口红性质差异将其分为保湿型、明亮型、滋润型等。如此步步细分，仅旗下美宝莲品牌口红就达到百余种，而且基本保持每 1 ~2 个月就向市场推出新的款式，从而将化妆品的品种细分几乎推向极限地步。

按照中国地域广阔特征，鉴于南北、东西地区气候、习俗、文化等的不同，人们对化妆品的偏好具有明显的差异。如南方人们一般比较喜欢使用淡雅的装饰，因此较倾向于淡妆；

而北方由于文化习俗的缘故，一般都比较喜欢浓妆。同样东西地区由于经济、观念、气候等的缘故，人们对化妆品也有不同的要求。所以欧莱雅敏锐地意识到了这一点，按照地区推出不同的主打产品。

（资料来源：https://www.nhiedu.cn/newdetailss-5708.html）

二、选择目标市场

选择目标市场是在企业对整体市场进行细分之后，根据自身企业的优势和战略目标，在若干个细分市场之中选择其中一个或者是多个，作为本企业主要进攻方向的过程。公司在评估不同的细分市场后，可以考虑选择目标市场的五种模式。

1. 单一细分市场

通过单一细分市场营销，企业可以深入细致了解该细分市场的需求，并建立牢固的市场地位。公司通过生产、促销等专业分工，可以获得经营上的规模效益。如果能取得细分市场的领导地位，就能赚取很高的投资回报。不过，如果该细分市场由于购买模式变化或者新竞争者出现而恶化，在单一细分市场中的集中营销的风险会变大。

2. 选择性专业化

通过选择若干个细分市场，每个细分市场在客观上都有吸引力。这些细分市场之间存在较少的协同优势或者没有协同优势，但每个细分市场都有望获利。这种覆盖多个细分市场的战略具有分散公司风险的优势。

3. 产品专业化

产品专业化即专门为若干个细分市场生产某种产品，如把显微镜销售给大学实验室、政府实验室和商业实验室。通过产品专业化，公司可在具体的产品领域树立较高声誉，这种做法存在的风险就是产品可能被全新的技术取代。

4. 市场专业化

采用市场专业化模式时，公司集中为某一特定顾客群体的多种需求提供服务，如一家公司向大学实验室销售多种不同产品。公司在服务某特定群体时会建立很高的声誉，而且它可以成为该顾客群体获得其他所需产品的渠道。市场专业化存在的风险是顾客群体可能会缩减规模或削减预算。

5. 全面覆盖

在这种情况下，公司试图向各种顾客群体提供其所需的所有产品。只有非常大型的公司可以采用全面覆盖目标市场选择方式。大公司可以采用两种方法覆盖整个市场：无差异化市场营销和差异化市场营销。在无差异化市场营销中，公司忽略细分市场间的区别，仅用一种市场供应品来满足整个市场。它把重点放在一种基本的购买者需求上，设计一种产品和制定一个营销规划来迎合最大数量的购买者。在差异化营销中，公司可以同时在几个细分市场经营，并为每个细分市场设计不同的策略，差异化营销带来较高销售额的同时，也容易引起成本增加。

三、确定市场定位

定位是企业的产品和形象在目标消费者心目中占据一个独特位置的行动，目的是将品牌留在消费者心目中。一个好的市场定位能帮助企业塑造品牌形象，阐明品牌实质，说明品牌价值主张。市场定位既要“立足现在”，又要“放眼未来”，需要在企业现在是什么和可以是什么之间取得平衡，而市场定位的结果就是给消费者为什么购买某个产品一个充分的理由。

案例

蜜雪冰城：将“省钱”进行到底

3 块钱的冰激凌、4 块钱的柠檬水、7 块钱的烧仙草……产品价格与品牌的定位密切相关，正如蜜雪冰城的品牌定位是“省钱”一样。蜜雪冰城能够将产品价格控制在较低水平，所依靠的是完整的供应链体系，以此来降低成本，达到“省钱”的目的。

①原料自产为主。早在 2007 年，蜜雪冰城就有了自己的原料加工厂，那时仅以生产冰淇淋粉和脆筒为主。到了 2012 年，蜜雪冰城生意越做越大，原工厂已无法满足前端的需求，于是河南大咖食品有限公司（以下简称“大咖食品”）成为蜜雪冰城最大的原料供应商。

②构建了以河南为中心、覆盖全国大部分区域的物流运输体系。大咖食品有河南总仓、西南仓、华南仓、东北仓、新疆仓，还新成立了海南鲜易达供应链有限公司。当加盟商需要原料时，大咖食品有覆盖全国的供应能力，可免运费直接送至门店。

③最大限度降低门店运营成本。运营成本低主要体现在产品制作工序少，易操作。一名新人入职，只要培训半个月到一个月时间就可以学会店内产品制作。

（资料来源：https://www.nhiedu.cn/newdetailss-5708.html）

1. 市场定位基本要求

市场定位要使公司的产品或形象在目标消费者心目中占据一定的特殊位置，就要定义和传播品牌间的差异点和相似点。

①差异点是指消费者认为某品牌特有的属性或优势，属于正面评价，其他竞争品牌无法与之媲美。如顺丰快递时效快，海飞丝去屑效果好。

②相似点是指品牌与其他品牌所共有的特性或好处，分为种类相似点和竞争相似点。种类相似点是指某个产品种类中的产品都需要具备某些特性，如消费者在评估某品牌手机时，要考虑其通话质量、相机功能、待机时长等；竞争相似点是指除拥有其他竞争品牌的特性外，还有优于竞争品牌的其他属性。如元气森林考虑了消费者口感和对卡路里的要求，主张消费者追求的两个需要——“口感好”和“0 脂 0 糖 0 卡”。

2. 市场定位常见方式

（1）比附定位　比附定位是品牌成长初期阶段的定位方法，是追赶名牌的一种定位。企业通过各种方法与同行中的知名品牌建立内在联系，使自己的品牌在消费者心目中占据一定的位置。如蒙牛的比附定位，蒙牛从产品的推广宣传开始，就与伊利联系在一起。蒙牛在冰激凌的包装上打出“为民族工业争气，向伊利学习”的字样；蒙牛的第一块广告牌子上写的是“做内蒙古第二品牌”。

（2）独特消费者主张（Unique Selling Point，USP）定位　独特消费者定位以消费者为核心，提出竞争对手尚未提出的独特价值主张或承诺，直接明了地告诉消费者，购买产品能够得到什么利益。这种定位强调产品具体的特殊功效和利益；定位是唯一的、独特的、其他同类竞争产品所不具备的；定位必须有利于促进销售，即一定要强有力，能影响消费者。如白加黑：治疗感冒，黑白分明。

（3）自我表现定位　自我表现定位通过表现品牌的某种独特形象和内涵，让品牌成为消费者表达个人价值观、审美情趣、自我个性、生活品位、心里期待的一个媒介。如浪莎袜业宣扬“动人、高雅、时尚”的品牌内涵，满足消费者对靓丽、妩媚、时尚的需求；美特斯邦威的“不走寻常路”，引发了人们的思考。

第四节　产品策略

品牌的核心是产品，产品是市场营销组合中最重要也是最基本的因素。企业在制定营销组合策略时，首先必须决定生产什么样的产品来满足目标市场需求。同时，产品策略还直接或间接地影响到营销组合中的其他因素。因此，产品策略是整个营销组合策略的基础。

一、整体产品策略

人们通常认为产品是有形的，这种理解是狭义的、片面的。产品指任何一种能满足消费者需要或欲望的东西。如消费者购买一件服装，不仅为了保暖防风，还为了获得美观、良好的售后服务等多方面满足。

产品是指人们通过购买所获得的、能够满足消费者某种需要和利益的有形物体和无形服务的总和，也称之为整体产品。

整体产品可以分为三个层次：核心层、形式层和延伸层，如图4－4所示。

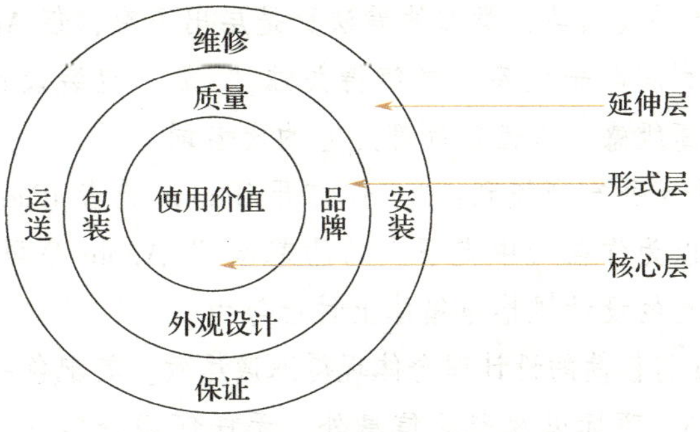

图4－4　整体产品层次

1. 核心层

整体产品的第一个层次是核心层，即核心产品，是指消费者购买产品所追求的最基本的效用和利益，关注产品的使用价值。例如，买电视机是为了看电视节目。

核心层是产品销售的基础和前提条件，对于大部分成熟产品来讲，核心层并不是消费者选择商品的评判标准。不过，对于某些新产品，当消费者对该产品的使用价值和基本功能不是十分了解的时候，企业对产品核心层的宣传是非常关键和必要的。

2. 形式层

产品的形式层是产品基本使用价值的有形载体，主要包括品牌、质量、外观设计、包装等。

（1）品牌　品牌是一个名称、名词、符号或设计，或者是它们的组合，其目的是识别某个企业的市场提供物，并使之同竞争对手区别开来。打造优秀的品牌是每一个企业所追求的终极目标，其在设计时要注意三个方面：造型美观、构思新颖；能表现出产品或企业特色；简洁易记。

（2）质量　质量是产品满足规定需要和潜在需要的特征和特性的总和。任何产品都为满足消费者需要而制造，反映消费者使用需要的质量特性一般包括性能、寿命（即耐用性）、可靠性、安全性、灵活性、经济性。

（3）外观设计　外观设计是产品形式层的重要组成部分，是看得见摸得着的，也是消费者能够直接接触和评价的部分。企业需要根据不同细分市场中消费者需求的差异性和个性，提供有针对性的产品外观设计，以充分适应消费者的需求偏好。

（4）包装　包装是为了在流通过程中保护产品，方便储运，促进销售，按一定的技术方法所用的容器、材料和辅助物等的总体名称。承装没有进入流通领域物品的用品不能称之为包装，只能称为“包裹”“箱子”“盒子”“容器”等。包装除了有包裹盒承装的功能外，还对物品进行修饰，获得受众的青睐也是包装的重要作用。

案例

Apple 包装盒的秘密

传统观点里，企业总是将产品包装放置于发展末端，认为“产品本身够硬，就无需担心没有顾客购买”。在高科技领域，类似的看法更是层出不穷，但 Apple 公司认为，“低成本的盒子和里面装着的高利润电子设备一样值得关注。”放眼包装设计圈，Apple 往往被誉为行业标杆，极简设计、高级感、人性化等都是它的代名词。

Apple 创始人史蒂夫·乔布斯提到：“当你打开 iPhone 或者 iPad 的包装盒时，我们希望那种美妙的触觉体验可以为你在心中定下产品的基调。”Apple 公司深知包装是整体产品的第一代言人，并在包装盒的设计风格与箱体上付诸努力。

一个包装盒，Apple 将极简的设计理念体现得淋漓尽致。其配色一直都是以白色为主，包装盒上除了产品图、Logo、商标以及产品信息外，无任何多余信息。虽然简单，但“Less is More”，包装盒的简约设计，使得 Apple 的 Logo 显得更为突出，也有助于 Apple 在用户心中创建出一种简单、好用的产品形象乃至品牌形象。与此同时，为进一步增强包装盒的极致质感，Apple 引进了高级珠宝行业中所采用的 V 形切割法。这与传统的折叠拼接不同，V 形切割能使包装盒各个面向紧密贴合，不易产生令人反感的折痕。试想当顾客在 Apple 官网上订购新设备，等待许久后，却拿到一个经历了磕磕碰碰的包装盒，这会引起顾客多大的不适。相反，方方正正、干干净净的包装盒，可能在短短的几秒钟，就已经在用户心里埋下高级感与精致感的种子。

（资料来源：https://baijiahao.baidu.com/s?id=1720671663998855835&wfr=spider&for=pc）

3. 延伸层

产品延伸层主要是指顾客购买形式产品时，附带获得的各种利益的总和，包括服务、保证、维修、运送、安装、技术培训等。

二、产品生命周期策略

产品的生命周期指某产品从进入市场到被市场淘汰的全部运行过程。产品生命周期具有四个含义：一是产品的生命是有限的；二是产品销售会经过不同的阶段，每一阶段销售者都面临不同的挑战、机遇和问题；三是在产品生命周期的不同阶段有不同的利润水平；四是在产品生命周期的不同阶段，公司需要有不同的营销、财务、制造和人力资源战略。

1. 产品生命周期划分

产品生命周期分为四个阶段：产品导入期（投入期或引入期）、产品成长期、产品成熟期和产品衰退期，如图 4－5 所示。

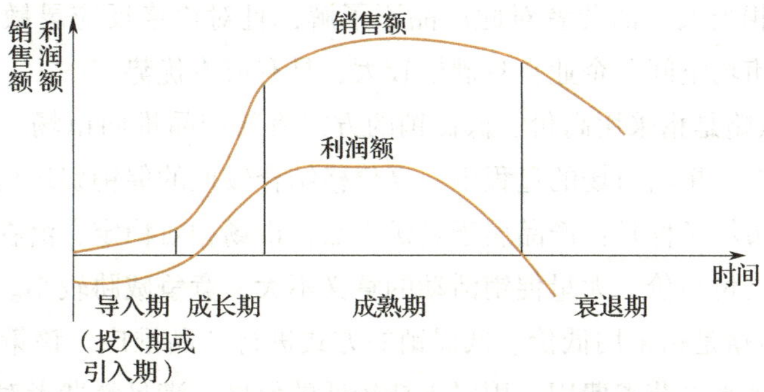

图 4－5 产品生命周期曲线

2. 产品生命周期各阶段特征及营销策略

在产品生命周期不同阶段，产品的质量水平、技术熟练程度、成本状况，消费者对该产品的了解程度等都有很大区别。因此，企业需要了解产品在不同生命周期阶段所具有的基本特征，并根据产品特征及市场需求状况制定相应的营销策略。

（1）产品导入期特征及营销策略　在产品导入期，消费者对产品不太了解，销售量少，单位产品生产成本较高；广告费用和其他营销费用开支较大；企业利润少，通常会出现亏损现象；产品技术、性能不够完善；企业承担的市场风险较大。如果产品开发或市场预测失误，许多新产品就会在这一阶段夭折。

产品在市场导入期所面临的竞争对手一般较少，企业营销策略的重点是通过各种手段缩短消费者的认知周期，使消费者尽快了解并购买该产品。企业一般需要在产品的导入期重点关注产品的价格和促销两个方面，根据产品价格的高低和促销水平的强弱，可以将产品导入期的营销策略分为以下四种，见表4-2。

表4-2　产品导入期营销策略

产品价格	高促销	低促销
高价	迅速取脂	缓慢取脂
低价	迅速渗透	缓慢渗透

1）迅速取脂策略是指采用高价、高促销的方式推出新产品，促进导入期产品迅速占领市场，对于绝大多数消费品来讲，该策略是产品导入期营销策略的首选。由于此时消费者对产品的基本性能不是十分了解，购买决策一般属于非理性购买，对产品价格有“一分钱一分货”的简单评价，因此企业可以通过较高的价格吸引消费者，同时高价可以为企业带来较高的利润水平，使企业有足够的资金进行促销宣传，塑造一种“优质优价”的良好品牌形象。迅速取脂策略适合的市场条件是：市场上有较大的需求潜力，顾客求新心理较强；当前消费者对该产品的了解程度很低，如果消费者了解了商品会急于购买，并且能够支付高价；企业可能面临较激烈的市场竞争，产品急需先声夺人树立名牌形象。

2）迅速渗透策略是指采用高促销、低价的方式对新产品进行推广。该策略一般可以使产品迅速渗透市场，占据较大市场份额，迅速降低产品成本，实现规模效益。实施该策略的条件是：市场容量相当大；消费者对此产品不了解，且对价格反应灵敏；潜在竞争比较激烈，必须抢先抢占市场空间；企业自身规模较大，具有成本优势。

3）缓慢取脂策略是指采用高价、低促销的方式将新产品推向市场。该策略一般适用于知名度极高的产品在开拓新市场的过程中，高价格结合较低的促销费用可以使企业获得极高的利润。该策略的市场条件是：产品属于名优产品，市场相对稳定，潜在购买者对该产品非常了解，并且可以支付高价；大量促销活动的意义不大，竞争威胁较小。

4）缓慢渗透策略是指采用低价、低促销的方式进行产品推广。该策略一般适用于普通产品，采用较低促销水平节省费用，用以支持较低的价格，满足消费者对价格的敏感性；适用的市场条件一般是：市场容量较大；企业已了解到顾客对该项产品的价格十分敏感；潜在竞争激烈。

（2）产品成长期特征及营销策略　产品在成长期的主要特征是：消费者对产品的了解程度逐渐提高，产品销量也随之迅速增长；由于大批量生产和客观的利润，吸引大量竞争者纷纷加入，竞争比较激烈；产品的技术、性能逐步完善，成本下降，利润率上升。因此，企业在成长期主要考虑努力改进和进一步提高产品质量，改进服务，大力促销，同时迅速建立广泛的分销体系，扩大市场占有率。

（3）产品成熟期特征及营销策略　产品成熟期的主要特征是产品销售量虽然仍有增长，

但增长率呈现递减趋势，由于生产成本、促销费用下降，且产品总销量稳定，使得企业获得稳定的利润；同时，市场上同类产品数量增加，产品同质化问题显现，市场竞争十分激烈，降价问题不可避免。在产品成熟期后期，企业利润开始下降。因此，产品成熟期的经营策略一般不宜采取单纯防守性策略，因为企业安于现状就难以使产品市场得到巩固和发展。为此，企业在产品的成熟阶段应该采取进攻与防御并举的营销策略，具体根据竞争条件和产品的发展趋势采取产品改革策略、市场改革策略和营销组合改革策略等方式。

1）产品改革策略是指企业通过技术改进，使产品的质量、性能等有明显的改变，以适应不断变化的市场需求和竞争环境的要求，以便企业留住老顾客，吸引新顾客，从而延长产品的成熟期，甚至出现产品的“第二次青春”，再次进入高速发展阶段。常见的产品改革策略有包装改进、广告定位改进、质量改进等。

2）市场改革策略主要是开拓新的市场，发现新的用户，以此延长产品的成熟期。市场开发不单纯是指地区市场的开发，还包括进入不同的细分市场，满足不同客户群的新需求等方面。常见的市场改革方式有三种：一是开发产品的新用途，寻找新顾客；二是刺激现有顾客以增加购买量和使用频率，留住老顾客；三是进入新的地区，寻找新的空白市场，使产品从零开始获得新的发展和循环。

3）营销组合改革策略主要是从定价、渠道和促销手段等不同方面进行创新，以刺激老顾客的重复购买和顾客忠诚，同时吸引新的消费者加入本企业消费阵营，尽量延长产品的成熟期。同产品改革和市场改革策略相比，营销组合改革策略的主要缺陷就是更容易被竞争对手模仿，从而使本产品的竞争状况进一步恶化，竞争更加激烈。

案例

星巴克中国市场开发

星巴克于1999年1月在北京的中国国际贸易中心开设了中国内地第一家门店，并为中国市场量身定制了一套方案。过去十多年，星巴克中国内地门店数增长了近10倍，在2022年年底达到6000家。在2025战略愿景中，至2025年，星巴克中国总门店数量将达到9000家，员工将新增35000人，达到95000多名，并实现净收入翻倍、营业利润为当前4倍的增长目标。就是在未来三年中，公司计划以平均每9小时开出一家新门店的速度，新增开3000家门店，覆盖中国300个城市。与此同时，布局绿色门店也是星巴克中国计划中的一部分，该品牌预计至2025年在全国开出约2500家绿色门店。

（资源来源：https://baijiahao.baidu.com/s?id=1743966969889915035&wfr=spider&for=pc）

（4）产品衰退期特征及营销策略　产品衰退期的主要特征是产品销量急剧下降，产品出现积压、价格下跌的现象，而且降价所带来的销量增长越来越不明显，企业利润锐减；产品的弱点和不足已经开始显露，市场上出现了功能更强、性能更好的替代品；竞争者相继退出市场。企业在产品衰退期一般可以采取集中、持续和撤退三种策略方式。

三、产品组合优化策略

产品组合是指企业全部产品和产品项目的组合和结构，即企业的业务经营范围。单一产品的经营风险很大，保持合理的产品组合，并不断对产品组合进行评价和优化是企业获得长期发展的基本要求。产品组合优化是企业管理的重要内容，最常见的一种方式是波士顿矩阵。波士顿矩阵采取两个指标：市场占有率（静态指标）和销售增长率（动态指标）对企业产品组合的每种产品进行分析，并根据两项指标的高低，将产品分为四类，如图4-6所示，然后根据每类产品所具备的特点采取有针对性的应对策略。

1）问题类产品基本对应产品生命周期的导入期阶段，属于刚刚进入市场、具有较大发展潜力的新产品，更多地需要企业进行资金支持，并从广告和定价等角度进行权衡把握，以利于新产品的顺利成长。

2）明星类产品基本对应成长期阶段，正处于旺盛的发展时期，此时产品需求量迅速增加，并且已经达到较高的市场占有率，企业此时重点需要根据市场消费者需求的增长速度和需求特点建立广泛的分销体系和网络，为消费者提供购买的便利。

3）金牛类产品基本对应成熟期阶段，此类产品市场需求稳定，技术成熟，企业应该努力保持此类产品的销售量及市场份额，并不断进行改进，努力增加金牛类产品在企业产品组合中所占的比重，获得稳定利润。

4）瘦狗类产品一般应该采取撤退策略，并根据该产品衰退的趋势选择合适的市场撤退策略。

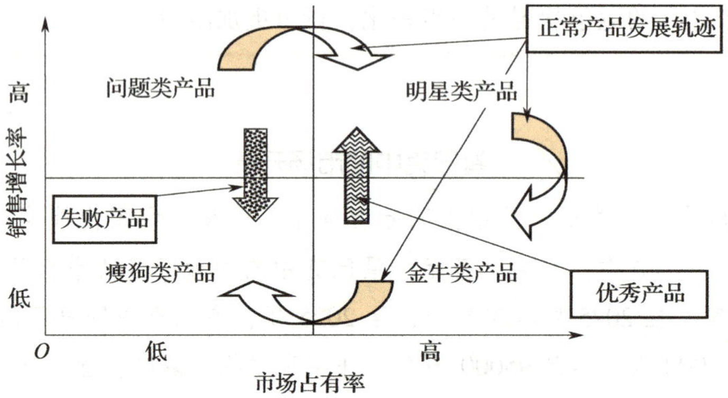

图4-6 波士顿矩阵

第五节 定价策略

价格是产品实现其价值的工具，是在营销组合中最灵活的要素。定价策略与方法的运用是否得当将直接关系到企业活动的成败。在复杂的社会系统中，影响定价的因素是多方面的，企业要根据自身需要和市场反应选择合适的定价方法和策略，以获得最优的企业利益。

一、指导企业定价的基本理论

指导企业定价的基本理论有两种，一种叫作“供给－需求”理论，另一种叫作“价格－质量”理论，二者是相互矛盾的，需要认真分析每种定价理论的适用性，以便灵活运用。

1.“供给－需求”理论

企业定价的一种基本理论就是经济学中的“供给－需求”理论，如图4－7所示。

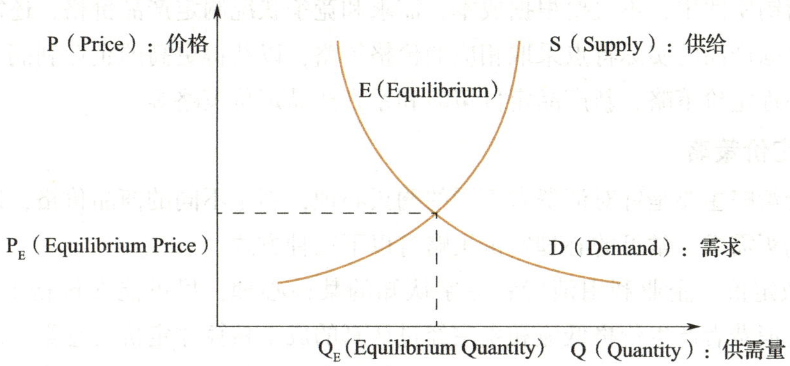

图4－7　供给－需求曲线

从需求曲线来看，消费者对商品的需求会随价格的降低而升高，价格与销量成反比；从供给曲线来看，价格越高意味着生产供给量越多，价格与供给量成正比；供给曲线与需求曲线相交时的价格就是均衡价格，即产品的市场供给量与市场需求量相等，产品的供给价格与需求价格相等时的价格。

如果市场价格高于均衡价格，则市场上出现超额供给，超额供给使市场价格趋于下降；反之，如果市场价格低于均衡价格，则市场上出现超额需求，超额需求使市场价格趋于上升直至均衡价格。

2.“价格－质量”理论

在现实的购买活动中，并不是所有商品都满足“供给－需求”理论，低价商品并不一定获得较高的市场销量。在很多情况下消费者购买产品是根据产品价格的高低来判断质量的好坏。

“价格－质量”理论认为，消费者会根据产品价格的高低判断质量的优劣。因此，高价产品会向消费者传递优质信息，获得较高的市场销量。

“供给－需求”理论和“价格－质量”理论是相互矛盾的。两种定价理论矛盾的关键是消费者对产品的信息是否了解，如果消费者对产品比较了解，对产品的使用价值、功能效用等都非常清楚，甚至是该产品稳定的消费者，此时消费者一般属于理性消费者，购买决策中对质量相同的产品会追求低价，对价格相同的产品会考虑产品的质量，在此情况下“供给－需求”理论发挥作用。相反，如果消费者对产品的了解程度很低，例如一种刚刚上市的新产品，信息不对称情况严重，此时消费者对产品并不了解，所以更容易根据产品的价格高低判断质量的优劣，“价格－质量”理论发挥作用，见表4－3。

表 4-3　两种定价理论的比较

定价理论	企业决策	消费者反映	原因分析	适应性
供给-需求理论	低价/高价	需求量大/小	对产品非常了解	成熟产品
价格-质量理论	低价/高价	认为质量差/好、需求量小/大	对产品了解不够	新产品

二、定价策略

企业在营销实践中，不仅要根据成本、需求和竞争状况制定产品价格，还需要在具体的营销环境中根据产品的实际特点采取相应的价格策略，以获得更高的企业利润。常见的定价策略主要有心理定价策略、新产品定价策略和系列产品定价策略等。

1. 心理定价策略

心理定价策略主要是针对消费者不同的购买心理，制定不同的商品价格，以满足不同类型消费者的购买需求。常见的心理定价策略有以下三种方式。

(1) 尾数定价　企业利用消费者数字认知的某种心理，尽可能在价格上数字不进位，保留零头，使消费者产生价格低廉和卖主经过认真的成本核算才定价的感觉，从而使消费者对企业产品及其定价产生信任感。目前零售市场经常出现的 99、88、298 等价格，都属于尾数定价。

(2) 声望定价　企业利用消费者仰慕知名产品或知名店铺的声望所产生的某种心理，制定产品价格，故意把价格定成整数或高价，并通过高价位产品的影响力带动相关产品消费的一种定价策略。对于质量不易鉴别的产品，采用这种方法是一种恰当且有效的定价策略。

(3) 招徕定价　零售商利用部分顾客求低价的购买心理，特意将某一种或几种商品的价格定得较低以吸引顾客。如某些商店每天、每时都有几种商品降价出售，吸引顾客经常来采购低价商品，同时也选购了其他正常价格的商品。零售商店和餐饮行业经常采用这种方法。

2. 新产品定价策略

新产品定价是企业需要重点关注的定价问题之一，新产品价格直接影响该产品整个生命周期的获利水平和市场份额。一般来讲，新产品定价有两种策略可选择，即取脂定价策略和渗透定价策略。

3. 系列产品定价策略

系列产品通常是指在消费使用上具有一定替代性或互补性的产品。生产经营多种产品的企业，可以利用产品之间的这种特性制定相应的产品价格。

(1) 互补品定价策略　互补品是指只有相互配套才能被消费者消费的商品。如汽车和汽油，打印机、打印纸和墨盒等都属于互补品。一般来讲，互补品是由一种主件和若干种辅件构成的。主件一般属于价值较高，使用时间和重购周期较长的商品，而辅件则是低价值易损耗品。一般情况下，企业可以将主件降低价格出售，通过销售辅件来获得长期稳定的利润来源。尤其在标准化程度较低的产品领域，降低主件价格、提高辅件价格是一种有效的定价方式。

(2) 替代品定价策略　替代品是指用途相同或相似，相互可以替代的同类产品。由于产品之间具有替代性，消费者选择何种产品往往更多考虑产品价格。因此，企业可以有意提高某种产品价格，将消费者的需求引导到其他产品上去。该价格策略的实质就是“醉翁之意不在酒”，企业提高某种产品价格的目的就是增加企业其他产品的销售量。

案例

麦当劳早餐咖啡定价

麦当劳早餐时段的鲜煮咖啡可以免费续杯，但麦当劳设置了小杯9元和大杯10.5元两个价格。刚看到这个价格可能觉得有些奇怪，既然能续杯，为什么还设置大杯价格。

其实这两个价格是为两部分消费群体准备的。一部分消费者时间充裕，选小杯的合适，价格便宜，喝完再续杯。另一部分消费者时间紧，没时间续杯，但他只多花1.5元，就能买到一杯比小杯多不少的咖啡。

通过两种价格，两部分消费者都觉得非常划算。麦当劳用一个看似多余的设置，既满足了不同消费者的需求，又让两部分消费者都获得了非常好的用户体验。

（资料来源：https://baijiahao.baidu.com/s?id=1629313099468755550&wfr=spider&for=pc）

第六节　渠道策略

销售渠道，就是产品从生产者向消费者流转的通道。在商品经济条件下，生产者与消费者之间的供求关系，存在时间、地点、数量、品种、信息、产品价格和所有权等多方面的差异和矛盾，生产企业需要通过一定的方式、方法和路线，才能在适当的时间和地点，以适当的价格和方式将产品提供给消费者，满足市场需要，实现企业营销目标。

零售是指所有向最终消费者直接销售产品和服务，用于个人及非商业性用途的活动。任何从事这种销售活动的机构，不论是制造商、批发商还是零售商，不论这些产品和服务是如何销售（经由个人、邮寄、电话或自动售货机）或者是在何处（在商店、在街上或在消费者家中）销售的，都属于此范畴。零售商则是指那些销售量主要来自零售业务的商业企业。

一、渠道成员的职能

销售渠道的功能是弥合商品和服务的需求者与提供者之间的时间、空间和所有权方面的缺口，将商品从生产者转移给需要它们的消费者。销售渠道成员具有一系列重要职能。

1）在销售环境中，搜集与潜在的和当前的顾客、竞争对手以及其他方面相关的信息。

2）开发和传播富有说服力的信息以刺激购买。

3）在价格或其他问题上达成一致从而促进所有权或占有权的转移。

4）与制造商签订合同。

5）筹集资金为销售渠道中的各类存货提供融资。

6）承担与渠道工作相关的风险。

7）为实体产品提供持续的储运。

8）为购买者提供通过银行和其他金融机构进行付款的方式。

9）监督所有权从一个组织或个人转移到另一方的实际过程。

二、渠道层级

任何一个销售渠道都包括生产者和最终消费者。产品销售渠道包括零级渠道、一级渠道、二级渠道和三级渠道：零级渠道（又称直复营销渠道）指生产商通过上门推销、互联网销售、邮寄、电话销售、电视节目直销和其他方式直接将产品销售给消费者；一级渠道包括一种销售中介，如零售商；二级渠道包括两种中介机构；三级渠道包括三种中介机构。但是从生产商角度看，随着渠道级数的增加，获得关于最终用户的信息和进行有效控制将会越来越难。

第七节　促销策略

促销是促进产品销售的简称。从市场营销的角度看，促销是通过企业人员（如销售员、促销员等）的直接沟通手段和非人员（如广告、网络推广、公关活动等）的间接沟通手段，来沟通企业与消费者之间的信息，引发、刺激消费者的消费欲望和兴趣，使其产生购买行为的活动。促销策略是企业采取的主要营销策略之一，正确地制定并合理运用各种促销策略是企业在市场竞争中取得有利的产销条件、获取较大经济效益的必要保证。企业常见的促销策略有人员推销、广告、公共关系和营业推广策略。

一、人员推销策略

人员推销是指企业运用推销人员直接向顾客推销产品或服务的一种促销活动。在人员推销活动中，推销人员、推销对象和推销品是三个基本要素。人员推销的过程就是通过推销人员与推销对象之间的接触、洽谈，将推销产品推荐给推销对象，从而达成交易，实现销售产品、满足顾客需求的基本目的。

1. 人员推销的特点

人员推销通过人与人之间的直接接触，能够及时观察消费者对所推销产品的认知、爱好、反应，及时调整推销技巧，获得满意的推销结果。人员推销的特点主要包括以下三个方面。

（1）针对性强　推销人员在推销过程中一般携带样品、说明书等直接登门向用户推销产品，可以根据用户的提问及时给予解释并阐述内容，推销的针对性较强，且容易迅速达成交易。同时，人员推销是人与人之间的直接交易，容易培育双方的感情，有利于形成长期的合作和稳定的客户关系，有利于为企业获得长期稳定的利润来源。

(2) 灵活多变　推销人员可以根据用户的不同需求、偏好和不同问题，采取不同的推销策略和语言技巧，使用户需求能够最大限度地得到满足。

(3) 及时反应　推销人员在产品推销过程中，不仅可以向用户推销产品或服务，而且还可以及时了解用户对产品或服务的意见和建议，并及时进行反馈，使企业的经营活动更能够体现产品优势和满足用户需求，获得消费者的认可。

2. 人员推销的基本过程

人员推销是一个综合的复杂过程。它既是信息沟通过程，也是商品交换过程，又是技术服务过程。人员推销过程包括准备阶段、说服阶段和跟踪阶段，如图 4－8 所示。

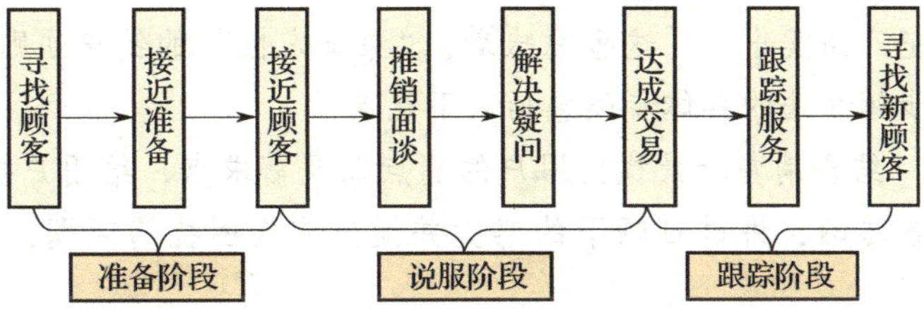

图 4－8　人员推销过程

1）寻找顾客就是寻找潜在的顾客。潜在顾客需要具备几个基本条件：有特定需要、有足够的支付能力、有购买决定权、有接近可能性等。销售人员寻找顾客的方法主要有两种：一是通过个人观察、访问查阅资料等方法直接寻找；二是通过广告宣传，或利用他人介绍等方式间接寻找。

2）接近准备就是在接近顾客之前提前了解顾客相关信息，其目的是使推销过程更顺畅，保持较高的推销效率，更容易达到推销的目标。

3）接近顾客就是推销人员与顾客发生接触，以便成功地转入推销面谈。推销人员在接近顾客的时候，既要自信、注重礼仪，又要不卑不亢，及时消除顾客疑虑；还要善于控制接近时间，不失时机地转入正式面谈。

4）推销面谈就是说服顾客购买的过程，是推销的核心环节。推销人员一般可以通过提示说服和演示说服等方式向顾客表明产品的特征和利益，吸引消费者购买。在说服过程中要针对顾客的不同购买心理，灵活地、恰到好处地实施各种说服策略。

5）解决疑问就是解决消费者在产生购买兴趣之后对产品提出的各式各样的问题，解决消费者疑问也是推销过程中的重要环节。推销人员必须首先分析顾客疑问的类型，然后分别采取不同的策略，如肯定与否定法、预防处理法、补偿处理法和延期处理法等。

6）达成交易就是顾客采取购买行动的过程，是推销的根本目标。推销人员应把握时机，促成顾客的购买行动。推销人员可以采取优点汇集成交、假定成交、优惠成交、保证成交等方式，促使消费者做出最后的购买决策。

7）跟踪服务就是推销人员为已购商品的顾客提供各种售后服务的过程。跟踪服务并不是单纯地为顾客提供服务的过程，它同时也是企业保持老顾客的重要手段，将为企业带来长期的稳定利润。

8）寻找新顾客是一个综合性的过程，需要推销人员充分利用跟踪服务中获得的客户信息和关系资源，结合创新策略和合作伙伴的支持，积极寻找和吸引新顾客，为企业创造更多的商业机会和价值。

案例

直播带货销售话术——五步销售法

直播带货是如今很多企业营销的一种重要模式。不过，相对于传统营销，直播已经成功地将曾经在狭小市场的“叫卖声”带到了实时互动的直播间里。在直播带货的过程中，主播所扮演的角色，其实就等同于线下实体店的销售员、导购员、顾问……其主要任务和目的，就是通过直播把产品卖出去。这也意味着，“深谙人性”的销售法则对于线上直播带货模式同样适用。五步销售法的具体步骤包括以下几点。

（1）提出问题　结合消费场景找出用户的痛点以及需求点，给用户提供一个购买理由。如夏天有很多人注重防晒，讲讲日晒下的感受并提出使人困扰的问题，重点是引起用户的共鸣。

直播开场是留给观众的第一印象，观众进入直播间后会在1分钟之内决定是否要离开。通常设计直播开场环节需要从三个层面出发：一是引发观众兴趣；二是促进观众推荐；三是带入直播场景。

（2）放大问题　放大问题要做到全面且最大化，把大家忽略掉的问题或困扰尽可能地列举出来。

（3）引入产品　以解决问题为出发点引入产品，解决之前提出的问题。例如主播可以表达日常可以选择穿防晒衣、涂抹防晒霜或防晒喷雾等方法，然后逐一地引入产品。在这一步中，切记不要详细地对产品进行讲解，只需把问题解决掉，把使用产品所产生的好的结果展现给用户。

（4）提升高度　展示丰富的专业知识，主播要详细地讲解产品，并通过对行业、品牌、原料、售后等各个角度的介绍来增加产品的附加值，让用户对这款产品产生期待。例如，主播可以从防晒指数（SPF）的角度做具体的解释：“产品的SPF指数是50，防护程度达到了PA+++等级，适合长时间在户外使用。”

（5）降低门槛　当介绍完该产品所有的相关内容之后，这个时候主播可以讲解该产品优惠的信息、渠道的优势、独家紧缺程度等，从而激发出观众的购买欲望。

（资料来源：https://www.bilibili.com/read/cv13224055.）

二、广告策略

广告作为促销方式或促销手段，是一门综合性艺术。虽说广告并不一定能使产品成为世界名牌，但若没有广告，产品肯定不会成为世界名牌。成功的广告可使默默无闻的企业和产品名声大振，家喻户晓，广为传播。

1. 广告的类型

从营销角度考虑，不管什么行业、什么产品，企业所提供的广告，应该根据消费者对本产品的不同认知，采取不同的形式。一般来讲，广告据此可以分为三种类型。

（1）通知型广告　应用于产品刚刚进入市场的初级阶段，由于消费者对新产品了解程度很低，企业广告此时的目的主要就是告诉消费者产品的最基本信息，如产品名称。常见的通知型广告一般采用谐音和差异化的方式促进消费者记忆。如胃药“斯达舒”的广告，最初就是因为产品名称“斯达舒”与“四大叔”谐音，促进消费者记忆产品名称。

（2）引导型广告　当消费者对产品最基本的信息有了初步了解之后，广告的重点由原来告诉消费者产品的名称，向引导消费者购买方向转移。例如，当“斯达舒”产品具有一定知名度之后，企业的基本广告词就变成“胃酸、胃痛、胃胀，请用斯达舒胶囊”，由通知型广告转变成了引导型广告。

（3）提醒型广告　提醒型广告应用于成熟产品的广告宣传之中，其目的一般是提醒消费者关注老产品，加深消费者对原有产品的印象，延长产品生命周期，使企业获得长期利润。

2. 广告媒体选择

广告媒体的种类很多，不同类型的广告媒体有不同的特性，分别适用不同的产品和市场。正确地选择广告媒体一般要考虑以下影响因素。

（1）产品的性质　不同性质的产品，有不同的使用价值、使用范围和宣传要求。如面向专业人员的高技术产品多选用专业性杂志；对一般生活用品，则适合选用广播、电视节目、网络等能直接传播给大众的广告媒体。

（2）消费者接触媒体的习惯　能使广告信息传到目标市场的媒体是最有效的媒体，因此需要考虑将目标顾客最可能、最频繁接触的广告媒体，作为产品广告宣传的主要媒体。

（3）媒体的传播范围　媒体传播范围的大小直接影响广告信息传播区域的宽窄。适合全国各地使用的产品，应以全国性发放的报纸、杂志、广播、电视节目、网络等作为广告媒体；属地方性销售的产品，可通过地方性报纸、电台、电视台、户外广告牌、网络等传播信息，当然还需要与企业当时的营销策略相适应。

（4）媒体的费用　各广告媒体的收费标准不同，即使同一种媒体，也因传播范围和影响力的大小而有价格差别。考虑媒体费用，应该注意其相对费用，即考虑广告促销效果。

3. 广告设计问题

广告设计时要注意挖掘产品自身特点，把产品最突出的特性和内涵表现出来，通过广告突出产品自身优势，找好广告诉求点，树立产品独特鲜明的形象。广告设计要关注以下两个问题。

1）广告“度”的把握，并非多多益善。企业在广告投入方面不能急功近利，需要考虑市场和企业发展的客观规律，把握广告的“度”，并适时根据产品的市场发展状况调整广告策略。

2）关注广告长期效果与短期利益的结合，不能只看眼前利益。广告决策要考虑企业的长期发展，广告的定位、诉求、卖点等不能成为企业今后发展的障碍，要注重广告决策的长期性。

三、公共关系策略

公共关系是企业管理者协调职能的一部分，公共关系的主要工作就是要协调企业与企业外部的政府部门、新闻媒体、公众、目标顾客和竞争对手之间的关系，其结果是树立良好的企业形象，有利于为企业创造良好的市场营销环境。企业公关对象的特点和要求不同，公关工作的内容也存在差异。具体包括以下四个方面。

1. 协调企业与消费者的关系

了解消费者的需求和偏好是市场营销工作的起点，也是公关的主要工作内容。因此，公关首先要树立以消费者为中心的思想，主动、积极地争取消费者，处理好企业与消费者之间的关系，具体需要注意以下三个方面的内容。

1）做好消费者需求状况调查，加强与消费者之间的信息沟通与交流。

2）在售后服务中推进公共关系，及时了解消费者信息反馈，树立良好服务形象。

3）重视消费者投诉，消除消费者对企业产品的误会，与消费者建立持久的合作关系。

2. 协调企业与其他相关企业的关系

其他相关企业主要包括企业的供应商、经销商和与本企业生产同类产品的竞争对手。在处理与供应商和经销商关系的过程中，主要应该从长期战略合作与联盟的角度进行思考，形成稳定的供求关系，实现双赢。在处理与竞争对手企业的关系时，企业首先要树立公平竞争的思想，采取合理的、公开的方式处理双方的纠纷、冲突，绝不可采取非法手段，以免损害企业自身的信誉和形象。

3. 协调企业与政府的关系

政府不仅是国家权力机关，而且是引导企业适应宏观经济发展要求的宏观调控者，企业的营销活动应该服从政府的监督。因此，企业需要正确处理与政府的关系，主动与政府有关部门进行信息沟通和交流，赢得政府的信赖和支持，企业也可以从中获益。

4. 协调企业与新闻媒体的关系

新闻媒体对企业的影响很大，报纸、杂志、电视、广播、网络等新闻媒体可以创造社会舆论，影响民意，间接而有力地影响企业发展。因此，企业需要采取正确态度，处理好与新闻媒体之间的关系，并应该与新闻媒体保持良好的交流与合作，借助新闻媒体的作用和影响力提高企业自身的知名度和企业形象，获得事半功倍的效果。

四、营业推广策略

营业推广也是企业促销组合中的一种，是促进营业额提高的一种企业促销活动。营业推广主要有两种方式：营业宣传推广和营业销售推广。

1. 营业宣传推广

从某种意义上讲，营业宣传推广类似于广告宣传，但又是实现直接销售的有效手段。营业宣传推广主要包括：一是营业场所的装饰与布置；二是样品的陈列与橱窗布置；三是商品实验；四是提供咨询服务。

2. 营业销售推广

营业销售推广是刺激和鼓励成交的重要手段，包括对顾客的推广和鼓励推销人员积极推销两个方面。其中，对顾客的推广方式有以下五种。

1）赠送样品：在顾客购买之前，免费赠送部分样品，刺激消费者购买欲望。

2）折价赠券：向顾客发放折价赠券，吸引消费者再次消费。

3）有奖销售：通过中奖吸引消费者购买。

4）交易印花：向顾客赠送一定数量的印花、卡片，顾客凑足一定数量或达到某种要求之后，可以获得奖励。

5）消费信贷：通过赊销和分期付款等方式，增加消费者当期购买力水平，扩大销量等。

知识拓展

大数据技术与市场营销

大数据营销是依托于大数据技术的一种营销手段，也被称为数据驱动营销。主要表现在以下三个方面。

（1）通过客户数据精准定位市场　在进行营销时，客户数据是营销的起始点，更是实现精准营销的基础。企业想要准确了解客户的各项信息，必须依靠客户数据。客户数据的形式主要有三个方面：一是行为数据；二是基本信息；三是综合分析数据。企业得到上述数据后，通过对这些数据进行分析和整合，可以大致判断出客户对产品的喜好程度、品牌忠诚度和购买能力等；可以对客户进行准确归类，并在此基础上对产品进行定位，营销精准度也会提升。

对于电商企业来说，客户是企业最宝贵的资产。在大数据环境下，电商企业应制定客户终身价值管理目标，为客户提供长期的服务和管理。积极利用大数据技术构建客户档案室，将客户档案保存其中，并针对客户消费观念和行为的变化，对产品价格和特点进行及时调整，以迎合客户品味，促使客户成为企业的终身客源，与之建立长期稳定的交易关系。如电商企业可以根据客户的消费历史记录和消费习惯，对客户的个人喜好、生活习惯、工作性质等信息进行分析，以此判断客户的消费能力，对其进行准确的定位。

（2）通过大数据技术实现全网覆盖营销　电商企业与传统企业相比，电商企业更善于利用互联网传播营销信息，这是传统企业所不具备的优势。在大数据环境下，网络媒体利用大数据技术掌握了海量的信息，尤其是社交软件的普及应用，电商企业可以将网络媒体作为实行精准营销的重要途径。企业实行精准营销策略的目的在于挖掘客户，而借助大数据和网络媒体的能力，企业即可轻松达成挖掘客户的目标。此外，邮件、新媒体等均可作为网络营销的载体。

（3）利用大数据技术实现差异化营销　差异化营销是电商企业精准营销策略的重要内容。差异化营销是指为不同层次的客户提供不同的服务。在实际营销过程中，电商企业进行差异化营销的方式主要有两种，一种是客户，另一种是渠道。如企业可通过应用大数据技术，对客户的各项情况进行分析，并以此为基础，对产品的价格进行调整。如果客户对价格十分敏感，电商企业可以采取打折促销的方式进行营销；对于消费欲望不强的客户，电商企业采取原价销售策略；对于销售次数较多的客户，可以采取优惠降价的营销方式。从渠道角度考虑，电商企业可根据客户支付方式，采取差异化的定价策略。如对于使用支付宝和微信付款的用户，给予一定的优惠，以此来培养用户形成固定的消费习惯。

在大数据背景下，电商企业想要实现快速发展，必须充分利用大数据技术的优势，把握大数据技术发展的机遇，改变传统网络营销方式，实行精准营销策略，以此掌握客户的基本信息，从而最大限度满足客户的消费需求，为客户提供满意的服务，推动企业实现更好更快的发展。

（资料来源：

［1］邓蓓. 基于大数据技术的电商精准营销策略研究［J］. 现代营销，2019（5）：239.

［2］秦芳丽. 大数据技术在营销客户服务中的应用及研究［J］. 中国信息化，2018（7）：74－77.）

参考文献：

［1］科特勒，凯勒. 营销管理［M］. 卢泰宏，高辉，译. 13 版. 北京：中国人民大学出版社，2009.

［2］科特勒，凯勒. 营销管理［M］. 王永贵，于洪彦，等译. 14 版. 北京：格致出版社，2012.

［3］郭国庆. 市场营销学通论［M］. 9 版. 北京：中国人民大学出版社，2022.

思考题：

1. 市场营销学中市场的含义是什么？
2. 什么是需要、欲望和需求？
3. 市场营销的含义是什么？
4. 市场营销环境包括哪些内容？
5. 什么是市场细分？
6. 市场定位的常见方式有哪些？
7. 如何理解产品的概念？
8. 什么是 4P 策略？
9. 什么是 4C 策略？
10. 什么是产品生命周期？各阶段有何特点？需要采取哪些相应的营销策略？

练习题：

请运用所学的 4P 策略，分析某一款产品采取的 4P 策略，写出至少 1000 字的分析报告。

案例讨论题

老乡鸡品牌的市场定位

老乡鸡（原肥西老母鸡），安徽快餐领先品牌，创立于2003年，以养足180天的肥西老母鸡为主要原料，其招牌菜品“肥西老母鸡汤”被中华烹饪协会评为“中国名吃”。2012年以来，营业额持续上升，门店由原来的不到百家扩张到几百家，净利润实现数倍的增长，跻身全国中式快餐前列。

1. 中式快餐，家庭厨房

老乡鸡从养土鸡起家，实现了从养殖到餐桌的全产业链模式。目前，北京、上海、深圳、杭州等一线及新一线城市都有门店，并以每年新增超百家的速度发展。老乡鸡最初的特色菜主要就是吃土鸡，过去吃饭的人，尤其第一次去的人都会必点一个土鸡菜，也就是这家店的招牌菜。老乡鸡的菜品不是特别的多，但很精致，味道还可以。鸡类菜品是老乡鸡的招牌，其中以鸡汤为代表，选用养足180天的肥西老母鸡，再以农夫山泉水现炖，这碗汤一年就卖出了3000多万份，深受全国食客的喜爱。但若想品牌升级，老乡鸡要做中式快餐。

老乡鸡严格甄选原材料，坚持健康营养的中式烹饪方式，在这个注重健康饮食的大环境下，得到了消费者的高度青睐与认可，产品销量屡创新高，符合现代人群的饮食观念，在老乡鸡，人们可以尽情享用想要的舌尖诱惑。

2. 从安徽最大快餐到中式领先快餐

老乡鸡不盲从主流快餐全国铺开发展的形式，而是集中精力深耕安徽市场，打造老乡鸡根据地，在安徽省内完善管理、升级供应链、测试市场，内功修炼好之后再走出安徽省。为了建立“根据地”，老乡鸡关闭了位于北京、上海、南京的店，聚焦资源在安徽省市场。直到2016年，拥有了400多家安徽直营店后，才进入武汉和南京。2019年，老乡鸡进入上海市场，目前全国拥有近800家直营门店。随着品牌走向全国，老乡鸡也重新被定位为“中式快餐全国领先品牌”，并且还在以每年40%的速度持续高速发展。

（资料来源：https://baijiahao.baidu.com/s?id=1693839539021691947&wfr=spider&for=pc.）

【问题讨论】

（1）老乡鸡采取了什么样的市场定位？为什么？

（2）老乡鸡的市场策略是如何实施的？为什么？

第五章 人力资源管理

教学目标与要求

通过本章学习，使学生能够对人力资源管理的基本知识体系有全面的了解和认识。要求学生掌握人力资源的特点及人力资源管理的含义；了解人力资源规划的含义、工作分析的方法、员工招聘的方法、员工培训的方法；掌握常见的绩效考评方法和薪酬结构；理解劳动关系的内容；了解人力资源管理的前沿思想。

思想导入

培养造就大批德才兼备的高素质人才，是国家和民族长远发展大计。

加快建设国家战略人才力量，努力培养造就更多大师、战略科学家、一流科技领军人才和创新团队、青年科技人才、卓越工程师、大国工匠、高技能人才。

深化人才发展体制机制改革，真心爱才、悉心育才、倾心引才、精心用才，求贤若渴，不拘一格，把各方面优秀人才集聚到党和人民事业中来。

资料来源：习近平．高举中国特色社会主义伟大旗帜 为全面建设社会主义现代化国家而团结奋斗：在中国共产党第二十次全国代表大会上的报告［M］．北京：人民出版社，2022.

功以才成，业由才广。现代企业的竞争，归根结底是人才的竞争。在自然状态下，员工只能发挥20%~30%的能力，如果充分调动员工的积极性，他们的潜力可发挥到80%~90%。企业要想在激烈的市场竞争中取胜，就必须充分、全面、有效地开发人力资源，提升人力资源的价值。

第一节　人力资源管理概论

一、人力资源管理的基本知识框架

人力资源管理的主要目标是通过人力资源的合理配置，挖掘员工的潜能，调动其积极性，进而实现组织的目标和员工的价值。基于此，人力资源管理包括七个职能，即人力资源规划、工作分析、招聘选拔、员工培训、绩效考核、薪酬设计、劳动关系管理，如图5-1所示。

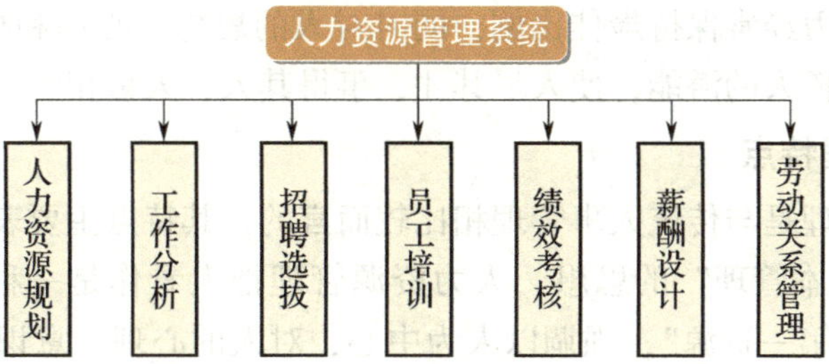

图 5-1 人力资源管理的基本知识框架

二、人力资源的基本概念

1. 人力资源

制度经济学家约翰·罗杰斯·康芒斯（John R. Commons）曾先后于 1919 年和 1921 年在《产业荣誉》和《产业政府》两本著作里使用了“人力资源”这一名词，但是他更侧重于研究人力资源对政府和制度的作用。目前所使用的人力资源概念的基本内涵来源于彼得·德鲁克，他认为“和其他所有资源相比较而言，唯一的区别就是它是‘人’……拥有协调能力、融合能力、判断能力和想象能力”。具体包括两个方面：第一，人力资源首先是一种资源，是一种为了创造物质财富而投入生产过程的要素；第二，人力资源和其他物质资源一样，需要进行管理。基于此，将人力资源定义为，能够推动国民经济和社会发展的、具有智力劳动和体力劳动能力的人们的总和，它包括数量和质量两个方面。

2. 人力资源特征

人力资源作为企业的一种特殊资源，在企业发展的各个环节中具有重要的作用，具体包括六个特征。

（1）能动性　人是一种最积极、最活跃的生产要素，具有主观能动性，能够有目的地改造外部物质世界。

（2）两重性　人力资源与其他任何资源不同，是属于人类自身所有，是存在于人体之中的活的资源，因而人力资源既是生产者，又是消费者。人力资源中包含丰富的知识内容，使其具有巨大的潜力，以及其他资源无可比拟的高增值性。

（3）时效性　人力资源与一般资源，如矿产资源不同。矿产资源一般可以长期储存，不采不用，品质不会降低。人力资源则不然，储而不用，才能就会荒废、退化。

（4）社会性　人力资源处于特定的社会和时代中，不同的社会形态，不同的文化背景都会反映和影响人的价值观念、行为方式、思维方法。

（5）连续性　人需要不断学习、不断进步，所以人力资源是可以不断开发的资源。

（6）再生性　人力资源是一种可再生的生物性资源，它以人身为天然载体，是一种“活”的资源，是用之不尽、充分开发的资源。

三、人力资源管理的基本概念

1. 人力资源管理

人力资源管理是指运用现代科学方法，对与一定物力相结合的人力进行合理的培训、组织与调配，使人力物力经常保持最佳比例，同时对人的思想、心理和行为进行恰当的引导、控制和协调，充分发挥人的潜能，使人尽其才，事得其人，人事相宜。

2. 人力资源管理特点

现代人力资源管理是与传统人事管理相比较而言的，其特点主要表现为以下四点。

（1）体现了“人本管理”的思想　人力资源管理把人看作是一种“资源”，而且是最重要的、最昂贵的“第一资源”，强调以人为中心，对人的心理、意识进行动态的开发和调节，注重的是满足和潜能开发。传统人事管理则把人看作一种“工具”，以事为中心，强调控制与管理人，注重的是投入、使用和控制。

（2）体现了“系统性”的观点　人力资源管理将企业内部的人力资源系统地加以规划，制定适当的选拔、培养、任用调配、激励等政策，以便最大限度地发挥人力资源的效用。传统人事管理则是选拔、培训、任用等各项工作自成体系，互不干涉，使人力资源难以得到有效利用。

（3）人力资源管理部门具有决策的职能　现代人力资源管理将人力资源管理部门看作具有战略性的决策部门，是企业的生产效益部门，是使企业获取竞争优势的部门。传统人事管理则把人事管理部门视为非生产、非效益部门，属于执行层部门。

（4）强调人与环境的协调发展　现代人力资源管理重视人与事、人与环境的协调。传统人事管理则忽视人与环境间的协调和配合。

四、人力资源管理的发展历程

综合西方学者的研究成果，按照人的价值不断被发现的历程，人力资源管理理论的发展可以分为以下四个阶段。

1. 劳动管理阶段（18 世纪后半期至 20 世纪初）

在这一阶段，人的价值和机器的价值没有区别，社会生活两极分化，工人生活条件艰苦，劳资关系紧张，工人出现了破坏机器的行为。为了缓和这种矛盾，工厂主开始了早期的福利人事尝试，由单位单方面提供一些资源，改善员工及其家庭的工作和生活条件。人事管理先驱罗伯特·欧文曾经说过：“你们中有许多人从长期的生产经营中体验到了机构坚固而且设计精致，制造完美的机器的好处。如果说，对无生命的机器给予细心照顾尚能产生有利的效果，那么如果你们以同样的精力去关心其构造奇妙得多的有生命的机器，那么还会有什么事办不成呢?”

福利人事的尝试开启了对“工人应该如何被对待”命题的研究，欧文的主要尝试放在了通过福利和对员工绩效的考核对员工进行激励上。与欧文相比，科学管理之父弗雷德里克 W. 泰勒把注意力放在了用纪律和详细的工作说明书严格约束员工，并用丰厚的金钱刺激他们的积极性上。雨果·芒斯特伯格的工业心理学比欧文和泰勒想的都要深入，他把注意力放在了如何选择合适的工人来适应工作，他设想通过心理测试可以了解一个人的性格能力特征，在此基础上评价这个人的特质是否和这份工作的要求相吻合。芒斯特伯格的逻辑是：与其费劲地去管理一个不合适的人，还不如从开始就挑选一个合适的人从事这份工作。

早期福利人事的尝试催生了第一个专门的人事管理部门——1910 年普利茅斯出版社成立

的人事部，其职责是通过工作分析确定适当的人选，训练和引导工人以及提供一些后勤服务。

2. 人际关系阶段（20 世纪初至 20 世纪 40 年代）

美国哈佛大学教授乔治·E. 梅奥进行的霍桑试验证明了工业组织越是庞大，就越是既要依赖技术上的前进，也要依赖这个团体每一个最小的成员自发地在人和人的关系上进行合作。梅奥赞扬了人的自主性，认为物质条件的改善并不一定导致生产率的提高，提升工人的满意程度才是提高生产率的关键。

3. 组织行为科学阶段（20 世纪 40 年代至 20 世纪 90 年代）

行为科学整合了工业心理学、管理科学、人际关系学等学科的合理部分，承认了人的价值，强调员工不是机器，而是有需要、有动机、有个性的组织成员，因此人事管理者应该从员工的需要出发，激励员工的积极行为，抑制消极行为。但是人同时是“集体人”，组织行为科学研究阶段修正了人际关系学派的局限，用整体的角度研究群体和组织，对人的价值则有更深刻的认知。这一时期政府关于人事管理方面的立法越来越多，学界也出现了多部专门的人力资源管理方面的书籍，1954 年彼得·德鲁克的《管理的实践》和 1958 年怀特·巴克的《人力资源功能》，他们都把管理人力资源作为管理的普通职能来讨论，人力资源管理从模糊的劳动管理、人事管理走向了较为清晰的发展道路。20 世纪 80 年代以来，人力资源管理理论不断成熟，并在实践中得到进一步发展，为企业所广泛接受，并逐渐取代人事管理阶段。

4. 战略人力资源管理（SHRM）阶段（20 世纪 90 年代至今）

玛丽·A. 戴瓦纳（Devanna）、诺埃尔·M. 逖凯（Tichy）和查尔斯·J. 弗布鲁姆（Fombrum）等人（1981）合作的《人力资源管理：一个战略观》被认为是战略性人力资源管理诞生的标志。1984 年迈克尔·比尔等人的《管理人力资本》一书的出版标志着人力资源管理向战略人力资源管理的飞跃。所谓战略人力资源管理就是利用人力资源这一战略性资产，系统地把企业人力资源管理同企业战略目标联系起来，其核心在于通过有计划的人力资源开发与管理活动，增强企业战略目标的实现，创造企业持续竞争优势。

案例

从“蜡烛”到“蓄电池”

联想集团的成长历程与每一家企业的成长历史相类似，也经历了初创、成长、成熟三个阶段。在企业成长过程中，随着企业规模扩大，企业领导层越来越认识到人的作用。1995 年，联想集团的“人事部”改名为“人力资源部”，这种改变不仅是名称上的变化，更是一种观念的更新。

知名人力资源管理专家蒋北麒先生曾说：“过去的人才管理把人视作蜡烛，不停地燃烧直至告别社会舞台。而现在，把人才看作资源，人好比蓄电池，可以不断地充电、放电。现在的管理强调人和岗位适配，强调人才的二次开发。对人才的管理不仅是让他为企业创造财富，同时也要让他寻找到最适合的岗位，最大地发挥自身潜能，从而体现个人价值，有利于自我成长。”

（资料来源：https://www.chinaacc.com/new/287/294/349/2006/1/droo766223310116002116220.html）

第二节　人力资源规划

常言道“凡事预则立，不预则废”。在企业管理中，如果没有好的规划，仅凭管理者的经验和直觉是不会成功的。人力资源规划就是预测未来组织的任务和环境对组织的要求，并为完成任务和满足要求提供人员管理的过程。自20世纪70年代开始，人力资源规划便已成为人力资源管理的重要内容。

一、人力资源规划的含义

1. 人力资源规划的概念

人力资源规划是根据组织的战略目标，科学预测组织在未来环境变化中人力资源的供给与需求状况，制定必要的人力资源获取、利用、保持和开发策略，确保组织对人力资源在数量上和质量上的需求，使组织和个人获得长远利益。

2. 人力资源规划的意义

为了适应变革的环境，保证组织有合格、工作高效的人员，人力资源规划具有重要意义。

（1）确保组织在生存、发展过程中对人才的需要　人力资源的需求和供给不可能实现自动平衡，要采取适当的手段分析和调整供需差异。

（2）控制人力成本的需要　人力成本中最大的支出是工资，而工资总额在很大程度上取决于组织中人员的分布状况，即人员在不同职务、不同级别上的数量状况。合理的人力资源规划，能够合理地控制目前的人力成本。

（3）满足组织结构复杂性的需要　在大型复杂结构的组织中，无论是确定人员的需求量、供给量，还是职务、人员以及任务的调整，不通过一定的计划显然是难以完成的。

（4）人事决策的需要　人力资源规划的信息往往是人事决策的基础，如采取什么样的晋升政策、制定什么样的报酬分配政策等。

二、人力资源规划的内容

人力资源规划主要可分为总体规划与业务规划两大类。

总体规划要以企业战略目标为依据，对人力资源开发利用管理的总目标、总方针、政策、实施步骤、时间安排、总费用预算等做出总体安排。

业务规划依据总体规划，使之具体化，具体见表5－1。

表5－1　人力资源业务规划

类型	目标	政策
人员补充规划	人员类型、数量对人力资源结构及绩效的改善等	人员标准、来源、起点待遇等

（续）

类型	目标	政策
人员使用规划	部门编制调整；优化人力资源结构；改善绩效；职务轮换	任职条件；职务轮换；范围及时间
提升降职规划	保持后备人员数量；改善人员结构；提高绩效目标	选拔标准、资格、比例；试用期；晋升人员比例；未提升人员安置
教育培训规划	提升素质与改善绩效；合理匹配培训类型与数量；提供新人员；转变员工劳动态度	培训时间的保证；培训效果的保证
评估激励规划	降低离职率；提高士气；改善绩效	工资政策、奖励政策及反馈
劳动关系规划	减少非期望离职率；改善雇佣关系；减少员工投诉与不满	员工参与管理；加强沟通
退休解聘规划	优化编制结构；降低劳务成本；提高生产率	退休政策；解聘程序等

三、人力资源规划的制定与实施程序

人力资源规划的执行与实施的程序可分为四个阶段：第一阶段收集信息，分析资料，做出预测；第二阶段制定人力资源的目标和政策，并取得高层管理者的认可与支持；第三阶段设计和实施各项规划，确保组织能达到人力资源的目的；第四阶段是对各项规划实施情况进行控制和评价。

第三节　工作分析

工作分析是人力资源管理工作的基础，其分析质量对其他人力资源管理模块具有举足轻重的影响。

一、工作分析的概念和作用

工作分析是对组织中某一特定工作或职务的任务、职责、权利、隶属关系、工作条件等相关信息进行收集和分析，做出明确规定，并确认完成工作所需要的能力和资质的过程。其作用主要体现在以下七个方面。

（1）增强人力资源规划的准确性和有效性　组织对各部门的工作职位安排和人员配备都必须有一个合理的规划，以确保组织内所有任务的合理安排和每个岗位之间的有效衔接。为此，必须准确而有效地预测组织在某一个时间节点上所需要的人员数量、种类和要求，以及组织在该时间节点上能够从内部满足的人力资源供给。

（2）有利于人员的招聘、甄选和任用　组织在进行招聘工作时，需要对拟招聘岗位的职责和内容进行标准界定，也需要明确任职者的资格和要求。工作分析能够明确组织各个工

作岗位近期和长期的目标、阐明工作任务的静态和动态特点，进而提出对工作者的任职要求，给出明确而有效的标准。

（3）为员工培训和开发提供客观依据　培训工作必须符合有效性和低成本的要求，培训的内容、方法必须与工作内容、岗位所需要的工作能力和操作技能相关。通过工作分析，可以明确任职者必备的技能、知识和各种心理条件的要求。

（4）有助于员工的职业生涯发展　从员工的职业生涯规划角度来看，为了满足员工在组织中的成长、发展需要，工作分析可以为员工的职业咨询和职业指导提供可靠和有效的信息，为员工在组织内的发展方向指明了道路。

（5）为绩效管理提供客观的评价标准　根据工作分析的结果，可以制定各项工作的客观标准和考核依据，既为员工工作指明努力的方向，又为组织的绩效管理提供员工工作业绩的评定标准，从而可以保证绩效管理的公平、公正、公开。

（6）保证薪酬的内部公平性　工资奖励制度是与工作定额和技术等级标准密切相关的，通过工作分析，建立了评定工作定额和技术等级的标准，并能够从工作责任、所需技能等几个方面对岗位和职务的相对值进行确定，为组织的薪酬政策提供明确的、可解释的基础，使工资发放有可参考的依据，保证薪酬的内部公平。

（7）有利于改进、完善组织安全和卫生工作　依据工作分析对工作环境的分析结果，可以预先发现可能发生危险的工作场所和设施，并针对这些潜在的危险采取相应的预防措施，消除或减少职务伤害和职业病的发生。

二、工作分析的主要内容

工作分析包括职务描述和任职者说明两个方面的基本内容。

1. 职务描述

职务描述是获取职务要素信息、概括职务特征的直接分析，主要包括三个内容。

1）工作基本资料包括工作名称、所属部门、对应岗位等级、薪资水平、所辖人员、定员人数、工作性质等。

2）工作详细说明是职务描述的主体内容，包括工作概述、工作职责、工作权限、所使用的原材料和设备、工作流程、工作结果、工作环境、与其他工作的关系等。

3）组织提供的聘用条件包括工作时数、工资结构、支付工资的方法、福利待遇、该工作在组织中的晋升机会、培训机会等。

2. 任职者说明

任职者说明主要说明从事某项工作的人员必须具备的能力、资质和其他特性的要求，主要包括三个内容。

1）资历要求主要包括任职者所需的最低学历、职位所需的性别、年龄的规定、所接受培训的内容和时间、从事与本职相关工作的年限和经验等。

2）心理要求主要包括职位要求的相关技能、任职者的性格、气质、兴趣、工作态度、敬业精神、事业心、合作性等。

3）生理要求主要包括健康状况、体能要求、视力等。

案例

华为：通用软件开发工程师

1．岗位职责

从事 IT 应用层软件、分布式云化软件、互联网软件等的设计开发，可以采用敏捷、Devops、开源等先进的软件设计开发模式，接触最前沿的产品和软件技术，成为大容量高并发技术的专家；参与华为产品的软件研发工作，包括但不限于：

1）完成从客户需求到软件产品定义、架构设计、开发实现，到上线运营维护等产品生命周期中的各个环节。

2）创造性解决产品在实现过程中的技术难题，应用前沿技术提升产品的核心竞争力，如分布式系统、性能调优、可靠性、数据库等。

3）有机会参与业界前沿技术研究和规划，参与开源社区运作，与全球专家一起工作、交流，构建华为在业界的影响力。

2．岗位要求

1）计算机、软件、通信等相关专业本科及以上学历。

2）热爱编程，基础扎实，熟悉掌握但不限于 JAVA/C++/C/Python/JS/HTML/GO 等编程语言中的一种或数种，有良好的编程习惯。

3）具备独立工作能力和解决问题的能力、善于沟通，乐于合作，热衷新技术，善于总结分享，喜欢动手实践。

4）对数据结构、算法有一定了解。

5）优选条件：一是熟悉 TCP/IP 协议及互联网常见应用和协议的原理；二是有 IT 应用软件、互联网软件、iOS/安卓等相关产品开发经验，不满足于课堂所学，在校期间积极参加校内外软件编程大赛或积极参与编程开源社区组织；三是熟悉 JS/AS/AJAX/HTML5/CSS 等前端开发技术。

（资料来源：https://www.zhipin.com/job-detail/9c522c15d1aad5341nV53tm5F1JU.html）

三、工作分析的程序

工作分析是对工作的一个全面的评价过程，一般可以分为五个阶段：工作分析计划、工作分析设计、信息收集分析、工作分析结果表达、工作分析结果运用。工作分析程序如图 5-2 所示。

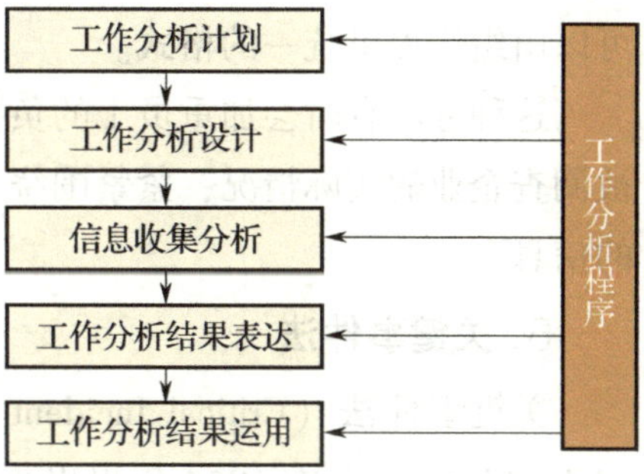

图 5-2 工作分析程序

四、工作分析的基本方法

工作分析方法大致可以分为定性方法和定量方法两大类。在工作分析中经常运用的定性方法主要有实践法、观察法、访谈法、问卷法、工作日志法和关键事件法等；定量方法主要有 PAQ（Position Analysis Questionnaire，职位分析问卷）法和 MPDQ（Management Position Description Questionnaire，管理职位描述问卷）法。每一种方法都有其固有的长处和缺陷以及各自不同的适用条件，因此，在实际的工作分析中，针对不同的工作分析的目的，可以有选择地采用某一种方法，或者将几种不同的方法综合起来运用。

1. 实践法

实践法是指工作分析人员亲自实践所研究的工作，从而获得有关工作信息的第一手资料，采用这种方法可以了解工作的实际任务以及工作对体力、环境、社会等方面的要求。这种方法可以适用于短期可以掌握的工作，但对于那些需要进行大量的培训才能掌握或有危险的工作，不宜采用这种方法。

2. 观察法

观察法是指工作分析人员通过对职务活动绩效系统观察而获取职务要素信息的方法，通过系统观察，收集有关工作内容、工作间的相互关系、人与工作的关系以及工作环境、条件等方面的信息，并用文字和图表的形式记录下来，进行分析、归纳和总结。

3. 访谈法

访谈法是工作分析人员通过面对面询问而获取工作要素信息的方法，主要用于确定工作任务和责任等方面。访谈的对象可以是任职者本人，也可以是专家和主管人员；访谈的形式可以是个别访谈，也可以是群体座谈；访谈的程序可以是标准化的，也可以是非标准化的。

4. 问卷法

问卷法是以书面问答的方式对任职者进行调查，以获取工作要素信息的方法。一般由有关人员设计出一套工作分析的问卷，由任职者或者工作分析人员填写，在此基础上对问卷进行归纳分析，对分析结果进行定量化处理，并据此写出工作职务描述。当所需分析的工作面大而且时间和成本有较大的限制时，采用这种方法是比较有效的。

5. 工作日志法

工作日志法是由被调查人员按时间顺序，详细记录自己在一段时间内的工作内容与工作过程，经过归纳、分析，达到工作分析目的的一种工作分析法。日志的形式可以不固定，也可以由组织提供统一的格式。

这种方法有时会加重员工的负担。在实际的工作中，这种方法很少单独应用，往往根据被调查企业的实际情况，紧紧围绕工作分析的目的灵活综合运用各种方法，以获取充分必要的信息。

6. 关键事件法

关键事件法（Critical Incident Technique，CIT）是美国心理学家约翰·C. 福拉纳根（John Flanagan）在1954年提出来的。所谓关键事件，就是对工作绩效有重要意义的职务背景关系及相应的行为。关键事件法是对完成工作的关键行为进行纪录，并选择其中最重要的和最关键的部分进行评定的方法。关键事件法要求对岗位工作任务造成影响的事件进行归类，从而形成对其全面了解。这种方法既能获得有关工作的静态信息，也能获得工作的动态信息。

7. 资料分析法

资料分析法就是对现有相关的资料进行查阅、分析以有效地利用。如组织原有的工作分析资料，对那些较为常规的、传统性的工作的分析有重要参考价值。这种方法要求从事工作分析人员必须要有丰富的经验，较高的教育背景，较高的分析和判断能力，并具有独立的态度，客观和公正的态度。

第四节 员工招聘

员工招聘是人力资源规划的具体实施，也是人力资源开发与管理中非常重要的一个环节。如何得到优秀的人才，是使企业进入良性发展轨道的一个重要问题。

一、员工招聘的含义

1. 员工招聘的概念

招聘是组织根据人力资源规划和工作分析的要求，通过发布招募信息和科学的甄选，使组织获取所需的合格人选，并把他们安排到合适岗位工作的过程。人力资源招聘是一个复杂、完整、连续的程序化操作过程，其内容包括了从招募、甄选、录用到评估的完整过程。

2. 员工招聘的意义

员工招聘对组织来说意义重大，如同生产高质量的产品必须有高质量的原材料一样。

1）员工招聘就是为了确保组织发展所必需的高质量人力资源而进行的一项重要工作。

2）当组织出现人力资源无法满足组织发展和变化的要求时，招聘可以为组织输入新生力量，弥补组织内人力资源供给的不足。

3）对高层管理者和技术人员的招聘，可以为组织注入新的管理思想，带来技术上的重大革新，为组织增添新的活力。

4）成功的员工招聘可以使组织更多地了解员工到本组织工作的动机与目标，从中选出与组织目标趋于一致的、愿与组织共同发展的员工，这样可减少因员工离职而带来的损失。

5）成功的招聘可使组织外的劳动力更多地了解组织，根据自己的能力、兴趣与发展目标来决定自己是否参加组织，与组织共同发展，这对发挥员工的潜能十分重要。

6）通过员工招聘可以提高组织知名度，大量的招聘广告能使外界更多地了解组织。

7）有利于劳动力的合理流动，目前员工离职现象越来越普遍，招聘工作就更加日常化和重要化。

3. 员工招聘的渠道

1）内部招募：一是提升，从内部提拔一些合适的人员来填补职位空缺是常用的方法，但由于人员选择范围小，可能选不到最优秀的人员，另外还可能带来“近亲繁殖”的弊病；二是工作调换也称“平调”，一般用于中层管理人员，其职务级别不发生变化，工作的岗位发生变化，在时间上往往可能是较长的，甚至是永久的，工作调换可提供员工从事组织内多种相关工作的机会，为员工今后提升到更高一层职位做好准备；三是工作轮换，用于一般员工，它既可以使有潜力的员工在各方面积累经验，为晋升做准备，又可减少员工因长期从事某项工作而带来的枯燥、无聊感；四是内部人员重新聘用，一些组织由于一段时期经营效果不好，会暂时让一些员工下岗待聘，当组织情况好转时，再重新聘用这些员工。

2）外部招募：一是广告这是外部招募常用的方法，它通过新闻媒介向社会传播招募信息，其特点是信息传播范围广、速度快，应聘人员数量大、层次丰富，组织的选择余地大；二是学校是人才资源的重要来源，每年学校有数百万甚至超千万的毕业生走出校门，进入社会，可在毕业生中选拔优秀人才；三是就业媒体承担着双重角色，既为组织择人，也为求职者择业，借助人才交流中心、职业介绍所、劳动力就业服务中心等就业服务机构，组织与求职者均可获得和传播较多的信息；四是网络招聘与求职，由于这种方法信息传播范围广、速度快、成本低、供需双方选择余地大，且不受时间、地域的限制，因而被广泛采用；五是特色招募，如电话热线、接待日等形式，可非常迅速、方便地了解到组织及职位的信息，便于组织与个人做出决策。

案例

直播带岗

随着数字化招聘方式的蓬勃兴起，直播带岗迅速成为一个重要的招聘渠道。具体而言，直播带岗就是主播把需要招聘员工的企业和岗位的工作及生活场景，用视频、图片等方式进行介绍，求职者可以进入直播间随时向主播提问，主播和直播间的观众也可以随时进行现场互动并解答问题。不管距离多远，求职者不用出门，只要用一部手机就能找工作。直播带岗作为一种新型的招聘方式，在制造业用工需求量大的长三角、珠三角地区蓬勃兴起，成为各地政府促就业的新机制。

在各地政府、企业和平台的共同推动下，直播带岗这种新的招聘方式正在逐渐成为常态，通过直播带岗等新平台找工作的求职者数量也在不断增长。2023 年“全国新春招工会”推出近 30 万场云招聘直播，吸引了众多求职者，仅 1 月 28 日这一天，简历投递量就突破了 50 万份，充分展示出了这种招聘新模式的能量和潜力。

与传统线下招聘相比，新媒体方式有它很多独特优势，如不受空间和地域限制，能快速直接联系到全国各地的求职者。求职者只需通过直播间和招聘方沟通，并上传自己的资料和需求，就能匹配到合适的岗位，这极大节省了求职者和招聘方双方的时间及人力、物力成本。同时，直播招聘可以由带岗主播进行实时的现场视频展示，求职者能身临其境地看到企业和岗位的真实情况，并随时和主播交流，以便做出准确的选择。

（资料来源：央视新闻客户端《焦点访谈》，2023 - 04 - 07.）

二、员工招聘的程序

员工招聘程序大致可分为招募、选拔、录用、评估四个阶段。这四个阶段如图 5 - 3 所示。

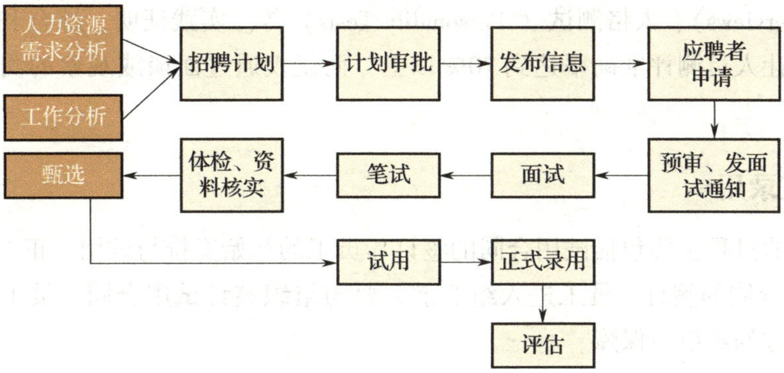

图 5-3　员工招聘程序图

三、员工招聘的方法

员工选聘就是通过各种考核测试手段，判断应聘者的知识、技能、心理等内在因素以及相关联的其他方面，从而决定是否录用。无论采用何种方法或同时采用几种方法，都是为了判断一个应聘者是否适合具体岗位，是对应聘者个人素质的综合评价。

根据评价的内容不同，招聘方法可以分为三类：知识技能测试、心理测试和评价中心综合测试。

1. 知识技能测试

不同的岗位要求员工具备相应的知识，这是岗位最基本的素质要求。许多组织都对各类岗位制定一定的知识标准，并进行相应的测试。技能是以操作、动作活动的方式凝聚的经验系统，也是岗位要求的具体操作活动技能通过现场的操作进行的测试。一般考核形式可分为笔试、口试、操作演练。

2. 心理测试

在国外，心理测试早已被广泛地运用。在心理学发达的美国，求职的时候一般要求完成明尼苏达多项人格测验问卷（Minnesota Multiphase Personality Inventory，MMPI）。通过心理测试，可以对个体的能力、人格、兴趣等多方面进行分析，为科学高效的甄选与录用程序提供科学的依据。在我国，越来越多的企业也开始在人才聘用过程中注重心理测试，一些管理咨询机构甚至把这种测试作为一个主要的服务项加以推介。目前经常用的心理测试方法有：投射测试、情景测试法、加州心理测验（California Psychological Inventory，CPI）、投射法、自陈量表等。

3. 评价中心综合测试

评价中心是一种方法、一种技术，而不是一个地点或机构。是近几十年来西方企业中流行的一种选拔和评估管理人员，尤其是中高层管理人员的人力资源测评方法。在我国的企业和国家机关的招聘中也开始有了一定的应用，特别是在选拔高级管理人员或比较重要职位的人员时经常使用。评价中心技术中所使用的方法和技术包括：文件筐（in-basket）测试、无领导小组讨论（Leaderless Group Discussion）、角色扮演（Role Playing）、结构化面试

(Structured Interviews)、人格测试（Personality Tests）等。实践证明，综合利用多种测评手段和方法可以让人员测评准确率达到 70% 以上，而仅仅通过面谈或观察的测评准确率一般在 50% 左右。

四、员工录用

员工录用的过程主要包括试用合同的签订、员工的初始安排与试用、正式录用。

（1）试用合同的签订　员工进入组织前，要与组织签订试用合同。员工试用合同是对员工与组织双方的约束与保障。

（2）员工的初始安排与试用　员工进入组织后，组织要为其安排合适的职位。一般来说，员工的职位均是按照招聘的要求和应聘者的应聘意愿来安排的。

（3）正式录用　员工的正式录用即通常所称的"转正"，是指试用期满且试用合格的员工正式成为该组织成员的过程。员工能否被正式录用关键在于试用部门对其试用期的考核结果如何，组织对试用员工应坚持公平、择优的原则进行录用。

正式录用过程中，用人部门与人力资源部门应完成的主要工作包括：员工试用期的考核鉴定、根据考核情况进行正式录用决策、与员工签订正式的雇用合同、给员工提供相应的待遇、制订员工发展计划、为员工提供必要的帮助与咨询等。

第五节　员工培训

有人说，最好的福利是培训，最佳的投资是教育。开发与培训不是可有可无的选择性事件，而是人力资源管理的重要组成部分，是对人力资本的战略性投资。作为人力资本内涵式扩张的有效途径，培训与开发已成为现代企业组织获取竞争优势的有力武器。

一、员工培训的含义与目的

1. 员工培训的含义

培训是指企业有计划地组织员工学习与完成本职工作所需的基本知识和技能，或改变员工的价值观，形成与组织目标、文化相一致的工作态度和行为的活动过程。

2. 员工培训的目的

（1）掌握新的知识和技能　组织对员工进行不断的培训，使其掌握与工作有关的最新知识和技能，才能跟上时代发展的步伐。

（2）发展各方面的能力　通过人员培训，提高员工在决策、用人、激励、沟通、创新等方面的能力，以提升组织的竞争力。

（3）形成统一的价值观　通过员工培训，特别是对新员工的培训，使他们逐步了解组织文化特征，形成统一的价值观，按照组织所认同的行为准则从事工作。

（4）增强员工之间的信息交流　通过培训，使员工及时了解组织内外的各种变化及动态，加强内外的沟通与合作。

二、员工培训的方法

员工培训一般概括为岗前培训、在职培训和脱产培训。

1. 岗前培训

岗前培训也称职前引导，是对新员工进行的导向性的培训。其目的是减少新员工在新的工作开始之前的担忧和焦虑，帮助员工了解和掌握组织的基本信息，如组织的历史、现状、未来目标、使命、理念、工作程序及其相关规定等，并充分了解他应尽的义务和职责、组织的绩效评估制度及奖惩制度等。

2. 在职培训

在职培训即在工作岗位上将工作与学习同步进行的培训。其特点是与工作直接相联系，受训者置身于实际工作之中，边工作、边学习、边提高，简单易行、节省费用。工作轮换和实习是两种常见的在职培训。

在职培训应在知识更新、技能开发、观念转变、思维技巧、心态调整与潜能开发等五方面取得成效。当然，培训层次不同，培训内容会有所区别。

3. 脱产培训

脱产培训也称为离职培训、脱岗培训，即让员工离开工作岗位，集中时间和精力参加培训活动。脱产培训的好处是比较系统、正规、有深度、培训效果较好，尤其适用于管理领域和专业领域的培训；缺点是会在短期内影响单位工作，培训成本也较高。常见的脱产培训方式有课堂讲授法、视听教学法和模拟演练法。

随着计算机和互联网的发展，基于计算机或者基于互联网的培训得到广泛的采用，它是接受培训的员工和计算机相互合作的一个学习过程，人们可以随时随地接受培训，打破了时间及地域的限制，使培训变得更为方便和快捷。目前，主要有以下三类培训技术。

①直播技术。这是一项改变培训交付模式的关键技术，即基于在线培训教学环境进行教学设计以实现恰到好处的互动，以及通过监测教学过程，抓取用户学习行为数据，为效果评估提供科学依据。直播技术逐渐成熟，已然成为新一代企业开展培训活动的基础设施。

②人工智能技术。这是一项被寄予厚望的关键技术，目前已在培、学、管、测、评等多个环节中有不同程度的渗透，主要包括智能监考、智能陪练和智能推荐等应用场景，随着企业数字化学习进程加速，企业将沉淀更多员工学习数据，人工智能技术的落地效果将更加出色。

③XR（Extended Reality）技术。这是一项仍在探索的关键技术，包括 VR（Virtual Reality，虚拟现实）、AR（Augmented Reality，增强现实）和 MR（Mixed Reality，混合现实）。在以实操类技能为主要培训内容的工业、医疗和应急管理领域，基于 XR 技术的情景模拟培训需求较多。基于游戏化设计的沉浸式学习体验是当前企业学习项目设计的一个重要方向，但受制于 XR 软硬件技术发展水平，XR 技术尚未在企业培训活动中得到广泛应用。

案例

小米公司的员工培训

2019 年，小米公司进入世界 500 强，发展规模不断扩大。在 2019 年，小米公司只有针对应届生的“YOU 计划”、针对管培生“MI New Generation 计划”以及针对管理层的“星火计划”和“燃计划”。到了 2021 年，面对日益庞大的员工队伍以及更为多样化的培训需求，小米公司制订了更有针对性的培训计划。

在小米公司提出新 10 年战略的背景下，学习发展部更加关注人才储备和梯队建设。针对不同的新入职员工，小米公司设计了“繁星计划”、“TOP 高潜”、小米实习生和社招四种培训项目。其中“繁星计划”针对应届毕业生，从集团、部门和岗位三个级别开展大规模和系统性的培训，集团课程帮助应届生了解公司、融入文化、掌握小米办公及职场基本技能，并塑造良好职场形象；部门课程帮助应届生了解部门、理解业务、掌握部门制度规范，以更好地适应工作环境；岗位课程帮助应届生掌握所在岗位的基础技能，帮助其尽快上岗、开展工作。值得一提的是，小米公司为了能让“繁星计划”更有效果，在规划培训方案之前，小米公司的培训项目组都会开展大量调研。在对 2021 年所有入职应届生进行问卷调研、一对一访谈、收集千余份调研结果并进行分析后，才会设计 2022 年的应届新员工培训方案。而“TOP 高潜”培训项目是在当届入职的应届生员工中，通过对绩效与个人能力测评成绩，选出 5%~20% 的员工进入“TOP 高潜”项目进行初阶管理者能力培养。小米公司为这一人群量身定制的人才培养方案，将助力集团攀登更高的山峰。

（资料来源：https://www.hrsee.com/?id=4381.）

第六节　绩效考评

绩效管理被管理专家称为企业基础管理的“圣杯”。20 世纪 70 年代从美国引入国内，20 世纪 90 年代开始盛行，其最为核心的效用是建立“设立目标、分解目标、落实目标、考评目标、改进和提升目标”的良性循环绩效评价提升机制。

一、绩效考评的含义及意义

绩效考评又称工作绩效评估或工作业绩评定，是指按照一定的标准，利用科学的方法，收集、分析、评价和传递有关员工工作行为和工作结果方面信息的过程。

绩效考评会影响员工的工作意愿和态度，因此，客观、公正的绩效考评制度对一个组织来说至关重要。绩效评估具有以下五个方面的意义。

（1）绩效考评为决策提供重要的参考依据　绩效考评的结果可以为以后的一系列决策提供参考，从而有利于组织目标的实现。

（2）绩效考评为组织发展提供重要的支持　绩效考评的一个目标是改进员工的工作绩效，通过绩效考评表扬和激励绩效优良的员工，鞭策表现较差的员工，指出员工努力的方向，使其能够跟上组织的发展，因此绩效考评可以为组织发展提供重要的支持。

(3) 绩效考评为确定员工的工作报酬提供依据　绩效考评可作为确定或调整员工工作报酬的依据，对于具有不同绩效的员工，可以给予不同的报酬。

(4) 绩效考评为人事调整提供依据　绩效考评可以辨别出有提升潜力的员工和表现出色的团队；还可以成为遣调、降级和辞退不合格员工的依据。

(5) 绩效考评为培训提供依据　通过绩效考评了解员工在技术或知识方面的不足，作为培训参考，可以使组织的培训有的放矢，避免培训的盲目性。

二、绩效考评的内容

一般而言，绩效考评主要包括业绩考评、能力考评和态度考评等三方面内容。

1. 业绩考评

业绩考评是对员工承担岗位工作的成果所进行的评定和估价。实际上，员工对组织贡献的大小，不单纯取决于所承担任务完成的状况，还需对工作业绩以外的内容进行考评，即对组织员工的综合素质以及对组织的贡献做出正确的评价，否则难以实现绩效管理的目标。

2. 能力考评

能力与业绩有显著的差异，业绩是外在的，是可以把握的，而能力是内在的，难以衡量和比较，这也是能力考评的难点。但是，能力也是“客观存在”的现象，可以被感知和察觉，可以通过一系列方法去把握能力的存在以及不同员工之间能力的差异。

3. 态度考评

一般来说，能力越强，业绩就可能越好。可是在组织中常常见到这样一种现象，一个人能力很强，但出工不出力；而另一个人能力不强，却兢兢业业，干得很不错。两种不同的工作态度，就产生了截然不同的工作结果，这与能力无直接关系，主要与工作态度相关。所以，需要对员工的“工作态度”进行考评。组织不能容忍缺乏干劲和工作热情的员工，尤其是懒惰氛围的存在。

三、绩效考评的程序

绩效考评程序主要包括确定绩效评估目标、实施绩效考评、分析考评结果、反馈考评结果四个步骤，如图 5－4 所示。

图 5－4　绩效考评的程序

1. 确定绩效评估目标

不同的管理层次和工作岗位，每一位员工所具备的能力和做出的贡献均是不同的，所以在考评员工的工作绩效时，要有针对性地确定不同的绩效评估目标，然后根据不同岗位的工作性质，设计出合理的考评内容。

2. 实施绩效考评

根据需要，对各种职务绩效的各项指标，可以全面考评，也可以只考评一部分指标，但必须是统一的，即凡是相同职务的，都要考评同样的指标，这样的考核才具有可比性。

3. 分析考评结果

绩效考评的记录要与既定的工作标准进行对照、分析与评价，从而获得考评的结论。

4. 反馈考评结果

工作绩效考评的结果要及时反馈给员工，同时还要将总结的经验和问题及时反馈到下一次工作绩效考评的目标制定中去，为下一次循环的工作绩效目标的设立、考评方法的改进以及考评信息的收集等提供信息。

四、绩效考评的方法

绩效考评的方法有很多，以下六种为常见的绩效考评方法。

1. 排列法

排列法也称排序法、简单排列法，是绩效考评比较简单易行的一种综合比较的方法。它通常是由上级主管根据员工工作的整体表现，按照优劣顺序依次进行排列。有时为了提高其精度，也可以将工作内容做出适当分解，分别按照优良的顺序排列，再求总平均的次序数，作为绩效考评的最后结果。

2. 选择排列法

选择排列法也称交替排列法，是排列法的进一步推广。在所有的员工中，挑选出第一名和最后一名，接着在剩下的员工中再选择最好的和最差的，以此类推，最终将所有的员工按照优劣的先后顺序全部排列完毕。

选择排列法是较为有效的一种排列方法，采用本法时，不仅上级可以直接完成排序工作，还可将其扩展到自我考评、同级考评和下级考评等其他考评的方式之中。

3. 强制分布法

强制分布法也称强迫分配法、硬性分布法。假设员工的工作行为和工作绩效整体呈正态分布，那么按照正态分布的规律，员工工作状态的分布存在一定的比例关系，在中间的员工应该最多，好的、差的是少数。强制分布法就是按照一定的百分比，将被考评的员工强制分配到各个类别中。类别一般是五类，从最优到最差的具体百分比可根据需要确定，既可以是10%、20%、40%、20%、10%，也可以是5%、20%、50%、20%、5%等。

采用这种方法，可以避免考评者过分严厉或过分宽容的情况发生，克服平均主义。当然，如果员工的能力呈偏态分布、该方法就不适合了。强制分布法只能把员工分为有限的几种类别，难以具体比较员工差别，也不能在诊断工作问题时提供准确可靠的信息。

4. 关键事件法

关键事件法也称重要事件法。管理者对员工工作表现中最令人赞许和最令人难以接受的诸多行为进行书面记录，因为这些行为直接导致工作的成功或失败，称之为“关键事件”。

考评者以这些记载的具体事实为依据，经归纳、整理，作为考评的指标和衡量的尺度。

5. 目标管理法

目标管理体现了现代管理的哲学思想，是领导者与下属之间双向互动的过程。目标管理法由员工与主管共同协商制定个人目标，个人目标依据组织的战略目标及相应的部门目标而确定，并与它们尽可能一致。该方法用可观察、可测量的工作结果作为衡量员工工作绩效的标准，以制定的目标作为对员工考评的依据，从而使员工的个人目标与组织目标保持一致，减少管理者将精力放到与组织目标无关的工作上的可能性。

6. 360 度绩效考评法

360 度绩效考评法是一种比较全面的绩效考评方法。由位于每一位员工“上下左右”的其他员工、上司、员工本人和顾客，一起来考核员工绩效的一种方法。360 度考评法特别注重通过反馈来提高员工的绩效，为此也称为 360 度反馈。目前有关资料显示，已经有超过 90% 的美国企业使用 360 度考评法，更多的企业使用了 360 度考评法的某些方面，即从上述这些所有员工相关群体中找出最有相关性、最能了解其绩效的人，一起参与这个员工的绩效考评。

除了以上六种绩效考评的方法，还有成对比较法、行为锚定业绩评定表法、绩效标准法以及成绩记录法等，可根据企业具体情况选择适宜的考评方法。

案例

IBM 在绩效管理上的变革

IBM 传统的绩效管理方式，即业内鼎鼎大名的基于个人业务承诺（PBC）的绩效考核，已经存在了十年之久，这种方式被国内众多企业所模仿和学习，其特点是：年初时，经理们利用 KPI 工具为员工设立年度工作目标，年中时对员工进行中期评估；到了年底，经理们利用这些目标对员工一年以来的工作完成情况进行评价、打分，以决定员工的考核等级，从而决定员工奖金的分配和职位的升迁。

然而，当世界进入了 VUCA 时代时，这种传统的绩效管理方式的弊端就显露无遗，其中最大的两个问题是：第一，环境的变化性、复杂性以及不确定性都在与日俱增。企业在年初设立的目标，可能在经过短期的运营之后会因为政策、行业、客户、竞争对手等方面发生变化而需要修改和更迭；第二，员工在这样一种考核形式下，所获得的反馈非常有限，特别是现在 90 后、95 后、00 后人群大量进入职场，其特点是需要实时获得关注、获得认同和支持。

IBM 必须要进行变革！所以，在 2016 年年底时，IBM 对其全球的绩效管理方式进行变革，使用了新的绩效管理系统“checkpoints”取代旧的 PBC 绩效管理系统，主要表现在以下三个方面。

首先，在目标设定中，IBM 借鉴平衡计分卡中的思想，从五个维度来设立目标：第一个维度是可衡量的业务成果（Business Results）；第二个维度是对客户成功的影响（Impact on Client Success）；第三个维度是创新（Innovation）；第四个维度是个人对他人的责任（Personal Responsibility to Others）；第五个维度是技能（Skills）。在 IBM 旧的绩效管理系统里面，员工只有一个评分，而如今新的绩效管理系统中有五项评分，而且这五项评分最终不会进行合并。

其次，为了保证高频率反馈有效地开展和运行，IBM 专门开发了“ACE”的 App 程序，ACE 有特定的含义，分别代表感激（Appreciation）、教练（Coaching）、评价（Evaluation）。这实际上也点出了 IBM 新反馈制度的作用，即用感激来认可、激励员工，用教练和评价来帮助员工提升。在 ACE 程序中，除了经理之外，员工还可以随时向其他人征求反馈意见，包括下属或同事，而且反馈时必须实名，不能够匿名。新的绩效管理系统将关注短期目标和员工满意度，员工现在可以在他们认为有必要的时候给予和接受反馈，确保团队走在正确的轨道上，团队目标可以更快、更持续地实现。

最后，IBM 将原来五档的考核等级变成了三档，分别是优秀（Exceeds）、合格（Achieves）和待改善（Expects More）。这三档情况分别代表对员工工作情况的判断和说明，来自前面提到的五个维度目标完成的情况。

（资料来源：姚琼. OKR 敏捷绩效管理你学得会［M］. 北京：中华工商联合出版社，2019.）

五、绩效考评中常见的心理弊病

1. 晕轮效应

晕轮效应是由心理学家爱德华·桑戴克（Edward Lee Thorndike）于20世纪20年代首次描述的，其基本思想是，如果一个人在某个方面给予他人积极的印象，那么他人就可能过度地在其他方面给予他积极的评价。换句话说，如果一个人在某方面给出了负面的印象，那么这种负面的印象可能会影响他人对他在其他方面的看法。这种效应实际上是指看见某被评者某一特定方面表现优异，就断定他别的方面一定也好，出现以偏概全，一好百好，不做具体分析的问题。

2. 群体定见

群体定见也叫刻板印象或定式效应。人们为了认识的方便，常将社会上的人归纳为若干具有一定共同典型特征的不同群体，如以群体偏见去判断被归入哪一群体的人，并断定他具有所归纳出的那些特征，是一种不做具体分析、主观片面的弊病。

3. 第一印象误差

首次相遇时所获印象最深，先入为主，把人看“死”，也是主观片面的表现。

4. 类己效应

类己效应是指对跟自己的某一方面（种族、籍贯、性别、学历、专业、母校、志趣、业余爱好等）相类似的人有偏爱而给予较有利的评估。

5. 近因效应

近因效应是指对不久前发生的、时间较近的事件印象较深，认为这便是具有代表性的典型事件或行为，当作被评者一般特征，而较久远的事则忘记或忽略。这显然也是一种片面性。

6. 对比效应

对比效应是指把对一个人的印象移到与之相关的另一个人（如其继任者、亲属、推荐者）身上，或将被评者与另一位非典型人物作人际比较来评判，而不去与既定的考绩标准比较。

7. 过宽或过严倾向

过宽倾向是指有些主管为了免于部属之间起冲突，倾向给予大多数员工高估的绩效考核等级（也称为正向偏误）；过严倾向则指有些主管可能因为不了解外在环境对员工绩效表现的限制或自卑感作祟，或者由于自己被评估的结果偏低等原因，因而倾向给员工偏低的考绩分数（也称为反向偏误）。这都不是实事求是的态度。

8. 趋中效应

趋中效应是指硬套“两头小、中间大”的一般性规律，不从事实出发；或由于没仔细考察下级的表现而不愿给出“最优”与“最劣”的极端评语，直接使用平均主义，一视同仁，都评为“中等”。

第七节 薪酬设计

企业薪酬管理是现代人力资源管理的重要内容，它能有效地提高员工的工作积极性和创造性，对促进企业的发展有很大的作用。

一、薪酬概述

1. 薪酬的概念与构成

所谓薪酬，是指员工因为雇佣关系的存在而从雇主那里获得的各种形式的经济收入、有形服务和福利。薪酬可以分为直接薪酬和间接薪酬两种，其中直接薪酬是指员工的工资、奖金等外在报酬形式，间接薪酬是指员工获得的成就感、满足感及良好的工作氛围等。薪酬的构成如图 5－5 所示。

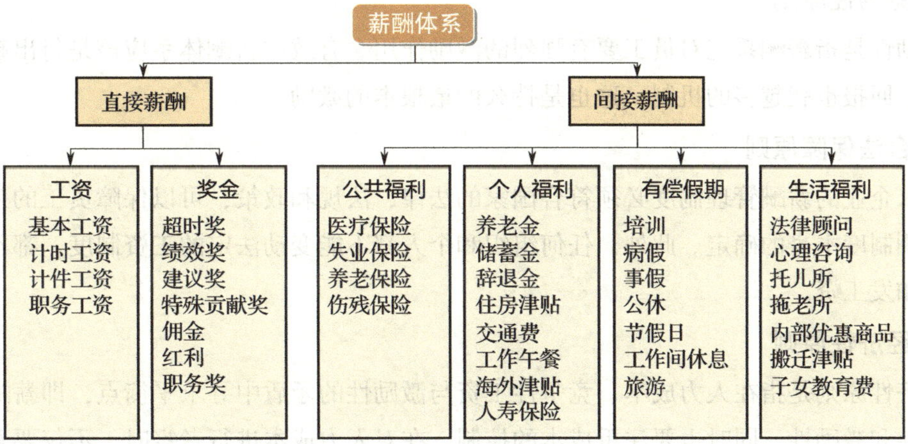

图 5－5 薪酬的构成

2. 薪酬的作用

薪酬的主要作用有以下四个方面：

(1) 补偿职能　员工在劳动过程中体力与脑力的消耗必须得到补偿，以保障劳动力的再生产。同时，为了提高劳动力素质，必须进行必要的教育投资。

(2) 激励职能　对员工来说，薪酬不仅可以维持生存，而且是员工社会地位及得到社会承认的象征。薪酬代表了对员工绩效的奖励，是一种重要的激励因素。

(3) 调节职能　就企业外部而言，劳动力市场中劳动力供求的短期决定因素是薪酬，因此，合理运用薪酬的差异，可以促进人力资源的合理流动与配置。

(4) 增值功能　薪酬对企业来讲是劳动力的价格，是所投入的可变成本，所以不能把企业的薪酬投入简单地看成是一种货币投入，其实它是资本金投入的一种特殊形式。

二、薪酬设计的原则

1. 公平性原则

公平性原则是薪酬设计时要考虑的最根本的原则，只有薪酬系统设计是公平的，才能起到激励的作用。

公平性原则包括：第一，外部公平性，即同一行业或同一地区或同等规模的不同企业中类似职务的工资应当基本相同；第二，内部公平性，即同一企业中不同职务所获得的工资与各自的贡献成正比；第三，个人公平性，即同一企业占据相同岗位的人所获得的工资之间的可比性。

2. 竞争性原则

竞争性原则是指企业的工资标准要有吸引力，这样才能战胜其他企业，招到所需人才。如果其他企业同等职务工资较高，那企业不仅招不到所需的人才，还可能导致人才流失。

3. 激励性原则

激励性是指薪酬系统对员工要有强烈的激励作用。有效的薪酬体系应该是付出越多、贡献越大，回报也就越多的机制，这也是持久的最根本的激励。

4. 合法保障原则

要求企业的薪酬管理制度必须符合国家的法律、法规和政策，可以保障员工的工资权益以及薪酬制度本身的确定。此外，任何组织和个人都不能变动法定的工资制度，都不能擅自增减或扣发工资。

5. 经济性原则

经济性原则是指在人力成本、竞争性工资与激励性的矛盾中寻求平衡点，即薪酬体系要有竞争性和激励性，同时也要注重成本的控制。在对人力成本进行考察时，不仅要看工资水平的高低，还要看员工绩效质量水平的高低。

三、薪酬体系设计的基本流程

一般讲薪酬体系设计的基本流程包括以下六个步骤。

1. 制定企业的薪酬原则和策略

制定企业的薪酬原则和策略要在企业各项战略的指导下进行。薪酬策略作为薪酬设计的纲领性文件要明确规定以下内容：对普通员工的认识，对高层管理人员、技术人员和营销人才的价值估计，企业基本工资制度和分配原则，企业工资分配政策和策略。

2. 决定工作的相对价值

使用规范、系统的程序来比较组织内每个工作的相对价值。评估后，工作就被划分为具有不同报酬的工作类别或等级。工作评估和工作等级结构成为决定员工薪金的关键因素。

3. 职务评价

通过职务评价找出企业内部各种职务的共同付酬因素，根据一定的评价方法按照每个职务对企业的贡献大小确定其具体的价值。

4. 薪酬结构的设计

按照贡献率原则确定企业工资制度，保证了企业内部的公平性。所谓薪酬结构是指一个企业组织中各项职位的相对价值及其对应的实付工资之间的关系。

5. 薪酬调查与定薪

通过薪酬调查解决企业薪酬的外部竞争力问题，保证企业薪酬的外部公平性。通过调查了解和掌握本地区、本行业特别是竞争对手的薪酬水平状况，也要参照同行业的、同地区的其他企业的薪酬水平，及时制定和调整本企业对应的薪酬结构。

6. 薪酬体系的实施和修正

在薪酬体系的实施过程中，应不时地进行沟通、必要的宣传和培训工作。世界上没有绝对公平的薪酬制度，只有令员工满意的薪酬制度，企业管理部门可以通过各种途径了解员工对薪酬体系的看法，如座谈会、满意度调查等，同时还可以根据企业的具体情况对员工薪酬进行奖励性调整、生活指数调整、效益调整、工龄调整等多方面的调整。

案例

蒙牛集团的薪酬管理

蒙牛集团成立于1999年，总部位于内蒙古的呼和浩特。经过20多年的发展，蒙牛集团在“2022年全球乳业20强”排名中连升两名，位列第七；MSCI ESG（环境、社会和公司治理）评级跃升至“A”，斩获中国食品行业最高评级，并在国资委ESG（Environmental, Social, Governance）先锋50指数覆盖的426家央企上市公司中排名第一；蒙牛品牌价值同比增长15%，增速位居中国乳业第一，成为中国消费者十大首选品牌之一。为保证高效率生产经营，蒙牛集团一直以来都十分重视人本管理，制定了一套个性化薪酬福利体系。

针对多种用工方式并存，蒙牛集团采取了多元化福利体系设计。单一的固定性报酬无法在日趋激烈的市场竞争中胜出，丰富的福利制度设计将会在人才竞争中给企业带来无形优势。员工福利管理作为公司政策目标的重要工具和载体，其多元化、弹性化发展是趋势所在。

(1) 分龄化用工与薪酬福利规划　蒙牛集团内部员工年龄差异较大，对于薪酬福利产品的获得感也不一致，例如老员工更喜欢以现金形式发放的福利奖励，而新生代员工更偏好娱乐化、潮流化等产品。因此，蒙牛集团就员工年龄对新生代员工与老员工做员工福利区分，例如打造福利商城为各个年龄段员工提供个性化福利产品。

(2) 多元化用工与薪酬福利设计　蒙牛集团内部实习生、派遣外包、退休返聘等多种劳动用工方式并存，其中实习生占比位居第一。针对这种多样化的用工方式，蒙牛集团在薪酬制度、薪酬支付标准中都有单独的定义，实现高标准、针对化用工管理模式。除此之外针对少量总部驻外地员工，蒙牛集团一方面通过线上交流、团建活动等给予驻外员工归属感，另一方面与当地人力资源部门做管理权限划分，给予他们30%的管理权限，帮助驻外员工尽快融入当地团队。

(资料来源：https:/www.hrssee.com/7id =4065)

第八节　劳动关系

劳动关系是人力资源管理的重要组成部分。劳动者、用人单位、工会三者之间建立和谐的劳动关系，能够促进组织的健康发展。如果处理不好企业内部的劳动关系，对组织的发展将是致命的打击。

一、劳动关系含义与内容

1. 劳动关系的含义

我国从1995年1月1日起实施的《中华人民共和国劳动法》(以下简称《劳动法》) 对劳动关系做了明确的界定。劳动法中的劳动关系不是泛指一切劳动者在社会劳动中形成的所有劳动关系，而是指劳动者与用人单位之间在劳动过程中发生的关系。在西方国家，劳动关系又常被称为“劳资关系”。

2. 劳动关系的内容

劳动关系的内容是指主体双方依法享有的权利和承担的义务，即劳动者与用人单位之间在劳动时间、劳动报酬、安全卫生、劳动纪律、福利保险、教育培训、劳动环境等方面形成的关系。主要包括劳动者的权利和义务、用人单位的权利和义务。

(1) 劳动者的权利和义务　《劳动法》第三条规定，劳动者享有平等就业和选择职业的权利、取得劳动报酬的权利、休息休假的权利、获得劳动安全卫生保护的权利、接受职业技能培训的权利、享受社会保险和福利的权利、提请劳动争议处理的权利以及法律规定的其他劳动权利。劳动者应当完成劳动任务，提高职业技能，执行劳动安全卫生规程，遵守劳动纪律和职业道德。

（2）用人单位的权利和义务 《劳动法》第四条规定，用人单位应当依法建立和完善规章制度，保障劳动者享有劳动权利和履行劳动义务。

案例

新就业形态劳动者的劳动保障问题

随着数字经济发展，以平台经济为代表的新业态加速发展，与实体经济深度融合，也催生了一批新的灵活就业形态，提供了包括快递、货运、网约车、外卖配送、家政服务、网络直播、电子商务等数以万计、种类丰富的就业岗位，而如何认定新就业形态从业者与平台之间的劳动关系，目前一直是个热点问题。

宁波A公司负责管理某个外卖配送站点，其将站点配送业务外包给安徽B公司，安徽B公司再转包给广西C公司。张某某入职外卖站点时，宁波A公司即要求张某某与广西C公司网签电子承揽协议，协议约定由张某某委托广西C公司为其办理个体工商户注册登记。张某某在工作中受伤，请求确认与宁波A公司存在劳动关系，经仲裁前置后诉至苏州工业园区人民法院。

法院认为，张某某作为外卖全职配送骑手，接受宁波A公司考勤排班等劳动管理并依托平台获取稳定收入来源，双方具有人格及经济从属性。张某某不具备个体工商户实质要件，电子承揽协议亦未实际履行，张某某请求根据实际用工情况确认其与宁波A公司存在劳动关系，应予支持。宁波A公司不服，提起上诉。二审判决驳回上诉，维持原判。

在司法实践中，新就业形态从业人员确认劳动关系面临用工主体难以界定、劳动争议处理周期长等困难。针对用人单位规避用工主体责任、降低用工成本的行为，应当坚持事实优先原则，避免“意思自治”的外观主义审查，进而揭露隐蔽劳动关系，认定劳动者与人格、经济从属程度强的企业成立劳动关系。本案为新就业形态从业人员劳动关系确认纠纷的类案处理提供了指引，有助于督促平台企业或其用工合作企业规范用工，充分保障劳动者的合法权益。

（资料来源：

[1] 苏州市人力资源和社会保障局，2023-03-28.

[2] https://hrss.suzhou.gov.cn/jsszhrss/zxdt/202303/b278bbbc79814502bc27f81c8c9064d7.shtml.）

二、劳动合同

1. 劳动合同的含义

劳动合同是劳动者与用人单位确立劳动关系、明确双方权利和义务的协议。建立劳动关系应当订立劳动合同。劳动合同又称劳动协议或劳动契约，西方国家又称雇佣合同、雇佣协议或雇佣契约，理解劳动合同的含义必须把握以下三点。

1）签订劳动合同的主要目的是以用人单位和劳动者这两方为主体建立劳动关系。

2）劳动合同是双方当事人之间关于劳动权利和义务的约定。

3）劳动合同一经签订，便具有法律效力。

2. 劳动合同的内容

劳动合同应当以书面形式订立。《劳动法》第十九条规定，一份合法有效的劳动合同应具备下列条款。

1）劳动合同期限分为有固定期限、无固定期限和以完成一定的工作为期限。

2）工作内容是劳动合同中权利义务的基础，是劳动者所从事的工种和工作职位，以及在工作职位上必须达到的工作要求，如劳动定额、产品质量标准等。

3）劳动保护和劳动条件是劳动者在工作中所享有的生产、工作条件，即用人单位保障或者提供劳动者正常生产及工作所必需的基本条件，包括劳动场所和设备、劳动安全卫生设施、符合国家规定标准的劳动防护用品等。

4）劳动报酬条款应当明确工资的支付周期、支付时间、支付数额等。除工资之外，此类条款还应包括奖金、津贴等。如有必要，应当明确加班工资的计算方法、支付办法、职工下岗期间的工资待遇等。

5）劳动纪律是在劳动过程中、劳动者必须遵守的劳动规则，包括国家的法律、法规规定的规则以及用人单位制定的、符合国家法律规定的劳动规则。

6）劳动合同终止的条件是指因劳动合同期限届满或者劳动合同履行中发生特定的情况，合同双方当事人的权利义务自行终结。按照《劳动法》第二十三条的规定，劳动合同期满或者当事人约定的劳动合同终止的条件出现，劳动合同即行终止。因此，劳动合同终止的条件除了合同期满之外，双方当事人可以在劳动合同中约定其他终止条件，例如用人单位倒闭或破产、劳动者死亡等。

7）违反劳动合同的责任是指违反劳动合同约定所应承担的责任。除了法律规定的，双方当事人可以根据具体情况，在符合国家法律的前提下，自行约定其他具体违反劳动合同的责任。双方当事人可以约定其他条款，如交通、住房、有关聘用条件等。

案例

物流公司的劳动争议案

罗某于2016年6月21日到某物流公司工作，岗位为收派员。2020年9月10日，双方发生纠纷后，某物流公司遂将罗某在该公司的系统权限关闭并注销账户，导致罗某不能正常打卡，无法正常上班。2020年12月，某物流公司以罗某连续旷工81天，严重违反公司规章制度和劳动纪律为由，解除与罗某的劳动合同。罗某经仲裁后提起诉讼，要求某物流公司支付违法解除劳动合同赔偿金。

为劳动者提供开展工作所需的劳动条件是用人单位在劳动合同履行过程中应尽的基本义务。罗某作为快递员，为其提供系统账户及操作权限，以便罗某接收派单任务、开展工作，是某物流公司应为劳动者提供的基本劳动条件。双方在劳动合同履行过程中发生纠纷后，某物流公司关闭系统权限并注销账户，导致罗某无法正常到岗工作。某物流公司又以罗某拒不服从工作安排、连续旷工为由解除与罗某的劳动合同，属于违法解除劳动合同，应承担赔偿责任。

（资料来源：重庆市高级人民法院，2022－04－22. https://cq.cnr.cn/tp/20220423/t20220423_52580 3848.shtml）

3. 劳动合同的订立、变更、解除和终止

《劳动法》第十七条规定，订立和变更劳动合同，应当遵循平等自愿、协商一致的原则，不得违反法律、行政法规的规定。

劳动合同订立以后，若无特殊情况，双方当事人必须认真履行，任何一方不得擅自变更合同的内容和条款。但在履行合同的过程中，由于用人单位生产经营状况的变化和劳动者劳动、生活条件的变化以及国家政策、法规和社会经济条件的改变等，双方当事人依法也可以变更。劳动合同的变更一般包括两种类型：法定变更和协议变更。

劳动合同的解除是指双方当事人提前终止劳动合同的履行，结束权利和义务关系。对于劳动合同的解除，多数国家都有自己的立法规定，并有限制条件和程序。《劳动法》第二十五条规定，劳动者有下列情形之一的，用人单位可以解除劳动合同。

1）在试用期间被证明不符合录用条件的。

2）严重违反劳动纪律或者用人单位规章制度的。

3）严重失职，营私舞弊，对用人单位利益造成重大损害的。

4）被依法追究刑事责任的。

三、劳动争议处理

劳动争议有广义和狭义之分。广义劳动争议是指用人单位和劳动者因劳动关系所发生的一切纠纷；狭义劳动争议是指用人单位与劳动者因劳动权利、劳动义务发生分歧而引起的争议。

1. 劳动争议处理的原则

《劳动法》第七十八条规定，解决劳动争议，应当根据合法、公正、及时处理的原则，依法维护劳动争议当事人的合法权益。

（1）合法性原则　劳动争议处理机构处理劳动争议的所有活动的决定都要以事实为依据，以法律为准绳。

（2）公平性原则　劳动争议处理机构在处理劳动争议时，必须保证争议双方当事人处于平等的法律地位，具有平等的法律义务，不得偏袒任何一方。

（3）着重调解、及时处理的原则　劳动争议的调解贯穿于劳动争议处理的各个程序，用人单位劳动争议处理工作的全过程都属于调解，其他处理程序也都必须坚持先行调解，调解不成时才能进行裁决或判决。

2. 解决劳动争议的途径和方法

劳动争议是劳动关系双方发生矛盾、冲突的表现，争议的有效解决则是使劳动关系双方由矛盾、冲突达到统一、和谐。根据《劳动法》第七十九条规定，劳动争议发生后，当事

人可以向本单位劳动争议调解委员会申请调解；调解不成，当事人一方要求仲裁的，可以向劳动争议仲裁委员会申请仲裁。当事人一方也可以直接向劳动争议仲裁委员会申请仲裁。对仲裁裁决不服的，可以向人民法院提起诉讼。

知识拓展

共享经济时代人力资源管理模式转型

随着世界经济的动态性、广泛性、复杂性和不确定性等特征日趋明显，一种不同于传统工业经济的新经济形态——共享经济应运而生。在共享经济背景下，企业的管理模式、组织形态和员工的就业模式等都发生了重大变化，这对传统人力资源管理提出了新要求。

1. 强调“共治型”组织架构，突出平台共享，加快从阶层管理向自我管理的转变

当前，共享经济的浪潮使组织边界逐步模糊，“去中心、去结构、去层级”成为新的趋势。在共享经济环境中，组织的新属性包括平台性、开放性、协同性与幸福感四个方面。因此，从人力资源管理角度看，必须摒弃以往的管控理念，构建以市场为导向的更具灵活性和韧性的“共治型”组织架构，以充分授权为核心，突破组织传统边界，实现组织与成员间的平台共享，加快从阶层管理向自我管理转变，促进员工从原来的被动执行者变成平台上的自驱动创新实践者。

2. 强调“共生型”社会关系，突出服务共享，加快从资源约束向资源开放转变

从社会视角来看，共享经济实质上是参与主体之间形成的社区或社会网络。共享经济平台是一个社群市场，源于用户对社交、信任和互惠的需求。在共享经济背景下，以往“单打独斗、个人主义”的传统思维已不再适应社会发展的要求，“互助、互动、互利和互惠”成为新的时代主题。因此，亟须站在组织长远发展的角度，打破组织和部门的制度藩篱和利益固化格局，构建将员工、团队、组织紧密结合在一起的“共生型”社会关系，以全面协作为核心，有效激发资源利用整合，实现组织与成员间的服务共享，加快从资源约束向资源开放转变，进而构建起更具稳定性、协作性、互动性的合作关系，并且为员工创新创业提供便利和条件。

3. 强调“共赢型”投资策略，突出利益共享，加快从短期激励向长期激励转变

员工—组织关系是社会关系在组织层面的重要体现，表现为组织与员工之间的相互连接关系。在共享经济背景下，“资本追逐知识、资本与劳动力相互雇佣”的理念越来越受到社会认可。因此，亟须重新认识员工在组织中的作用和地位，更加重视对员工长远激励的“共赢型”投资策略，以市场激励为核心，强化全面激励功能，加快从业绩分享向利益共享转变，促使员工从被动的雇佣者变为主动的创业者、动态合伙人，从而进一步激发员工的创造力和组织的创新力。

4. 强调“共创型”企业文化，突出价值共享，加快从文化认同向价值共创转变

在共享经济环境下，“多元联动，协同创新”成为新的社会共识，不仅要注重员工个体的创造力，更要重视团队创造力和组织创造力；员工聚合和创造不再是零和博弈的关系，而是共创共享的关系。因此，要强化“共有、共治、共创”理念，持续关注员工的价值导向和利益诉求，突出组织愿景、价值观和员工个人目标、能力深度融合的“共创型”价值理念，以理念重塑为核心，再造员工价值导向，加快从文化认同向价值共创转变，最大限度凝

聚组织共识和群体智慧，通过建立更加“开放、合作、信任，包容、共享”的组织文化，进一步激发员工的创造意愿和创造活力，为整个组织创造更大的价值。

总的来说，共享经济时代人力资源管理模式转型更加强调“共治型”组织架构、“共生型”社会关系、“共赢型”投资策略、“共创型”企业文化的有机统一，突出组织与员工间的平台共享、服务共享、利益共享、价值共享，体现了“员工—组织”“个体—团队”“贡献—发展”“学习—创新”的有机结合，深化了人力资源管理的组织方式、协作方式、激励方式和实现方式的转型和变革。

（资料来源：施杨，赵曙明，张宏远. 共享经济时代人力资源管理模式转型：现实诉求、理论框架与建构路径［J］. 江海学刊，2022（5）：96－102，255，256.）

参考文献：

［1］德斯勒. 人力资源管理［M］. 刘昕，译. 14 版. 北京：中国人民大学出版社，2017.

［2］孙利虎. 战略人力资源管理：理论、实践与前沿［M］. 2 版. 北京：中国人民大学出版社，2022.

［3］董克用，李超平. 人力资源管理概论［M］. 5 版. 北京：中国人民大学出版社，2019.

思考题：

1. 人力资源的特征是什么？人力资源管理的主要内容有哪些？
2. 人力资源规划的步骤是什么？
3. 工作分析的作用是什么？
4. 什么是招聘？简述人员招聘的方法。
5. 员工培训有哪些方法？
6. 简述绩效考评的方法。
7. 薪酬的作用是什么？简述薪酬体系的内容。
8. 什么是劳动关系？劳动法规定劳动者的权利与义务有哪些？
9. 什么是劳动合同？具体包括哪些内容？
10. 劳动纠纷处理的方法？

练习题：

请根据所学知识尝试设计一套薪酬体系，并编写 1000 字的设计报告。

案例讨论题

“不拘一格地选拔人才”
——习近平同志在河北正定工作期间推出“人才九条”的实践与启示

1983 年 3 月 29 日，河北日报头版头条刊发了一篇新闻报道——《树立新时期的用人观点，招贤纳士，博揽群才 正定县为有志之士敞开大门》。1982 年 3 月至 1985 年 5 月，习近平同志先后任河北省正定县委副书记、书记，期间推出了广招贤才的“人才九条”。

1. “人才九条”震动全国

“人才九条”的全称是《树立新时期的用人观点，广招贤才的九条措施》。内容如下：

1）热烈欢迎我县所需的外地各种科技人员来正定帮助发展县、社、队企业。对搞成的每个项目，只要产品有销路，其利润由双方商定比例分成，或给一次性总付酬。贡献突出者，县委、县政府将予以记功、记大功、晋级、晋职。在农村的家属户口优先转吃商品粮，并给家属、子女安排适当工作。对我县技术人才更应充分重视，发挥其专长。对有发明创造、做出突出贡献者，其待遇和招聘外地技术人才同等对待。

2）大胆起用和广泛接受各种人才。其中包括出身不好，社会关系复杂，过去犯过错误已经改正的；曾当作“资本主义”典型批判至今仍不被重视的；由于社会上的偏见，使其科研工作遭受压制的；没有学历而自学成才的。

3）千方百计为人才的调动提供方便。凡需要调入我县者，组织、人事、劳动部门要积极予以办理，若一时办不齐手续，可先来后办，原工资照发，粮食定量不变（全部细粮），工龄连续计算，今后根据贡献大小另行确定工资数额；对不能调入我县工作者，可短期应聘或兼任我县某方面的经济技术顾问。

4）愿为全国各地技术人员提供试制新产品、推广新技术所需要的工作、生活条件。新产品一旦被本县采用，即付重奖；收到经济效益后，利润按比例分成或给一次性总付酬。同时也允许研究项目失败，不追究责任，工资报酬、往返车费照付。

5）调入的人才，由县委、县政府统一安排使用，出现问题，县委、县政府领导亲自加以解决。

6）兴建“人才楼”“招贤馆”，积极为调入人才解决住房。设立人才服务处，对人才统一管理。对我县和国家有突出贡献者，配备助手、车辆，做到搬煤到屋、送粮到户，解决他们生活上的后顾之忧。各部门都要按照省委文件精神，积极落实知识分子政策，为我县中级以上知识分子和自学成才者，提供良好的工作条件和生活条件。

7）成立人才技术开发公司，吸收人才，接受新产品、新技术；对科研人员和自学成才者正在业余研究的有前途的科研项目，若愿意给予本公司，而又被本县所采纳者，将尽力协助解决经费困难。对本县技术干部要合理使用，充分发挥其特长。

8）积极鼓励、扶持城乡团体和个人自筹资金和外地大、中专院校签订教学、代培合同，定向培养人才。教授、学者、工程师及有技术专长者应聘来县讲学，指导企业经营管理，车接车送，热情接待，并发津贴费。

9）实行人才流动。调入本县的科技人员来去自由。本人一旦感到自己的技术专长不能有效发挥时，可以申请调到所向往单位，县委、县政府不应阻拦，并给予提供方便。

1983年3月，几天之间，2000张一米多长、半米多宽的大布告贴到了正定各个生产队、学校、机关、工厂门口。一时间，街头巷尾热议声四起。“人才九条”字里行间皆是破冰之举。例如人事调动，当时的政策是不允许人员在各省市间自由流动的，工厂管理者、科技人员属于国家干部，不能自主选择供职单位。档案是每个干部职工所有的证明文件，如果非要走，人员拿不到档案，党籍、公职、工龄、工资在新单位接不上，户籍在异地落不了，口粮在粮店买不到，生活都成问题。

“针对这种情况，习书记大胆提出，凡是正定急需人才，派人员与原单位友好协商，以最大的诚意争取理解支持；本人决意到正定工作，原单位坚持不放，档案不给，县委、县政府责成组织人事部门重新建档接续关系。这一做法突破了人才调动的瓶颈，确实是需要眼光和胆识的。”李乃毅回忆。当时，包括习近平在内的所有干部、职工，都是吃60%的粗粮、40%的细粮，给引进的人才供应100%细粮，有的人不理解；在分配方面，干部职工每月工资几十元，技术人员的技术转让费却有几万元，有了利润还给提成，有的人难以接受；用的人万一出点毛病怎么交代？请来了“外地和尚”，“本地和尚”不念经了怎么办？面对种种质疑，习近平召开全县干部动员大会，讲形势、谈发展、绘蓝图、论人才，通过相互交流，统一思想，形成共识。

2. “星”耀古城启人深思

“人才九条”的制定为当时正定的发展注入了生机和活力。1984年，正定县10项经济指标均创历史最高水平，工农业总产值达到3.8亿多元，比1980年翻了一番。对人才的重要性，习近平有深刻而长远的认识：“贤才者，国之大宝也，县亦然。古人云，国之所以不治者三，不知用贤，此其一也；虽知用贤，求不能得，此其二也；虽得贤，不能尽，此其三也。”知用贤，求其贤，尽其才，这样的人才观催生了“人才九条”。

贾大山和郝月普便是两个例证。作家贾大山，成熟稳健，刚直正派，有管理才干，对文化事业有着近乎痴迷的热爱。习近平在多方听取意见后大胆起用，打破非党人士不能担任正职的惯例，贾大山连升三级，直接当上县文化局局长。上任伊始，贾大山就下基层、访群众、查问题、定制度，几个月下来，便把原来比较混乱的文化系统整治得井井有条。工程师郝月普，是南开大学毕业的高才生。“文革”期间，他被错扣了帽子，判了刑。平反后，他回到原来的工厂，但厂里有些人依然把他视为“异类”，一身本领无处施展。正定县破例为郝月普上户口、接工龄、上浮工资，并委以乡镇企业局副局长、化工实业公司经理的重任，上任后不到半年，他就为正定引来了11个项目。

做好人才工作，必须具备战略眼光、系统思维。习近平强调：“在选拔人才时，讲文凭也要讲水平，不拘一格包括不拘文凭，无论是大、中、小学学历，还是‘千里马’‘百里马’‘一里马’，还是二十、三十、四十、五十、六十各种年龄的人才，都使用起来、跑起来、积极性调动起来，只有这样，我们的事业才能人才济济、兴旺发达。”内用、外招、上请、下挖、近补、远育，这是习近平引才育才用才的“十二字真经”。

（资料来源：霍晓丽，刘荣荣，周洁，等. “不拘一格地选拔人才”——习近平同志在河北正定工作期间推出“人才九条”的实践与启示［N］. 河北日报，2023-06-12（1）.）

【问题讨论】

（1）谈谈正定县“人才九条”政策里体现出了哪些人才理念？

（2）正定县在实施“人才九条”政策时遇到了哪些难题？是如何解决的？

（3）“人才九条”对做好新时代人才工作提供了哪些宝贵经验和深刻启示？

第六章
项目管理与经济决策

教学目标与要求

通过本章学习，使学生对项目管理和经济决策的基本知识体系有全面的了解和认识。要求学生能够充分理解项目管理和经济决策理论，掌握项目管理和经济决策的方法，并能够运用这些方法从经济的角度进行决策，并通过实施项目管理达成目标。

思想导入

构建高水平社会主义市场经济体制。坚持和完善社会主义基本经济制度，毫不动摇地巩固和发展公有制经济，毫不动摇地鼓励、支持、引导非公有制经济发展，充分发挥市场在资源配置中的决定性作用，更好发挥政府作用。

构建全国统一大市场，深化要素市场化改革，建设高标准市场体系。完善产权保护、市场准入、公平竞争、社会信用等市场经济基础制度，优化营商环境。

资料来源：习近平. 高举中国特色社会主义伟大旗帜 为全面建设社会主义现代化国家而团结奋斗：在中国共产党第二十次全国代表大会上的报告［M］. 北京：人民出版社，2022.

人们已经步入项目化的时代，项目无处不在。很多项目与人们的生活息息相关，淘宝“双11”活动、京沪高速铁路、南水北调、开发新产品、改造生产线、组织一次拓展训练……这些活动的规模差异巨大，持续时间不一，所需资金不同，但它们均具有项目的基本特征，可以采用专门的项目管理工具和方法来进行管理。在选择这些项目，或者在项目执行过程中采用某一方案都要涉及经济决策。为此，项目管理和经济决策在项目中都非常关键，对于项目的成功实施和企业的长远发展都有重要影响。

本章主要从项目管理概述、项目管理知识体系、经济决策与效果评价、经济决策方法四个方面构建了基本知识框架，如图 6-1 所示。

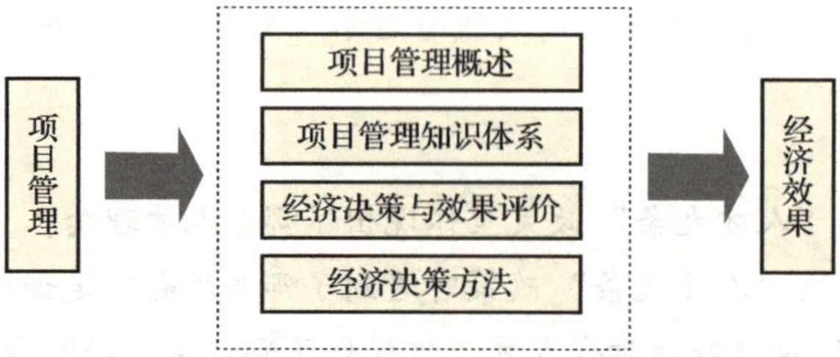

图 6-1　项目管理与经济决策的基本知识框架

第一节　项目管理概述

一、项目的概念

1. 什么是项目

美国项目管理协会 2017 年发布的《项目管理知识体系指南》（以下简称《PMBOK 指南》）（第六版）中关于“项目”的概念描述为：项目是为了创造独特的产品、服务或成果而进行的临时性工作。

独特的产品、服务或成果是指独特的可交付成果。独特是项目可交付成果的一种特征，项目实施过程中重复部件的存在并不改变整个项目工作的独特本质。

项目的“临时性”是指项目有明确的起点和终点，但并不意味着项目的持续时间短。虽然项目是临时性工作，但其可交付成果可能会在项目终止后依然存在。例如修建一座桥梁是建设项目，桥梁建好后建设项目结束，但是作为可交付成果的桥梁要长期使用下去。

2021 年发布的《PMBOK 指南》（第七版）中在“项目”概念的定义上更加注重价值交付和商业目标的实现，强调项目不仅需要完成临时性任务，还需要为组织创造持续的商业价值。其弱化了过程导向，强化了灵活性、适应性、价值交付和利益相关者参与。这些变化反映了项目管理领域从传统的“任务完成”向“价值创造”的转变，适应了 VUCA 时代（易变性、不确定性、复杂性、模糊性）的挑战。

2. 项目和运作的区别

每个组织都为实现目标从事一些工作。一般来说，这些工作可以是日常运作或项目。日常运作和项目有许多共同之处，例如都是由人来做、受制于有限的资源、需要规划执行和控制。但是，这两者也有区别，例如日常运作是持续不断和重复进行的，而项目是临时性的、独特的。项目和日常运作的目标是不同的，项目的目标是为了在一定的约束之内提交可交付成果，当目标达到，项目结束；而持续进行的日常运作的目标一般是为了经营。快递公司每天要处理成千上万个邮件，银行柜台每天要为许多顾客办理各种服务，这些都是日常运作。

有些工作很难严格被区分为项目还是运作，当人们特别强调为这个工作所付出的特别的努力，强调在这个工作上用了不同以往的创新方法，强调这个工作与同类型的其他工作不同，强调这个工作的目标属性和一次性属性时，这个工作就在以项目式的方式进行。当人们强调该工作如以往的工作一样重复进行，依赖经验就可以轻松做到，不需要特别花费心思时，该工作是以运作的方式在进行。

3. 项目来源于需求

组织经常直接或间接利用项目去实现战略规划中的目标。项目的批准通常出于以下一项或多项需求考虑。

（1）市场需求　只有真正了解市场需求，才能够从根本上满足市场的需求。因为市场需求不断变化，企业会有大量研发项目去满足市场需求，而企业也在执行大量研发项目中看到了自己的机会。

（2）战略机会/业务需求　战略机会是基于未来的，是别人暂时还没有进入的领域。企业如果能把握这样的机会，就会具有先发优势。面对当前受众选择的时代，各类企业和厂商只有不断挖掘业务以满足受众（客户）日益增长和变化的需求，才能实现利润，获得成功。

华为作为全球第三大智能手机厂商，于2018年初发布了其新的愿景与使命："把数字世界带入每个人、每个家庭、每个组织，构建万物互联的智能世界。"为此，华为的鸿蒙系统应运而生，它是新一代的智能终端操作系统，为不同设备的智能化、互联与协同提供了统一的语言。通过软件的底层技术，该系统能够让更多的设备实现融合，不仅能够互相连接，还能协同工作，从而为用户提供更加便捷、高效的多设备使用体验。

（3）社会需求　满足社会需求是项目成立的基本前提。如果项目无法满足社会需求，可能会引起社会不满和抵制，从而导致项目的失败。所以在项目启动之前，需要对社会需求进行充分的了解和掌握。

项目的产生还可能是基于环境考虑、客户要求、技术进步、法律要求等其他的原因。

二、项目管理的概念

项目管理就是将知识、技能、工具与技术应用于项目活动，以满足项目的要求。从微观上讲，项目管理是要在规定的范围、时间、成本和质量之下完成项目可交付成果，这四个维度又可以进一步归纳为效率和效果。时间和成本这两个维度，关心的是以多大的代价做事，如何正确地做事，即效率；范围和质量这两个维度，关心的是项目产品的功能，做正确的事，即效果。

管理好一个项目，项目管理的前期非常重要。首先要识别需求，这些需求可能来自客户、企业、市场、技术等各方面；其次要确定清楚而又能够实现的满足用户需求的目标；最后在权衡质量、范围、时间和成本方面互不相让的要求的基础上，使技术规定说明书、计划和方法适用于各种各样相关方的不同需求和期望。

三、项目成功和项目管理成功

在项目实施过程中总会遇到各种问题，项目经理需要知道范围、质量、时间和成本这四个目标哪个应该优先实现，哪个可以稍微后延。项目经理需要帮助客户平衡这些目标，客户也必须阐明愿意在何种情形之下，降低哪些目标以及降低多少，从而使得另一些目标能换取更高的满意度。例如，在研发项目中，客户可能愿意支付额外的成本而鼓励提前完成这个项目；在房屋装修项目中，业主方也可能为了保障将来长期使用的舒适程度，愿意增加相应的支出成本，如果成本不能增加，业主方可能考虑缩小范围，放弃"拎包入住"的想法，把满足生活需要的不可移动部分高质量地装修完成，其余部件留待资金充裕再行完成。

由此可见，一种项目成功的评价是从短期的"工期、预算、质量、范围"来进行评价，即项目是否在要求的工期和预算的前提下完成具有一定质量标准的可交付成果，这被称为"项目管理成功"；另一种项目成功的评价是从长期的视角来看，即是否达到客户的满意程度或者超过客户的预期，被称为“项目成功”。

项目成功是多维度的，从项目本身来看，项目是否满足工期、预算、质量和范围的要求；从客户的角度来看，项目是否能够满足客户短期和长期的需求，使客户满意；从项目所在组织的角度来看，项目是否给组织带来利润，扩大市场份额等都作为判断的标准。

案例

港珠澳大桥建设项目

1997年香港特区政府为振兴香港经济，寻找新的经济增长点，认为有必要尽快建设连接香港、珠海和澳门的跨海陆路通道，以充分发挥香港、澳门的优势，并于2002年向中央政府提出了修建港珠澳大桥的建议。

工程包括三项内容：一是海中桥隧主体工程；二是香港、珠海和澳门三地口岸；三是香港、珠海、澳门三地连接线。其中海中桥隧主体工程由粤港澳三地共同建设，三地口岸和连接线由三地各自建设。

海中桥隧主体工程采用双向六车道高速公路标准建设，设计速度采用100公里/小时，桥梁总宽33.1米，隧道宽度采用2×14.25米、净高采用5.1米。设计使用寿命120年，项目总投资约1200亿元人民币。

港珠澳大桥从设计到建设前后历时14年，于2018年10月24日上午9时正式通车运营。港珠澳大桥创造了多个全世界第一：①人工岛工程量最大、技术难度最高；②沉管隧道最长、埋深最深，滴水不漏；③桥体使用寿命最长、抗灾害能力强。港珠澳大桥荣获2020年国际桥梁大会首个超级工程奖，港珠澳大桥钢结构工程荣获国际焊接学会“Ugo Guerrera Prize”奖。港珠澳大桥斩获菲迪克年度卓越项目大奖，在大桥的建设过程中创造了400多项新专利、7项世界之最。

港珠澳大桥开通至今，已成为粤港澳大湾区重要的人员往来和贸易通道。目前，经港珠澳大桥进出口收发货地已覆盖内地31个省、自治区、直辖市，涉及全球235个国家及地区。

（资料来源：https://baijiahao.baidu.com/s?id=1769679902886245649&wfr=spider&for=pc，中国新闻网，2023-6-25）

四、项目集和项目组合

项目管理过程、工具和技术的运用为组织达成目标奠定了坚实的基础。一个项目可以以三种不同的模式进行管理：作为一个独立的项目存在、在项目集内存在、在项目组合中存在。项目集是一组相互关联且被协调管理的项目、子项目集和项目集活动，以便获得分别管理所无法获得的效益。项目集的重点在于如何实现集成收益，而项目的重点在于如何在约束内实现可交付成果，它们都落在了以“正确”的方式开展项目集和项目这一点上。项目组合是指为了实现战略目标而组合在一起管理的项目、项目集、子项目组合和运营工作，其重点在于如何实现战略目标，如何开展“正确”的项目集和项目。

“十二五”和“十三五”规划的成功实施，使我国基本扭转了煤炭发电的增长趋势，停建缓建了大量的煤电项目。然而，现役的大部分煤电项目已经投产运营，仍有很长的运营周期，这些存量的煤电企业就需要考虑如何与新能源项目协同并且增加储能项目。作为发电企业的高级项目管理者，面对“双碳”的战略，需要将企业的现役煤电项目与待投资的新能源项目以及储能项目进行项目组合管理，管理对象包括煤电项目、风电项目、光伏项目、氢能项目和储能项目的能源电力项目集。

五、项目管理的发展史

纵观人类历史，人们从事过各种规模的项目。早期建设项目包括都江堰、秦始皇陵、万里长城，其他大型的早期项目包括创立国家等。神农尝百草是最早的重要开发项目，大禹治水也是最早的水利工程开发项目。这些都充分体现了中华民族的伟大和聪明智慧。在项目专项管理方面，我国很早就有了自己基于“工料定额”的“时间”和“成本”等方面的管理方法。

公认的现代项目管理起源于20世纪50年代的美国。美国人亨利·甘特在1917年发明的甘特图，最初作为科学管理的一个工具，对项目管理中的进度管理产生了重大影响。第二次世界大战的“曼哈顿计划”“诺曼底战役”不同程度上体现了现代项目管理的组织、计划和指导原则。20世纪60年代，美国海军要求其“北极星”项目的承包商采用计划评审技术；美国国防部率先在导弹系统研制中采用了工作分解结构方法；把成本和进度结合起来进行评价的“成本/进度控制系统方法”是项目管理技术在20世纪60年代的一个重大突破，成为现代挣值管理方法的前身。

项目管理在20世纪60年代的发展，促成了国际上最有影响的两个项目管理专业协会的成立：1965年，国际项目管理协会在瑞士成立；1969年，美国项目管理协会成立。1996年，美国项目管理协会发布了《PMBOK指南》第一版；1999年，国际项目管理协会也发布了《IPMA能力基线》第一版。2015年《IPMA能力基线》已经修订到第四版，其中强调了个人在项目管理、项目集群管理和项目组合管理方面的环境、行为和技术能力。2021年美国项目管理协会发布了《PMBOK指南》第七版，内容相对于原来的第六版有较大的调整，用十二个原则八个绩效域代替了第六版中的五个过程组和十大知识领域。第七版更关注项目最终将向组织及其相关方交付整体价值，而不是像第六版只关注项目的产出和可交付成果；第七版也更关注原则，代替了第六版只关注过程，因而更具有适用性。

我国正式引进项目管理知识体系是在1999年，中国国家外国专家局组织南开大学等单位共同引进和介绍美国项目管理协会的《PMBOK指南》，同时引进其项目管理专业人员资质认证（Project Management Professional，PMP）。此后，我国在现代项目管理教育、研究和实践等各个方面都获得了很快的发展。

第二节　项目管理知识体系

美国项目管理协会2021年发布《PMBOK指南》第七版，2022年10月份其中文版在中国上市。因为《PMBOK指南》第六版更加着眼于操作，所以本节内容主要依据美国项目管理协会发布的《PMBOK指南》第六版。

一、项目管理五大过程

项目管理过程不同于项目阶段。项目阶段通常是按照时间顺序来划分的，而项目管理过程是按照项目所需开展的管理工作来划分项目周期的不同阶段，以便人们按照一定的流程来组织、管理项目工作。这种描述项目每个阶段需要完成什么管理工作的项目周期，就是项目管理过程。每一个过程的结束都会涉及部分可交付成果的完成，一个过程向下一个过程的过渡会涉及管理工作的交接。

项目管理可以分为启动、规划、执行、监控和收尾五大过程，其理论和质量管理中用于开展持续改进的戴明环一致。戴明环的基本原理是“计划——执行——检查——行动”(PDCA 循环)，即按照 PDCA 循环，质量能够得到持续改善。项目管理的五大过程中，“规划”和“执行”与戴明环中的“计划”和“执行”是一致的；“监控”和戴明环中的“检查”和“行动”是一致的。由于项目是临时性的工作，需要“起点”和“终点”，所以五大过程中还包括“启动”和“收尾”。

启动就是确定项目的合法地位和总体要求（例如目标)，宣布项目正式立项；规划就是编制项目计划，把项目目标具体化，制定达成目标的路线图；执行就是按计划开展项目活动，把纸面上的成果变成实实在在的成果；监控，就是把实际情况与计划要求进行比较，发现偏差、分析偏差，并在必要时进行变更；收尾，就是按照一定的程序开展收尾工作，正式结束项目、阶段或合同。

项目管理的五大过程比项目生命周期各阶段之间的关系要复杂得多，这主要是因为管理工作的可交叉性、可循环性要大大高于技术工作。在实际工作中，这五大过程并非严格地一个接一个进行，而是相互交叉进行。例如项目不仅执行过程需要监控，项目的启动、规划和收尾过程都需要监控。而且，监控往往不能在时间段上独立存在，而是与启动、规划、执行或收尾同时开展。项目计划需要在执行过程中进行细化和更新，每次对计划进行细化和更新，都是在做规划过程的工作。项目监控和执行更是没有办法截然分开，通常项目是一边执行一边监控。项目管理五大过程之间还存在循环关系。例如项目进行到执行过程，可能发现项目计划中有不合理之处，这就需要回到规划过程去调整项目计划。可以说，在项目启动之后、收尾之前，规划、执行和监控过程会反复循环。

由于项目管理五大过程之间的交叉和循环关系，因此不能用简单的直线式思维去看待项目管理各过程及其过程之间的相互关系。

二、项目管理十大知识领域

项目管理分为十大知识领域，包括整合管理、范围管理、进度管理、成本管理、质量管理、资源管理、沟通管理、风险管理、采购管理和干系人管理。

1. 项目整合管理

项目整合管理包括对隶属于项目管理过程组的各种过程和项目管理活动进行识别、定义、组合、统一和协调的各个过程。项目整合管理过程包括制定项目章程、制订项目管理计划、指导与管理项目工作、管理项目知识、监控项目工作、实施整体变更控制和结束项目或阶段。项目整合管理由项目经理负责，该责任不能被授权或者转移，项目经理必须对整个项目承担最终责任。

项目的各个阶段会发生整合，例如在项目早期，计划过程为执行过程提供书面的项目管理计划，在项目执行过程中通常会伴随着变更，而变更则会导致项目计划的更新。项目的各个领域也会发生整合，例如进行项目管理，项目经理通常要考虑风险，因此为应急计划制定成本估算时，就需要整合项目进度管理、成本管理和风险管理中的相应过程。

项目整合管理中制定项目章程过程属于项目启动过程，这一过程需要在项目执行组织与需求组织之间建立起伙伴关系。项目执行组织就是项目管理团队或者是承包商。项目需求组织可以是项目所在的组织，项目是基于内部需求而产生的；项目需求组织也可能是业主或者客户，项目是基于业主方的需求而产生的。项目章程一旦被批准，就标志着项目的正式启动。因为项目可能是因为内部经营需要或者外部需求而启动，故通常需要编制需求分析、可行性研究、商业论证或有待项目处理的情况描述。通过编制项目章程，来分析项目符合组织战略和日常运营的需要，项目才会被正式批准。

2. 项目范围管理

项目范围管理是指对项目所要完成的工作范围进行管理和控制的各个过程。项目环境中，范围包括两层含义：一个是产品范围，即用某项产品、服务或成果所具有的特征和功能来表示；另一个是项目范围，是指为了交付具有特定性能与功能的产品或成果而必须完成的工作。项目范围管理包括规划范围管理、收集需求、定义范围、创建工作分解结构（Work Breakdown Structure，WBS）、确认范围和控制范围这些过程。其中，创建工作分解结构是项目管理的三大工具之一。

3. 项目进度管理

项目进度管理是指为管理项目按时完成所需的各个过程。项目进度管理包括规划进度管理、定义活动、排列活动顺序、估算活动持续时间、制订进度计划、控制进度这六个过程。事实上，想要制订进度计划，需要定义活动、进行活动之间的排序、估计活动所需要的持续时间。进度计划制订完后，才能执行进度计划，控制进度。项目进度管理的表现形式包括甘特图、网络图。网络图中的关键路径法（Critical Path Method，CPM）是项目管理的三大工具之一。

4. 项目成本管理

项目成本管理是指使项目在批准的预算内完成而对成本进行规划、估算、预算、融资、筹资、管理和控制的各个过程，从而确保项目在批准的预算内完工。项目成本管理过程包括规划成本管理、估算成本、制定预算和控制成本。项目成本控制过程的挣值分析工具（Earned Value Analysis，EVA）是项目管理的三大工具之一。

5. 项目质量管理

项目质量管理包括把组织的质量政策应用于规划、管理、控制项目和产品质量要求，以满足相关方所期望的各个过程。项目质量管理遵循企业质量管理的理念，如客户满意、持续改进、全员质量管理等。项目质量管理过程包括规划质量管理、管理质量、控制质量。质量效益分析、质量成本分析、因果图、直方图等质量管理工具同样适用于项目质量管理中。

6. 项目资源管理

项目资源管理包括识别、获取和管理所需资源，以成功完成项目的各个过程，这些过程有助于确定项目经理和项目团队在正确的时间和地点使用正确的资源。项目资源管理过程包括规划资源管理、估算活动资源、获取资源、建设团队、管理团队和控制资源。项目资源管理的对象是团队成员、设施、设备、材料、用品和其他资源。

7. 项目沟通管理

项目沟通管理包括为确保项目信息及时且恰当地规划、收集、生成、发布、存储、检索、管理、控制、监督和最终处置所需的各个过程。项目沟通管理由两部分组成，一部分是制定策略，确保沟通对相关方行之有效；另一部分是执行必要活动，以落实沟通策略。因此，项目沟通管理过程包括规划沟通管理、管理沟通、监督沟通。传统沟通模型、沟通技术、沟通方式在项目管理中都能得到应用。

8. 项目风险管理

项目风险管理包括规划风险管理、识别风险、开展风险分析、规划风险应对、实施风险应对和监督风险的各个过程，其主要目标在于提高积极风险的概率或影响，降低消极风险的概率或影响，从而提高项目成功的可能性。针对消极风险，项目风险管理强调以最低的成本保障项目管理目标得以实现。风险概率和影响评估是定性风险分析中最重要的工具。在制定风险应对策略时，针对威胁，风险应对策略可以是回避、转移、减轻和接受；针对机会，风险应对策略可以是开拓、分享、提高、接受。

9. 项目采购管理

项目采购管理包括从项目团队外部采购或获取所需产品、服务或成果的各个过程。项目管理中的采购管理主要是从项目外部获取货物或服务，包括规划采购管理、实施采购管理和控制采购。规划采购管理主要是确定是否从项目外部获取货物或服务，如果是，需要确定将在什么时间、以什么方式获取什么货物和服务。实施项目采购管理主要是获取卖方应答、选择卖方并授予合同的过程，最后成果是双方签订合同。控制采购是管理采购关系，监督合同绩效、实施必要的变更以及最终关闭合同的过程。

10. 项目干系人管理

项目干系人管理包括识别影响项目或受项目影响的人员、团队或组织，分析相关方对项目的期望和影响，制定合适的管理策略来有效调动、争取相关方参与项目决策和执行。项目是否成功通常由项目干系人定义，项目干系人满意是项目成功的一个判断准则，因此，项目干系人管理非常重要。项目经理、项目团队成员、组织高层、客户、供应商、政府等都是项目干系人，识别其需求，促进项目干系人参与项目、支持项目及使得项目成功是项目经理的责任。

三、项目管理过程组与知识领域

项目管理过程组与知识领域之间的构成分布，见表6－1。

表6－1　项目管理过程组与知识领域

知识领域	项目管理过程组				
	启动过程组	规划过程组	执行过程组	监控过程组	收尾过程组
项目整合管理	制定项目章程	制订项目管理计划	指导与管理项目工作 管理项目知识	监控项目工作 实施整体变更控制	结束项目或阶段
项目范围管理		规划范围管理 收集需求 定义范围 创建工作分解结构		确认范围 控制范围	
项目进度管理		规划进度管理 定义活动 排列活动顺序 估算活动持续时间 制订进度计划		控制进度	
项目成本管理		规划成本管理 估算成本 制定预算		控制成本	
项目质量管理		规划质量管理	管理质量	控制质量	
项目资源管理		规划资源管理 估算活动资源	获取资源 建设团队 管理团队	控制资源	
项目沟通管理		规划沟通管理	管理沟通	监督沟通	
项目风险管理		规划风险管理 识别风险 实施定性风险分析 实施定量风险分析 规划风险应对	实施风险应对	监督风险	
项目采购管理		规划采购管理	实施采购	控制采购	
项目干系人管理	识别干系人	规划干系人参与	管理干系人参与	监督干系人参与	

世博会园区建设项目

1. 项目背景

世界博览会（以下简称“世博会”）是一项由主办国政府组织或政府委托有关部门举办的有较大影响的国际性博览活动，已经有一百多年的历史。2002年12月，中国上海获得了2010年世界博览会的举办权。上海世博会场地位于南浦大桥和卢浦大桥之间，沿上海城区黄浦江两岸布局，园区规划用地范围为5.28平方公里，其中围栏区约3.28平方公里，配套区约2.0平方公里。规划总建筑面积约200万平方米。总投资规模达到220亿人民币左右。世博会园区内各种展馆、配套服务和市政设施等建筑类别繁多、数量浩大，其中，既包括中国馆、主题馆、世博中心、演艺中心、世博轴和世博村等永久性建筑，也包括外国自建馆、租赁馆、联合馆和企业馆等临时性场馆，还涵盖道路、公园和行道树等配套工程。

2. 建设项目的目标

世博会园区建设项目追求进度、质量、投资、安全、文明等全方位、多目标的协同优化。但在项目进展过程中，目标系统会动态调整，如目标因素的增多或减少、指标水平的调整等都会导致设计方案的变化、合同的变更、实施方案的调整。上海世博会的所有项目要求在2009年12月31日前全部完工，并在2010年5月1日正式运营。该项目工期目标具有优先权，要实现这个工期目标，就需要多线联动控制，即展示和参展、建设和运营、活动和推介联动，因此要将世博局、指挥部办公室和项目部三级进度目标统一起来，实现自上而下的进度细化、自下而上的进度保证。在多目标的影响下，系统目标变得更加复杂，对世博会建设项目的管理者而言是一个极大的挑战。

3. 项目组织结构

上海世博会工程建设群体项目在实施阶段的组织系统不仅包括指挥部办公室本身的组织系统，还包括各参与单位（设计单位、项目管理咨询单位、施工单位、供货单位等）共同或分别建立的针对世博工程建设项目的组织系统，如项目实施组织结构、工作任务分工、管理职能分工和工作流程组织等。

上海世博会工程建设指挥部办公室设技术处、工程处、综合处、合约财务处、配套处、材料设备处、安全质量处、协调处等八大职能部门。同时，设置AB片区项目部、C片区项目部、公园项目部、市政道路项目部、水工项目部、世博轴项目部、中国馆项目部和浦西项目部等八个项目部。指挥部办公室组织结构如图6-2所示。

该组织结构中，职能部门与项目部二者缺一不可，前者是从横向上按不同的管理职能进行分工，各部门对其管理职能向指挥部办公室负责；后者是从纵向上按不同的项目群进行分工，各项目部对其管辖项目的总目标向指挥部办公室负责。

指挥部办公室实行扁平化管理，各职能部门对指挥部办公室实施项目及园区内其他投资主体负责建设的项目和大市政项目进行控制、督促和协调。指挥部办公室具体实施的项目，以“项目管理和施工总承包”为工程建设管理基本思路，实施“做强项目部”的策略，由指挥部办公室与专业项目管理公司共建项目部，形成指挥部办公室、项目管理单位、施工总承包单位三位一体的世博会工程建设管理模式，以达到控制项目投资和强化工程管理，推进工程建设的目的。

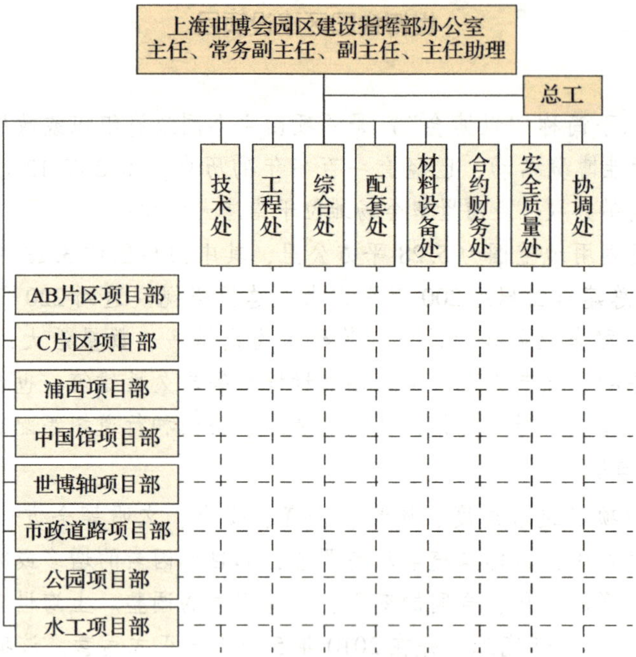

图 6－2　上海世博会园区建设指挥部办公室组织结构图

4. 项目范围管理

项目范围是指确保项目成功完成所需的全部工作。这就要求项目范围管理包括的程序能确保覆盖该项目所有的整体工作要求和单项工作要求，从而促使项目工作成功地完成。

项目分解结构（Project Breakdown Structure，PBS）和编码体系是项目参与各方管理过程中所有信息的载体，是项目参与各方必须共同遵守的语言。因此，合理的项目分解是指挥部办公室各项工作正常开展的基础和前提。

上海世博会工程建设指挥部办公室对世博会建设项目的分解原则是：立足指挥部办公室各项工作的开展以及工程建设的实施推进；方便各子项目的归类以及信息的查询；兼顾项目的类型（如永久场馆、临时场馆、配套设施、市政项目、大市政配套项目等）；兼顾项目所属地块（如浦东 A、B、C 地块，浦西 D、E 地块等）；考虑规划设计、采购施工、试运营及运营等不同阶段，以及投资控制、进度控制、质量控制、合同管理、信息管理等不同管理任务。根据以上分解原则，将上海世博会工程建设项目统一分解为三大类：第一大类是由指挥部办公室具体实施和负责的项目；第二大类是由其他投资主体负责建设，指挥部办公室管理和控制的项目；第三大类是大市政项目。如建设实施阶段的 PBS，如图 6－3 所示。

5. 项目进度管理

（1）上海世博会工程建设进度控制的层次　上海世博会工程建设进度控制要纳入到整个世博会总体计划体系中。按照上海世博会工程总体计划系统的要求，上海世博会工程建设进度控制的原则是分层计划管理、节点目标保证和抓控制性计划。上海世博会建设和运营计划系统分三个层次，即总体计划、部门（项目部）控制计划和部门（项目部）实施计划。

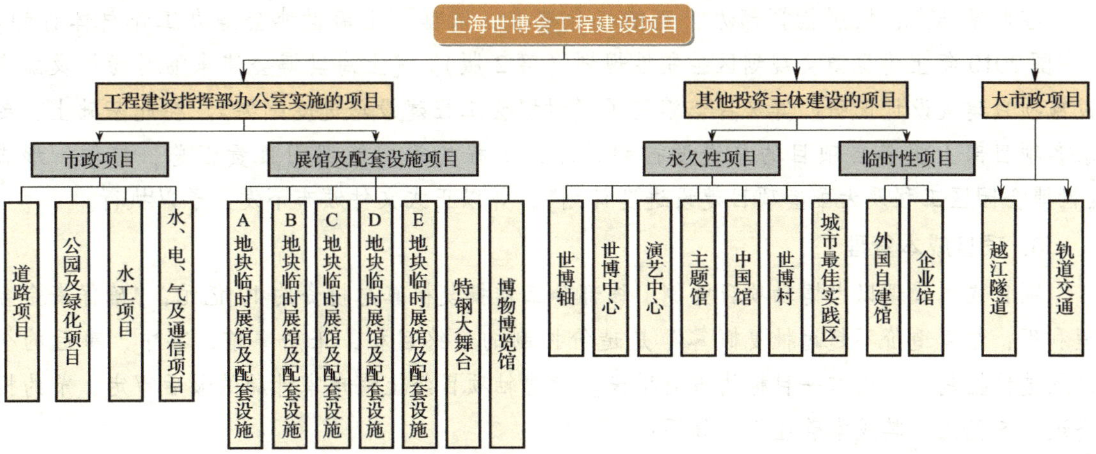

图 6-3　上海世博会工程建设项目 PBS（建设实施阶段）

1）总体计划：主要由“上海世博会工程里程碑计划”“上海世博会工程总进度纲要”以及“上海世博会园区工程及大配套项目建设进度计划”组成，用于从总体上计划上海世博会工程建设全方位的进展情况。

2）部门（项目部）控制计划：各职能部门和项目部根据指挥部办公室的总体工作安排，结合自身管理要求编制的计划，用于各部门（项目部）自身涉及的工作。

3）部门（项目部）实施计划：各职能部门和项目部针对具体实施工作编制的计划，如部门（项目部）年度、季度、月度、周工作计划，用于对具体工作进行计划管理。

（2）上海世博会工程建设里程碑计划　项目管理单位通过前期翔实的踏勘和调研，在充分掌握上海世博会工程建设的全局情况后，会同指挥部办公室就上海世博会里程碑节点的设置进行讨论协商，最终确定上海世博会工程建设 10 项里程碑计划节点，见表 6-2。

表 6-2　上海世博会工程建设 10 项里程碑计划

时间	里程碑节点
2007 年 12 月	永久性场馆工程一轴四馆（世博轴、世博中心、主题馆、中国馆、演艺中心）实现全面开工
2008 年 3 月	E 区城市最佳实践区开工，浦东园区道路开始种植行道树
2008 年 6 月	浦东园区租赁馆开工
2008 年 10 月	浦东水工项目和浦西园区展馆开工
2008 年 12 月	浦东园区车行道路基本建成，永久四馆进入主体结构施工
2009 年 5 月	浦东园区租赁馆交相关参展国进行装修
2009 年 8 月	永久场馆电机设备开始调试
2009 年 10 月	水工项目建成
2009 年 11 月	所有场馆单体竣工，开始布展
2010 年 3 月	园区道路人行道、高架人行步道的路面、公交枢纽站、综合广场、绿化等配套设施建成

在此基础上，按照指挥部办公室的指导要求，依据《上海世博会筹办工作总体计划》《中国2010年上海世博会规划区控制性规划（第2版）》《上海世博会浦东临时场馆及配套设施项目建筑设计说明》等文件，编制了《世博会工程建设总进度纲要》。在此基础上，要求各项目部上报各自项目的总进度控制计划，工程处等职能部门负责汇总、整理，形成《世博会园区工程及大配套项目建设进度计划》，并以正式文件颁布下发，予以执行。

6. 项目成本管理

项目成本管理以世博轴项目为例，该部分工作批复概算总投资约40亿元，“确保资金合理利用，结算造价不超过批复概算”是造价控制的最终目标，采用事前、事中、事后的全过程造价控制是完成这一目标的重要手段。世博轴项目经上海市审计局的最后审定，节约投资近1.5亿元。其成本管理经验如下：

1）以项目概算为总的控制目标，并以此为总抓手，运用目标管理的方法，将概算层层分解，落实到项目管理的各个过程中去，处处把关、时时监控。

2）投资控制管理贯穿始终，各阶段有所侧重。项目事前阶段，落实方案设计、架构项目投控策略、优选专业投控团队，制订招标、采购计价等对造价影响较大工作的管理办法；项目事中阶段，要随着项目推进，全程管控影响投控的各个因素，及时调整相关规则；在项目事后阶段，重点放在依规履约，严格按程序追究投控工作的每一个细节。

3）投资控制工作是项目管理中十分重要的工作。做好项目立项、可研、方案落实等初期筹划，对整个项目投控至关重要。对于工期紧、任务重、难度大的项目，尽早做好项目前期工作对于做好项目投资控制管理非常重要。

7. 项目风险管理

项目风险管理以世博轴项目为例。世博轴工程的难点是地下工程工作量大，工期紧，质量、安全要求高，涉及分项多。特别是1045米长、100米宽的超大基坑，由3家总包单位同时施工，增大了风险管理的难度。业主和项目管理部在风险管理过程中重点进行了四个方面的工作：

1）加强自身建设，建立健全项目风险管理体系。按照风险管理理念，针对工程实际情况，编制了风险管理实施方案1份，专项风险实施细则14份，应急抢险预案7份。内容涵盖设计、质量、安全等各个方面。同时，项目部加强了风险管理人员的岗前培训，对提高管理者的风险管理能力确实起到了作用。

2）督促施工单位完善管理体系，构建风险管理的保障体系。主要抓两点：一是加强对重大风险源的监控，督促施工单位建立现场质量管理保证体系；二是全面、科学审查专项技术方案，做到技术方案先行。

3）强化三阶段风险控制，实施全过程风险管理。在设计阶段，重点强调了风险识别、评估和预控，包括措施：组织专家对设计方案进行评审，尽早识别风险事件和风险源；动态跟踪设计中的重点风险源，严防过分设计与不足设计；强调设计产品的使用功能与可建造性，为施工阶段的风险控制提供方便。在施工阶段，则强化要素管理，以控制风险诱因。在对各分项工程进行风险识别和评估的基础上，重点对施工准入、材料、设备以及工艺方面进行严格的控制。同时，在管理手段上，引入远程视频监控平台，实现对施工风险的动态监控。

4）以预防为主线，以管理制度为保障，以人员教育为基础，防治并举，动态监控安全风险，重点控制关键风险因素。建设工程过程中的安全风险管理工作直接体现公共利益，因此，被作为风险管理的重中之重予以强调。

8. 项目采购管理

上海世博会建设项目具有以下特点：一是总投资数额大，投资控制的变动因素多，风险大，应采取有效的合同手段控制总投资；二是参与建设的单位多，范围广，有大量设计与施工的协调任务，统一的组织和管理非常重要；三是项目规模庞大，标准高。上海世博会建设项目的采购管理主要落在合同管理上面。

上海世博会工程建设指挥部办公室具体实施项目，以“依靠项目管理和依靠施工总承包”为工程建设管理基本思路。采用项目总承包模式固然可以减少合同界面，但对于上海世博会这种大型项目来说，很难找到能胜任的总承包商，于是施工总承包模式成为首选，即业主直接与施工总包签合同，而施工分包合同全部由总包和分包单位签，这样就大大减轻了业主的工作量。上海世博会园区工程总包合同结构图，如图6-4所示。

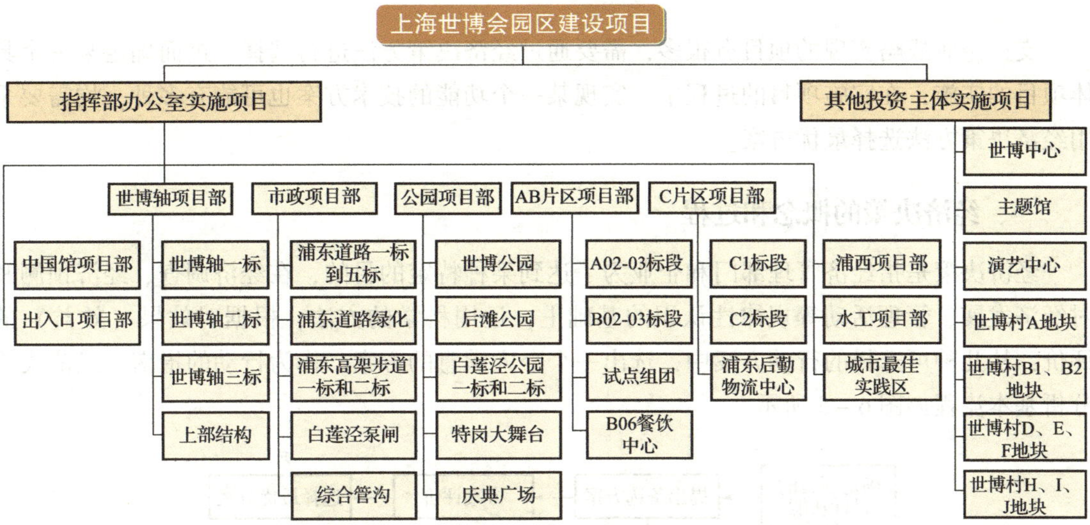

图6-4　上海世博会工程总包合同结构图

9. 项目的整合管理

项目的复杂性要求有合适的工具辅助项目经理及其他项目管理人员管理项目工作。随着计算机技术应用的普及，利用计算机对项目各方面相关信息进行集成化管理也显得非常重要。世博园区建设项目采用P3（Primavera Project Planner）软件辅助进度管理，对各项目的进度过程动态跟踪、分析对比，及时地发现偏差并采取措施和对策，将问题消除在萌芽状态，使整个计划更加切合实际，控制更加有效。在投资控制和合同管理方面，指挥部办公室引进了“建设项目投资控制与合同管理信息集成化管理系统（C3A）”，并根据上海世博会工程项目管理特点，进行二次开发，建立了集成化管理信息模型，为上海世博会工程项目提供完整的信息解决方案和服务。

10. 结束

上海世博会于2010年10月31日闭幕。上海世博园区建设项目全面实践了"绿色世博、节约世博、科技世博"的园区建设理念，不仅为上海，为中国，也为世界的城市发展奉献了一笔弥足珍贵的财富。

(资料来源：

[1] 何剑芳，何清华. 2010年上海世博会建设群体项目管理研究［J］. 建设监理，2009，119（5）：1－3；6.

[2] 乐云. 大型复杂群体项目分解结构（PBS）概念与方法研究［J］. 项目管理技术，2010，8（2）：39－42.

[3] 赵长义，叶少帅. 工程项目全寿命风险管理研究——以世博轴工程为例［J］. 建设监理，2008，(01)：38－41.)

第三节　经济决策与效果评价

支持企业战略实现的项目有很多，需要通过经济决策方法进行选择，进而确定某一个具体项目的实施；在实施项目的过程中，实现某一个功能的技术方案也可能有多种，均需要采用经济决策方法选择最优方案。

一、经济决策的概念和过程

经济决策是指经济管理部门和企业为了达到某种特定的目的，在经济调查、经济预测和对经济发展、管理活动等规律性认识的基础上，运用科学的方法，根据对效果（效益）的评价，从几种可选择的行动方案中，选出一个令人满意的方案，作为行动的指南。经济决策分析基本流程如图6－5所示。

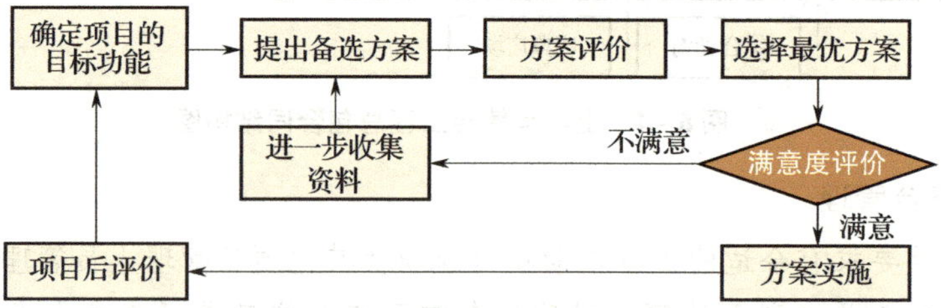

图6－5　经济决策分析基本流程

经济决策分析基本流程的以下四个方面较为核心：

第一，确定项目的目标功能。这是建立方案的基础，目标功能通常是多指标系统，包括经济功能、社会功能、环境功能等。如预计某地电力不足，那么项目需要满足的功能目标就是满足电力需求。此外，项目还需要满足一定的投资回报目标、人口就业目标、环境保护目标及其他目标。

第二，提出备选方案。一般来说为了达到一定的目标功能，必须提出许多方案。寻找备选方案，实际上是一项创新活动。要求决策者能针对某一特定的问题提出“最优的”方案，因而决策者必须创新。如要满足电力需求，可以建火电厂、核电厂或水电站，而选择建核电厂又有许多备选方案。实际工作中，不可能列出所有可能方案，但粗选出的方案要少而精，绝不能丢掉可能是最好的方案。

第三，方案评价。列出的方案要经过系统的评价，评价的依据是政策法令与反映决策者意愿的指标体系。在符合基本条件后，经济决策中最重要的内容是项目要考虑有较好的经济效益和社会效益。通过系统评价，淘汰不可行方案，保留可行方案。

第四，选择最优方案。经济决策的核心问题就是通过对不同方案经济效果的衡量和比较，从中选择效果最好的最优方案。

要运用好经济决策的基本理论和方法，必须树立系统观念和动态观念。所有的技术方案，包括技术路线、技术政策、技术措施都不是孤立存在的，它们是整个社会技术经济中的一个有机组成部分。在做经济决策时，追求的不仅是子系统、小系统的目标，还包括整个大系统的目标。方案所处的环境是变化的，用以决策的数据就可能会受到外部环境的影响而变动，因此，要用发展的眼光预测未来的效果。

二、经济效果评价的概念

对项目进行经济性评价，其核心内容是经济效果的评价。经济效果是经济决策中一个重要的概念，是指人们为了达到一定目的所从事的实践活动的成果和劳动消耗之比，或者说是项目的产出与投入之比。投入是指各种资源的消耗和占用，任何方案都会消耗和占用一定的人力、物力和财力。产出是指方案实施后的效果，包括可以用经济指标度量的和不能用经济指标度量的产品和服务，可能是指正效果，也可能指负效果，例如生态破坏、环境污染就是负效果。

当投入一定时，才可以单独用产出衡量经济效果，产出越多效果越好；当产出一定时，投入越少的方案经济效果越好。经济效果的表达式可以写作产出 - 投入，也可以写作产出/投入，还可以写作（产出 - 投入）/投入。

经济效果评价指标是多种多样的，从不同角度反映项目或者某一方案的经济性。为了系统全面地评价一个项目，往往需要采用多个评价指标，从多方面对项目的经济性进行分析考察，这些既相互联系又相对独立的评价指标，就构成了项目经济评价的指标体系。

三、现金流量和现金流量图

1. 现金流量

现金流量是特定经济系统在一定时期内现金的流入数量和现金流出数量的代数和。这个特定经济系统可以是一个项目、一个企业，也可以是一个地区、一个部门或一个国家；一定时期可以是月、季、半年或年。

流入系统的现金称为现金流入，通常用 CI 表示。例如，企业销售商品或提供劳务、出售设备、从金融机构获得的借款等取得的现金都是现金流入。

流出系统的现金称为现金流出，通常用 CO 表示。例如，企业购买货物、购置固定资产、偿还债务等支付的现金，都是现金流出。

净现金流量是指同一时点上现金流入与现金流出之差，通常用 CI－CO 表示。净现金流量有正有负，正现金流量表示一定时期的净收入，负现金流量为一定时期的净支出。

为了正确理解现金流量，需要注意以下三点：

1）每一笔现金流入和现金流出都应有明确的发生时点。为了分析和计算简化起见，一般可以假定将某一期（年、半年、季、月等）中发生的现金流入或流出都集中到该期的期初、期末或期中，如果不特别说明，那么一般是指集中到该期的期末。

2）现金流量不受经济系统内部现金转移和人为调整的影响。现金流量必须是实际发生的，每一笔现金流量都要有可靠的凭证验证，不应将应收账款、应付账款以及不能兑现的有价证券和不能立即出让的固定资产账面价值等作为现金流量。

3）现金流量会因看问题的视角不同而发生不同的结果。例如，国家对企业经济活动征收的税金，从企业角度看是现金流出，而从整个国民经济的角度看，由于税金对国家来说所有权并未改变，而是在国家范围内资金的一种再分配，所以它既不是现金流入也不是现金流出。

2. 现金流量图

现金流量图就是能反映经济系统现金流量运动状态的图形，即把经济系统的现金流量绘入一个时间坐标中，表示出各现金流入、现金流出以及相应时点的对应关系，如图 6－6 所示。

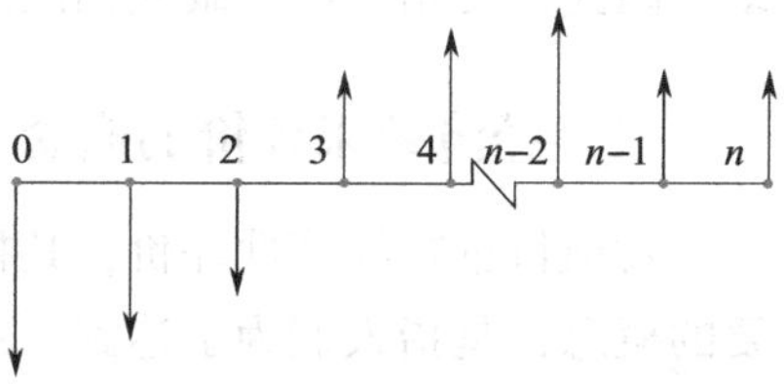

图 6－6　现金流量图

现金流量图的作图方法如下：

1）以横轴为时间轴，向右延伸表示时间的延续，轴上每一刻度表示一个时间单位，可取月、季、半年或年等，在不做特殊说明的情况下，一般以年表示。0 表示时间序列的起点，n 表示时间序列的终点。箭线与时间轴的交点即为现金流量发生的时点。时间序列中某一期的期末正好是下一期的期初。

2）垂直于时间坐标的箭线，表示不同时点的现金流量的大小和方向。一般规定，向上的箭线表示现金流入，向下的箭线表示现金流出。在现金流量图中，箭线长短只要能适当体现各时点现金流量数值的差异，并在各箭线上方（或下方）注明其现金流量的数值即可。

现金流量可以把技术方案的物质形态转化为货币形态，为进一步正确计算和评价该方案的经济效果提供统一的信息基础。现金流量图能够可视化人们预期设计的各种活动方案的全貌，在项目决策阶段，提出的各种备选方案以及每个备选方案中的产品方案、工艺方案、筹资方案、建设方案和经营方案等，都可以通过预测或估计的现金流量得到具体的展示。

四、经济效果评价需要考虑资金时间价值

1. 资金时间价值的概念

不同时间发生的等额资金在价值上是有差别的，这种差别就被称为资金的时间价值。例如，1 万元人民币存入银行，按照一年期固定存款利率为 1.75%，到 1 年后存款人能够得到

10175 元。其中多出来的 175 元，就是存款人牺牲了 1 万元现期消费的权力，把使用权力让渡给银行获得的报酬。投资者投资一定的金额，这笔资金投入生产流通领域，与劳动力相结合，其价值发生了增值，增值的实质是劳动力在生产过程中创造了剩余价值。从投资者的角度来看，资金的增值特性使得资金具有时间价值。

资金的时间价值体现为资金运动所带来的利润（或利息），它是衡量资金时间价值的绝对尺度。资金在单位时间内产生的增值（利润或利息）与投入的资本额（本金）之比，简称为利率或收益率，它是衡量资金时间价值的相对尺度，记作 i。i 越大，说明资金增值越多。

2. 资金时间价值常用的计算

（1）资金的时间价值可以用单利或复利计算

①单利法。单利法仅以本金为基数计算利息，即不论年限有多长，每年均按照原始本金计息，已经取得的利息不再计息。

设贷款额（本金）为 P，贷款年利率为 i，贷款年限为 n，本金与利息的和用 F 表示，则 n 年末本利和的单利计算公式为

$$F = P(1 + ni)$$

单利法虽然部分考虑了资金的时间价值，但是已经产生的利息并没有在之后作为计息基础参与到利息计算，因此单利法计算资金时间价值是不完善的。

②复利法。复利法是以本金与累计利息之和为基数计算利息，即“利滚利”。所以，复利计算的本利和公式为

$$F = P(1 + i)^n$$

由于复利计息比较符合资金在社会再生产过程中运动的实际状况，在经济决策中，尤其是决策项目涉及生命周期比较长，都采用复利计息计算。

（2）资金等值概念　资金等值就是在考虑资金时间价值因素后，不同时点上数额不等的资金在一定利率条件下具有相等的价值。例如现在的 1 万元和 1 年后的 1.0175 万元，在银行一年期固定存款利率为 1.75% 的条件下是等值的，即一年后的 1.0175 万元在年利率为 1.75% 的情况下等值于现在的 1 万元。

利用等值概念将一个时点发生的资金金额换算成另一个时点的等值金额，这个过程被称为资金等值计算。进行资金等值计算时需要了解以下四个概念。

①贴现和贴现率。把将来某一个时点的资金金额换算成现在时点的等值金额称为贴现或折现。贴现或折现所用的利率称为贴现率或者折现率。

②现值。现值是指资金“现在的”价值。这是个相对概念，将 $t + n$ 个时点上发生的资金折现到第 t 个时点，所得的等值金额就是第 $t + n$ 个时点上资金金额在第 t 个时点的现值。现值用符号 P 表示。

③终值。终值是现值在未来时点上的等值资金，用符号 F 来表示。

④等年值。等年值是指分期等额收支的资金值，用符号 A 来表示。

（3）资金等值计算

①一次支付终值公式。如果现在存入银行 P 元，年利率为 i，n 年后拥有本利和为多少？现金流量图如图 6－7 所示。

计算公式为 $F=P(1+i)^n$，式中系数 $(1+i)^n$ 称为复利支付终值系数，也可用符号 $(F/P,i,n)$ 表示，所以该公式又可写为 $F=P(F/P,i,n)$。

②一次支付现值公式。已知 n 年后一笔资金为 F，在年利率为 i 的条件下，相当于现在多少钱？计算公式为 $P=F[1/(1+i)^n]$，这是一次支付终值公式的逆运算。式中 $1/(1+i)^n$ 称为复利现值系数，记为 $(P/F,i,n)$，所以该公式又可写为 $P=F(P/F,i,n)$。

③等额支付终值公式。如果某人每年年末存入资金 A 元，年利率为 i，n 年后资金的本利和为多少？现金流量图如图 6－8 所示。

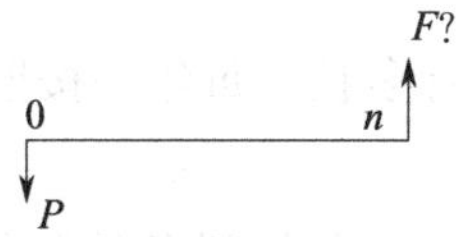

图 6－7　一次支付终值现金流量图

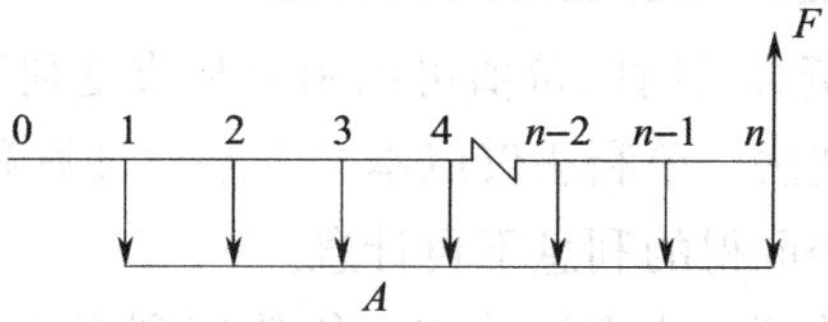

图 6－8　等额支付终值现金流量图

由图 6－8 可看出，第 n 年年末资金的终值总额等于各年存入资金 A 的终值总和，即

$$\begin{aligned}F&=A(1+i)^{n-1}+A(1+i)^{n-2}+\cdots+A(1+i)+A\\&=A[(1+i)^{n-1}+(1+i)^{n-2}+\cdots+(1+i)+1]\\&=A[1-(1+i)^n]/[1-(1+i)]\\&=A[(1+i)^n-1]/i\end{aligned}$$

式中，系数 $[(1+i)^n-1]/i$ 称为等额支付终值系数，可用符号 $(F/A,\ i,\ n)$ 表示，所以该公式又可写为 $F=A(F/A,\ i,\ n)$。

④等额支付偿债基金公式。是等额分付终值公式的逆运算，即已知终值，求与之等价的等额年值 A。由等额分付终值公式可直接导出

$$A=F[i/(1+i)^n-1]$$

式中，$i/[(1+i)^n-1]$ 为等额分付偿债基金系数，用符号 $(A/F,\ i,\ n)$ 表示，所以该公式又可写为 $A=F(A/F,\ i,\ n)$。

⑤等额支付现值公式。从第 1 年年末到第 n 年年末有一个等额的现金流序列，每年的金额均为 A，这一等额年金序列在利率为 i 的条件下，其现值是多少？如图 6－9 所示。

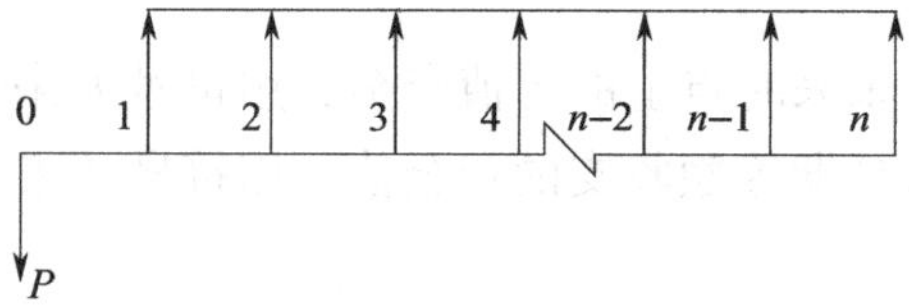

图 6－9　等额支付现值现金流量图

可以按照等额支付终值公式，然后再利用一次支付现值公式来得出等额支付现值公式为

$$P = A(F/A, i, n)(P/F, i, n)$$
$$= A \times [(1+i)^n - 1]/i \times 1/(1+i)^n$$
$$= A \times [(1+i)^n - 1]/[i(1+i)^n]$$

式中，$[(1+i)^n - 1]/[i(1+i)^n]$为等额分付现值系数，用符号$(P/A, i, n)$表示，所以该公式又可写为$P = A(P/A, i, n)$。

⑥资金回收公式。银行现提供贷款P元，年利率为i，要求在n年内等额分期回收全部贷款，问每年年末应回收多少资金？这是已知现值P求年金A的问题。

根据等额分付现值公式可得：$A = P \times [i(1+i)^n]/[(1+i)^n - 1]$

式中，$[i(1+i)^n]/[(1+i)^n - 1]$为资金回收系数，用符号$(A/P, i, n)$表示，所以该公式又可写成：$A = P(A/P, i, n)$。

例 6-1 某企业获得10万元贷款，和银行约定偿还期为5年，年利率为8%。银行要求5年后一次性付清本息，则该企业需要在5年后一次性还款数额：$F = 10 \times (1+8\%)^5 = 14.693$万元。如果银行要求该企业每年等额还款，连续还款5年，那么每年还款数额：$A = 10 \times [8\%(1+8\%)^5]/[(1+8\%)^5 - 1] = 2.505$万元。该企业想利用自有资金购买某一型号设备，已知该设备经济寿命为8年，预计每年净收益为20万元，若该企业希望的收益率为15%，则该企业最多愿意为该设备出价：$P = 20 \times [(1+15\%)^8 - 1]/[15\%(1+15\%)^8] = 89.746$万元。

五、项目经济效果评价指标分类

1. 按照评价指标的量纲分类

按评价指标的量纲不同，项目经济评价的指标体系主要包括以下三个方面。

1）时间型指标，是指以时间作为计量单位的经济评价指标，如投资回收期、贷款偿还期等。其中，投资回收期是指用投资方案所产生的净现金流入回收初始投资所需的时间。

2）价值性指标，是指以货币单位进行计量的经济评价指标，如净现值、净年值、费用现值、费用年值。其中，净现值是指方案在寿命期内各年的净现金流量，按照一定的折现率折现到期初时的现值之和。

3）效率型指标，是指能够反映资金利用效率的无量纲的经济评价指标，如内部收益率、净现值率、投资利润率和投资利税率。其中，内部收益率是项目在计算期内净现值等于零时对应的折现率。

2. 按照是否考虑资金的时间价值分类

按照是否考虑资金的时间价值，项目经济效果评价指标可分为静态评价指标和动态评价指标。

1）静态评价指标，是不考虑资金时间价值的评价指标，例如静态投资回收期、投资利润率和投资利税率等。静态评价指标计算简单、直观。但是因为评价时没有考虑资金

的时间价值，精确性较差，适用于短期投资项目和逐年收益大致相当的项目，或者在对方案进行粗略评价时可以采用。

2）动态评价指标，是考虑资金时间价值的指标，例如动态投资回收期、净现值和内部收益率等。动态评价指标由于考虑了资金的时间价值，计算科学、精确，适用于项目最后决策前的可行性研究阶段。

六、项目经济效果评价指标计算

1. 时间型指标

时间型指标通常是指投资回收期。投资回收期是指投资回收的期限，也就是用投资方案所产生的净现金收入回收初始全部投资所需的时间。对于投资者来讲，投资回收期越短越好，投资回收期越短，投资的风险越小。投资回收期通常从建设项目开始投入之日算起，包括建设期，如果从投产年算起，应予以注明。时间单位通常用“年”表示。投资回收期按照是否考虑资金的时间价值，分为静态投资回收期和动态投资回收期。

1）静态投资回收期是在不考虑资金时间价值因素的条件下，以项目的净现金流量回收项目全部投资所需要的时间。它反映项目方案在财务上的投资回收能力，是考察项目投资盈利水平的经济效益指标。静态投资回收期（T_p）的计算公式为

$$\sum_{t=0}^{T_p}(CI-CO)_t=0$$

式中，CI 为现金流入量；CO 为现金流出量；$(CI-CO)_t$为第 t 年的净现金流量。

一般情况下，静态投资回收期也可以采用列表方法计算，即计算累计净现金流量，使得累计净现金流量为零的时刻，此时项目投资所产生的收益恰好回收了前期的投资。计算公式为

$$T_p=(\text{累计净现金流量开始出现正值的年数}-1)+\frac{\text{上一年累计净现金流量绝对值}}{\text{出现正值年份的净现金流量}}$$

用静态投资回收期评价投资项目时，需要将计算所得的投资回收期与依据同类项目的历史数据和投资者意愿确定的基准投资回收期相比较。设基准投资回收期为 T_b，判别准则为：若 $T_p \leqslant T_b$ 时，则项目可以考虑接受；若 $T_p > T_b$，则项目应予以拒绝。

2）动态投资回收期是在考虑资金时间价值因素的条件下，以项目的净现金流量回收项目全部投资所需的时间，它克服了静态投资回收期未考虑资金的时间价值的缺点。动态投资回收期 T_p' 的计算公式为：

$$\sum_{t=0}^{T_p}(CI-CO)_t(1+i_0)^{-t}=0$$

式中，$(CI-CO)_t$为第 t 年的净现金流量；i_0为基准折现率。T_p 同样也可用列表法计算求得，计算公式为

$$T_p=(\text{累计净现金流量折现值开始出现正值的年数}-1)+\frac{\text{上一年累计净现金流量折现值绝对值}}{\text{出现正值年份的净现金流量折现值}}$$

用动态投资回收期评价投资项目的可行性，同样需要与基准投资回收期 T_b 比较。判别准则为：若 $T_p \leqslant T_b$，则项目可以考虑接受；若 $T_p > T_b$，则项目应予以拒绝。

投资回收期指标计算简便，容易为一般非专业人员所理解。但是，投资回收期不能反映整个项目全貌，也就是说不能考察整个项目的盈利性，在投资回收期以后的收益往往容易被忽视。利用投资回收期指标进行项目评价往往偏向于早期效益高的项目，而具有战略意义的长期项目则可能被拒绝。因此，单一使用投资回收期法进行项目的经济评价，容易使投资决策者产生短视行为。

例 6-2　某企业欲投资一个项目，根据以往同类型项目的历史数据预测得到该项目的现金流量见表 6-3，分别计算该项目静态投资回收期和动态投资回收期。如基准折现率为 10%，行业标准投资回收期 $T_b = 5$ 年，判断该项目经济上的合理性。表 6-4 所列为各项分析。

表 6-3　项目现金流量　（单位：万元）

年数	0	1	2	3	4	5
总投资	6000	4000				
销售收入			5000	8000	8000	8000
经营成本			2000	3000	3000	3000

表 6-4　项目静态投资回收期和动态投资回收期计算

年数	0	1	2	3	4	5
总投资（万元）	6000	4000				
销售收入（万元）			5000	8000	8000	8000
经营成本（万元）			2000	3000	3000	3000
净现金流量（万元）	-6000	-4000	3000	5000	5000	5000
累计净现金流量（万元）	-6000	-10000	-7000	-2000	3000	8000
折现系数（$P/F, i, n$）	1	0.9091	0.8264	0.7513	0.683	0.6209
净现金流量折现值（万元）	-6000	-3636.4	2479.2	3756.5	3415	3104.5
累计净现金流量折现值（万元）	-6000	-9636.4	-7157.2	-3400.7	14.3	3118.8

静态投资回收期 $= 4 - 1 + \dfrac{|-2000|}{5000} = 3.4$（年）< 行业标准投资回收期，因此，从经济上合理。

动态投资回收期 $= 4 - 1 + \dfrac{|-3400.7|}{3415} = 3.996$ < 行业标准投资回收期，因此，从经济上合理。

2. 价值型指标

1）净现值（NPV）是指方案在寿命期内各年的净现金流量（CI - CO）按照一定的折现率折现到期初时的现值之和。净现值的表达式为

$$NPV(i_0)=\sum_{t=0}^{n}(CI-CO)_t(1+i_0)^{-t}$$

式中，$(CI-CO)_t$ 为第 t 年的净现金流量；n 为该方案寿命期；i_0 为基准折现率。

基准折现率又被称为基准收益率、基准贴现率。计算净现值指标，需要首先确定基准折现率。这是一个重要参数，基准折现率定得太高，可能会使许多经济效益好的方案被拒绝；如果定得太低，则可能会接受过多的方案，其中有些方案可能并不好。基准折现率可以按照部门或者行业来确定。依据某一个部门或者行业的历年投资效果水平，得出最低的可接受折现率水平，据此作为基准收益率进行某投资方案的经济评价。基准收益率可以理解为资金的机会成本，通常情况下基准收益率应大于银行贷款利率。例如银行贷款利率为5%，则基准收益率一定要定为5%以上。因为投资大多带有不确定性，若基准折现率不高于贷款利率，则项目不值得投资。

净现值指标用于经济方案评价，判断准则如下。

①如果 $NPV>0$，表明该方案除能达到要求的基准收益率外，还能得到超额收益，方案可行。

②如果 $NPV=0$，表明该方案正好达到要求的基准收益率水平，经济上合理，方案一般可行。

③如果 $NPV<0$，表明该方案没有达到要求的基准收益水平，经济上不合理，不可行。

给定净现金流量、计算期和折现率的情况下，都能算出一个唯一的净现值指标值，因此净现值指标在理论上方法更完善，在实际上具有广泛的适用性。但是，计算净现值首先必须确定合理的折现率，因而实际应用上会受到很大的限制；其次在方案的比较上，当采用方案的投资额不同时，单纯看净现值容易忽视资金使用效率高的项目，需要通过使用净现值率指标加以纠正。

2）净年值就是把项目寿命期内的净现金流量，以设定的折现率折算成等值的各年年末净现金流量，一般用 NAV 来表示。净年值的计算公式为

$$NAV(i_0)=NPV(A/P,\ i,\ n)$$

在进行方案评价时，净年值和净现值指标结论是一致的。但在某些情况下，采用净年值指标比净现值指标更简便，特别是净年值指标可以直接用于寿命期不同的多方案比较。

3）费用现值和费用年值

①费用现值就是把方案计算期内的各年成本按基准收益率换算成基准年的现值和，再加上方案的总投资现值，用 PC 表示。费用现值的计算公式为

$$PC(i_0)=\sum_{t=0}^{n}(CO-CI)_t(1+i_0)^{-t}$$

②费用年值是将方案计算期内不同时点发生的所有费用支出，按基准收益率折算成等值的支付序列年费用，用 AC 表示。费用年值的计算公式为

$$AC(i_0)=PC(A/P,\ i,\ n)$$

费用现值和费用年值指标适用于方案的收益不明显，或者若干个方案收益相同只需要比较其投资以及成本的时候。

例 6-3 继续使用例 6-2 的数据，如果企业采用的决策指标是净现值、净年值，其计

算结果如何?

分析:

$$
\begin{aligned}
NPV &= -6000 + (-4000) \times (P/F, 10\%, 1) + 3000 \times (P/F, 10\%, 2) + \\
&\quad 5000 \times (P/A, 10\%, 3) \times (P/A, 10\%, 2) \\
&= -6000 + (-4000) \times 0.9091 + 3000 \times 0.8264 + 5000 \times 2.4868 \times 0.8264 \\
&= 3118.8(万元)
\end{aligned}
$$

$$
\begin{aligned}
NAV &= NPV \times \frac{10\%(1+10\%)^5}{(1+10\%)^5 - 1} \\
&= 3118.8 \times 0.2638 \\
&= 822.739(万元)
\end{aligned}
$$

NPV 和 NAV 都是正值,说明从经济角度上,该方案值得投资,项目能够获得超过基准收益率的收益。

3. 效率型指标

(1) 净现值率　是按基准折现率求得的方案计算期内的净现值与全部投资现值的比率,即单位投资现值所取得的净现值额,反映了投资资金的产出效率,常作为净现值指标的辅助指标。净现值率用 NPVR 来表示。净现值率计算公式为

$$NPVR = \frac{NPV(i_0)}{K_P}$$

式中,NPVR 为净现值率;K_P 为项目总投资现值。

(2) 内部收益率　是指项目在计算期内净现值等于零时的折现率,用 IRR 来表示。内部收益率是除了净现值以外的另一个非常重要的经济评价指标。净现值反映的是所得与所投入值之间的绝对值,内部收益率反映的是资金的使用效率。内部收益率可以由公式

$$\sum_{t=0}^{n} (CI - CO)_t (HIRR)^{-t} = 0 \text{ 得到。}$$

因为公式是一个高次方程,直接求解 IRR 比较困难,因此实际应用过程中采用“线性插值法”来求解 IRR 的近似解,具体为

$$IRR = i_1 + \frac{NPV_1}{NPV_1 + |NPV_2|} \times (i_2 - i_1)$$

式中,i_1 为插值用的低折现率;i_2 为插值用的高折现率;NPV_1 为用 i_1 计算的净现值(正值);NPV_2 为用 i_2 计算的净现值(负值)。其中,$i_2 - i_1 \leqslant 5\%$。

将计算出的 IRR 指标与项目的基准收益率 i_0 相比较,如果 IRR $\geqslant i_0$,则表明项目的收益率已达到或超过基准收益率水平,项目可行;如果 IRR $< i_0$,则表明项目的收益率没有达到基准收益率水平,项目不可行。

内部收益率指标考虑了资金的时间价值,考察了项目在整个寿命期内的全部现金流量,能够直观反映方案投资的最大可能盈利能力或最大的利息偿还能力。内部收益率指标本身是

效率型指标，不能直接反映资金价值的大小，通常和净现值指标共同使用。

继续使用例 6－2 的数据，如果企业用以决策的指标是净现值率和内部收益率，其计算结果如何？

分析：

$$\mathrm{NPVR}=\frac{\mathrm{NPV}}{K_{\mathrm{P}}}=\frac{3118.8}{-6000+(-4000)\times(1+10\%)^{-1}}$$
$$=32.36\%$$

净现值大于零，净现值率大于零，项目从经济上来看是合理的、可行的。

$$\begin{aligned}\mathrm{NPV}(20\%)&=-6000+(-4000)\times(P/F,20\%,1)+3000\times(P/F,20\%,2)+\\&\quad 5000\times(P/A,20\%,3)\times(P/F,20\%,2)\\&=-6000+(-4000)\times0.8333+3000\times0.6944+\\&\quad 5000\times2.1065\times0.6944\\&=63.77(\text{万元})\end{aligned}$$

$$\begin{aligned}\mathrm{NPV}(25\%)&=-6000+(-4000)\times(P/F,25\%,1)+3000\times(P/F,25\%,2)+\\&\quad 5000\times(P/A,25\%,3)\times(P/F,25\%,2)\\&=-6000+(-4000)\times0.8000+3000\times0.6400+\\&\quad 5000\times1.9520\times0.6400\\&=-1033.6(\text{万元})\end{aligned}$$

计算内部收益率

$$\mathrm{IRR}=20\%+\frac{63.77}{63.77+|-1033.6|}\times(25\%-20\%)=20.29\%$$

因为 IRR > 10%，所以项目从经济角度上是可行的。

第四节 经济决策方法

经济决策方法包括两种：确定型经济决策方法和不确定型经济决策方法。

确定型经济决策方法是假设预测的财务数据是准确的，这种情况下采用的经济决策方法。而事实上，经济决策所依赖的数据，大部分都来自对未来的预测和估算，这种预测和估计不可能完全符合未来的情况和结果，因为投资活动所处的环境、条件及相关因素是变化发展的。为了提高投资决策可靠性，就必须考虑不确定性存在情况下的经济决策方法，这就是不确定型经济决策方法。

一、确定型经济决策方法

1. 经济方案类型

对于一组备选方案，选择的目标是整体投资最优化。因此，要正确评价项目的经济性，仅仅对评价指标进行计算和判别是不够的，还必须了解项目方案所属的类型，才能确定适合的评价指标与方法，最终做出正确的投资决策。

按照各方案之间的经济关系类型，可划分为互斥型方案、独立型方案、混合型方案。

1）互斥型方案是指若干备选方案彼此是相互替代的关系，具有互不相容性。选择任何一个方案，其他方案必然被排斥，方案不能同时被选中。

2）独立型方案是指备选方案之间相互不干扰，经济上互不相关。方案之间具有相容性，只要条件允许，就可以选择任意一个可行的备选方案。选择或放弃某一个方案，并不影响其他方案的选择。

3）混合型方案是指在一组备选方案中，有些方案具有互斥性，有些方案具有独立性。

一般来讲，工程技术人员遇到的多是互斥型方案的选择；高层计划部门遇到的多是独立型方案或混合型方案的选择。不论备选方案群中的方案是何种关系，方案经济决策的宗旨只有一个：最有效地配置有限的资金，以获得最佳的经济效益。

2. 互斥型备选方案经济决策方法

将互斥型备选方案进行比选，可采用的最基本的方法是增量分析法。其基本原理是，首先，针对满足自身经济效果评价的各备选方案，按照投资额从小到大排序；其次，针对进行比选的两个方案，构造一个由增量现金流量形成的项目，如果该增量项目的经济效果满足要求，则在两个备选方案中选择投资额大的项目，否则就要选择投资额小的项目。

互斥型备选方案的比选，可以采用的指标包括净现值、增量净现值、增量内部收益率。

1）将两个互斥方案现金流之差（通常为投资额大的方案减去投资额小的方案）构成新的现金流量，称为增量现金流量，由增量现金流量计算出的净现值被称为增量净现值。增量净现值计算的本质是评价增量资源的效益是否大于增量资源的费用。利用增量净现值数值来比较互斥方案优劣的依据是：

①如果增量净现值 >0，表明增量投资的收益率超过基准收益率，则投资大的方案优于投资小的方案。

②如果增量净现值 $=0$，表明增量投资的收益率正常达到基准收益率，一般考虑选择投资大的方案。

③如果增量净现值 <0，表明增量投资的收益率小于基准收益率，则投资小的方案优于投资大的方案。

假设有两个经济方案，方案 2 的投资大于方案 1，方案 2 现金流入为 CI_2，现金流出为 CO_2，方案 1 现金流入为 CI_1，现金流出为 CO_1。按照增量分析原理，通过计算发现，增量净现值等于两个方案的净现值相减。即

$$\Delta NPV = NPV_2 - NPV_1$$

按照增量净现值判断准则推断，净现值越大越好。所以，对于互斥方案的评价，可以分别计算出来各个方案的净现值，剔除不合理（单个方案净现值小于零）的方案，然后进行相对效果检验，即对所有净现值大于零的方案比较其净现值，选择净现值最大的方案即为最佳方案。

2）增量内部收益率是当增量净现值为零时所对应的内部收益率，也就是两个互斥方案

净现值相等时所对应的内部收益率。即 $NPV_2(\Delta IRR)=NPV_1(\Delta IRR)$

采用增量内部收益率指标进行比选，判断准则是，如果增量内部收益率大于等于基准收益率，则投资大的项目为最优项目；如果增量内部收益率小于基准收益率，则投资小的项目为最优项目。

将寿命期不等的互斥方案做比较，当几个互斥型经济方案的寿命期不等时，这几个方案就不能直接比较。为了能比较，必须进行适当处理，保证时间上的可比性。方法有多种，最常用的是方案重复法和研究期法。

1）方案重复法是将被比较的方案的一个或几个重复若干次或无限次，直至各方案期限相等为止，并假定各个方案均在这样一个共同的期限内反复实施，对各个方案分析期内各年的净现金流量进行重复计算，直到分析期结束。例如一个方案寿命期 6 年，另一个方案寿命期 9 年，两个方案寿命期的最小公倍数是 18 年，那么第一个方案所有现金流量重复两次，变成 18 年，第二个方案所有现金流量重复一次，也变成 18 年。这样两个寿命期为 18 年的方案就可以比较其净现值，以净现值最大的方案作为最好的方案。

一个方案无论重复实施多少次，净年值是不变的，因此适合于方案重复假设的两个方案进行比较时，也可以直接采用净年值越大越好的原则进行比较，选择净年值最大的方案为最优方案。方案重复假设方法不适用于技术更新快的产品和设备方案的比较，因为项目在没有达到计算期前，某些方案存在的合理性已经成了问题。同理，最小公倍数法和净年值法也不适用于更新改造的项目。

2）研究期法。当人们对项目提供的服务或产品有比较明确的期限时，或者技术进步使得方案重复变得不经济的时候，采用研究期作为计算期来进行各方案的比较更符合实际。研究期法，即选择一段时间作为可以比较的计算期，通常以诸多方案中寿命期最短的期限作为研究期，计算简单，能够避免假设性重复。当然，研究期法就会涉及寿命期未结束的方案未使用价值的处理问题。

例 6－4 某公司准备投资一个项目，该项目有三个互斥型方案，基准收益率为 10%，基础数据见表 6－5，选择最优方案。

表 6－5 三个互斥方案的基础数据

方案	初始投资（万元）	年净收益（万元）	寿命（年）
A	5000	1000	10
B	7000	1400	10
C	6000	1300	10

分析：按照投资额排序，计算每个方案的 NPV 和 IRR。计算结果见表 6－6。NPV 均大于零，IRR 均大于 10%，说明单个方案从经济角度上均可行。计算增量方案（C－A）的 ΔNPV 和 ΔIRR，ΔNPV >0，说明投资大的 C 方案优于 A 方案，ΔIRR >10%，说明增量投资经济性满足要求，选择投资额大的 C 方案；计算增量方案（B－C）的 ΔNPV 和 ΔIRR，ΔNPV <0，说明投资大的 B 方案经济性比 C 方案要差，应该选择 C 方案，ΔIRR <10%，说明增量投资经济性不能满足要求，选择投资额小的 C 方案。综上分析，三个方案应该以选

择 C 方案为最优。

表 6-6　三个互斥方案的选择计算结果

方案	初始投资（万元）	年净收益（万元）	寿命（年）	NPV	IRR
A	5000	1000	10	1144.57	15%
C	6000	1300	10	1987.94	17%
B	7000	1400	10	1602.39	15%
Δ（C-A）	1000	300	10	843.37	27%
Δ（B-C）	1000	100	10	-385.54	0%

例 6-5　某公司准备购买一个设备，该设备有两种型号，投资、年净收益和经济寿命均不同，基准收益率为 10%，基础数据见表 6-7，这个公司如何选择最优设备。

表 6-7　三个互斥方案的基础数据

设备种类	初始投资（万元）	年净收益（万元）	寿命（年）
A	10000	2500	6
B	50000	9000	9

两个设备寿命期不同，A 方案 6 年，B 方案 9 年，如果采用最小公倍数法，则 6 年、9 年的最小公倍数是 18 年。A 方案重复 2 次，B 方案重复 1 次。A 方案和 B 方案的重复现金流量如图 6-10 和图 6-11 所示。

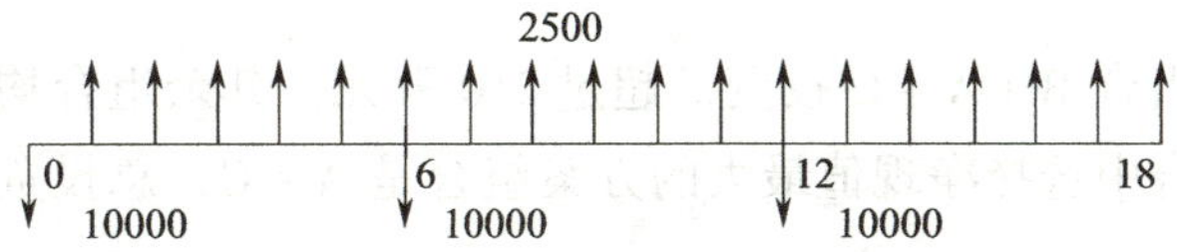

图 6-10　A 方案重复 2 次现金流量图

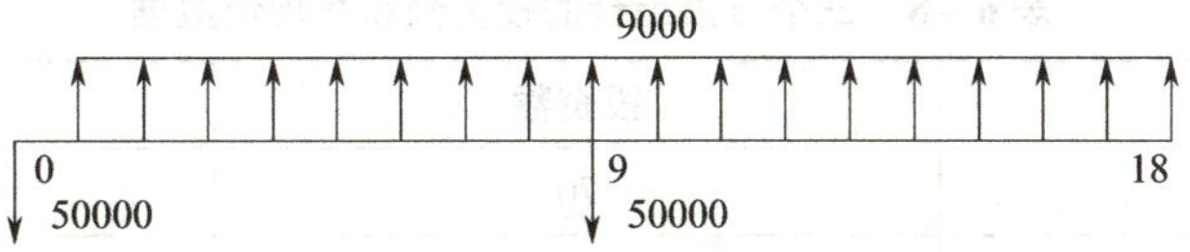

图 6-11　B 方案重复 1 次现金流量图

分别计算重复之后的净现值：

$$
\begin{aligned}
NPV(A\text{重复}) &= 2500\times(P/A,10\%,18)-10000-10000\times(P/F,10\%,6)-\\
&\quad 10000\times(P/F,10\%,12)\\
&=2500\times8.2014-10000-10000\times0.5645-\\
&\quad 10000\times0.3186\\
&=1672.5(\text{元})
\end{aligned}
$$

$$
\begin{aligned}
NPV(B\text{重复}) &= 9000\times(P/A,10\%,18)-50000-50000\times(P/F,10\%,9)\\
&=9000\times8.2014-50000-50000\times0.4241\\
&=2607.6(\text{元})
\end{aligned}
$$

根据净现值越大越好的原则，应该选择 B 设备。

也可以按照净年值越大越好的原则进行计算，计算两个方案的净年值：

$NAV(A)=2500-10000\times(A/P,10\%,6)$
$=2500-10000\times0.22961$
$=203.9$(元)

$NAV(B)=9000-50000\times(A/P,10\%,9)$
$=9000-50000\times0.17364$
$=318$(元)

设备 B 的净年值大于设备 A 的净年值，选择设备 B。

3. 独立型备选方案经济决策方法

如果是独立型备选方案的经济决策，需要考虑各备选方案所共享的资金是否有约束。

如果独立型备选方案所共享的资金没有约束，多个独立方案中任何一个只要能够通过自身经济效果检验即可以接受。也就是说，单个方案的 NPV≥0，NAV≥0，IRR≥i_0，$T_P\leq T_b$，直接判别该方案是可行的。

如果资金有约束，多个独立方案可以进行若干种组合。超过资金限制的组合可以立即排除，没有超过资金限制的组合可视为互斥型方案进行比较，经济效果最好的组合被选中。

例 6-6 某公司要投资方案 A、B、C，投资额分别是 100 万元、70 万元、120 万元，经计算三个方案的净现值分别为 30 万元、27 万元和 32 万元，这三个方案是独立关系。如果公司资金有限，总投资额不能超过 250 万元，则分析一下如何选择方案。

三个方案进行组合，排除掉空集，可以得到七个方案组合。按照方案组合投资额的大小，各个方案组合投资额和净现值数据见表 6-8。方案组合的净现值等于组合中各个方案的净现值相加。

根据计算，方案组合 B+A+C 投资额超过 250 万元，其余组合均未超过 250 万元的限额。因此，在这些组合中选择净现值最大的方案组合是 A+C，总投资额为 220 万元，组合净现值为 62 万元。

表 6-8 三个方案组合的投资额和净现值数据 （万元）

方案	投资额	净现值
B	70	27
A	100	30
C	120	32
B+A	170	57
B+C	190	59
A+C	220	62
B+A+C	290	89

当方案数量较少时，使用方案组合方法是比较合理的。但是如果方案数量太多，比如有 n 个方案，方案组合的总数量为 2^n 个（包括空集），仍然采用方案组合的方法太过于麻烦。因此，可以采用净现值率排序法或者内部收益率排序法。这两种方法都是把方案按照净现值率或者内部收益率指标从大到小排序，直到所选择的方案投资额累计快要接近总的资金限额

时截止。利用效率指标排序法评选有资金限制的独立方案时，并不一定能保证获得最佳组合方案。只有当某个方案投资占总投资比例很小或者入选方案正好匹配完总投资额时，才能保证获得最佳方案组合，以保证投资收益的最大化。

例 6－7 某公司投资预算为 1200 万元，有 6 个独立方案可以选择，寿命期均为 10 年，各方案的现金流量见表 6－9，基准收益率为 10%。

表 6－9 各方案现金流量　　（单位：万元）

方案	A	B	C	D	E	F
投资额	300	200	250	350	370	280
年净收益	100	80	85	120	125	150

计算各方案净现值率和内部收益率，按照净现值率排序见表 6－10。

表 6－10 各方案净现值率和内部收益率计算结果

方案	投资额（万元）	年净收益（万元）	净现值（万元）	净现值率	内部收益率	累计投资（万元）
B	200	65	199	100%	30%	200
E	370	100	244	66%	24%	570
F	280	70	150	54%	21%	850
A	300	63	87	29%	16%	1150
D	350	60	19	5%	11%	1500
C	250	40	－4	－2%	10%	1750

在公司投资限额是 1200 万元的情况下，根据排序，应选择投资 B、E、F、A 方案，能保证投资收益的最大化。

二、不确定型经济评价方法

不确定型经济决策方法包括盈亏平衡分析、敏感性分析和概率分析。

1. 盈亏平衡分析

（1）盈亏平衡分析基本理论　盈亏平衡分析是在一定市场、生产能力和经营管理条件下，依据方案的成本与收益相平衡的原则，确定方案产量、成本与利润之间变化与平衡关系的方法。当方案的收益与成本相等时，即盈利与亏损的转折点，就是盈亏平衡点。由于盈亏平衡分析是分析产量（销量）、成本和利润之间的关系，因此，也被称为量本利分析。

盈亏平衡分析是建立在以下假设条件的基础上的。

1）所采取的数据是投资方案在正常生产年份内所达到设计生产能力时的数据，不考虑资金的时间价值及其他因素。

2）产品品种结构稳定，否则随着产品品种结构变化，收益和成本会相应变化，从而使得盈亏平衡点处于不断变化之中，难以进行盈亏平衡分析。

3）在盈亏平衡分析时，假定生产量等于销售量，即产销平衡。

盈亏平衡分析是静态分析，没有考虑资金的时间价值，只能粗略判断项目方案的风险。盈亏平衡分析中只考虑了单价、数量、固定成本和单位可变成本，考虑因素比较少，并未涉及其他不确定因素变化会对项目的经济效果的影响。

（2）盈亏平衡分析计算

1）销售收入与产量关系。由于销售价格不变，销售收入与产量之间的关系为

$$TR = PQ$$

式中，TR 为销售收入；P 为单位产品价格；Q 为产品销售量。

2）总成本费用与产量关系。总成本费用是固定成本与变动成本之和，与产量的关系可以近似认为是线性关系，即

$$TC = F + C_v Q$$

式中，TC 为总成本费用；F 为固定成本；C_v 为单位可变成本。

总成本费用分为固定成本和变动成本两部分：固定成本是指在一定的生产规模限度内不随产量的变动而变动的费用；变动成本（可变成本）是指随产品产量的变动而变动的费用。变动成本总额中的大部分与产品产量成正比例关系，也有一部分变动成本与产品产量不成正比例关系，如与生产批量有关的某些消耗性材料费用，工夹、模具费及运输费等，这部分变动成本通常称为半变动成本。由于半变动成本通常在总成本费用中所占比例很小，在经济分析中一般可以近似地认为它也与产品产量成正比例关系。

3）盈亏平衡点对应的产量确定。当项目达到盈亏平衡状态时，年利润等于零，总成本费用等于总销售收入，即

$$TR = TC$$

综合销售收入与产量关系公式和成本与产量关系公式，如果以 Q_E 表示项目盈亏平衡点产量，则

$$PQ_E = F + C_v Q_E$$

$$Q_E = \frac{F}{P - C_v}$$

将销售收入与产量的公式和成本与产量的公式标示在同一坐标图上，就可以得出线性盈亏平衡分析图，如图 6－12 所示。

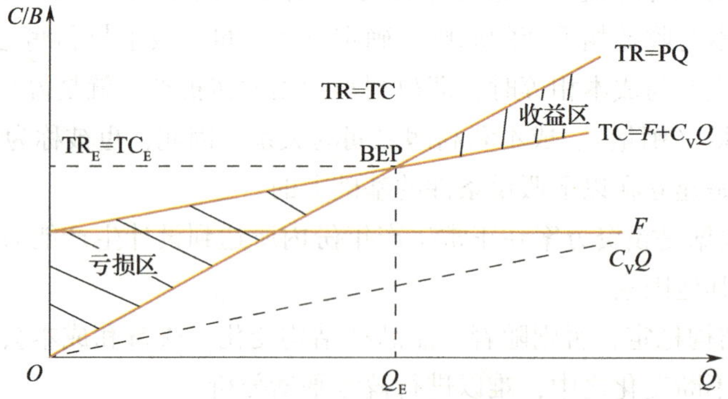

图 6－12　线性盈亏平衡分析图

图6－12中，平衡点（BEP）以下的销售收入和总成本费用围成的区域为亏损区，平衡点以上的销售收入和总成本费用围成的区域为盈利区。

盈亏平衡点所对应的产量（小）和设计生产能力（大）相差越远，说明方案盈利的可能性越大，亏损的可能性越小，因而方案有较大的抗经营风险能力。

4）盈亏平衡点能力利用率。若已知项目设计生产能力为 Q_g，盈亏平衡点产量为 Q_E，则盈亏平衡点能力利用率为

$$\phi = \frac{Q_E}{Q_g} = \frac{F}{(P - C_v)Q_g} \times 100\%$$

盈亏平衡点能力利用率的经济含义是为使项目不致亏损时的最低生产能力利用率，该值越小，说明占用越少的项目生产能力可以达到盈亏平衡点，意味着该项目的风险越小。

例6－8　某工业项目设计年生产能力为100万件，每件产品销售单价为300元，单位可变成本为120元，年固定成本为3000万元，试求用产量表示的盈亏平衡点、盈亏平衡点的生产能力利用率。

解：根据盈亏平衡公式

$$PQ_E = F + C_vQ_E$$

$$300Q_E = 3000 \times 10^4 + 120Q_E$$

盈亏平衡点对应的产量 $Q_E = \frac{3000 \times 10^4}{300 - 120} = 16.67 \times 10^4$（个）

盈亏平衡点的生产能力利用率 $\phi = \frac{16.67 \times 10^4}{100 \times 10^4} = 16.67\%$

2. 敏感性分析

敏感性分析就是通过分析和预测影响项目经济效果的主要因素，找出那些微小变动即能够带来项目经济效果较大幅度变化的敏感性因素，并确定其敏感程度，判断项目对不确定性因素的承受能力，从而对项目风险的大小进行估计，为投资决策提供依据。

敏感性分析的基本步骤如下：

1）确定分析的经济效果指标，如净现值、净年值、内部收益率或者投资回收期。如果主要分析方案状态和参数变化对方案投资回收快慢的影响，则可选用投资回收期作为分析指标；如果主要分析产品价格波动对方案超额净收益的影响，则可选用净现值作为分析指标；如果主要分析投资大小对方案资金回收能力的影响，则可选用内部收益率指标等。另外，经济指标选择与方案评价的要求深度和方案特点有关。如果在方案机会研究阶段，深度要求不高，可选用静态的评价指标，如果是在详细可行性研究阶段，则应该选择动态的评价指标。

2）选择不确定性因素。影响项目投资经济效果的不确定性因素较多，主要有产品销量、产品销售价格、原材料价格、固定资产投资、经营成本、建设期等。在选择需要分析的不确定因素时，不可能也没有必要对全部不确定性因素逐个进行分析。选择的不确定因素一定要影响分析指标，一般而言，项目期末回收流动资金数量对于投资回收期可能没有影响，就不宜作为投资回收期指标的不确定因素。应该选择在确定性分析中采用的预测准确性把握不大的数据或者未来变化的可能性较大，且其变化会比较强烈地影响分析指标的数据，作为

主要的不确定因素。如生活必需品如果处于成熟阶段，产品售价直接影响其竞争力，能否以较低的价格销售，主要决定于方案的变动成本，因此，变动成本便是主要的不确定因素；对高能耗产品，燃料、动力等的价格，是能源短缺地区投资方案或能源价格变动较大方案的主要不确定因素。

3）在选择了需要分析的不确定性因素后，还要结合项目的具体情况，根据各个不确定因素可能变动的范围，设定不确定因素的变化幅度，如5%、10%、15%等。

4）针对各个不确定性因素的可能变化幅度，计算其变化相同幅度对项目经济效果评价指标的影响。一般将结果以图或者表的形式表示出对应的数量关系，通过对表中因素变动率或图中曲线斜率的分析，判断敏感性因素。斜率越大，说明项目经济效果指标对该因素变化越敏感。

判断敏感性因素的方法有以下两种：①敏感度系数（S_{AF}）是指项目评价指标变化率与不确定因素变化率之比，可按下式计算：

$$S_{AF}=\frac{\Delta A/A}{\Delta F/F}$$

式中，$\Delta F/F$ 为不确定性因素 F 的变化率；$\Delta A/A$ 为不确定性因素 F 发生 ΔF 变化时，评价指标 A 的相应变化率。

②临界点是指不确定性因素的变化使项目由可行变为不可行的临界数值，例如净现值为零或者内部收益率等于基准收益率等，求出待分析的不确定因素的最大允许变动幅度，并与其事先设定的最可能出现的最大变动幅度相比。如果该因素可能出现的最大变动幅度超过其最大允许变动幅度，则说明该不确定因素是敏感性因素。

5）最后根据项目确定性分析以及敏感性分析的结果，综合评价方案并选择最优方案。

例6-9 某项目现金流量表见表6-11，针对净现值指标进行初始投资、年收入、年支出这三个因素的敏感性分析。

表6-11 项目现金流量表

参数	初始投资（万元）	年收入（万元）	年支出（万元）	寿命（年）	贴现率（%）
估计值	15	4	1	10	10

解：按照初始估算值，计算净现值 NPV(10%) = −15 + (4 − 1)(P/A, 10%, 10) = 3.43万元。

各因素的变动范围分别取原估计值的±5%、±10%，分别计算其变化后的净现值，结果见表6-12。

表6-12 敏感性分析计算表

变动因素	-10%	-5%	0	5%	10%
初始投资（万元）	4.93	4.18	3.43	2.68	1.93
年收入（万元）	0.98	2.20	3.43	4.66	5.89
年支出（万元）	3.74	4.05	3.43	3.13	2.82

根据表6-12，采用描点的方法画出敏感性分析图，如图6-13所示。从表6-12和图6-13可以看出，此项目的净现值对年收入最敏感，对年支出最不敏感。

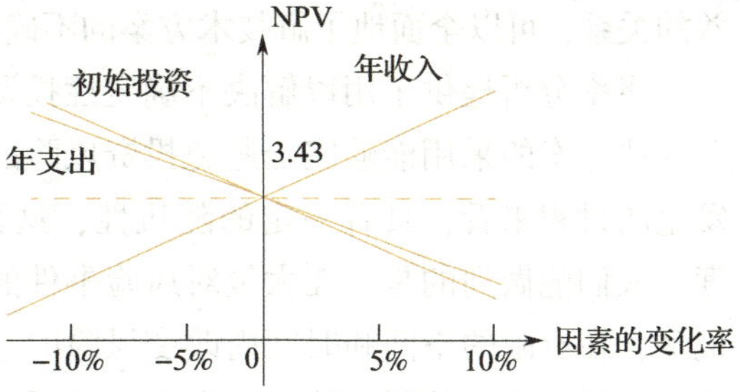

图6-13 敏感性分析图

计算敏感度系数。

1）计算初始投资的敏感度系数：

$$\frac{\frac{2.68-3.43}{3.43}}{5\%}=-4.37$$

2）计算年收入的敏感度系数：

$$\frac{\frac{4.66-3.43}{3.43}}{5\%}=7.17$$

3）计算年支出的敏感度系数：

$$\frac{\frac{3.13-3.43}{3.43}}{5\%}=-1.75$$

敏感性系数中，正负号只表示变化的方向。根据敏感性系数大小来判断，年收入最敏感，其次是初始投资，年支出最不敏感。

从敏感性分析的图形中可以发现，不确定性因素相对于评价指标变化曲线为直线时，直线越陡，斜率越大，则该因素的变动对经济指标的影响越大。

敏感性分析能够考虑更多的因素对项目经济效益的影响，有助于把进一步深入调查的重点集中到那些敏感性因素上，尽早制定出管理对策，以达到尽量减少风险、增加决策可靠性的目的。但是，敏感性分析每次都是针对单一因素进行分析，这里隐含两个基本假设：第一，计算某特定因素变动对经济效益的影响时，都假定其他因素固定不变；第二，各个不确定因素变动的概率相同。

事实上，许多因素的变动存在相关性，一个因素变动了，往往导致其他因素变动，不会固定不变。例如，项目产出品的市场价格升高，就可能导致销售数量减少。为了克服敏感性分析的这一不足，可以研究多因素联动对经济效益的影响程度，有助于进一步判定风险因素。各不确定因素发生相应变动幅度的概率也不会完全相同，例如两个具有同样敏感性的因素，在一定的变动幅度内，一个因素变化发生的概率大，另一个因素变动发生的概率小，那么前一个因素带给项目的风险就大，后一个因素带给项目的风险就小。这些都不是敏感性分析能够解决的，需要求助概率分析和风险分析技术。

3. 概率分析

概率分析是对不确定性因素发生变动的可能性及其对方案经济效益的影响进行评价的方法。假设不确定性因素是服从某种概率分布的随机变量，那么方案经济效益作为不确定性因素的函数必然是一个随机变量。通过研究和分析这些不确定性因素的变化规律及其与方案经济效益的关系，可以全面地了解技术方案的不确定性和风险，从而为决策者提供更可靠的依据。

概率分析提供了用以解决不确定性投资决策和风险性投资决策的有效方案，但并不意味着这些方案的采用能够完全避免投资风险的出现或产生的影响。风险是客观存在的，就风险发生的过程来看，具有一定的随机性，这种随机性表现在风险发生的时间、状态和影响程度。人们能做到的是，在大量对风险事件的统计观察和分析的基础上，去逐步认识它的发生机理，在有限的空间和时间内改变风险的存在和发生的条件，降低其发生的概率，或者提前采取预控措施，使得风险一旦发生后降低损失。

三、可行性研究

1. 可行性研究的概念

可行性研究是在投资决策之前，对拟建项目进行全面技术经济分析论证的科学方法。它是一门运用多种学科的知识，寻求使投资项目达到最好经济效益的综合研究方法。2006 年，国家发展和改革委员会、建设部联合发布了《建设项目经济评价方法与参数（第三版）》，为正确应用可行性研究、科学决策项目投资提供了指导原则。项目可行性研究是项目投资决策中一个不可缺少的阶段，是投资项目决策阶段的基础性工作，是投资决策的重要依据。

2. 可行性研究的作用

在投资项目的管理中，可行性研究具有以下作用：

1）作为项目投资决策的依据。

2）作为向银行等金融组织和金融机构申请贷款、筹集资金的依据。

3）作为编制设计工作的依据。

4）作为供环保部门审查的依据和向项目建设所在地政府、规划部门申请建设执照的依据。

5）作为签订有关合同、协议的依据。

6）作为建设工程的基础资料。

7）作为企业组织管理、机构设置、劳动定员和职工培训工作安排的依据。

3. 可行性研究的内容

2002 版《投资项目可行性研究指南（试用版）》（以下简称《指南》）中可行性研究内容包括：项目兴建理由与目标、市场预测、资源条件评价、建设规模与产品、场址选择、技术方案、设备方案和工程方案、原材料燃料供应、总图运输与公用辅助工程、环境影响评价、劳动安全卫生与消防、组织机构与人力资源配置、项目实施进度、投资估算、融资方案、财务评价、国民经济评价、社会评价、风险分析、研究结论与建议共 20 项内容。

2023 年，国家发展和改革委员会印发的投资项目可行性研究报告编写大纲及说明（发改投资规〔2023〕304 号，以下简称《可研大纲》)，包括《政府投资项目可行性研究报告编写通用大纲（2023 年版)》（以下简称《通用大纲》)、《企业投资项目可行性研究报告编写参考大纲（2023 年版)》（以下简称《参考大纲》）和《关于投资项目可行性研究报告编写大纲的说明（2023 年版)》。《通用大纲》共 11 个部分 39 条，主要包括项目概述、项目建设背景和必要性、需求分析与项目产出、项目选址与要素保障、项目建设方案、项目运营方案、项目投融资与财务方案、项目影响效果分析、项目风险管控方案、研究结论及建议等。《通用大纲》要求政府投资项目的可行性研究重点聚焦经济社会发展需要，在满足基本需求时更加关注社会效果评价；在适用上，《通用大纲》属于强制适用，政府投资项目可行性研究报告原则上应按照大纲进行编写，并作为项目审批的基本依据。《参考大纲》共10个部分38条，结构基本与《通用大纲》保持一致，但在具体内容上，《参考大纲》更加突出引导企业投资项目聚焦市场需求分析，合理测算企业投资收益，关注企业财务的可持续性，指导企业切实防范各类风险。《参考大纲》不具有强制性，属于参考适用，主要是引导企业重视项目可行性研究，加强项目内部决策管理，促进依法合规生产经营，实现健康可持续发展。

2023版《可研大纲》与2002年的《指南》是承继关系，对于大纲没有涵盖的可行性研究方法等内容，仍然适用《指南》有关规定。

知识拓展

加强投资项目可行性研究 着力推动投资高质量发展

国家发展和改革委员会印发的投资项目可行性研究报告编写大纲及说明（发改投资规〔2023〕304号，以下简称《可研大纲》），包括《政府投资项目可行性研究报告编写通用大纲（2023年版）》（以下简称《通用大纲》）、《企业投资项目可行性研究报告编写参考大纲（2023年版）》（以下简称《参考大纲》）和《关于投资项目可行性研究报告编写大纲的说明（2023年版）》。此次颁布的可研大纲，是在2002年《指南》基础上，坚持贯彻党的二十大精神，立足我国国情，强化系统观念，努力推动建立适应高质量发展要求，符合中国投资实践活动的投资项目可行性研究制度规范。

1. 可行性研究要贯彻投资项目全生命周期管理的理念

从投资项目全生命周期来看，投资项目包括项目决策、建设、运营三个主要阶段。在三个主要阶段中，具体包括项目发起、可行性研究、项目决策、建设准备、建设实施、运营管理，以及涉及项目全生命周期的投融资与财务管理、风险管控等一系列具体环节。可行性研究应从项目全生命周期管理的角度出发，全面系统分析各环节涉及的因素，客观进行经济、社会、环境等影响论证评价，准确识别和管控各类风险，在此基础上择优提出项目建设实施方案。可研大纲重点突出“四个强化”。

一是强化规划政策符合性分析。可行性研究应体现经济社会发展战略和规划要求，从扩大内需、共同富裕、乡村振兴、科技创新、节能减排、碳达峰碳中和、国家安全、基本公共服务保障等重大政策目标层面进行分析，研究提出项目建设的必要性，评价项目与战略规划目标、政策要求的一致性。

二是强化投资建设全过程数字化应用方案分析。投资建设数字化转型有利于带动项目建设和建筑材料产业的数字化、网络化、智能化转型，实现投资项目造价、进度、质量、安全的精准有效控制，促进项目全生命周期降本增效。

三是强化项目运营方案的比较分析。在可行性研究提出项目运营方案时，要注意运营模式的选择和创新，制定项目全生命周期关键绩效指标和绩效管理机制，着力加强基于项目全生命周期的运营方案优化和系统性论证。

四是强化项目融资方案和财务可持续性保障分析。对于使用债务融资的项目，要评价项目债务清偿能力，以及是否增加当地政府财政支出负担、引发地方政府隐性债务风险等。对于企业投资项目，要突出财务可持续性论证，分析投资项目对企业整体财务状况的影响，判断项目是否有足够的净现金流量，确保维持正常运营及保障资金链安全。

2. 可行性研究要体现政府投资项目和企业投资项目分类管理的要求

在投资目的、投资方向、资金来源、决策程序和管理的差异性方面，应区分政府投资项目和企业投资项目两类项目在可行性研究内容的不同侧重，为科学化投资决策提供基础支撑。

①政府投资项目可行性研究应突出经济社会综合效益。在编写过程中，政府投资项目可行性研究应根据经济社会发展需要和财政可负担性，合理确定建设标准、建设内容、投资规模等，切实防范地方政府隐性债务风险。《通用大纲》属于强制适用范畴，政府投资项目可行性研究报告原则上应按照《通用大纲》进行编写，并作为各级政府及有关部门审批政府投资项目的基本依据。

②企业投资项目可行性研究应突出经济性和可持续性。根据《参考大纲》，企业投资项目可研大纲在落实企业投资自主权基础上，重在引导企业重视项目可行性研究，关注战略、规划和政策的引导，以满足市场需求为导向，加强企业发展战略需求分析，引导企业提高项目决策的科学性和财务的可持续性，促进依法合规生产经营，防范各类风险，实现健康可持续发展。《参考大纲》不具有强制性，属于参考适用。

3. 可行性研究要聚焦“三大目标、七个维度”的核心内容

无论是《通用大纲》还是《参考大纲》，都强调可行性研究要围绕投资项目建设必要性、方案可行性及风险可控性三大目标，重点要把握“七个维度”的研究论证内容。

①项目建设必要性应重点论证需求可靠性。项目建设必要性应主要从宏观、中观和微观层面展开分析。对于主要满足社会公共需求的投资项目，应进行社会需求研究，为确定项目的目标受益群体、建设规模和服务方案提供依据。

②项目方案可行性应重点论证要素保障性、工程可行性、运营有效性、财务合理性和影响可持续性。其中，要素保障性分析应包括项目选址、土地要素保障，以及水资源、能耗、碳排放强度和污染减排指标控制要求及保障能力等。工程可行性分析应包括技术方案、设备方案、工程方案，并明确建设管理方案等。运营有效性分析应包括运营模式选择、运营组织、安全保障、绩效管理等。财务合理性分析应研究项目投资需求和融资方案，计算有关财务评价指标，评价项目财务盈利能力、偿债能力和财务持续能力。影响可持续性应重视经济社会、资源能源、生态环境等外部影响效果的评价，并注意与节能评价、环境影响评价等专项评价的结果相衔接。

③项目风险可控性应重点论证风险管控方案。可行性研究应重视识别项目存在的各种潜

在风险因素，并分析评价风险发生的可能性及其危害程度，提出风险管控方案和风险应急预案。重大项目还应当对社会稳定风险进行调查分析，对可能引发“邻避”问题的方面，应提出综合管控方案。

（资料来源：https://www.ndrc.gov.cn/xxgk/jd/jd/202304/t20230410_1353457.html 投资司．国家发展和改革委员会，2023-4-10.）

参考文献：

[1] 克洛彭伯格．项目管理现代方法［M］．北京：清华大学出版社，2016.

[2] “超级工程”港珠澳大桥建设中的多项世界之最［N］．建筑时报，2023-4-27（7）.

[3] 汪小金．项目管理方法论［M］．2版．北京：中国电力出版社，2015.

[4] 虞晓芬，龚建立，张化尧．技术经济学概论［M］．5版．北京：高等教育出版社，2018.

思考题：

1. 项目和项目管理的概念是什么？
2. 项目成功和项目管理成功的区别是什么？
3. 项目管理的五大过程是什么？
4. 项目管理的十大知识领域是什么？
5. 项目经济决策的概念是什么？
6. 项目经济评价指标如何分类？
7. 不确定经济评价方法包括哪些？
8. 新版可研大纲的特点是什么？

案例讨论题

国投针对项目的“5M”管控模式

国家开发投资集团有限公司（以下简称国投）成立于1995年，是中央直接管理的国有重要骨干企业，2022年6月正式转为国有资本投资公司。连续18年在国务院国资委经营业绩考核中荣获A级，连续六个任期获得业绩优秀企业。

国投自成立以来，始终秉承资产经营与资本经营相结合的经营理念，坚持战略投资、价值投资，持续优化国有资本布局，重点打造“能源产业”“数字/科技”“民生健康”“产业金融”四大业务板块，推动国有资本向关系国民经济命脉和国计民生的重要行业和关键领域集中，推动投资企业高质量发展，逐步摸索出一套适应国有资本投资公司特点的“5M”管控模式，如图6-14和图6-15所示。

“5M”管控模式是“以价值创造为核心，以协同管理共创价值，以全面风险管理保护价值，以投资管理发现价值，以投后管理提升价值，以退出管理实现价值”的涵盖股权全生命周期的价值管理体系。这套体系以“集团化、专业化、差异化、市场化”为原则，以“总部、子公司、控股投资企业”三级管理架构为载体，以“要素管理、分类授权、流程把控”为依托，是国投多年探索和实践的成果。

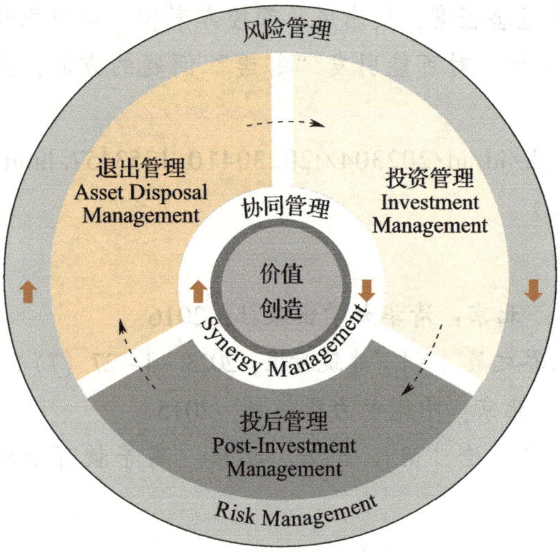

图 6-14 “5M”管控模式的全生命周期价值管理体系

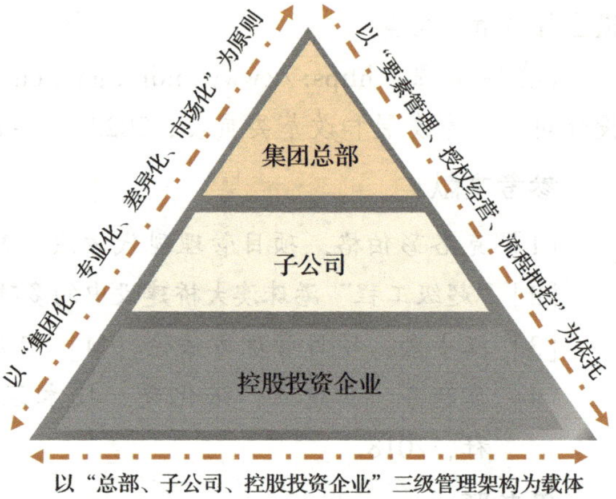

图 6-15 “5M”管控模式的原则、载体和依托

1. 打造以投资分类指导体系和决策流程体系为核心的投资管理体系

国投明确投资方向，突出发展规划对公司发展的引领作用，聚焦主责主业，确立了做优基础产业、做专战略性新兴产业、做精金融及服务业的总体目标，制定了 14 个行业的分类指导原则，明确了不同行业的发展定位、投资范围和重点投资方向。坚持财务评价标准，注重投资质量和效益，分行业制定投资项目财务评价指标基准值。完善投资决策流程，将投资决策节点分为立项、设立公司以及投资方案三个节点，并将决策流程分为基本流程和快速流程两个类型。同时，搭建了投资全生命周期管理信息化平台——投资决策管理系统，实现对投资活动的动态监督、分析和后评价。

2. 建立以全面预算为龙头、运行过程管理为保障、绩效考核管理为抓手的投后管理体系

1）全面预算管理方面。建立了战略平衡、考核平衡和专业平衡的均衡化目标确定机制、差异化的预算编制机制、流程化的预算控制机制及系统化的预算执行监控机制，贯通由业务预算到财务预算的路径，使全面预算管理成为落实战略规划、保障年度目标完成的有力管控工具。

2）运行过程管理方面。全面梳理企业运营管理过程要素，以三级架构为载体，分级分层厘清管理边界和管理责任，确保管理要素全覆盖。强化过程监控，突出问题导向，聚焦关键管理要素，通过月度、季度经营分析机制、重大经营事项推进落实工作机制及指导关键要素的管理，分析生产经营过程中存在的问题，推动管理举措落地和管理提升。

3）绩效考核管理方面。一是构建分类考核体系，将子公司考核分为经营业绩、战略培育、协同服务三大类；二是强化目标、考核及结果兑现全联动，推动实现预算、考核、工资兑现的闭环管理；三是引入市场对标考核；四是建立短期和中长期相结合的激励机制。对所有子公司经营班子实行任期考核和契约化管理，并匹配相应的任期激励机制。

3. 创建以经营评价分类为基础的退出管理体系

国投以开展压减工作为契机，制定印发了《经营指导原则》，形成了结构调整长效机制。一是滚动跟踪、量化评价。从战略匹配度、持续经营能力、资本回报水平等角度，聚焦价值创造、投资回报、盈利能力、经营增长、债务及现金流风险等方面的关键指标，构建了包含自身绝对、自身改善、市场对标等多维度、每年滚动评价近三年经营状况的量化模型体系，进行动态综合定量评价。二是项目分类、差异施策。将投资项目分为经营、退出两种形态，以及优秀、正常、关注、观察退出、立即退出五小类，分类施策。三是严格考核、闭环管理。

4. 完善投资和业务全覆盖、内部和外部相协调的协同管理体系

一是建立管理体系，共享信息渠道。建立总部、子公司、控股投资企业三级协同管理体系，实现协同需求提报办理全流程线上化、标准化。二是加强机制建设，形成集团合力。统筹协调内外资源，形成了督导和争端协调、协同需求报送、发布、协商、会议及激励等协同工作机制。三是丰富协同模式，提升整体效益。通过聚焦产业链、金融工具、存量资产、客户资源、供应商、风险防控等方面的关键要素，打造新的增长点。四是发掘投资机会，打造共赢生态。发挥市场化私募股权投资基金“探头”“触角”和孵化作用，推动基金和控股投资“双轮联动”。

5. 构建投、管、退全生命周期的全面风险管理体系

一是完成风险管理顶层设计。从顶层设计上搭建了一套覆盖集团全级次、全业务、全流程、全员工，基于法人治理结构，分级、分类管理，适合国有资本投资公司特点的风险管理体系，进一步强化异常管理。二是健全“三级架构—五个层面—三道防线”的风险管理组织架构。建立“集团总部—子公司—控股投资企业”三级架构，“董事会—经营层—总部部门—子公司—控股投资企业”五个层面，“业务部门—风控部门—审计部门”三道防线的风险管理组织架构。三是建立健全风险管理“1 + N”制度体系。以全面风险管理办法为核心，包括风险报告、偏好管理、监督检查、考核评价、责任追究等对各类风险实现管理闭环的“1 + N”制度体系。四是完善风险管理的流程与机制。以风险控制与效率平衡为目标，健全风险识别评估机制、监测预警机制及风险报告机制，及时跟踪、分析、报告重大风险事件对国投的关联影响。优化风险管理指标体系，梳理完成399项核心风险指标，其中实业板块225项、金融板块174项，并与风险类型相匹配，明确风险偏好和风险限额，设置指标阈值，定期监控并分级预警，全面增强国投对风险的掌控力、可控力。

（资料来源：

[1] 国资委网站，2022 - 04 - 19

[2] https://www.sdic.com.cn/cn/rmtzx/xwzx/mtbd/webinfo/2022/04/1651981493300109.htm）

【问题讨论】

（1）该案例中哪些内容应用了项目管理知识？

（2）该案例中哪些内容应用了经济决策理论？

第二篇

管理基本技能

第七章 领导行为

教学目标与要求

通过本章学习，使学生能够对领导行为的基本知识体系有全面的了解和认识。要求学生掌握领导影响力概念和领导效能基本要素，了解领导与领导者、管理者与领导者之间的不同，理解领导行为模式及领导艺术和方法，并把握领导行为的前沿思想。

思想导入

建设堪当民族复兴重任的高素质干部队伍。全面建设社会主义现代化国家，必须有一支政治过硬、适应新时代要求、具备领导现代化建设能力的干部队伍。坚持党管干部原则，坚持德才兼备、以德为先、五湖四海、任人唯贤，把新时代好干部标准落到实处。树立选人用人正确导向，选拔忠诚干净担当的高素质专业化干部，选优配强各级领导班子。坚持把政治标准放在首位，做深做实干部政治素质考察，突出把好政治关、廉洁关。加强实践锻炼、专业训练，注重在重大斗争中磨砺干部，增强干部推动高质量发展本领、服务群众本领、防范化解风险本领。加强干部斗争精神和斗争本领养成，着力增强防风险、迎挑战、抗打压能力，带头担当作为，做到平常时候看得出来、关键时刻站得出来、危难关头豁得出来。完善干部考核评价体系，引导干部树立和践行正确政绩观，推动干部能上能下、能进能出，形成能者上、优者奖、庸者下、劣者汰的良好局面。

资料来源：习近平. 高举中国特色社会主义伟大旗帜 为全面建设社会主义现代化国家而团结奋斗：在中国共产党第二十次全国代表大会上的报告［M］. 北京：人民出版社，2022.

领导意味着什么？是领导其他人完成工作任务，还是通过自身的能力及工作热情来鼓舞他人？只要一谈到领导，人们总会想起那些闻名于世的名字，那些著名的企业领导者。其实，领导者不仅仅是指那些在各个领域里作为领袖的人物，在人们平时的生活中，只要存在组织或是团队都会有领导者。领导行为在组织的运营和发展中发挥着至关重要的作用。

第一节 领导行为概述

一个优秀的领导者能够通过有效的引导、协调、决策、信任建立、人才培养、文化营造和战略规划，推动组织的不断进步和发展。

一、领导行为的基本知识框架

不同的领导者，其领导风格、领导行为模式不同，相应的被领导者完成组织任务或实现组织目标的程度就会不同。每一位领导者，只有掌握了一定的领导方法，运用恰当的领导艺术，才能够真正地提高领导效能，成为一名成功的领导者。领导行为这一内容的基本知识框架如图 7－1 所示。

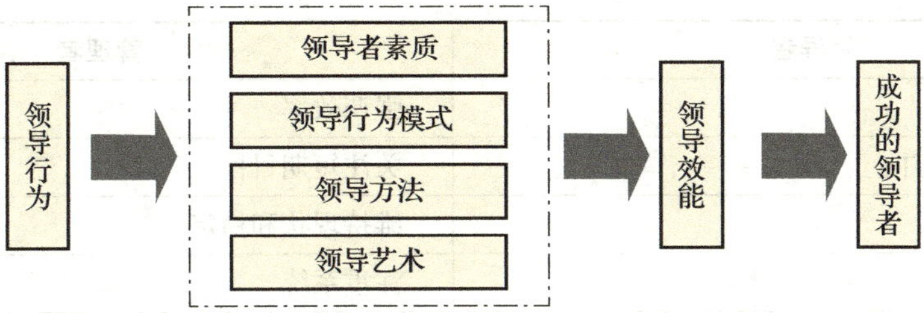

图 7－1　领导行为基本知识框架

二、领导行为的基本概念

领导一直是生活中吸引人们注意力的问题，但是直到 20 世纪，才有了关于领导的系统科学的研究。目前，对于领导已经提出了三百五十多种定义。

1. 领导

关于领导的定义，由于研究者关注的方面不同而存在着多方面的差异，但目前使用较为广泛的定义是：领导是指在一定的社会组织或群体内，为实现组织的既定目标，运用其法定权力和自身影响力影响被领导者的行为，并将其导向组织目标的过程。

为加深理解领导的含义，应注意区别领导与管理的区别与联系，见表 7－1。领导着重于大政方针决策，它是面向全局的，而管理侧重于执行政策，主要追求某项具体工作的完成。时任美国通用电气公司总裁杰克·韦尔奇这样形容："把梯子正确地靠在墙上是管理的职责，领导的作用在于保证梯子靠在正确的墙上。"

表 7－1　领导与管理的区别与联系

	领导	管理
工作侧重点	处理变化的问题，开发未来前景，制定达到前景的战略，并与员工有效地沟通，激励其克服困难、实现目标	处理复杂的问题，制定详细的工作步骤或时间表，监督计划实施的效果以确保目标的达成
计划与预算	注重宏观方面，着重于更长的时间范围，不排斥带有一定风险性的战略	强调微观方面，覆盖的时间范围不是很长，旨在降低甚至排除风险，追求的是合理性
从业人员要求	注重综合素质和整体能力	强调专业化
效用	领导行为具有较大的可变性，能带来有益的变革	管理行为通常具有很强的可预测性，以有效地维持秩序为目标

2. 领导者

企业领导者是引导、影响、组织和指挥被领导者实现企业既定目标的行动过程的主体。管理者与领导者之间也存在着一定的联系，在实践中，领导者被认为是要做正确的事，而管理者被认为是正确地做事。在组织中，二者缺一不可，二者只有相互配合，才能成功达到目标。领导者与管理者的差异见表 7-2。

表 7-2　领导者与管理者

领导者	管理者
强调结果	强调效率
强调长远发展方向	关注短期目标
引起变革	维持现状和稳定
注重人	注重系统
培养信任	强调控制
运用个人魅力来工作	运用职位权力来工作
强调价值和理念	运用制度
强调方向	强调方法
要求员工顺从标准	鼓励员工进行变革

三、领导的功能

领导的基本功能包括四个方面。

1. 组织功能

组织功能主要是为实现组织目标，科学地、合理地组织生产、经营、管理等活动。有两种表现形式：一是为制定工作目标，进行决策；二是合理组织使用人、财、物，科学管理。

2. 指挥功能

指挥功能是领导的一项重要功能，是确保决策得以执行的重要条件。有两种实现形式：一是命令；二是合理授权。

3. 激励功能

激励功能是领导的主要功能，一个领导者能否激发和调动职工的工作积极性，是衡量他的领导水平的主要标准之一，它直接关系到领导行为的效能。主要包括三方面内容：一是提高被领导者接受和执行组织目标的自觉性；二是激发被领导者实现组织目标的热情；三是提高被领导者的工作生产效率。

4. 教育功能

教育功能主要包括三方面内容：一是积极支持和参与国民教育，提高国民素质；二是加强职业教育和培训，创建学习型组织，为培养组织成员终身学习的学习习惯创造良好的氛围与环境；三是培养更多的未来领导者。

四、领导的影响力

领导的影响力由两大系统构成，即权力性影响力和非权力性影响力。

1. 权力性影响力

权力性影响力又称硬权力，是指由于社会和组织赋予领导者一定的地位、职务和权力而产生的影响力。这种影响力是以“法定”为支柱的，是一种强制性影响力。

构成权力性影响力的因素主要有三个方面。

1）传统因素——服从感。

2）职位因素——敬畏感。

3）资历因素——敬重感。

领导者一旦拥有了合法权利，就同时拥有了不同程度的权力性影响力，这种影响力在发生作用过程中带有自身的特点：一是对他人的影响带强迫性、不可抗拒性；二是以外部推力的形式发生作用，对被领导者的激励作用不大；三是领导者和被领导者的心理距离较大，被领导者的心理和行为是被动服从的，缺乏自觉性、主动性和积极性。因此，领导者要有效地影响被领导者，仅仅靠权力性影响力是不行的，还必须运用非权力性影响力。

2. 非权力性影响力

非权力性影响力又称软权力，是指由于领导者个人的行为和素质而产生的影响力。它并非领导者专有。

构成非权力性影响力的构成因素主要有四个方面。

1）品格因素——敬爱感。

2）才能因素——敬佩感。

3）知识因素——依赖感。

4）感情因素——亲切感。

非权力性影响力的特点包括：一是这种影响力是自然性的、非强制性的；二是它不是单纯外力的作用，而是被领导者在心悦诚服的心理基础上，自觉自愿地接受影响的过程；三是领导者与被领导者关系和谐、心理距离近。因此，非权力性影响力的作用力更为持久。

案例

曹德旺的领导魅力

曹德旺是真正白手起家的企业家。9 岁上学，14 岁就辍学开始养家糊口，30 岁时怀揣着“为中国人做一片自己的汽车玻璃”的初心而创业，在没有技术优势、没有人才、没有资金优势的情况下，试产成功，打破了当时日本汽车玻璃对中国市场的垄断。1987 年，他创建了福耀集团，正式进入汽车玻璃行业。经过近四十年的发展，福耀集团成为全球最大的汽车玻璃生产商，全球市场占有率超 30%，中国市场占有率超 68%。目前，福耀集团在国内 16 个省市以及美国、俄罗斯、德国等 11 个国家和地区建立了现代化生产基地。

这一光辉成绩的背后，曹德旺做到了一位优秀企业家首要做到的“正确的事情”：经营好一家健康、持久的企业，以及“遵纪守法、遵章纳税、善待员工”。在员工福利方面，福耀集团是少数为员工解决后顾之忧的良心企业。2007 年，福耀集团的一名实习生身患白血病，急需几十万的医药费，曹德旺自掏腰包为这名实习生支付了 100 多万元的医药费。之后福耀集团规定，如果员工及其嫡系家属不幸身患重病，福耀集团会尽力承担医药费用。这样做不单单是一点钱的问题，这样形成一种文化、价值的认同。

（资料来源：https://new.qq.com/rain/a/20230213A01DKL00）

第二节　领导者素质

领导者素质，是指在先天禀赋的生理和心理基础上，经过后天的学习和实践锻炼而形成的，在领导工作中经常起作用的那些基础条件和内在要素的总和。领导者素质是一个主观修养适应客观需要的问题，是一个动态性的问题。组织所处的时代不同，面临的任务不同，对领导者的素质要求也不同。了解领导者的素质结构，有助于明确领导者应具备的基本素质要求和成为领导者所具备的条件。

一、领导者的素质结构

在领导科学理论的研究中，人们一般把领导者的素质分为政治品德素质、文化知识素质、业务素质、心理素质和身体素质。

（1）政治品德素质　政治品德素质主要指领导者从事领导管理活动必须具备的政治立场、政治观点、政治态度和政治品质等方面的基本素质。

（2）文化知识素质　领导者的知识结构，包括理论水平、专业基础和知识面。

（3）业务素质　对于领导者来说，具有五种业务能力是很必要的，即统筹全局的谋划能力、权衡利弊的决断能力、调兵遣将的指挥能力、解决矛盾的协调能力和应变能力。

（4）心理素质　是指领导者个人的性格、气质、意识、情感价值等心理要素。

（5）身体素质　充沛的精力、强健的体魄是领导者必备的素质，是做好领导工作的前提和基础。

二、领导者素质的特性

领导者素质的特性是由领导者所担负的领导工作的性质、职能、所处的时代、阶级地位、环境条件以及个人的先天因素等决定的。这些情况千差万别，所以领导者素质具有不同的特点，概括起来有以下六个特性：

（1）时代性　不同社会、不同历史时期的领导者，在其成长发展的过程中，必然要受到所处时代的政治、经济、文化和科学技术发展状况的影响。因而，在素质方面就会打上时代的烙印，具有一定的时代性。

（2）层次性　随着人类社会的发展进步，社会分工也越来越细，领导者的职责也越来越分明，对于不同层次、不同领域、不同部门领导者的素质有不同的要求。因而，领导者素质有十分鲜明的层次性。

（3）动态性 领导者素质是一个不断发展变化的动态概念。一方面，领导者的先天素质可以改变。一个先天素质较好的领导者，如果自身不努力学习、实践，随着时间推移，先天素质会逐渐退化，反之亦然。另一方面，领导者后天所形成的素质，也有其发展变化的过程。

（4）实践性 领导者素质的提高，虽然与先天的生理素质有关，但先天生理素质不起决定性作用，关键是后天的社会实践。任何一位卓越的领导者都不是天生的，都是在实践中经过锻炼而逐步成长起来的。

（5）综合性 现代领导者的素质，都不是单一要素构成的，而是由多种素质组合而成的素质系统，因而具有很强的综合性。

（6）同异性 在同一历史时期、同一社会、同一阶级，由于具有同一的社会环境和阶级基础，领导者素质具有一定的同一性。

第三节 领导行为模式

有关领导行为模式的理论很多，按照时间的顺序，在20世纪30年代，也就是领导理论出现的初期，研究者主要进行的是领导特质理论的研究，其核心观点是领导能力是天生的；从20世纪40年代末至60年代末，研究者主要进行的是领导行为理论的研究，其核心观点是：领导效能与领导行为和领导风格都有关；从20世纪60年代末至80年代初，出现了领导的权变理论，其核心观点是有效的领导受不同情境的影响；从20世纪80年代初至今，出现了大量领导风格理论的研究，它们的主要观点是有效的领导需要提供愿景、鼓舞和注重行动。

一、领导特质理论

领导特质理论（Traits Theories of Leadership）是领导行为模式理论发展的第一个阶段，也是有关领导的最古老、最普遍的理论。它着重从领导者个人的特质与特性上分析领导的有效性，企图探明什么样的人做领导最有效。

1. 早期的领导特质理论

从20世纪30年代开始，国外的学者对领导的特质进行了大量的研究并构建了他们的理论。他们的理论建立在这样的假设之上：领导特质是与生俱来的，不具备天生领导特质的人，就不能当领导。古希腊的亚里士多德就认为，人从出生之日起就已经注定了他是治人还是治于人的命运。

早期的学者对领导者个人特质的分析概括为六大要素，分别是身体要素、能力要素、业绩要素、责任要素、参与要素和性格要素。他们采用心理测验来评价领导者的特质，这主要是由于当时美国心理学会鼓励心理学家从事美国军人的选拔工作。接着心理学家尝试将相同的技术与方法应用于工业系统，引发了人事测评运动，借助评价领导者的特质选拔领导者。当然除了通过测验来发现领导者品质特征之外，特质理论支持者在现实生活中也找到了一些证据，如一般领导者在社交性、坚持性、创造性、协调性和处理问题等方面都超过了普通人。

2. 现代的领导特质理论

由于早期的领导特质理论基本上是从静态的角度来研究的，所以后来的研究者尝试从动态角度深入研究领导者的特质，他们密切联系管理实践、改进研究方法。

美国心理学家吉赛利（Edwin E. Ghiselli）在其1971年出版的《管理才能探索》一书中发表了研究成果。他在研究方法上，采用语义差别量表来确定领导者的特质，并应用因素分析法处理实验结果，得出的领导品质分为三大类，14个因素。这三大类包括：能力（管理能力、智力、创造力）、个性品质（自我督导、决策、成熟性、工作班子的亲和力、男性刚强、女性温柔）和激励（职业成就需要、自我实现需要、行使权利需要、高度金钱奖励需要、工作安全需要）。他不再将特质视为静态概念而是动态地指出在特定情境下，14个因素的重要性是不同的，一些因素起作用，另一些因素根本不起作用。他的研究基本上抛弃了“领导天生论”的观点，强调成功的领导行为受后天学习因素的影响。

有效的领导的确是需要一定的特质，但是现代领导特质理论也有其局限性。首先，从个性特质而言，在特殊的特质或特质群与领导者有效性之间，并不存在一致的匹配模式。在不同领导职位上，已经确定出100多种不同的个性特质与成功的领导相关。其次，特质理论试图把生理特点（如身高、体重、外表、精力及健康）与领导有效性联系起来，但其中的大多数因素与那些对领导有效性有显著影响作用的情境因素相关。在商业和其他组织中，身高和体重一般对绩效不起什么作用，因而不是领导职位必需的特质。最后，领导本身是一个复杂现象，在个性与个体对某些种类的工作兴趣之间可能存在一定关系，而研究个性和领导有效性的关系可能确定不了这一点。所以通过研究可以得出这样的结论：具备有些特质确实能提高领导者成功的可能性，但没有一种特质是成功的保证。

二、领导行为理论

领导行为理论研究萌芽于20世纪40年代，主要研究领导者在领导过程中的具体行为以及不同的领导行为对下属的影响，以期寻求最佳的领导行为。研究领导行为理论的目的是提高对各种具体的领导行为的预见性和控制力，从而改进工作方法和领导效果。研究的侧重点在于确定领导者应具有什么样的领导行为，以及哪一种领导行为的效果最好。其中较有代表性的领导行为理论有以下三种。

1. 勒温的领导行为风格

美国社会心理学家勒温（Kurt Lewin）和他的同事们从20世纪30年代开始研究组织气氛和领导风格，他们发现，领导者通常使用不同的领导风格，这些风格对团体成员的工作绩效和工作满意度有着不同的影响。在研究的基础上，他们提出了三种领导行为模式，即专制型、民主型和放任型领导风格。

（1）专制型领导　强调领导者依靠其职位所赋予的权力来影响和命令下属完成任务，

只注重工作目标，对组织成员关心不够。被领导者与领导者之间的社会心理距离比较大，领导者对被领导者缺乏敏感性，被领导者对领导者存有戒心和敌意，容易使群体成员产生挫折感和机械化的行为倾向。

（2）民主型领导　强调领导者依靠其个人魅力来影响、说服和激励下属完成任务，注重对组织成员的工作加以鼓励和协助，关心并满足其需求，营造民主平等的氛围，领导者与被领导者之间的社会心理距离比较近。组织成员有较强的工作动机和责任心，能够自主决定工作的方式和进度，工作效率比较高。

（3）放任型领导　采取无政府主义的领导方式，对工作和组织成员的需要都不重视，缺乏规章制度、明确要求和评估机制，导致工作效率低，人际关系淡薄。

2. 四分图模式

美国俄亥俄州立大学的研究者拉尔夫·斯托格第尔（Ralph M. Stogdill）和卡罗尔·沙特尔（Carroll Shartte）对领导效能进行了大量的研究，并于1945年提出了领导行为四分图模式。他们把领导行为归纳为结构维度和关怀维度两个独立的维度。

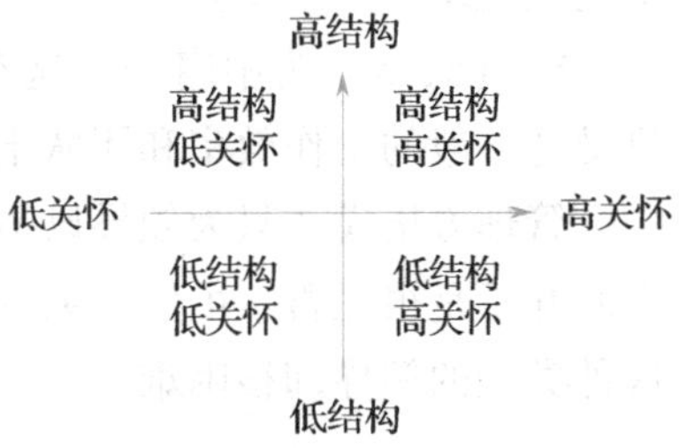

图7-2　领导行为四分图

结构维度是指领导者更愿意界定和建构自己与下属的角色，以达成组织目标；关怀维度是指领导者尊重和关心下属的感情，更愿意与之建立相互信任的工作关系。这两个维度可以组合成四种典型的领导者行为风格。如图7-2所示。

属于高结构低关怀的领导者，最关心的是工作任务；低结构高关怀的领导者大多数较为关心领导者与下属之间的合作，重视互相信任和互相尊重的气氛；低结构低关怀的领导者，对组织和下属都漠不关心，一般来说，这种领导方式效果较差；高结构高关怀的领导者，对工作对人都较为关心，一般来说，这种领导方式效果较好。

3. 管理方格模式

美国德克萨斯大学的教授为学家罗伯特·布莱克（Robert Blake）和简·莫顿（Jane Monton）于1964年提出了管理方格理论，如图7-3所示。

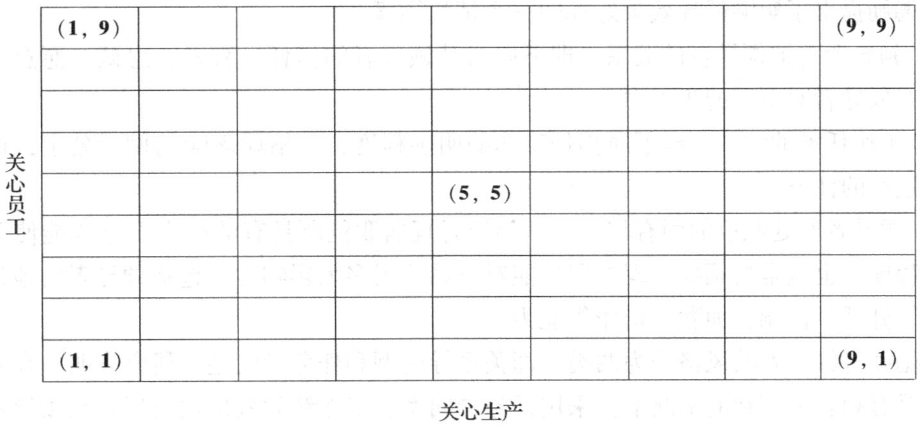

图7-3　管理方格理论模式

图中对员工的关心和对生产的关心用九等分的刻度尺表示，1 表示关心程度最小，5 表示关心程度平均，9 代表关心程度最大。图中每个小方格代表这两个方面以不同程度结合的不同领导方式，图中标示出来的是最具代表性的五种领导方式。

1）（9，9）为团队管理型。这类领导者既关心生产又关心员工，通过综合和协调各种活动，促进工作和生产的发展，能够使下属和睦相处并能激发集体精神。这种领导风格的管理者工作效率最高。

2）（1，9）为乡村俱乐部型。这类领导者关心员工但是不关心生产，对下属较为迁就，在组织中扮演“和事佬”的角色。

3）（9，1）为任务导向型。这类领导者非常关心生产，但是不关心员工，很少关注下属的情况和团队精神，这类型与乡村俱乐部型在组织中效率是最低的。

4）（1，1）为贫乏管理型。这类领导者对员工和工作都不关心，平时只以最小的努力来完成组织中必须要做的工作。

5）（5，5）为中庸型。这类领导者对人的关心度和对生产的关心度保持正常的状态，只维持一般的工作效率和团队士气。

管理方格模式只为领导风格提出了一个框架，并没有实质的信息，所以在解释领导行为方面并不是很完善，虽然（9，9）团队管理型领导是最有效的方式，但是在实际中要确定这种类型的领导却很困难。

三、领导权变理论

权变理论学者们针对前两种理论研究的不足，在研究领导与绩效的关系时，将情境因素考虑在内。权变理论方面比较有代表性的有菲德勒模型和情境领导模式。

1. 菲德勒模型

伊利诺大学的心理学家费雷德·菲德勒（Fred E. Fiedler），被西方管理学界称为“权变管理的创始人”。从 1951 年开始，他首先从组织绩效和领导态度之间的关系着手进行研究，经过长达 15 年的调查和试验，提出了“有效领导的权变模式”，即菲德勒模型。他认为任何领导形态均可能有效，其有效性完全取决于是否与所处的环境相适应。

菲德勒提出了影响领导效果好坏的三个情境因素。

1）领导者与被领导者的关系，即下属对其领导者的信任、喜爱、忠诚、愿意追随的程度，以及领导者对下属的吸引力。

2）工作任务的结构，即下属担任工作的明确程度，是枯燥乏味的例行公事，还是需要一定创造性的任务。

3）领导者所处职位的固有权力，即领导者现居职位所具有的权力多寡或能使下属服从指挥的程度。也就是指领导者现居职位能对下属施展多大影响力，包括领导者的地位、权威与责罚、升贬、任黜、加薪、指派等能力。

菲德勒将领导者的风格分为两类，即关系导向型和任务导向型。研究表明，在领导与成员关系最有利和最不利的情况下，采用任务导向型，工作绩效效果比较好；在领导者与成员关系中等有利的情况下，采用关系导向型，工作绩效效果比较好。许多情况证明，这个模型是有效的。

2. 情境领导模式

领导生命周期理论是由科曼于1966年首先提出，后由保罗·赫西和肯尼斯·布兰查德进一步发展，并于1976年正式形成，也称情景领导理论。该理论是对菲德勒模型的一种延伸。赫西和布兰查德认为，依据下属的成熟度选择正确的领导风格，就会取得领导的成功，这是一个重视下属的权变理论。

这种方法着重研究下属的特性，它与菲德勒模型对领导维度的划分相同，但考虑的情境因素不同，并把它作为环境因素中一个很重要的因素。该模式认为，领导者的风格应该适应下属的成熟程度，领导者应该随着下属的成熟程度的不同，调整领导行为，从而提高领导行为的有效性，其模型如图7－4所示。

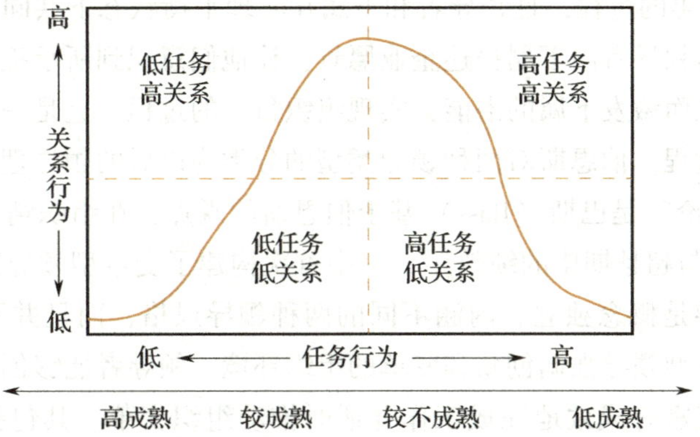

M4	M3	M2	M1
有能力 有意愿	有能力 没意愿	没能力 有意愿	没能力 没意愿

下属的成熟度

图7－4 情境领导模式图

下属的成熟度包括下属的工作成熟度和心理成熟度两个方面，其中工作成熟度是指下属拥有的、与任务相关的知识、经验、技能和能力等；心理成熟度是指下属的自信、承诺、激励水平和自尊等。

情境领导模式认为，M1、M2、M3、M4表示下属不同的成熟度，根据四种成熟度，领导方式也有四种类型，用四个象限来表示。

第一阶段：高任务低关系，即命令型的领导方式，适用于低成熟度的情况，领导者针对任务的完成向下属发出明确指令，规定要做什么，怎么做。

第二阶段：高任务高关系，即劝说型的领导方式，适用于较不成熟的情况。这种情况下，下属仍需要领导者的指示，不过领导者会采取双向沟通的方式获得下属心理上的支持，双方相互交流信息。

第三阶段：低任务高关系，即参与型的领导方式，适用于比较成熟的情况，此时下属能够独立工作，因此不需要领导者过多指示，领导者只为员工提供必要的信息和建议来支持员工开展工作。

第四阶段：低任务低关系，即授权型的领导方式，适用于高度成熟的情况，下属有能力来担负起工作的重任，只需要很少的指导和支持。领导者授权给下属，让下属自行做决定，领导者只负责监督。

四、变革型领导理论

“变革型领导”这一概念最初由伯恩斯（Burns）于1978年在其著作《领袖论》中首次提出。他认为领导可以分为交易型领导（Transactional Leadership）和变革型领导（Transformational Leadership）两种，这两者是一个连续体的两个极端，前者强调交易，后者强调改变。交易型领导强调利益交换，员工为组织服务，组织为员工提供报酬，员工完全处于被动的工作状态，并非积极主动地为实现组织目标而工作，领导者与下属的关系是契约关系。这一领导过程是通过协商达到互惠的过程，且领导者和下属在心理平衡状态下共同实现组织目标。与此不同，变革型领导是领导者向下属描述企业愿景，让他们意识到所承担工作的重要意义，并给予指导和关怀，从而激发下属的潜能，实现组织目标的过程。这是一个领导者和下属相互提升，相互影响的过程。伯恩斯对两种领导类型的分类为以后的领导理论研究指明了方向。

“变革型领导理论”是巴斯（Bass）基于伯恩斯的观点，在组织情境中发展起来的。他于1985年在《领导与超越期望的绩效》一书中首次构建了变革型领导理论体系，指出变革型领导和交易型领导是概念独立、内涵不同的两种领导风格，而且并不是一个连续体的两端。巴斯认为，变革型领导强调创新和变革的组织环境，领导者能够创造一种适应外部环境的变革氛围，而且能富有成效地完成工作并适时推动组织变革。其包括四个维度：领导魅力、感召力、智力激发和个性化关怀。

1）领导魅力是指领导者具有较高的道德标准、价值观念和行为准则；能够为下属提供目标和愿景，激发下属的积极性和使命感。

2）感召力是指领导者善于激发下属的工作激情，向下属表达对他们的高期望值，通过描述企业愿景和工作目标，使下属以积极乐观的态度工作。

3）智力激发是指领导者善于激发下属的潜能，使下属具有创新思想，敢于挑战自我，向下属灌输新思想、新观念，让他们创造性地解决问题，而不是循规蹈矩、因循守旧地完全按照领导者的指示去工作，要具有积极主动的精神。

4）个性化关怀是指领导者不仅在战略层面给员工指明工作的方向，更要为根据每个员工的能力、知识水平、业务水平给予特殊的指导。

案例

宁高宁：没有“人感”是很难有领导力的

宁高宁在CANPLUS开年第一课上的分享中提到，战略和执行的核心是团队与人。企业家需要有“人感”，没有“人感”很难有领导力。所谓的“人感”，是指对人的一种感知能力。通过对人性的基本理解，以及对人的基本诉求、性格、能力、特点、经历进行观察和分析，很快就会得出一个判断标准。你会知道这个人合适做什么，不适合做什么，以及组织需要什么样的人，如何通过组织文化培养出来这样的人。每个人都有自己的性格、风格、管理手段和方式，最后会形成相应的文化和“人感”来支撑组织发展。

人是战略和执行里最重要的环节，具体分为以下几类：①职务性领导，没有领导力，在组织里没有人跟随和支持；②纪律性领导，他们很严格，对下属工作有纪律性的要求，像看家一样，做得很好，但是公司不会有大进步，更不会有创新；③改善性领导，他们会对公司做制度性和产业性的改善，这类领导已经很不错了。但是只有下面两类领导，才会对企业真正有用：①战略性领导，他们会把公司战略提升到更高的层次，在规模、盈利、技术、发展环境或者产业上创造价值；②组织发展式领导，他们不仅能制定战略，还能带动组织不断往前走，变成一个学习型、创新型或可持续发展的组织，这样的组织会基业长青。

（资料来源：http://www.360doc.com/content/23/0316/23/53951802_1072334510.shtml）

第四节 领导方法

方法是完成任务的手段。方法不对，事与愿违；方法得当，事半功倍。在领导工作中，领导方法不同，其工作效果就不同。从一定意义上讲，能不能实现正确有效的领导，取决于领导者是否有科学的领导方法，这对工作的效果至关重要。

一、领导方法的内涵

所谓领导方法，就是领导者为达到某种领导目标而进行的认识活动和实践活动的方式和手段。领导方法可分为两个层面：一是思想方法和工作方法，思想方法就是认识世界的方法，它着重解决“怎么想”的问题，工作方法是改造世界的方法，它着重解决“怎么做”的问题，二是基本领导方法和特殊领导方法，基本方法反映了领导工作的基本矛盾和基本规律，贯穿于一切领导工作中，特殊方法则是现代科学技术成果在领导方法中的运用与创新。

二、两种对立的领导方法

在实际工作中，我们可以看到各式各样的领导方法，归纳起来可分为两大类：一是实事求是的领导方法；二是主观主义的领导方法。前者是科学的，后者是不科学的。

1. 实事求是的领导方法

实事求是的领导方法表现在六个方面：一是客观，通过调查研究，根据实际情况做决断；二是全面，从全局着眼，确保局部利益服从整体利益；三是开拓，敢于根据实际情况突破旧框架、老经验，坚持看准的事坚决干，看不准的事试着干，违反规定的事坚决不干；四是细致，做人的思想工作时耐心细致，通过讨论解决分歧，采取疏导说服的方法解决问题；五是讲求突破，说老实话，办老实事，言行一致，不掩盖工作中的缺点，勇于纠正自己的失误；六是尊重群众，善于倾听下级和群众的意见和建议，特别是批评意见，密切联系群众，善于集中群众的智慧和创造。

2. 主观主义的领导方法

主观主义的领导方法主要表现在六个方面：一是主观，仅凭主观意愿、个人感觉、狭隘经验作决断，不调查、不研究、瞎指挥；二是片面，执行上级的指示时，不结合具体情况，照抄照转，或者把局部的经验夸大为普遍适用的规律；三是保守，因循守旧，安于现状，我行我素，墨守成规；四是粗暴，强迫命令，以势压人；五是追求形式，做表面文章，把工作停留在表面，应付上级检查，报喜不报忧；六是轻视群众，听不进不同意见，特别是来自下级群众的意见。这种领导方法的集中表现就是脱离群众，脱离实际。

三、基本领导方法

基本领导方法是适用于领导者完成各个方面、各个领域工作任务的方法。下面主要介绍三种基本领导方法。

1. 调查研究的方法

调查研究的方法是指深入实际，对客观事物进行观察了解，详细查阅各种材料，并对这些材料进行科学的加工处理，从而认识和掌握客观事物的本质及其发展变化的规律，为做出正确决策提供科学依据的方法。

调查研究是谋事之基、成事之道。没有调查，就没有发言权，更没有决策权。在领导者与被领导者、领导者与环境的矛盾关系中，被领导者与环境这两者都是不以领导者主观意志为转移的客观存在。因此，领导者做出决策，主观必须正确地反映企业客观实际，唯一的途径就是深入实际，调查研究，掌握实际情况，除此之外别无他法。

2. 群众路线的方法

群众路线的方法是指领导与群众相结合，从群众中来，到群众中去的方法。对企业来说，全体职工的积极性和创造性是企业活力的源泉。因此，企业领导者只有走群众路线，虚心地向全体职工学习，依靠全体职工的智慧、经验和力量，才能带动全体职工胜利完成企业的各项任务，实现企业的目标。在领导工作中坚持群众路线的方法，不仅是正确处理领导者和被领导者关系所必需的，而且也是解决领导者与环境之间矛盾，使领导者的思想、决策、计划、指挥等符合客观实际，保证企业在特定环境中顺利发展所必须坚持的基本领导方法。

3. 科学分析的方法

科学分析的方法是指领导者的认识从感性认识上升到理性认识的抽象思维过程中，对从实践中获得的感性材料进行加工制作的科学方法，包括定性分析方法和定量分析方法。因为只有依靠科学分析，才能透过调查了解到事物表面的现象，认识事物的本质、整体和内部联系；也只有依靠科学分析的方法，才能真正把群众的智慧、经验和正确的意见集中起来。

案例

马化腾的领导方法

腾讯是全球最大的互联网平台之一，应用程序涵盖了新闻、社交、游戏等，无论在 PC 互联网、移动互联网还是产业互联网时代，它都始终保持着行业领导者的位置。除上述之外，腾讯还在人工智能、虚拟现实与量子计算等众多前沿科技领域积极布局，如果未来出现新的技术机遇，腾讯也仍有可能是科技产业中获益最大的企业。那么腾讯成功背后到底靠的是什么？

不同的人会有不同的答案，但所有的答案中最不能忽视的是创始人马化腾的一些特质，尤其是马化腾在公司业务决策上的民主，他主动推动腾讯成为一个民主、平等、多核驱动，由合伙人共治的企业。最早践行这种民主决策的机制是“鸡煲饭会议”。“鸡煲饭会议”是公司创建早期，腾讯几位联合创始人经常一起在大排档吃鸡煲饭，每人点一份鸡煲饭，一坐就是两三个小时，当时几乎所有公司重大决策都是几个核心创始人在“鸡煲饭会议”上商量通过的，从未出现过一言堂的现象。例如，在最初要不要做游戏这个问题上，腾讯的几位创始人之间产生很大分歧。在这种情况下，马化腾没有直接发号施令，强迫其他合伙人同意这个决策，而是经过长时间的协商沟通，最终推动整个团队达成共识，才启动了腾讯游戏项目。

（资料来源：https://www.sohu.com/a/582546182_467215）

第五节 领导艺术

领导艺术是指领导者在一定经验和知识基础上，为实现目标所运用的非程序化、非定量化，具有随机性、灵活性和创造性的一种高超的技能、灵活的技巧和特殊的方法。领导艺术具有创造性、实践性和审美性，它贯穿于领导过程的始终。领导艺术主要体现在决策的艺术、使用人才的艺术、协调人际关系的艺术等。

一、决策艺术

决策的主体是领导者，评判领导者水平高下的关键在于其决策能力。领导者决策的成败关乎组织的生死存亡，领导者只有遵循一定的原则，才能使决策科学化，一般要遵循以下五个原则。

1. 信息原则

从某种意义上说，领导者能否做到正确决策取决于他掌握信息的量的多少。要利用好信息进行决策，就必须做到两点：一是尽可能多地掌握信息；二是要确保信息客观真实。

2. 民主原则

民主决策可以说是被提到最多的，但真正做到却很难。民主决策的实质是充分调动与会人员的积极性，让他们充分发表意见，特别是反对意见。作为决策者要有海纳百川的心胸，认真对待不同意见，并对既定的方案进行修订，甚至做好完全推倒既定方案的准备，这样可以确保决策方案进一步优化。

3. 创造性原则

由于领导的性质本身就已决定了必须以创造性为特征，所以整个领导工作必然充满创造性。因此，领导工作的质量从根本上取决于决策中的创造性。要求领导者在决策中必须摆脱各种落后观念、习惯势力以及偏见的束缚，勇于探索、开拓和创新。

4. 可行性原则

决策从开始构思到形成具体方案，都是为了能够有效解决实际问题、达到既定目标。所以决策必须有针对性和操作性，能够直接改变所要触及的领导客体，即决策方案中蕴涵着能解决问题的领导智慧。

5. 时效性原则

机不可失，时不再来。领导者决策必须做到及时、快速、果断。这事关所做决策是否能够及时解决问题，是否能够迅速产生良好效果和效应。这就要求领导者在决策过程中做到及时不误、顺势应变，确保效果，追求效率。

二、用人的艺术

知人善任是一个领导者是否成熟的标志，也是用人艺术的精华所在。合理地使用人才是现代领导者用人之道的中心环节。因此，领导者必须掌握以下使用人才的要领。

1. 尊重人才，礼贤下士

就是要把对方、把下属放在一个平等的位置，做到以礼相待、尊重他人、尊重他人意见、重视他人权利。

2. 因事用人，贵在精干

就是先根据工作任务确定不同的工作岗位，然后针对这些岗位选用合适的人选。

3. 用人不疑，疑人不用

领导者一旦选择和任用某一个人，就要寄予充分信任，明确其职责权限，放手使用，激励他创造性地开展工作，从而最大限度地发挥人才潜能，提高领导成效。

4. 严格要求，关心指导

领导者对下属和各类人才放手使用，并不意味着对其放任自流，听之任之。领导者在授权之后，事务性工作减少了，但监督、协调、控制的职能却增加了。

三、协调艺术

领导是通过人与人之间的交往实现的，因而在领导过程中，必然存在着纵横交错的人际关系。如何协调人际关系，是体现组织领导艺术的一个重要方面。

1. 协调各种关系

处理好与各个方面的关系，是领导者协调人际关系的主要组成部分，包括以下三个方面。

（1）与上级的关系　处理好与上级之间的关系，赢得上级的理解和信任，得到上级的支持与帮助，是领导者顺利开展工作，圆满完成任务的一个必要条件。

（2）与下级的关系　下属是领导工作的主要力量，领导者能否引导和影响下属去实现组织目标、完成工作任务，取得显著领导成效，在很大程度上取决于两者之间的关系如何。

(3) 与领导者班子内部，其他成员的关系 判断一个领导班子是否坚强有力，重要的一点就是看其内部成员之间关系是否融洽，相处是否和谐。

2. 调解纠纷和矛盾的技巧

在组织内，人和人相处会产生认识上的分歧、利益上的冲突、工作上的矛盾以及其他方面的纠纷。如何处理这些问题，已成为领导者协调人际关系的一个重要组成部分。常见的方法有以下四种。

1）即评即判，纠正错误。对于是非问题和原则性问题，领导者要态度明确，立场坚定。对正确的一方，或表扬或认同，视具体情况而定；对错误的一方，或批评或处分，也要视情节轻重而定，以促其承认错误，改正缺点，回到正确的方向。

2）求同存异，和平共处。通过耐心细致的思想工作，使矛盾双方都做出让步，接受调停，达成谅解，求大同存小异，实现和平共处。

3）接受一个事实，改变一种观点，往往需要一个过程。因此，对于有一些矛盾和纠纷，不可操之过急，最好的办法是暂时搁置争议，让那些矛盾和纠纷逐步化解，让双方在时间的流逝和环境的变换中达到认识上的一致和情感上的默契。

4）模糊处理，消化矛盾。在某些特定条件下，对于个别非原则性的矛盾和纠纷，可以做模糊处理，淡化矛盾，有利于工作。事实上，有些矛盾会不调自解。如果将小事情上升到一定高度或抱着严肃认真的态度去处理，有可能加剧矛盾。

第六节 领导效能

所谓领导效能，是指领导者在实施领导过程中的行为能力、工作状态和工作结果，即实现领导目标的领导能力和所获得的领导效率与领导效益的系统综合。领导效能是领导活动的出发点和归宿，领导效能考评是检查领导活动科学化程度的重要手段，它能够为组织提拔、使用、奖惩领导干部提供依据。

一、领导效能的基本要素

领导效能的基本要素主要包括三个方面。

1. 领导能力

领导能力是指领导者的行为能力。它以领导者的身体、心理、知识、经验等综合素质为基础，是领导者行使领导权力、承担领导责任、胜任领导工作、完成领导任务所必备的基本条件。

2. 领导效率

领导效率是指领导者或领导集体在单位时间内完成工作的数量和质量，是已实现的领导工作实绩与所需时间之比，即完成一定数量和质量的领导任务（或目标）的速度。

3. 领导效益

领导效益是指领导者或领导集体实施有效领导所产生的客观价值，即领导工作的最终成果及其对社会的影响，包括经济效益、政治效益、文化效益、人才效益以及社会效益等，是个综合性的指标。

二、领导效能的考评

领导效能考评是指对领导者的领导能力和领导活动的结果进行考核和评价，也就是根据一定的考核原则，针对一系列的考评指标，采取相应的考评方法进行的考核与评价。

1. 考评指标

领导效能是一个综合指标，主要包括以下五个方面：

1）决策效能，是指决策对一个组织的领导效率、直接效果以及社会环境所产生的作用或影响。

2）用人效能，是领导活动中对人的选配和使用所产生的效能。

3）办事效能，是指领导者处理各种事务所获得的效率。

4）时间效能，是衡量领导者管理、利用时间的尺度。

5）组织的整体贡献效能，是指同一领导组织整体目标的实现程度。

案例

杨元庆的决策效能

杨元庆在联想集团担任微机事业部负责人时，就表现出不同于常人的战略眼光。当时的市场情况非常严峻，国产微机大都溃不成军，然而，在巨大的压力下，杨元庆没有丝毫慌乱，而是以一个“指挥家”应有的从容镇定，在“茫茫的黑暗中寻找微光”。

杨元庆对整个家用计算机市场进行详细分析之后，发现计算机市场正在向家庭渗透，越来越多的人希望能够把计算机搬回家，但当时我国老百姓的收入水平不高，而一些高档计算机的价格却出奇的昂贵。于是，杨元庆立志要做物美价廉的计算机，他将联想计算机定位为经济型计算机，以适应我国老百姓的购买能力。为了尽可能地降低计算机成本，杨元庆不惜改变元件的供应链。他对供应商说：“如果你们的货不能又好又快又便宜，我就找别人。”后来，他果然退回了不少价格昂贵的元件。然后，杨元庆和技术人员想方设法降低成本，他让技术主将刘军继续地缩减成本，刘军说所有多余的花费都已经削减得差不多了。杨元庆回答：“不！还有！还有机箱、包装箱和里面的泡沫塑料！”最终，新机箱造价仅有进口机箱的1/8。就这样，在这场不见硝烟的战争中，联想成为最后的赢家。

（资料来源：圣铎. 领导素质与领导艺术全书［M］. 北京：中国华侨出版社，2015.）

2. 考评原则

领导效能考评要遵循以下四个原则。

（1）统一规范的原则　要确定统一规范的考核标准、考核要素、考评制度和考评方法，并形成一套既能反映客观实际又便于操作的、科学合理的考核评估指标体系。

(2) 贡献为主的原则　要以实际贡献和工作成绩作为重要标准来评价领导者履行职责的状况和德才水平。

(3) 客观公正的原则　必须坚持实事求是、客观公正的原则。

(4) 民主公开的原则　用不同方式让下属和一般员工参与和监督领导效能考评。

3. 考评方法

考评方法应该能够客观、公正地反映领导者的能力和工作业绩，且要具有可操作性。常见的考评方法有五种。

1）目标考评法又称目标对照法，就是按照领导活动中预定的目标项目指标，检查其完成情况，从而评定被考评者的工作成效。由于目标具有可分性、层次性、阶段性和综合性的特点，所以目标考评可以从内容上、层次上和时间上分项、分层、分段地进行，也可以综合地进行。

2）员工评议法就是通过员工测评、民意测验等方式对被考评者进行评议，以获得被考评者的总体情况的方法。它是以标准化的等级量表“很称职”“称职”等进行投票评价。有对话法、问卷法等。对话法是指由考评者找个别人谈话，或召开小型座谈会，直接了解对被考评者的评价；问卷法则是将考评指标项目分级、分类列表后发放，要求被调查者填好后送回，然后由考评者进行数据处理和综合分析。

3）定量分析法。任何领导活动的效能都反映在质和量两个方面，既可以在质上定性，也可以从量中分析。定量分析，具体可以围绕用人、办事、整体贡献和时间节约进行，从中找出有效量与总量之间的比率。比率高，说明领导效能高；反之，则说明领导效能低。

4）比较考评法就是通过选择一定的参照系来对比评价领导者效能的方法。比较的方式很多，可以进行纵向的比较，如现在同过去比较、新班子与老班子比较、年度间的比较、完成任务进度与目标的比较等；也可以进行横向的比较，如同一组织中领导者之间的比较，不同组织的同类领导者、同类领导班子的比较，同类地区、部门、单位的比较；还可以进行多视角、多层次、全方位的比较。既可以比较综合指标，也可以比较几项或单项指标。主客观条件较类似的，可比较综合指标；差异较大的，则选择单项或几项可比的指标进行比较。

5）模拟考评法就是让被考评者进入一个模拟的工作环境，要求他按照给定的条件进行模拟操作，用多种方法观察他的行为方式、心理素质、反应能力等，并根据这些观察来测评他的各种能力。

知识拓展

数字经济时代亟须数字化领导力

在百年未有之大变局的时代背景下，伴随着数字经济的发展壮大，领导力的内涵和外延正在发生深刻的变化，有远见和魄力的领导者，必须从自我革新和提升开始，持续学习，敢于实践，开放分享，方能在不确定性中探索到一条确定的制胜之路。

1. 什么是数字化领导力

管理学大师彼得·德鲁克认为，“真正的领导力”是“提升个人愿景到更高的境界，提升个人绩效到更高的标准”。领导力有时也被具象化为“带领大家迎接挑战走向卓越的能力”。它关乎领导者如何把价值观化为行动，把愿景化为现实，把障碍化为创新，把分裂化为团结，把冒险化为收益，从而不断激励他人自愿地在组织中做出卓越成就。

党的十九届五中全会提出，把数字中国建设作为“加快发展现代产业体系，推动经济体系优化升级”的重要抓手之一，要求加快数字化发展。数字化时代的来临已势不可挡，数字经济时代亟须具备“能够在数字经济生态中驾驭新技术，带领组织走向卓越”的新型领导力的管理人才。因此，提出数字化领导力的概念，并将其释义为：能够利用数据科学技术，带领组织成功实现数字化转型和持续增长的能力。

2. 数字化领导力的构成维度

区别于传统领导力侧重组织建设和业务推进能力，数字化领导力需要能够从科技、组织和业务三个角度去观察、思考和融合，主要包括四个方面：宏观层面的数字经济洞察、专业层面的数字科技学习、微观层面的数字资产运营和组织层面的数字人才培养。其中，领导者对数字经济的洞察力和对数字科技的学习力决定着组织战略的高度，而领导者对数字资产的运营力和数字人才的培养力则决定着组织战术的准度。

（1）数字经济洞察力　我国在 2016 年 G20《二十国集团数字经济发展与合作倡议》中，从广义层面指出：数字经济是指“以使用数字化的知识和信息作为关键生产要素、以现代信息网络作为重要载体、以信息通信技术的有效使用作为效率提升和经济结构优化的重要推动力的一系列经济活动”。近年来，我国数字经济已经进入高速发展阶段。

对数字经济的洞察力来源于对数字经济概念的准确把握，对国内外数字经济发展阶段的宏观研判，对数字经济商业模式的深入理解，对数字生态的全方位了解等多个方面。特别是在当前数字经济宏观测算体系尚未健全，微观商业模式不断创新的形势下，如何结合行业与组织特点，找准自身在数字经济生态圈的定位，都离不开深刻的数字经济洞察力。

（2）数字科技学习力　世界经济论坛创始人兼执行主席克劳斯·施瓦布在《第四次工业革命》一书中提到为什么要把近年来的技术进步称为“革命”，是因为它的发展速度、广度和深度都是前所未有，正在对我们的国家、行业和社会产生系统性的影响，最前沿的技术从实验室走向产业化的时间和路径已经大大缩短，发展可谓日新月异。在当下“百年未有之大变局”的时代背景下，学习能力，特别是领导者对新一代信息技术的学习能力很大程度上决定着组织的生存和发展。因此，对前沿科技的学习能力是数字化领导力不可或缺的组成部分，也是领导者能否有效利用新技术推动转型的核心能力之一。

（3）数字资产运营力　数据是资源已经成为广泛共识，但是数据并不自然成为一种资产。可见，从数据资源到数字资产，还需要厘清数据来源、明确数据权属并实现数据的商业价值变现。从形态上来看，数字资产是以电子化方式存储的数据和数字化系统，包括文字、数字、图像、音频、视频、数据模型等多样化的具体形式。

组织拥有的数据规模、采集渠道以及应用能力将决定数字资产的价值和其面向未来的核心竞争力，而建立一套与数字资产运营适配的组织体系将决定着数字化转型的成败。因此，如何定义和梳理自身现有的数据资源体系，如何实现和提升组织的数字资产价值，如何通过人、流程和制度的结合来实现数字资产的高效运转，无不需要领导者高屋建瓴的数字资产运营能力。

(4) 数字人才培养力 数字人才是指掌握发展数字经济所必需的一项或多项技能的专业性技术人才。例如软件工程师、算法工程师、数据科学家等，他们是组织实现数字化转型的排头兵和中流砥柱。此类人才是当前稀缺的人力资本，近年一直处于供需失衡的状态。

数字人才队伍建设决定着组织数字化转型与发展的质量与效率，因此，在当前数字经济和前沿信息技术人才供不应求的市场背景下，谁能够吸引和留住数字人才，谁能够挖掘和培养数字人才，谁就能占得数字化发展的先机。因此，领导者是否具备数字人才培养力，即甄别、培养和激发数字人才的能力，是其数字化领导力不可或缺的关键维度。

(资料来源：温晗秋子. 数字经济时代亟需数字化领导力 [J]. 中国领导科学，2021，(1)：106－111.)

参考文献：

[1] 毛军权，等. 领导科学理论与实践 [M]. 上海：复旦大学出版社，2020.

[2] 孙健，朱立信. 领导科学与艺术 [M]. 3 版. 武汉：华中科技大学出版社，2021.

[3] 王辉. 组织中的领导行为 [M]. 2 版. 北京：北京大学出版社，2018.

思考题：

1. 什么是领导？什么是领导者？
2. 领导与管理有哪些区别？
3. 如何树立领导者的魅力？
4. 领导素质理论的基本观点是什么？对于领导者的启示是什么？
5. 什么是领导生命周期理论？
6. 领导者如何进行有效的授权？
7. 在实际中如何将指挥协调与决策联系起来运用？
8. 领导如何选人与用人？
9. 提高领导效能的方法有哪些？

练习题：

假设自己是一位未来的领导者，设想一下自己将是一位什么样的领导者，将采取怎样的领导风格？如何使自己成为一位成功的领导者？写出一份 1000 字左右的报告。

案例讨论题

华为成功的七大领导行为启示

华为于 1987 年成立于经济特区——深圳。作为一家私营企业，华为凭借奋斗拼搏的精神，成为一家名副其实的全球化中国公司，在国际舞台上大放异彩，取得了骄人成绩。华为商业成功背后的哲学和驱动力是什么？以下是华为七大领导行为的启示。

(1) 以目标为导向，志存高远 任正非领导力的核心在于他非常清楚华为的目标——

成就客户梦想。他总是想方设法地为客户创造价值，提供最好的服务，这也是公司取得成功的关键。华为成立之初，产品不如竞争对手，但他认为，只有提供优质服务，才能吸引客户。例如，早期我国沙漠和农村地区老鼠很多，经常会钻进机柜咬断电线，导致客户的网络连接中断。当时，在华的跨国企业都认为这不是他们的问题，他们只需为客户提供技术即可。而华为却不这么认为，在设备外增加了防鼠网，帮助客户解决了这一问题，因为华为认为自己有责任这么做。得益于这一目标驱动战略，华为后来在中东地区赢得多个大客户。

(2) 灵活应变，愿景驱动　任正非充满激情，努力将公司目标转化成公司愿景，推动华为成为国际领先企业。他的管理有一点至关重要：虽然他推崇灵活应变的理念，但是从来不会偏离公司的目标和价值观。任正非带领华为经历了三个阶段（每个阶段约为十年）的发展，让华为成长为一家全球领先的企业。第一个发展阶段（1987 年至 1997 年），华为处于创业初期，公司前景不明朗，只能靠艰苦奋斗求生存。第二个发展阶段（1997 年至 2007 年），华为与 IBM 合作，建立了自己的管理架构。任正非要求华为全体员工在工作中采用从 IBM 引入的美式实践。要穿“美国鞋”，如果“不合脚”，就要“削足适履”。任正非的全球抱负依然是生存与发展。第三阶段（2007 年以后），华为的战略是简化管理，吸引优秀人才，通过有效创新成就客户梦想。

(3) 激发员工斗志　任正非能够激发他人斗志，这也是他一直被称道的人格特质。任正非特别爱讲故事，他经常通过一个个故事，慷慨激昂地向员工传递他的理念。有个故事常常被人津津乐道，华为成立第五年的时候，任正非在厨房和厨师给员工做饭，中间他突然冲出厨房，大声宣布：二十年后，世界通信市场三分天下，华为有其一！他的故事之道在于让员工充满斗志地投入项目中去。

(4) 保持谦卑，艰苦奋斗　任正非在引领华为追求梦想时，他非常清楚自己的不足，从不认为自己无所不知。他经常讲，自己能力有限，在团结员工这方面可能不如很多人认为的那样好。他总是避免被扣上“传奇领袖”的帽子，而是强调没有艰苦奋斗，就没有华为的成功。任正非曾说过：“我不懂技术，不过我可以让大家朝着共同的目标努力。”他取长补短，求贤若渴，逐步提高华为产品和服务质量，由此赢得广泛赞誉。

(5) 指令式管理风格　华为发展的早期，在公司的发展战略、文化建设等重大决策方面，任正非坚持“大权独揽，小权分散”，但在研发、干部任用、薪酬分配等方面却充分放权，这既最大限度激发了各层管理者的主动性与创造性，也带来了很大的随意性和混乱。后来华为在决策体系上越来越规范化和制度化，集体决策确保了华为更少地犯错误，但僵化的一面也凸显了出来。华为今天的决策体制形成了一种“有限民主 + 适度集权”的风格，既避免了个人独裁带来的“一人兴邦，一人丧邦”的积弊，也防止了过度民主带来的效率低下、集体不作为现象。

(6) 合作共赢　与竞争对手合作是华为文化的一大特点。任正非认为竞争的核心是尊重竞争对手。华为在英国采取了竞合策略。例如，华为在英国班伯里成立网络安全认证中心，确保设备质量，并与英国信号情报机构——英国政府通信总部（GCHQ）进行合作，保证网络设备和软件安全可靠，旨在让英国政府和广大客户相信华为和华为的流程。

(7) 强大的学习能力　作为一个领袖，任正非坚持自我批判、慎思笃行。他有一句话常被引用：思考能力是最重要的。他所说的思考能力不单单是指人的一项重要能力，还是华为文化的精髓。他认为员工智慧是华为最珍贵的资产。通过思考，人们可以连点成线，制定灵活的愿景和战略。任正非坚信，只有具备大视野，才能做出明智的战略决策。这种战略需要将思考能力与全员学习结合起来。华为设有面向全球华为员工的内部论坛——心声社区，任正非和其他高管的想法经常会放在心声社区，让员工去评论。

从以上七点看，任正非是一位以行践言的卓越领袖。他坚持持续学习，不断获取新信息，力争把华为发展成行业最好的技术公司，为客户提供最卓越的服务。

（资料来源：李洪文，德克莱默，田涛．任正非的思想魅力［J］．资本市场，2016，(2)：82－101．）

【问题讨论】

(1) 从领导行为理论的角度，分析华为不同发展阶段的领导行为模式？

(2) 创业初期，任正非主要采取了什么样的领导风格？

(3) 任正非的领导模式是偏向任务导向型还是关系导向型？

第八章 团队管理

教学目标与要求

通过本章学习，使学生对团队管理的基本知识体系有全面的了解和认识。要求学生掌握团队建立与管理的方法及过程；了解团队的学习及创新的理论。要求学生能树立团队意识，并能运用所学知识，在实际的工作与学习中构建团队。

思想导入

中国积极参与全球治理体系改革和建设，践行共商共建共享的全球治理观，坚持真正的多边主义，推进国际关系民主化，推动全球治理朝着更加公正合理的方向发展。坚定维护以联合国为核心的国际体系、以国际法为基础的国际秩序、以联合国宪章宗旨和原则为基础的国际关系基本准则，反对一切形式的单边主义，反对搞针对特定国家的阵营化和排他性小圈子。

资料来源：习近平．高举中国特色社会主义伟大旗帜 为全面建设社会主义现代化国家而团结奋斗：在中国共产党第二十次全国代表大会上的报告［M］．北京：人民出版社，2022.

新经济时代的外界环境往往千变万化，任何想要在激烈竞争环境下生存与发展的企业，单一、僵化的组织形态难以适应改革创新的要求，企业迫切需要采取更加灵活的组织运作方式，以更好地应付外部环境的变化与内部的重组与改革。有效的团队管理能形成积极向上的“合力”，是组织高效运转的重要保证。

第一节 团队管理概述

一、团队管理的基本知识框架

团队管理主要包括四个部分的内容：第一部分团队建设，讲述团队成员如何按照特定的模式组织起来，以实现预期目标；第二部分团队学习，讲述团队只有通过不断的学习才能取得不断的进步；第三部分团队冲突，讲述提升团队效能的主要瓶颈；第四部分创新团队，讲述知识型团队、创业团队和虚拟团队等新型团队管理模式。这四部分的内容共同构成了团队管理的知识体系，如图 8－1 所示。

图 8-1 团队管理的基本知识框架

二、团队管理的基本概念

1. 团队

美国著名管理学教授、组织行为学权威斯蒂芬·P. 罗宾斯将团队定义为：一种为了实现某一目标而由相互协作的个体所组成的正式群体。一个团队有“目标（Purpose）、人（People）、定位（Place）、权限（Power）和计划（Plan）”五个构成要素。

1）团队目标是团队成员的努力方向，是团队存在的价值。

2）团队成员是组成团队的每一个个体，数量至少为 2 人，是团队目标的具体实现者。

3）团队定位包括团队整体的定位和团队中个体的定位。

4）团队权限具体指团队领导者的权限。

5）团队计划。即团队行动方案，以保证团队进度的顺利进行。

2. 团队与群体的区别

所有的团队都是群体，但不是所有的群体都是团队。群体是指为了实现某个特定的目标，由两个或两个以上相互作用和相互依赖的个体组合而成的集合体。群体与团队的具体区别在于领导、目标、协作、责任、技能和结果六个方面。如图 8-2 所示。

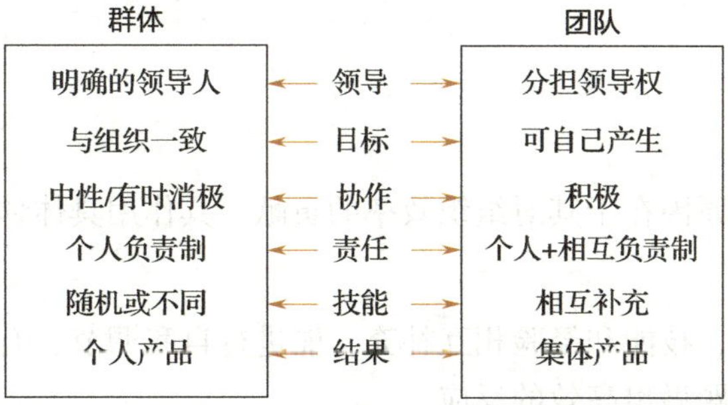

图 8-2 群体与团队的区别

（资料来源：姚裕群，赵修文，刘军，等. 团队建设与管理［M］. 北京：首都经济贸易大学出版社，2020.）

3. 团队管理

团队管理是对团队中涉及的各种要素实施管理工作，通常包含团队建设、激励、沟通、冲突和领导等方面的管理。具体来说，是指在一个组织中，按照成员工作性质和能力的差别组成各种小组，参与制定解决问题的方案，以提高组织生产力并达成组织目标。在日常的团队管理中，需要明确共同目标、明确成员的角色、对个人的贡献进行评估、对团队绩效进行反馈以及对团队的目标与进程进行回顾和总结。

团队管理遵循四个原则：一是以人为本原则；二是公平原则；三是任人唯贤原则；四是各司其职、各尽所能原则。

4. 团队精神

团队精神显现团队成员的心理状态和士气，是团队成员共同认可的一种集体意识，是团队成员共同价值观和理想信念的体现，是凝聚团队、推动团队发展的精神力量。团队精神建设能推动团队稳定运行和持续发展；能培养团队成员之间的凝聚力和亲和力；有利于提高组织整体效能。

案例

雁群的启示

在一个团队里面，队员就像大雁，团队就像雁群。

雁群在迁徙过程中总是要排成“人”字形，这是对气象学和动力学的巧妙运用。当排成“人”字形飞行的时候，雁阵中飞行的每只大雁，速度比单飞高出71%，这时头部的大雁任务最为艰巨，需要承受更大的空气阻力，因此，领头的大雁每隔几分钟就要进行轮换，这样雁群就可以长距离地飞行而无须休息。雁阵尾部的两个位置最为轻松，让年幼、病弱以及衰老的大雁占据这些省力的位置。在迁徙的过程中，群雁会不停地鸣叫，以此相互鼓励、相互激励。如果哪只大雁因为过度疲劳或生病掉队，群雁也不会遗弃它，它们会派出一只健康的大雁陪伴它落在地上休息，一直等到它能够继续飞行后再去寻找团队继续向着目标飞翔。

正是由于雁群的科学组织、合理分工、相互支持、相互鼓励、相互协助，使得它们能够实现全员迁徙的目标。体现在团队中就是要营造一种团结、协作、积极、互助的氛围。

（资料来源：官广东，周健. 进行团队建设应引用的几个理论. [J]. 北方经贸，2011(11)：89-91.）

三、团队的作用

团队被普遍采用的原因在于其对组织效率的贡献，其作用具体体现为以下四个方面。

1. 团队具有弹性

团队成员积极合作，技能和经验相互补充，能进行自我调节，有利于针对环境变化及时整合资源，针对重点问题做出高效的反应。

2. 团队成员有归属感

团队目标与实施方案由成员自己参与设计和执行，为此，成员在心理和感情上对组织产生了认同感、公平感、安全感、价值感、工作使命感和成就感，最终内化为团队归属感。

3. 团队能优化企业内部环境

共同的目标、积极的协作关系有利于团队价值观的形成；成员间权利共享、责任共担，有利于增强团队的凝聚力；相互信任则有利于成员之间的沟通。通过汇集团队成员的知识、技能和信息，产生系统放大效应，使得组织内部环境不断优化。

4. 团队能增强企业的生存力

团队强调通过成员的共同贡献得到实实在在的集体成果，团队合作往往能激发出不可思议的个人潜力，集体协作得出的成果往往能超过成员个人业绩的总和。未来的竞争是人才的竞争，更是团队的竞争。

四、团队的类型

按照团队存在的目的，可以分为问题解决团队、自我管理团队、交叉功能团队和虚拟团队，如图 8-3 所示。

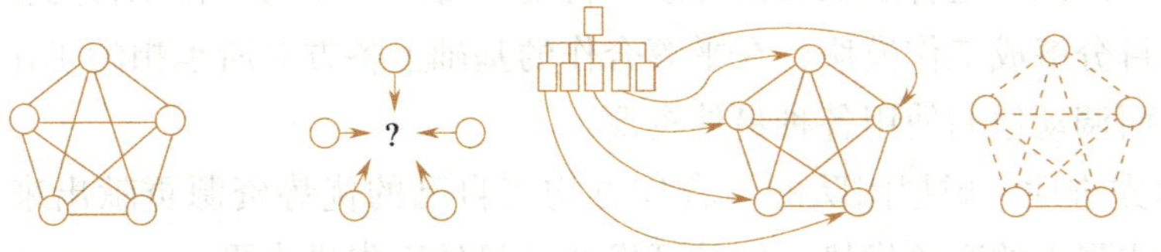

图 8-3 团队的类型

（资料来源：陈基媛. 政府行政中运用团队管理的探索 [D]. 上海：华东师范大学，2009.）

1. 问题解决团队

问题解决团队由来自同一部门的若干名员工组成，每周在固定时间会面，讨论如何促进产品质量、提高生产效率、改善工作环境等问题。但他们仅仅就如何改进工作程序和工作方法相互交换意见和提出建议，并无权力去根据所提建议而采取行动，员工的积极性因此受到很大的限制。

2. 自我管理团队

自我管理团队由工作上存在相互依赖关系的员工组成。他们可以计划和安排工作日程，给员工分配工作任务，把握工作节奏，做出操作层面的决策；采取措施解决问题，与供应商和客户打交道，甚至可以挑选员工，并让员工互相进行绩效评估。这样，主管的作用下降，甚至被取消。员工的权力大增，能动性也大大提高。但这种团队形式能否在某个企业中运作并发挥作用要取决于企业文化、企业性质、产品特点和员工成熟度等多种因素。

3. 交叉功能团队

交叉功能团队由来自同一等级但是不同工作领域的员工所组成，他们为完成同一项任务而一起工作。不同背景的员工在一起交流，有可能激发起思想的火花，使员工能以创新的方式来解决难题，完成复杂的项目。不足之处是在团队形成初期，需要较长时间进行员工之间的磨合。

4. 虚拟团队

虚拟团队是一种对市场需求做出快速反应、迅速占领市场的新型团队，它具有以下五个特点。

（1）组织边界模糊性　虚拟团队的构建有两种形式：一是企业内部虚拟团队，它是由跨职能部门人员组成；二是跨企业边界的虚拟团队。在一个快速变化的动态竞争环境里，依靠便捷的网络系统，突破人才的部门属性、单位属性和地域属性，实现人才的跨地域、跨行业、跨领域的协作，保持一种充满活力和灵活性的正式与非正式关系，做到“不求所有，但求所用”。

（2）权威核心带动性　虚拟团队受到权威核心的影响，权威核心能吸引和造就高素质的人才，尤其是那些在某些领域闻名的企业家、管理者、科研骨干、学术带头人，更能够利用他们的影响力、感召力和判断力，聚贤纳士，进一步扩大人才垄断优势。

（3）承担任务的同时性　虚拟团队是把成批的活动分为若干项目，由各分工单元平行工作，形成一个团队的组合。项目的分解不再是以时间顺序的串行工程为基础的开放式子系统，而是把项目分解成工作模块，在平等合作的基础上各方对所承担的工作模块有充分独立的自主权，从而调动他们使用各种最佳资源。

（4）技术先进性　虚拟团队的各合作方均将自己的优势资源贡献出来，众多单项优势的联合必然形成强大的竞争优势，使其开发的项目处于先进水平。

（5）经营灵活性　虚拟团队是一种动态联盟的组织形式，围绕合作项目间构成临时性的组织，项目完成后，这种联盟自行解体。

五、团队的发展阶段

研究表明，团队并不总是处于静止的状态，而是处在动态的发展过程之中，组织中任何一个团队均可被认为是从群体到团队这样一个不断发展的过程之中。处于不同发展阶段的团队，其成熟度和有效性是不同的。团队成长阶段与绩效的关系如图 8－4 所示。

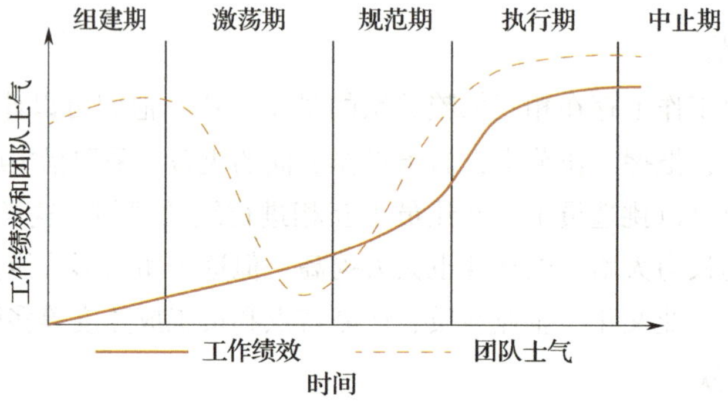

图 8－4　团队的成长阶段与绩效的关系

（资料来源：王瑞. T公司商务领航项目团队建设研究［D］. 北京：北京邮电大学，2008.）

1. 组建期

此阶段群体开始形成，确定哪些行为可以接受，哪些不可接受；探索哪些活动有效，哪些无效。由此建立起明确或者含蓄的群体行为准则。团队的目标、结构，指挥与从属关系还不稳定，团队成员之间相互的信任较低，对团队领导权持观望态度，团队领导将在这个阶段产生。这一阶段是团队定位和适应的时期。

2. 激荡期

在此阶段，随着团队成员之间越来越熟悉，开始强调个性，成员之间出现意见分歧，可能会抗拒团队结构的形成。成员还可能发现他人带有隐藏目的，团队目标上可能没有达成真正一致。这会在成员中引发愤怒和冲突，甚至可能产生成员之间的敌意。此外，现实与高期望的脱节可能导致部分成员丧失信心。

3. 规范期

上一阶段出现的冲突得以充分展现并有望解决。成员们了解彼此的优点和缺点，了解如何互相帮助，真正作为一个团体进行工作。他们在团队目标、标准和任务上达成更坚定的一致看法，制定出决策方法和切合实际的执行时间表。团队成员间开始建立密切、坦诚的协作关系，团队将形成相对稳定的结构和有约束力的群体规范。

4. 执行期

此阶段结构问题已经解决，团队开始作为一个整体运行。团队结构对团队活动起支持和润滑作用，成员们专注于工作任务，通过沟通、合作、互助等行为完成团队任务。团队凝聚力进一步增强，团队运转高效，成员愿意为团队目标奉献力量，团队效能大大提升。

5. 中止期

对于长期性工作团队，执行期是最后一个发展阶段；对于暂时性团队，中止期是最后一个发展阶段。在这个阶段，团队已完成任务，基本实现预定的目标，团队准备解散，各成员回到原群体或加入新群体。这个阶段的中心在于团队的收尾工作，有的成员很乐观，沉浸于团队的成就中；有的成员很悲观，惋惜成员间的友谊不能再像以前那样继续下去。

上述各个阶段需要多长时间，取决于若干因素。这些因素包括任务对团队成员的重要程度、任务性质、群体规模、成员的习惯、成员的忠诚度等。并不是所有团队都以同样的方式经历这五个阶段，有些团队可能一直在激荡阶段停滞不前，有些很快就从规范阶段过渡到执行阶段。

六、高绩效团队的特点

领英（LinkedIn）的联合创始人雷德·霍夫曼曾经说过，不管你的想法或策略有多好，如果你是一个孤独的玩家，你一定会输给一个团队。所以对于一个企业来说，高绩效团队永远都是危机背后最好的支撑。高绩效团队的特点包括六个方面。

1. 明确的目标及绩效评估标准

明确的目标是团队成功完成工作任务的基础，是每位成员正确理解个人目标的前提。绩效评估标准与目标一致，在一定程度上能够激励团队成员向目标迈进。

2. 技能高度互补

高绩效团队中关键人员的能力往往是互补的。这种互补性能带来更为完善的结构，更为有力的结合，令团队能够全面释放内在的能量，形成高能力组织。

3. 相互信任

成员间相互信任是高绩效团队的显著特征。每个成员对其他人的行为和能力都深信不疑，只有信任他人才能换来被他人信任。

4. 兑现承诺

当团队完成了一项工作，给予团队的承诺一定要及时兑现，这样不仅有利于让每个人都充满活力，愿意为了完成目标全力以赴，还能让每个人觉得工作非常有意义，可以不断学习成长，不断进步。

5. 环境支持

团队是根植于各种操作单元和职能部门构成的大环境中的一个小组织，在一定程度上，它需要借助这个“大家庭”来获取资源和制度保障。

6. 协调一致

协调一致是指使各种激励制度、计划、工作安排与团队的最高目标相互协调。在协调一致的组织中，每个人都清楚组织的目标和自己所在操作单元的目标，人们都朝着正确的方向工作，并且以相关奖励制度鼓励大家这样做。

案例

联邦快递打造高绩效团队

FedEx（联邦快递）作为全球最大航空快递公司之一，目前正向包括中国在内的220个国家及地区提供24—48小时之内、门到门的快递运输服务。FedEx每个工作日运送的包裹超过百万个，每年运送包裹总价值达到上百亿美元，多次入选《财富》杂志评选的“全球十大最受推崇公司”，是全球业界的典范，它的成功因素不止一个，其中高绩效团队是一个关键成功因素。

在FedEx遍布全球的物流网络上，存在着成千上万个团队，如负责销售的Sales团队、负责收派件的Couirer团队、负责分拣的Service agent团队、负责客户服务的800团队、负责调度的DisPatch团队，以及负责技术和航空运输的团队等，客户的包裹就像接力棒一样在这些团队手中快速传递，因此FedEx的业务绝非单个员工能够独立完成，需要若干成员组成的团队以及由若干个小团队组成的更大的团队共同完成，这就需要精诚合作的团队精神。

（1）培育以人为本的团队文化　FedEx在打造团队文化时，首先是培育企业的核心价值观P-S-P，即“员工—服务—利润”，联邦快递关心员工，使他们能够为客户提供专业的服务，从而确保公司可获得利润并实现业务可持续发展；其次，FedEx努力营造一种“平等-民主-以人为本”的文化氛围，促使价值观深入人心。当时担任FedEx中国区副总裁（现为中国区总裁）的陈嘉良曾说：“公司是很公平的，不会有什么歧视，只要你有能力，就可以晋升到很高的位置。”

（2）塑造共同的团队目标　FedEx的团队目标主要体现在两个方面：一是企业的业绩目标以及分解到团队的业绩目标；二是团队成员行为标准上的目标。FedEx每年都关注财务业绩指标的实现，同时更注重为员工提供良好的工作环境、履行企业社会应负责任等非财务目标。

(3) 建立系统的培训体系　FedEx 非常重视员工的个人发展，公司建立了一整套“培训—选拔—角色转换”机制。参加培训是员工在 FedEx 能够获得发展的重要条件，特别是随着培训课程级别的升高，意味着公司对员工的信任与期望在提高。

(4) 推行有效的激励机制　FedEx 团队激励机制包括三大方面：整体报酬、名誉奖励、发展计划，整体报酬可以看作保健因素，名誉奖励和发展计划可以看作激励因素。整体报酬综合了薪金计划、福利计划及优质生活计划。

(5) 落实有效的团队沟通机制　FedxE 有三大保障沟通的制度：自由交流政策、公平待遇程序、调查－反馈－行动计划，以保障信息的充分交流、共享。

(6) 重视虚拟团队的打造　当每天几百万个包裹通过几百架飞机在全球上万个投递点间流转的时候，无论员工是哪个国家的雇员，无论员工身处何地，只要是 FedEx 的员工，那就同属一个团队。FedEx 为了实现“使命必达”这一共同目标，成功运用现代通信技术手段，有效解决了跨越时间、空间和组织边界的各种问题，从而强化了团队精神与团队协同战斗力。

(资料来源：周密．联邦快递如何打造高绩效团队[J]．中外企业家，2005，(9)：30－33．)

第二节　团队建设

团队建设是指将肩负特殊使命的团队成员按照特定的模式组织起来，协调一致，以实现预期目标的持续不断的过程。团队建设是团队领导和成员的共同职责，在建设过程中应创造一种开放和自信的气氛，使全体团队成员有认同感和使命感。

一、团队组建

1. 团队领导

团队领导是一个团队的灵魂人物。一个好的团队领导必须具备以下五点素质。

(1) 善于决策　团队领导需要在明确目标的基础上，善于做出决策，这样有利于团队快速顺利运转，有利于困难与障碍的有效解决，有利于团队始终朝着正确的方向运行。

(2) 充分授权　团队领导要懂得充分授权，使成员充分发挥自己的主观能动性，这样可以深入挖掘和发挥其潜力，促进工作的高效进行。

(3) 适当引导　团队领导应在团队目标上给予成员一定引导，使其不偏离航向。

(4) 不断学习与创新　团队领导是成员的“教练员”，应起到表率作用。团队领导的不断学习与创新有助于形成团队学习与创新的良性循环。

(5) 有效沟通　优秀的领导者往往习惯用 70% 的时间用于沟通，另外 30% 的时间用于分析问题和处理相关事务。有效沟通可以建立关系纽带，及时了解团队成员的想法和困难，调解成员之间可能存在的冲突。

2. 团队成员

成员是团队的核心，是团队的引擎。为了使团队发挥正常功能，必须选择适合的成员加入到团队。每一个成功的团队，其团队成员都有以下九个共同特征。

（1）工作至关重要　团队成员往往更注重探究工作的意义，很少做一些无关紧要的事。

（2）职位并不重要　团队成员非常民主、非常随和，并不关心他们在团队中的地位。

（3）注重自我　团队成员非常有个性，他们在发挥自我创造性时希望得到鼓励而不是受到条条框框的限制。

（4）荣辱与共，互相关心　这是一切优秀团队的基础，其他一切优良品质均以此为起点。

（5）了解团队目标　只有了解团队目标，才能知道怎样做对团队更有益。

（6）相互交流，融洽无间　相互交流才能合作，才能相互学习，共同成长。

（7）相互认同，配合默契　朝着一个共同的目标，他们欣赏彼此的长处，了解彼此的短处，认可并欣赏每一位成员的独特素质，从而在工作中形成一种信任和默契。

（8）将团队集体利益放在首位　成员们真正相信团队成功的价值比他们个人自身利益的价值要大得多。他们相信，只有实现团队目标，他们才能实现自身价值。

（9）团队成员愿意做出贡献　在一个优秀的团队中，每一位成员都乐意把时间和精力放在工作的完成上，愿意承担责任和放弃个人的偏见，还愿意为了团队的成功牺牲个人利益。

3. 团队建设的四个原则

1）要能够使团队成员确立明确的共同目标，增强吸引力、感召力和战斗力。

2）要做到合理分工与协作，使每个成员明确自己的角色、权力、任务和职责，以及相互之间的关系。

3）要培养团队凝聚力，使团队成员积极热情地为任务的完成付出必要的时间和努力，并且要加强成员之间的相互信任，促使成员间相互关心，彼此认同。

4）要实现成员间有效的沟通，形成开放、坦诚的沟通气氛。

案例

腾讯的团队建设

腾讯在国内的成功绝非可以简单复制的，其成功也并非偶然。马化腾曾经总结到：这个市场不是拼钱，也不是拼流量，更多的是拼团队。他的成功体现为以下几个方面。

1. 能发光的带头人

腾讯联合创始人张志东在腾讯大学演讲中提到：“当企业遭遇艰难和路径分歧时，非常关键的是有没有优秀的产品人挺身而出并且给团队带来信念。”腾讯这种发光的带头人就起着这样的作用，指引着腾讯内部个体及团队奋勇前进。腾讯成立之初，马化腾就找来了几位能干的朋友和同学。张志东因为突出的技术能力，任首席技术官；曾李青因其优秀的市场开拓能力，任首席运营官；还有许晨晔、陈一丹等人。他们怀揣着责任，视员工为最宝贵的财富，以创造产品最大价值为目标，始终相信通过互联网能够提高人类生活品质。

2. 团队运营机制

腾讯内部团队是以功能划分的，主要由产品策划团队、研发团队、运营团队构成，每个团队各司其职，做自己擅长的事。这样一个完整的闭环系统，使整个团队分工明确、高效运转，各个部门各有侧重，但又有重叠部分，协作团结。基于这样的运行机制，腾讯在管理几百人大规模团队时，能按照策划、研发、运营的模式轻松复制。这个团队具备独立运作的功能，每个小团队分别负责产品的子模块，从而实现"高内聚、低耦合"的模式，大大提升了公司的效率，增强了公司的竞争力。

3. 团队信息共享机制

为了使内部成员的工作能够保质保量地高效完成，腾讯建立了公开透明的信息共享机制，实现团队及团队内部之间的信息共享。

(1) 例行的晨会　腾讯的团队每天早上都会开例行晨会，通常持续十多分钟，大家主要汇报自己前一天天的工作及当天要完成的任务，同时将自己在工作之中遇到的问题与团队之中的其他成员进行交流，根据问题的难易程度来讨论确定具体的解决方案，从而保证信息高效、透明地传递。

(2) 实时更新的进度墙　每个团队都有自己的"进度墙"，实时更新团队成员的工作进度、产品的完成程度，以及各个环节中出现的问题。这种模式可以让团队成员随时随地了解产品的进度。出现问题时，不仅能够及时清晰地被大家看到，也能在大家合力下解决，是一种十分高效的工作方法。

(3) 强大的项目管理工具——TAPD　TAPD 是产品所有信息的需求池，其中的信息可以分类为全部待开发、已开发、已发布以及售后类信息。团队成员不仅能查看现阶段和历史的需求池，还能够预测产品将来的发展方向。目前不仅在腾讯内部使用，还开放给外部使用。

(资料来源：王佳，王真. 从腾讯团队管理模式谈团队管理先进经验的借鉴. [J]. 西部皮革，2021 (7)：32－33.)

二、团队建设的一般过程

创建一支团队一般需要经历四个阶段。

1) 第一阶段：准备工作　这个阶段应确立团队的工作目标、完成团队目标需要的技能和团队的自主程度。

2) 第二阶段：创造工作条件　在这个阶段，要为团队提供完成目标所需的各种资源，包括人力资源（例如完成任务所需的适当的技能组合）、物质资源（例如工具、设备、资金等）、组织支持（例如组织支持团队完成预期工作的愿望）等。

3) 第三阶段：形成团队　首先，明确团队的定位，确定团队的成员，明确每一个成员的团队角色；其次，团队成员必须理解和接受团队的使命和目标；最后，在组织中正式宣布团队的使命和职责。

4) 第四阶段：提供持续的支持　在团队开始运行之后，管理者还需要不断提供必要的支持，以消除障碍，使团队能够更好地投入工作。

三、团队建设的方法

团队建设的一般方法有四种，即人际法、角色定义法、价值观法和任务导向法。

1. 人际法

人际法建立在对社会和团队成员的高度了解之上，其基本思想是，成员间相互了解越多，交流的能力就会越强，就越有助于人们融洽地在一起工作。人际法的根本原则是开放、客观、公正地对人和人之间的关系、矛盾等进行讨论，由此产生相互信任的气氛并建立有效的团队。

2. 角色定义法

角色定义法强调以角色定义为基础，将群体成员的角色和角色期望进行归类。采用这种方法进行团队建设的参考模型主要有两个：一个是贝尔宾博士的团队角色理论；另一个是马杰里森与麦卡恩的“团队管理轮盘”。

由贝尔宾博士领导的剑桥产业研究培训部，经过多年的跟踪观察与研究，提出了八种团队角色理论，见表 8－1。他指出，一个团队只有具备这八种角色才能顺利运作。

表 8－1　八种团队角色

团队角色	行动	特征
领导者	阐明目标和目的，帮助分配责任和义务，为团队成员做总结	稳重，智力水平中等，信任别人，公正，自律，积极思考，自信
塑造者	寻求群体讨论的模式，促进群体达成一致，并做出决策	有较高的成就感，极易激动，敏感，没耐心，好交际，喜欢辩论，具有煽动性，精力旺盛
创新者	提出建议和新观点，为行动过程提出新视角	个人主义，慎重，知识渊博，非正统，聪明
监督者	分析问题和复杂事件，评估其他人的成就	冷静，聪明，言行谨慎，公平客观，理智
公司工人	把谈话和观点变成实际行动	吃苦耐劳，谨慎，宽容
团队成员	为别人提供支持和帮助	喜欢社交，敏感，以团队为导向，不具决定作用
资源调查者	介绍外部信息，与外部人谈判	有求知欲，多才多艺，喜欢交际，直言不讳，具有创新精神
实干者	强调完成既定程序和目标的必要性，并完成任务	力求完美，坚持不懈，勤劳，注重细节，充满希望

马杰里森和麦卡恩也将成员分成八类特定角色：革新创造者、开拓宣传者、发展评估者、组织推动者、检查监控者、总结者、维持拥护者和报告建议者。这些角色分别承担的工作为：革新与创造出新的思想、向外界宣传团队、评估并发展创新思想、总结团队的行为规

范、控制和检查团队工作质量、维护支持团队的社会关系、形成报告与建议。八个特定角色又可划分为四类：开拓者、建议者、控制者和组织者，由此形成团队管理轮盘，如图 8－5 所示。

3. 价值观法

韦斯特认为，团队建设的焦点是形成团队成员间的一致意见、共同的价值观和工作原则。因此，建立一支团队的首要任务是形成一致的宗旨。韦斯特确立了团队宗旨的 5 个维度，见表 8－2。

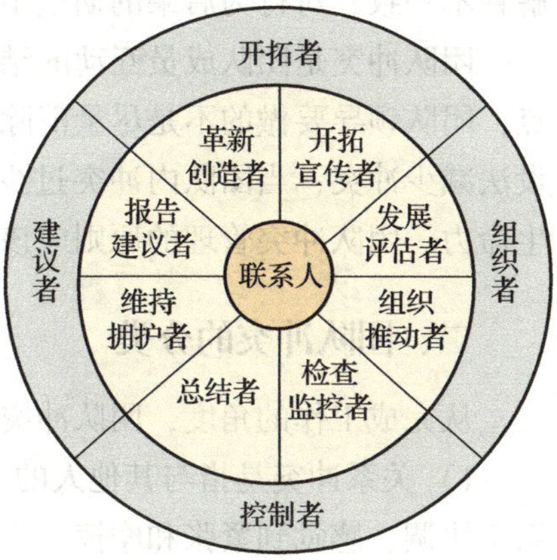

图 8－5　团队管理轮盘

这种团队建设方法需要成员相互高度理解。当团队成员来自不同的专业时，可能存在很多意见与行为方面的矛盾。这种方法有利于短期内促成成员的价值观达成一致。此外，经过一段时间的相处与磨合，人们能够对他人及自己的行为进行评价，可以看到自己的行为是否与共同的目标和团队的宗旨相符。

表 8－2　团队宗旨的维度

清晰度	团队的目标、价值观和导向需要清晰地建立起来，有时需要花大量时间讨论该问题
激发价值观	宗旨应该成为团队成员相信并准备通过工作去获得的东西
可行性	宗旨应该是团队在现实中可以达成的东西，而不能设置不可实现或不可达到的目标，因为那只会让人们更容易放弃
共享性	团队成员共享宗旨是至关重要的，否则他们可能在盲目中进行工作，并且难以调和基本矛盾
未来发展潜力	宗旨必须包括未来发展的能力。没有不可更改与替代的团队宗旨，需要经常检查，确保它与新情况和新环境相适应

4. 任务导向法

这种方法强调把任务放在首位，团队成员需要弄清任务意图。典型的做法是，给予成员鉴别与提炼任务所需的特殊技能，鼓励成员设立特殊的目标来协调完成团队任务。这种方法在高绩效团队中得到了良好的反映，团队成员具有互补的技能与任务安排。一旦任务结束，团队就会解散。

第三节　团队冲突

在任何一个团队中，冲突是难以避免的。没有不存在冲突的关系，也没有不存在冲突的团队。冲突可能在团队中产生紧张气氛，降低生产力，甚至破坏整个团队。因此，作为团队领导者，对冲突进行管理是一项至关重要的工作。

一、团队冲突的概念

团队冲突是指团队成员在思想上所经历的各种各样的不一致，如目标不一致、对事实的解释不一致、对行为后果的期望不一致等，从而产生的争执、摩擦、沮丧情绪等。

团队冲突是团队成员互动的结果，是团队发展过程的重要变量。依据现代冲突理论的观点，团队领导要做的不是尽量消除冲突，而是维持适度的冲突。当团队内部冲突过多时，应设法减少冲突；当团队内冲突过少，应通过各种方式适度地“激发”冲突，以维持团队的生命力。团队冲突管理的原则应该是倡导建设性的冲突并控制在适度的水平。

二、团队冲突的分类

从完成工作的角度，团队冲突一般可以分为三种：关系冲突、任务冲突和程序冲突。

1）关系冲突是指与其他人的个性或性情不一致而产生的冲突。它包括：意识到人际关系不协调、感觉到紧张和摩擦、不喜欢团队成员、感到被激怒等。

2）任务冲突是指对工作目标、结果产生不一致的看法。在分析和解决团队任务时，方法、措施、建议等方面存在不同意见。

3）程序冲突是指完成工作的方式不一致，尤其是关于责任和资源分配的分歧。程序冲突则与授权和角色有关，群体中的成员可能为了角色和责任而争论不休，最后导致任务不了了之。在实践中，程序冲突也经常高度个人化，最后发展成关系冲突。

三、团队冲突对团队效能的影响

1. 任务冲突的影响

任务冲突鼓励对讨论问题的更深入的认知理解。当任务冲突没有导致关系冲突时，与团队绩效正相关，经历任务冲突的团队往往能做出更好的决策。

2. 关系冲突的影响

当任务冲突上升到关系冲突时，对团队的绩效就会产生负面影响。存在关系冲突的团队成员会将注意力和情感资源用来管理和减少人际间的紧张关系，而不是将这些资源投入和任务相关的问题上，因此将对团队效能产生消极影响。

3. 程序冲突的影响

程序冲突和团队产出的关系较复杂。程序冲突在团队组建早期是有利的，在后期则会产生消极的影响。少量容易解决的程序冲突促进了绩效，但是大多数程序冲突具有消极的影响，程序冲突往往与较低水平的团队士气、生产力、创造力和继续合作的意愿联系在一起。

四、团队冲突管理

团队内产生冲突是一种客观现象。它可能是因“事”而引起的，例如因制度不明确、资源短缺、工作特点差异、内部工作竞争、奖惩不当、信息不对称等引起的冲突；也可能是因“人”而引起的，例如因个人的价值观不同、行事风格不同、素质不同、领导方式不同等引起的冲突。

冲突双方的共同利益要求他们通过合作的方式来解决冲突。在认为一方目标的实现有助于对方实现目标时，即目标一致的前提下，他们就会相互信任、相互依赖，倾听对方的意见，通过开诚布公的讨论和思考寻求双赢的解决方法，并增进彼此间的工作关系，对未来的合作充满信心。为此，团队要想有效地管理冲突，使冲突产生建设性的影响，就要从合作的角度出发，让冲突为己所用，通过展开建设性的讨论，最终建立更稳固的人际关系和形成更好、更有效的解决方案。团队冲突管理模型如图 8－6 所示。

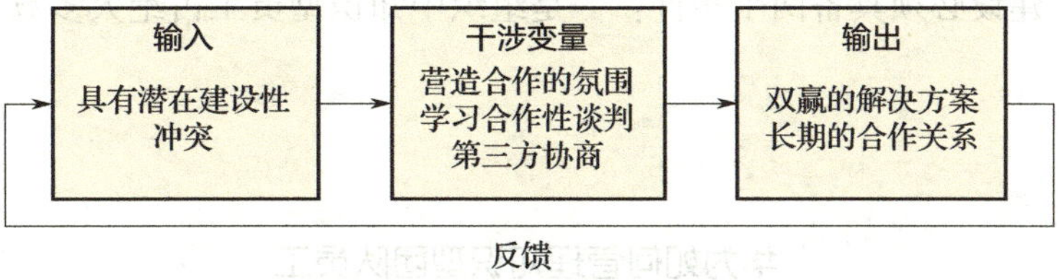

图 8－6　团队冲突管理模型

（资料来源：杨淑艳. 基于合作冲突理论的团队冲突管理［J］. 合作经济与科技. 2009（11）：68－69.）

输入的是具有潜在建设性的冲突，即冲突各方存在合作的可能性且有共同的利益所在。干涉变量是指冲突管理的策略，主要包括营造合作的氛围、学习合作性谈判和第三方协商。输出的则是双赢的解决方案和良好的长期合作关系。

第四节　创新团队

为了在更短的时间内以更少的资源提供更好的产品和服务，很多企业都在寻求从传统团队模式向新型团队模式的转变。当前，新型团队模式包括知识型团队、创业团队和自组织团队。

一、知识型团队

与传统团队相比，知识型团队更合理、更加强调员工在团队中的价值，强调员工对管理工作的参与性，最大限度地满足个人发展的需求。其具有以下九个明显的特征。

1）团队中的工作职责划分得很明确，规定了信息的出口和入口，有严格的工作流程。

2）团队中没有管理者，只有团队协调人，团队协调既可以是公司任命，也可以是团队成员择优产生。

3）在团队中，团队的成员要有较高的知识背景和创新能力，他们属于知识型员工。

4）团队协调人与团队其他成员属于平等关系，没有特别的待遇。

5）团队级别的建立和撤销根据公司的实际情况而定，可以随时变更。

6）团队是平等机构，团队协调人不仅负责团队所有信息的收集，还负责团队间矛盾的协调。

7）团队的信息沟通是平行沟通，公司最高层需要直接处理的事情很少，能够把精力集中在公司重要问题的决策上。

8）团队协调人没有命令团队其他成员工作的权利，只是在团队内部发生冲突和团队对外交往时起到调解人的作用，团队协调人有自己的本职工作。

9）团队中的成员由于要对自己的岗位负责，所以有一定的决策权，并且可将意见直接向公司决策层反映。

知识型团队比传统团队有更多优势，但并不是每一个组织都适合进行知识型团队建设。进行知识型团队建设必须具备两个条件：一是组织中知识型员工占绝大多数；二是年轻员工占绝大多数。

案 例

华为如何管理知识型团队员工

在华为的员工中，百分之八九十是知识型员工，全球研发人员占比超过半数。任正非对人性有深刻的理解，他对知识分子既强调规则和制度化管理，又富有弹性和人情味，善用灰度艺术。

（1）华为在1990年推出了内部员工持股计划　为激励奋斗者，华为推行获取分享制，规定股东每年只能分享利润的25%，75%要通过奖金分享给当年创造价值的人。在某种意义上，华为89%的员工拥有华为98%的分红权，任正非个人只占1.24%。

（2）不倡导“狼性文化”　不少专家学者认为华为是靠“狼性文化”驱动高绩效。其实任正非从来没有倡导过“狼性文化”。华为文化的本质是军队文化与校园文化的完美结合。新员工入职后要参加至少一个月的严格军训，让员工理解责任、组织纪律、执行、荣誉的意义；倡导军人的使命，如“狭路相逢勇者胜”的胜利精神、“胜则举杯相庆，败则拼死相救”的集体奋斗的荣誉感、“上甘岭上出干部”的奉献和牺牲精神。

（3）灰度管理和自我批判　在充满不确定性的阶段，华为更强调知识分子的价值观的管理，更重视对员工愿景与价值观的引导。从1997年的《华为基本法》，到2005年的价值观再造，到2009年的六大核心价值观大讨论，再到2010年以客户为中心，以奋斗者为本核心价值观的正式提出，及至2012年落实核心价值观三大管理纲要的推出，凝聚了十几万知识分子“力出一孔”“利出一孔”地朝着共同目标努力奋斗。

（资料来源：彭建锋. 华为如何管理知识型员工[J]. 国家电网，2018（10）：39 - 40.）

二、创业团队

创业团队是指积极主动寻找机会，在企业内部从事创新性活动的团队。各成员在行为上形成彼此影响的交互作用、在心理上意识到其他成员的存在及彼此相互归属的感受和工作精神。

1. 创业团队的特征

创业团队与传统团队相比，具有以下八个明显特征。

(1) 团队领导力 创业团队领头人通常都需要具有非凡的野心和眼界，坚定的信念和意志，与众不同的认知能力和洞察力。

(2) 团队凝聚力 团队成员都非常清醒地认识到自身的优势和劣势，同时对其他成员的长处和短处也一清二楚，可以很好地避免团队成员之间因为相互不熟悉而造成的各种矛盾、纠纷，迅速提高团队的向心力和凝聚力。

(3) 团队学习力 创业是一个快速试错、不断迭代升级的过程，创业者要站在行业的最前沿思考问题，面对不确定性，开拓未知领域，创造新的产品和市场，这都需要强大的学习能力作为基础和保障。

(4) 落地执行力 创业需要知行合一。着重战略思考非常重要，如果方向错误，会出现南辕北辙的问题。但现实中创业者普遍存在的一个问题是执行力不够，这也成为创业失败的重要原因。一个团队决定了的事情，只有大家都把执行力做到位，整个团队的办事效率才能提升。

(5) 韧性和心力 韧性，即在压力情境下复原和成长的能力。团队韧性越强，越有助于其快速从危机中复原并获得持续增长；反之，团队能力脆弱，就会导致被危机吞噬。强大的心力，不仅体现为困难和逆境中的创业精神，具备抗压、抗挫折、反弹能力，积极面对和解决问题，还体现为顺境中的守正戒骄。

(6) 模块完整性 模块的完整性是指创业项目成功运行所必需的关键模块，具备相应的专业人才，不存在重大缺陷。不同行业、不同项目所需的关键模块和人才有所不同，如果关键模块人才缺失，就会严重制约项目进展和成功概率。

(7) 成员互补性 团队成员之间需要优势互补，不仅体现为专业背景互补，还经常体现为性格特点等方面的互补，例如激进者与沉稳者的互补。

(8) 团队组合协同性 个体再强大，如果不能高效率地组织协同，也等于零，甚至产生副作用。团队能力并非成员个人能力的简单相加，由卓越个体所组成的团队很可能会一事无成，高效率的组织协同才能实现 $1+1>2$。

2. 创业团队组建的关键问题

(1) 创业团队成员的素质 作为创业团队成员，应该具备创业者的特征和技能。主要包括以下几点：一是工作积极主动、有目的性，能全身心地投入事业发展之中；二是有信心，不仅相信自己，而且相信正在追求的事业；三是接受新事物，能认识到自己的局限性和改进的必要性，必要时勇于变革和敢于承担责任；四是勤学好问，经常意识到他们能将事情做得更好，渴望并从不放弃学习和改进的机会；五是能够正确地行使权力和对待金钱，不把追逐权力和财富作为目的。

(2) 创业团队组建的时机选择 何时组建创业团队依赖核心创业者与创业机会之间的匹配。前提是要明确七个问题：一是团队成员需要具备什么技能、技巧和专业；二是需要履行什么关键任务；三是企业与众不同的核心能力是什么；四是需要什么外部资源；五是核心创业者的短板有多么严重；六是企业有多大的财力；七是企业是否需要增加董事会成员或外部咨询人员来获得专门知识。

(3) 树立正确的创业理念 创业理念决定着创业团队的性质、宗旨和获取创业的回报，并且关系到创业的目标和行为准则。共同的创业理念是组建团队的一个基本准则。

(4) 妥善处理团队成员之间的权力和利益关系 一是权力关系。在创业团队运行过程中，团队要确定谁适合从事哪种关键任务和对关键任务承担什么责任，以使能力和责任相匹配；二是利益关系。这与创业团队的报酬体系有关。一个初创企业的报酬体系不仅包括诸如股权、工资、奖金等经济报酬，而且包括个人成长机会和提高相关技能等非经济报酬。

案例

海创汇——海尔搭建的创业团队平台

海创汇成立于2014年5月，是海尔集团打造的孵化创客的创业平台。海创汇创立之初仅面向海尔集团的内部员工，后期不断地进行资源整合与服务扩展，面向全球所有具有创意、创新意愿的创业者开放，为其搭建涵盖“创意—设计—制造—销售”的服务平台。成为首批国家级“创客空间”和首批国家双创示范基地之一。

海创汇在分析创新创业者不同特点的基础上，形成了四种不同的创客孵化模式。

1）集团内部孵化模式。主要针对海尔集团内部员工，创新创业是围绕海尔集团内部的业务而展开。同时根据与集团主业相关性的强弱，又细分为强相关和弱相关两种类型。

2）离群孵化模式。主要针对原海尔集团员工，他们在离开企业后，可以成立创业团队，依托海创汇的资源进行创新创业，达到一定标准后由海尔集团进行回购。

3）众筹模式。在工业4.0时代用户需求个性化的背景下，创业者和拥护、投资者等合作伙伴共同众筹，根据用户的需求，匹配市场痛点，“把用户变成合伙人”。

4）开源模式。针对全球创业者，通过去中心化，推倒企业的围墙，以网络为架构，开放创新创业资源，帮助创新者借助平台的资源优势把创新技术转变为市场化产品，帮助创业者成为创业家和企业家。

海创汇作为一个开放的创业平台，依托海尔集团的上下游优势，向所有创业者开放其创新、产业、营销和用户等各种资源，为创业者提供投融资、培训、产业加速等一站式服务，构建共创共赢的创业生态环境。

（资料来源：朱艳鑫. 从创新到创业的生态构建——基于海创汇的案例研究 [J]. 中共青岛市委党校青岛行政学院学报，2019 (5)：45－48.）

三、自组织团队

互联网时代的到来颠覆了很多传统领域，而在企业管理方面，这样的颠覆也慢慢显现出来，其中“自组织”就是一个越来越受人们关注的概念。所谓自组织，即企业员工根据用户的需求，自由组成团队去解决问题，而没有正式的组织边界。一切的组合，包括人与人之间的组合、团队建成，都没有任何正式的组织架构，都是基于任务的需要，问题的需要和用户的需要来组建团队的。

按照组织进化的原则，企业组织就是从复杂到简单、从封闭到开放、从平衡到不平衡，从控制到失控，而一旦失控就开始进入到自组织形态。这种形态的能量很强，而且一定是自我完善、自我驱动和自我进化的。

管理大师德鲁克在晚年对他的管理学理论做了一定的修正，特别强调真正的管理是让员工实现自我管理，最好的管理是没有管理的管理。其实，这就是自组织——让员工实现自我管理、自我净化，要自我完善、自我驱动。实际上，自组织的形态应该是员工来变革，老板提供支持。自组织不仅仅是让员工实现自我管理，更是让用户参与管理。

自组织一个非常显著的特征是变化来自底层觉悟，而不是来自企业的权力中心；还有一个特征是，其演变的轨迹通常是非线性的、突变的，具有自我修复和自我演化、进化的属性。

自组织虽然在理论上还没有形成非常完善的体系，但在实践中已经有很多企业开始组建自己的自组织团队。例如谷歌的“项目小组”、百度的小团队制、海尔的员工创客、华为的“三人战斗小组”、韩都衣舍的“产品小组”等。在互联网时代下，这种让员工“自动自发地自我管理”显示了强大的潜力。

案例

谷歌的自组织团队

为了适应时代的发展要求，谷歌对组织管理方式进行了创新，设计和运行了民主自由的组织体制。在这种体制下，员工拥有充分的话语权，让更多的员工拥有了自己的权力，实现了员工的高度民主，同时，谷歌依然保持了高效的运作效率，进一步激发了员工的创新能力，在公司内部营造了一种创新的氛围。

谷歌可以在很短的时间内推出新的产品或者版本，这主要得益于其优秀的开发团队，在产品开发过程中，谷歌拥有的数千名工程师会根据项目需要组成不同的开发团队，每一个团队大概由3—6人组成，负责不同项目中的工作，通常每一个项目运作的时间都不会超过6周。员工可以根据自己的兴趣和专长选择要开展的项目，对自己的时间进行自由掌控。在进行重要决策的时候，谷歌会邀请所有的利益相关方一起进行深度协商，并最终达成一致意见。

（资料来源：方永飞. 自组织：互联网+企业管理创新［M］. 广州：广东经济出版社，2016.）

知识拓展

多团队系统的价值共创机制

自进入21世纪以来，新一轮科技革命和产业变革正在重构全球创新版图、重塑全球经济结构。科技创新在国家发展全局中的战略地位提升到了前所未有的新高度，各类重大科技创新攻关项目成为支持国家重大战略需求和抢跑世界竞争步伐的关键法宝。

作为一种开放性、灵活性、适应性更强的跨功能、跨领域的合作模式，多团队系统成为复杂项目任务攻坚克难的主流趋势。多团队系统（Multiteam System，MTS）是基于共同目标，两个及两个以上团队相互依赖、共同合作的现象，呈现出主体多元性、互动导向性、开放融合性、协作环境复杂性的特征。不同于结构稳定、边界清晰、身份单一的传统团队，MTS情境下的团队成员存在多种身份（如子团队身份、系统身份等），形成了不同身份间的关系网，在跨组织的相互依存关系中进行互惠性互动和资源整合，进而挖掘多方价值，形成价值共创。

多团队价值共创包括价值共识、价值共生和价值共赢三个阶段，主要作用机制如下。

1. 价值共识机制

价值共识是不同团队通过交流和识别建立观念共识，对各方主体拥有的资源进行识别、分析，克服团队差异带来的磨合障碍，达成基本或根本一致的集体性价值信念，并将各个团队凝聚起来。

（1）共享态势感知　信息时代的决策优势体现在网络化的态势共享和群体决策机制上。共享态势感知是基于个体态势感知，通过多层次态势信息的交互作用来弱化环境不确定性带来的不良影响，进而对任务相关态势形成一致性的认知，这种认知被团队成员共享，为多团队带来可靠性和可信性，这种信任能够帮助多团队系统获得内部所掌握的信息和资源，避免群体盲思，从而获得最佳的合作状态和模式，更容易从外部网络中获得关键创新资源，有助于多团队系统实现共同的价值主张，促进团队间的高效协作。

（2）团队间接近性　团队间接近性就是在跨组织的网络关系中，不同团队通过自身特质衡量出与其他团队之间的距离，包括心理距离和地理距离。在满足功能差异性要求的基础上提升团队间的接近性，可以减少异质性团队合作中的障碍，对团队间的协作起到重要作用。缩小团队间的心理距离，有利于降低团队在合作中的不确定性，提升团队间合作的意愿，帮助团队间进行资源互补与技术转移，从而建立稳定、可靠的合作关系；缩小团队间的地理距离可以更好地弥补各团队性质差别的缺陷，提升内容的传播效率，降低知识的默会成本，有助于团队更好地获得知识溢出，进而促进团队绩效提升。

2. 价值共生机制

（1）边界管理者　在多团队视角下，边界管理者是某一团队连接其他团队及成员、承担交换和合作任务的团队成员，发挥着传递信息、建立关系、交换资源的价值功能，是多团队系统协作价值发挥的核心节点。边界管理者能够帮助系统建立信息的共享机制，促进不同领域知识的相互碰撞、融合，以及信息的革新与传递，通过与联盟团队间的互动、合作，创造有利的合作模式、优化协作进程、提高协作效率，推动关系网络的建立和完善，实现资源的交换和增殖。

（2）交互记忆系统　交互记忆系统分为专业化、可信度和协调性三个维度。专业化可以帮助跨组织的多团队实现知识记忆的分工，增加知识转移过程中的有效性；可信度可以提升本团队对其他团队专长和能力的信任，促进知识的交换，降低知识冗余度；协调性可以在分工合作的基础上提高团队间的认知互依性，增加团队间的联系。成熟的交互记忆系统可以直接或间接通过专业知识整合、团队间信任感和协调过程提高绩效。

3. 价值共赢机制

（1）集体心理所有权　员工通过心理所有权的形成，产生“主人翁”意识，增加对所属团队的忠诚度。多个异质性团队也需要通过集体心理所有权的形成，影响团队成员对共同目标物的集体性所有权意识，提高团队成员对集体的责任感。研究表明，在个体层面上，较高的集体心理所有权会增强团队成员的亲社会行为，让成员能主动投入集体任务中，对集体承担责任；在群体层面上，较高的集体心理所有权会产生团队心理安全感、团队学习和团队合作、保护性领地行为，激发集体共鸣。

（2）集体效能感　Bandura 首次将效能感定义为“在某一情境下，团队成员间结合获得特定水平成就所需行为过程的联合能力的共同信念、期望动机”。多团队是一个跨部门、跨行业、跨地区的系统，需要通过提升团队成员的集体效能感来促进多团队凝聚力的形成，提高多样化职能团队的协作效率与绩效。集体效能感所带来的期望和动机可以提升团队成员的工作积极性，在行为上表现出良好的协作性，并能动性地实现集体共享目标；还可以避免团队成员对风险的认知感和防范意识下降，避免不同团队成员在多团队合作中的过度依赖，不断拓展本团队的能力和技能，提高群体决策的有效性；更有助于团队成员产生创新性的想法并将其转化为解决措施，使团队更具有创造性。

（资料来源：王丽平，房敬慧. 价值共创视角下多团队系统的高效组态研究［J］. 经营与管理，2021（4）：86－91.）

参考文献：

［1］陈雨点. 华为团队管理之道：让组织持续保持活力和高绩效的策略与方法［M］. 北京：机械工业出版社，2021.

［2］姚裕群. 团队建设与团队管理［M］. 5 版. 北京：首都经济贸易大学出版社，2020.

［3］彭云飞. 团队建设实务［M］. 北京：经济管理出版社，2021.

思考题：

1. 什么是团队，与群体的区别是什么？
2. 团队的作用是什么？
3. 团队有哪些类型？
4. 团队要经历哪些发展阶段？
5. 成功的团队一般具有哪些特征？
6. 团队建设的基本条件是什么？
7. 团队的建设方法有哪些？
8. 团队冲突的分类，及各类对团队效能的影响。
9. 团队学习与创新是如何进行的？

练习题：

以自己参加的某项活动为例，结合所学的知识，总结团队组建与建设的心得，请写出一份不少于 1000 字的报告。

案例讨论题

斯巴达方阵

斯巴达方阵是指古希腊时期斯巴达人作战时士兵排列的一种阵型：方阵中每个人都身穿防护上半身的青铜盔甲，头戴铁盔，左手持圆盾，右手持长矛。作战的时候士兵排列为肩并肩的紧密阵型，最前排士兵一起将长矛放平，指向前方，后排士兵将长矛架在前排士兵的肩膀上，构成一面由长矛织成的墙壁，所有士兵踏着一致的步伐像一座移动的大山压向敌人。

虽然当时很多国家都采用此类方阵作战，但只有斯巴达人把这种方阵的威力发挥到了极致。因为，斯巴达方阵的作战策略不同于其他军队，它不仅是一面坚固锋利的墙壁，更是一张灵活有力的大网——当方阵完成并向前推进时，几乎无人能冲破这个方阵。当方阵中某个局部被敌人冲破，后面的士兵会马上补充上去，使整个方阵不会出现混乱。而当敌人想撤退或出现溃散时，方阵又可以迅速变成一张大网，将敌人包围，或逐一击破，或围歼。可以用“聚中有散，散中有聚”来概括形容斯巴达方阵的组织策略，其巧妙地解决了大规模战斗中大量士兵参与其中容易导致组织行动迟缓、失去灵活性的弊端。

斯巴达士兵可以在最短的时间内集结成整齐的方阵并发动进攻，当局势需要，方阵又能迅速散开，战线半径甚至可以达到几公里，这使得斯巴达方阵在做战时可以随时根据情况灵活地切换点、线、面的阵型，而战斗力与团队组织性并不会因为阵型的调整而受到影响。斯巴达方阵最大的特色就是能力与职位越高的人越是要站在方阵的最前面。每个方阵都会由一个武艺高强并德高望重的高级将领（多为总指挥，甚至是国王）与几个能力威望类似的助手站在方阵的最前排，身先士卒，带领整个团队作战。这几个人就像整个团队的大脑——是进是退，是攻是守，士兵只要按照“大脑”的指令完成就可以，团队整体速度与决策正确性非常高。将领带队，士兵士气高涨，杀敌奋勇积极表现，因为自己的战绩将领可以亲眼看到，此举极大地调动与激发了团队的士气。

斯巴达方阵中成员的团结程度是极高的，协作是默契的，因此可以发挥出一般军事团队无法达到的，“1+1>2”的团队整体力量。方阵中的成员都觉得自己的力量来自同伴的帮助、同伴的鼓励，他们尊敬战友、帮助战友、保护战友，每个战士在方阵中除杀敌与保护自己外，还要保护自己左面的战友，在必要的时候还要帮助战友，因此才拥有了作战时聚散自如、相互合作的前提。

斯巴达方阵让敌邦头疼的不仅是其团队科学的协作、行动的准确迅速，更多的是一种强烈的信念，这种信念也让斯巴达方阵拥有了“不死”的“魔力”。

（资料来源：史光起. 打造企业的斯巴达方阵 [J]. 现代企业文化（上旬），2017，(09)：38-41.）

【问题讨论】

(1) 斯巴达方阵是怎么组建的？

(2) 斯巴达方阵成功的原因有哪些？

(3) 如何借鉴斯巴达方阵的团队组建思想来打造高绩效团队？

第九章

人际沟通

教学目标与要求

通过本章学习，使学生对人际沟通的基本知识体系有全面的了解和认识。要求学生掌握人际沟通的概念和过程；了解人际沟通的类型和人际沟通的策略，并能够运用好沟通技巧，建立一个好的人际关系。

思想导入

协商民主是实践全过程人民民主的重要形式。完善协商民主体系，统筹推进政党协商、人大协商、政府协商、政协协商、人民团体协商、基层协商以及社会组织协商，健全各种制度化协商平台，推进协商民主广泛多层制度化发展。坚持和完善中国共产党领导的多党合作和政治协商制度，坚持党的领导、统一战线、协商民主有机结合，坚持发扬民主和增进团结相互贯通、建言资政和凝聚共识双向发力，发挥人民政协作为专门协商机构作用，加强制度化、规范化、程序化等功能建设，提高深度协商互动、意见充分表达、广泛凝聚共识水平，完善人民政协民主监督和委员联系界别群众制度机制。

资料来源：习近平．高举中国特色社会主义伟大旗帜 为全面建设社会主义现代化国家而团结奋斗：在中国共产党第二十次全国代表大会上的报告［M］．北京：人民出版社，2022.

成功始于合作，合作始于信任，信任始于理解，理解始于沟通。著名的心理学家埃里希·弗洛姆认为："我们每一个人都有与他人沟通的需要，人们可以利用沟通克服孤独的痛苦，同时也可借此与他人分享思想与感情。"每个企业都由数人、数十人、数百人甚至成千上万人组成，企业每天的活动也由许许多多的具体工作所构成，所以，沟通就成为保障企业目标实现的润滑剂、黏合剂和催化剂。零售业巨头沃尔玛公司创始人萨姆·沃尔顿曾经说过："沟通是管理的浓缩。"

第一节　人际沟通概述

一、人际沟通的基本知识框架

人际沟通过程包括发送者、接收者、编码、译码、通道、噪声和反馈七个要素，人们通过人际沟通形成了社会生活中的人际关系，并通过一定的沟通策略、沟通技巧来建立和发展人际关系，满足自己的沟通需要。为此，由人际沟通过程、人际沟通策略、人际沟通技巧和人际关系四个方面就构成了人际沟通的基本知识框架，如图 9－1 所示。

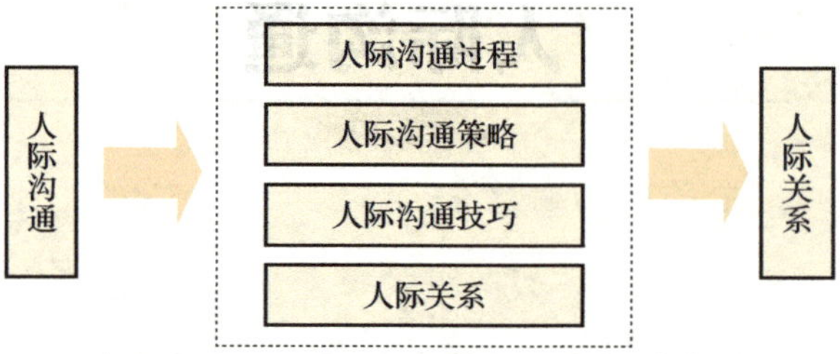

图 9－1　人际沟通的基本知识框架

二、人际沟通的基本概念

1. 沟通

所谓沟通就是指人与人之间通过语言、文字、符号或类似的表现形式，进行信息、知识与情报等交流的行为及过程。由此可以看出，沟通必须包含两个方面的含义，意义的传递和被理解。无论多重要的信息，如果没有传递出去或是不被他人理解，那么沟通的目的都无法实现。

2. 人际沟通

人际沟通就是人们运用语言符号系统或非语言符号系统传递信息的过程，是人际交往的起点；是建立人际关系的前提；是群体沟通、组织沟通的基础。其特征主要有四个方面。

（1）双向性　人际沟通是沟通双方双向互动的过程。在人际沟通的过程中，沟通双方同时具备信息传送者和接收者双重身份。

（2）互动性　人际沟通过程对沟通双方的思想、行为都有一定的影响，也就是双方会产生互动。互动是人们通过接近、接触或利用手势、语言沟通而发生的心理交往和行为交往的过程，又称社会互动。

（3）情境性　人际沟通都是在一定的时间、地点等情境条件下发生的，在不同的情境条件下，沟通双方会选择不同的方式进行恰当的沟通。

（4）目的性　在人际沟通中，沟通双方都有各自的动机、目的和立场，都设想和判定自己发出的信息会得到什么样的回答。而双方的动机、目的和立场可能相同也可能不相同。

3. 人际关系

人不能离开群体而生活，凡是有人的地方，就必然会有人际交往。只要有交往，就必然会形成人与人之间的各种交往关系，即人际关系。这种关系既有以血缘为纽带的亲属关系，也有利益相关的各种社会交往关系。

所谓关系，是指事物之间的相互联系、相互影响和相互作用的状态。所谓人际关系，就是为了自身和社会的发展，人们之间所形成的相互联系、相互影响和相互作用的交往状态。

为进一步了解人际关系的含义，应注意掌握以下三个基本要点。

1）人际关系不是相互交往者的简单总和，而是两个以上交往者彼此间交往的认识、需要、动机、行为、态度、性格等的产生、发展和变化的规律。

2）人际关系不仅涉及交往者双方的自身特点，还涉及双方的相互影响、相互作用。

3）人际关系受政策、法律、道德、经济等社会因素的影响和调控。

三、人际沟通的分类

按照不同的分类标准，可将人际沟通分为不同的类型。

1. 按照人际沟通的媒介分类，可分为直接人际沟通和间接人际沟通

1）直接人际沟通是运用自身固有的工具，不需要借助沟通媒介的人际沟通，如谈话、演讲等，这是人际沟通的主要方式。

2）间接沟通是通过电话、信件等媒介进行的沟通，间接沟通拓宽了人际沟通的范围。

2. 按照沟通使用的符号形式分类，可分为语言沟通和非语言沟通

1）语言沟通是通过自然语言将信息传递给接收者的沟通行为。语言沟通可以分为有声的语言沟通和无声的语言沟通：有声的语言沟通是用讲话的方式进行沟通；无声的语言沟通是用书面语言进行沟通。

2）非语言沟通是采用非语言符号的形式的沟通行为，主要是通过表情、身体语言等手段来进行信息交流。

3. 按照沟通的组织结构分类，可以分为正式沟通和非正式沟通

1）正式沟通是在组织或团队中根据规章制度的规定进行沟通，例如组织中的文件传达、召开会议等。

2）非正式沟通是不按组织结构中正式的渠道传递信息，而是让信息在组织内任意流通。

4. 按照沟通的信息有无反馈分类，可以分为单向沟通和双向沟通

1）单向沟通是指单向信息流动的人际沟通，也就是在沟通的时候，由一方发送信息，另一方只接收信息而不向对方反馈信息，如大型报告等。

2）双向沟通是指信息双向流动的人际沟通，也就是在沟通过程中，沟通双方不断地进行信息沟通与反馈，这种沟通方式较为常见，如交谈等。

四、人际沟通的原则

在人际沟通的过程中，要注意以下三个方面原则。

1. 准确性原则

就是能客观正确地反应发送者想要发送的信息，还要保证沟通所采取的方式和传递的信息能够被接收者理解。要达到信息准确性原则，就要在收集信息的过程中选择可靠的信息来源，并采取科学的方法对信息进行归纳整理。

2. 完整性原则

在信息的收集和加工过程中，要保证信息的全面、系统、连续，以保障信息的完整性。

3. 及时性原则

在沟通中一定要保证信息在第一时间传递出去，确保接收方及时收到信息，防止因为延误而造成误解。

案例

ChatGPT 人工智能系统

2023 年初，一款名叫 ChatGPT 的人工智能系统出现在互联网上。这个系统在各领域的出色表现引起了热议，据外媒统计，ChatGPT 仅推出两个月，就拥有了 1 亿月活跃用户，几乎成为增长速度最快的消费类应用。

不同于其他人工智能系统，OpenAI 推出的 ChatGPT 具备高超的意图识别能力和语言理解能力，能够带给使用者更高层次的交互感。使用者提出的问题越清晰，ChatGPT 就能将使用者的需求理解得越准确，并可以从知识库中寻找到合适的答案。也就是说，人机交互的质量在一定程度上取决于使用者的提问水平。使用者的表达能力越强，ChatGPT 的回答质量就会越高。

同理，在日常生活中，也存在这样的规律：与他人的沟通越清晰明了，对方的理解就会越准确，交流效率也会更高。

（资料来源：王新锐. 从 ChatGPT 看门店沟通 [J]. 中国眼镜科技杂志，2023，(3)：68－69.）

第二节 人际沟通过程

一、人际沟通过程模型

人们生活在大千世界中，每天都需要面对不同的人进行千差万别的沟通，在沟通的过程中会涉及不同的要素，其中最主要的就是沟通主体（传送者和接收者）和沟通客体（信息）。人们可以通过沟通模型来了解沟通的过程，如图 9－2 所示。

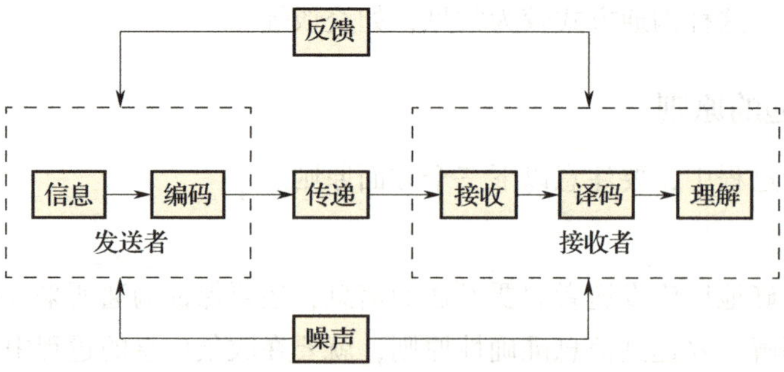

图 9－2 人际沟通过程模型

图 9－2 描述了人与人之间进行信息交流过程的基本模型，标示了促使信息交流得以发生所必需的要素和子过程。具体来讲，信息沟通过程包括七个要素：发送者、编码、通道、

译码、接收者、噪声、反馈。包括两个操作过程：一个是发送者对信息的编码过程，另一个则是接收者对信息的解码过程。

在沟通过程中，发送者产生、提供用于交流的信息，在沟通过程中处于主动地位；接收者被告知信息或被迫改变自己的立场、行为等，处于被动地位。发送者把自己的思想、观点和情感等信息根据一定的规则翻译成可以发送的信号就是编码的过程，接收者把接收到的信号翻译为原来的含义就是译码的过程；在沟通过程中，需要借助一定的工具或媒介来传送信息，这就是传送的通道，通常有语言和非语言两种方式；噪声则是通道中除了要传送的信息之外的一切干扰因素，这些因素可能来源于沟通双方的个性特点、认知差异及外界环境等；反馈就是接收者对发送者传递来的信息做出反应，通过反馈使沟通变成一种双向或多向的动态过程。

二、人际沟通的障碍

人际沟通是一个动态的沟通过程，其核心是信息的传递和理解。如果存在完美的沟通，应该是经过传递之后被接收者感知到的信息和发送者发出的信息完全一致。然而，实际的人际沟通中总会有各种各样的干扰影响沟通的有效性，这些干扰就会形成沟通障碍。沟通障碍一般有以下三大类因素。

1. 文化因素

(1) 语言障碍　沟通主要是通过语言来进行的，在人们用语言表达自己思想的时候，受到年龄、教育水平、个性特点和文化环境的影响，所采用的语言风格和表达方法是有区别的。当沟通双方文化程度相差过大时，一方的信息就无法被对方理解和接受，因而形成沟通障碍。另外，人们有时为了委婉地表达自己的想法，就会采用一些词汇进行修饰，这就使得人们不能以最清楚、最准确的方式理解信息，也会形成沟通障碍。

(2) 经验障碍　发送者根据自己的经验对信息进行编码，接收者也根据自己的经验来译码，如果双方有着共同的经验就可以对传递的信息有相同的理解。但是一旦经验差距过大，就会误解信息。

(3) 文化障碍　不同的国家、不同的民族都有自己的文化。因此，同样的词汇在不同的文化环境下可能有不同的含义，并且拥有不同文化的人，价值观也不一样，在进行跨文化交流时就会产生障碍。

2. 社会因素

(1) 社会地位　处在不同社会地位的人具有不同的价值观，对同样的事物就会有不同的认识，例如文化范围、政治差别等都有可能造成沟通障碍。

(2) 职业岗位　从事不同职业的人对未从事过的职业了解较少，因此人们在进行沟通时，尤其是针对专业知识沟通时会有一定的困难。

(3) 性别差异　性别的差异也会产生沟通障碍。相较之下，男性更喜欢使用独立性的语言，而女性更喜欢使用亲密性的语言；男性更喜欢简洁地陈述自己的意见，而女性更喜欢详细地讲述细节。

3. 心理因素

(1) 认识差异　知觉差异和价值观会影响沟通，发送者会传递自己认为重要的信息，或是根据自己的理解表达，以致信息失真造成沟通障碍。接收者也会把自己的想法加入到信息之中，造成沟通障碍。

(2) 态度差异　交流双方如果对同一件事有不同的态度，或是存在偏见也会造成沟通障碍。

(3) 情绪障碍　情绪障碍对沟通的影响最大。在情绪激动或是心情不好的时候进行沟通，就可能会使用不正确的语言或不恰当的表达方式，有可能歪曲信息的含义。另外，在焦虑紧张的情况下，也会影响沟通的有效性。

案例

Z公司修船项目中的沟通环节

Z公司是一家专业的船舶维修公司，已成立超过20年，在业内的地位是举足轻重的，主要承接俄罗斯籍船舶的维修，并占据其市场份额的四分之一以上。

在签订修船合同后，进入到产前策划阶段。小张之前跟着产前策划部的师父做了几个项目，属于逐渐适应工作状态，不断积累自信的阶段。项目领导也有意让小张多锻炼锻炼，让小张多多发挥，让其师父给予小张必要的支持。小张参照师父之前项目准备的操作流程，开始了自己主导项目的筹备工作，一步一步，井井有条，得到了师父的充分肯定。

但是在同设备贸易部沟通时，小张与设备贸易部的刘工产生了沟通分歧。因为一些重要设备的备件采购和供货周期通常需要很长时间，需要提前确认并预定，否则会直接影响船舶修理的进度和开航时间。小张知道此次修理的工程重点，也从项目单中整理出需要采购的内容，通过邮件和微信两种方式提前发送给负责该项目采购工作的刘工，然后由刘工向供应商发出询盘并反馈给小张。

因为之前师父是这样操作的，顺利地收到了反馈信息，所以小张并没有过多地关注和询问这一次采购的询盘。两天后小张本以为采购信息已经有答案，然而作为资深老工程师的刘工因为采购参数不全，已通过邮件形式告知小张需要提供的具体参数，否则无法询价，供方也无法提供报价。但是小张并没有及时查看邮箱的习惯，而刘工也以为信息已经传递，并没有私下再沟通确认。

而项目马上进厂，备件问题还没有解决，一旦无法询到合适供货期的备件，会造成主辅机不能及时回装，直接影响船舶开航，也会给船东营运造成损失，而项目组也会因为项目脱期面临罚款的境遇。小张深知这个问题的严重性，马上找到了刘工想了解一下情况，想尽量弥补缩短采购供应时间。

“刘工，这个主辅机的备件供应咱们之前有没有类似机型的采购询价，有的话我们这边可以先参考一下。”小张询问刘工。“这个我一周之前已经给你回复了，没有具体的型号和参数，厂家不给报价，邮件给你回复了，你没有看到吗?”刘工认真回复。“这个机型之前应该修理过，可能找得到之前的询盘。”“这个之前是询盘过，但是不同的备件供货期也不一样，这艘船没有给出具体的备件号，不知道具体购买的备件，原厂不给报价，而且之前报过的都是一年前的价格和供应期限，现在要按实际情况重新报价，建议你同船东沟通具体的备件采购清单和备件号，再问一下船东是不是一定要原厂备件，国产备件是不是可以，国产代替件一般是有现货的。”刘工虽然给小张提了建议，但是小张还是没有得到他想要的答案。

回到办公室后，师父告诉小张：“人与人沟通是本能、是学问，也是经验、是艺术。可能沟通被认为是大家与生俱来的倾诉的本能，不需要学习就可以无障碍表达。然而这种‘表达’可能仅仅作为生存层面的基本要求，并不能满足组织层面中高效交流的要求。工作中的每个环节都是靠沟通完成，修船项目本身就是一个沟通链，一个环节断开了，都会让信息沟通中断、项目受阻。”这也给胸有成竹的小张实实在在地上了第一课。

（资料来源：王鑫．Z公司修船项目中的沟通障碍［D］．大连：东北财经大学，2021.）

第三节　人际沟通策略

卡耐基说：“一个人的成功，仅有15%取决于知识和技能，85%取决于沟通——发表自己意见的能力，和激发他人热忱的能力。”为此，每个人都需要掌握人际沟通策略。

人际沟通的过程中会涉及不同的要素，其中最主要的就是沟通主体（发送者）、沟通客体（接收者）和信息这三个要素。因此，从这三个方面分析人际沟通的策略。

一、沟通主体策略

沟通的主体是指信息的发送者。沟通主体策略要解决沟通目标的确定与沟通方式的选择问题，这就需要沟通主体明确自己的角色，以及沟通发生的环境，根据不同的角色定位和环境，决定采取什么沟通策略。

1. 沟通目标的确定

沟通主体的目的主要分为三个层次，即总体目标、行动目标和沟通目标。

1）总体目标是沟通主体希望通过沟通实现的根本目的，总体目标表现为一种意图，并不具有可操作性。

2）行动目标是沟通主体为了实现总体目标而制定的具体行动目标，告诉沟通者应该做什么、怎样做才能达到总目标。

3）沟通目标是沟通主体在具体的环境中希望达到的沟通效果。

2. 沟通策略的选择

在确定了沟通目标之后，就需要选择合适的沟通策略来达到目标。在沟通过程中，可以采取四种不同的沟通策略，即告知、说服、征询和参与。

（1）告知　在沟通过程中，发送者对沟通信息的控制程度高，而接收者对沟通信息的控制程度低时，就会采取告知策略。这种策略着重在于发送者对信息的解释和叙述，沟通目标是为了让接收者接收、理解信息。当发送者对信息处于完全控制的状态时，可以采取这种状态，例如上级领导对下级员工进行通知，一般就采用告知策略。

（2）说服　在沟通过程中，发送者对沟通信息的控制程度较高，而接收者对沟通信息的控制度较低，但接收者对信息的接受与否对发送者来说又非常重要时，就需要采取说服策略。这种策略重视接收者的反馈，如推销员向客户推销产品时，客户的反馈对推销人员来说是很重要的。

（3）征询　采用这种策略是因为发送者对沟通信息控制程度较低，而接收者对沟通信息的控制程度较高。征询策略重视接收者的反馈，也重视发送者的态度。在沟通过程中，沟通双方需要通过协商来达到目标，使双方都获益，例如在团队中，不同的成员为了完成某项任务需要进行协商，最终采取一种各方都可以接受的方式开展工作。

（4）参与　沟通过程中发送者对沟通信息的控制程度低，而接收者对沟通信息的控制程度高。这种策略非常重视接收者的反馈，在沟通过程中，发送者只是简要的表达要传递的信息，然后与接收者合作来共同寻求达到目标的方法。

3. 影响策略选择的因素

在进行策略选择时，发送者会受到一些因素的影响，主要有以下四点。

（1）沟通时间的长短　在时间较短的情况下，发送者急于向接收者传递信息，缺乏足够的时间与接收者进行互动，在这种情况下最好选择告知策略。

（2）掌握信息的程度　发送者掌握了充足的信息时，有足够的把握能够说服接收者，这种情况下最好采取告知或说服策略。而当发送者掌握的信息不够充分，没有足够的把握说服接收者时，就需要采取征询或参与策略。

（3）接收者是否愿意接受信息　当接收者接收信息的愿望较为强烈时，发送者选择告知策略比较好；反之，如果接收者对信息的接收愿望不强烈，甚至怀疑信息是否可信时，发送者就应采用说服、征询或参与策略。

（4）沟通双方的沟通能力　当发送者和接收者都具有较好的沟通能力时，采用征询或参与策略较好；若发送者的沟通能力较强，而接收者的沟通能力较弱时，采用告知策略较好；若发送者的沟通能力较弱，而接收者的沟通能力较强时，采取征询策略较好。

二、沟通客体策略

沟通客体是指信息的接收者。在沟通的全过程中，沟通目标、策略、形式都必须以客体为导向，应是在分析了客体的背景、兴趣、偏好、态度和目的的基础之上，确定相应的沟通策略与主体进行的有效沟通。

沟通客体根据不同的标准可分为不同的类型，见表9－1。

表9－1　沟通客体类型

划分标准	沟通对象类型
心理需求	成就需要型、交往需要型、权力需要型
个性特征	内向型、外向型
信息处理方式	思考型、感觉型、直觉型、知觉型
气质	分析型、规则型、实干型、同情型
管理风格	创新型、官僚型、实干型、整合型

1. 心理需求与沟通策略

根据心理需求不同，沟通对象可以分为成就需要型、交往需要型和权力需要型。

（1）成就需要型沟通对象的沟通策略　成就需要型的沟通对象具有期望得到成功的强烈动机，他们追求的是个人成就而不是成功后得到的回报，他们愿意承担责任，希望把事情做得更好。与这类沟通对象沟通，需要给予他们大量的反馈信息，并对他们的反馈做出肯定，激发他们的创造性。

（2）交往需要型沟通对象的沟通策略　交往需要型的沟通对象希望与他人建立友好和亲密的人际关系，他们交往的目的是得到大家的接受和喜爱。这类沟通对象比较注重情感，在沟通中看重友情和真诚的人际关系，喜欢轻松的沟通环境。因此与这类沟通对象沟通时，应该以朋友的姿态与其交流，平等沟通，尽量避免造成一种严肃紧张的氛围。

（3）权力需要型沟通对象的沟通策略　权力需要型的沟通对象喜欢影响和控制他人，他们具有很强的权力欲。针对这类沟通对象，最好采用建议、咨询的方式沟通。

案例

松开的鞋带

有一位表演大师上场前，他的弟子告诉他鞋带松了，大师点头致谢，蹲下来仔细系好。等到弟子转身后，又蹲下来将鞋带解松。有个旁观者看到了这一切，不解地问：“大师，您为什么又要将鞋带解松呢？”大师回答道：“因为我饰演的是一位劳累的旅者，长途跋涉让他的鞋带松开，可以通过这个细节表现他的劳累憔悴。”“那您为什么不直接告诉您的弟子呢？”“他能细心地发现我的鞋带松了，并且热心地告诉我，我一定要保护他这种积极性，及时地给予他鼓励，至于为什么要将鞋带解开，将来会有更多的机会教他表演，可以下一次再说啊。”

（资料来源：张军，王博．如何打造和谐团队［J］．中国电力企业管理，2017，(18)：35－36.）

2. 个性特点与沟通策略

根据个性特点不同，沟通对象可以分为内向型和外向型。

（1）内向型沟通对象的沟通策略　内向型的沟通对象，在思想上注意思维，在感情上喜欢隐藏不外露，感觉上以内心的思考为主，在直观上不善于交际。这种类型的沟通对象喜欢独立思考，在工作中倾向于独立完成工作任务，不善于与他人沟通。但是他们也有不同程度的沟通动机，在遇到志趣相投的人时，就会产生极大的沟通热情，因此会和少数人建立深厚的感情。在与内向型的沟通对象沟通的时候，尽可能给予其足够思考的时间，在考虑后再对信息做出反馈。

（2）外向型沟通对象的沟通策略　外向型的沟通对象，在思想上注重客观的事物，在感情上能够适应外界环境，善于适时表露自己的感情，在感觉上对外界事物很敏感，在直观上善于表达和表现。这类性格的人一般都善于沟通，他们热情诚实，在交往中愿意表现自己，喜欢与人交往，在组织和团队中较活跃，具有较大的影响力。与内向型的沟通对象相比，他们的沟通面较为广泛。因此，与这种类型的沟通对象沟通时，可以选择在非正式的场合口头表达自己的观点，因为他们对外界事物比较敏感，所以在沟通时要选择适当的场合。

3. 信息处理方式与沟通策略

根据对接收到的信息的处理方式不同，可以把沟通对象分为思考型、感觉型、直觉型和知觉型。

（1）思考型沟通对象的沟通策略　这种类型的沟通对象在处理信息时思路清晰，善于用逻辑思维思考。他们重视事实和数据，具有很强的责任感。因此，与思考型的沟通对象沟通时，应该保持一种谦虚的态度，并为他们提供充足的信息，方便他们思考。

（2）感觉型沟通对象的沟通策略　这种类型的沟通对象对接收到的信息通常会根据自己的价值观和判断能力处理，很容易影响信息处理的结果。因此，在与感觉型的沟通对象沟通时，应该明确表达自己的观点并尽量使对方与自己达成共识，让他们感觉到自己的支持与合作的愿望。

（3）直觉型沟通对象的沟通策略　这种类型的沟通对象有着丰富的想象力和创造力，容易受到周围事物的影响，也比较敏感。他们对接收到的信息凭自己的直觉、预感处理，并不是从信息本身思考，在结果中常常会增加想象的成分。因此，在与这种类型的沟通对象沟通时，最好不要轻易地否定他们的想法和观点，而应在明确表达自己观点的基础上，让其发挥创造性。

（4）知觉型沟通对象的沟通策略　这种类型的沟通对象处理问题很果断，他们善于行动而不善于表达，比较注重结构而不是注重过程。他们反应迅速、观察敏锐、思考问题严谨、行动较快。因此，在与这种类型的沟通对象沟通时，要简明扼要，不需要过多地解释。

4. 气质类型与沟通策略

根据不同的气质，可将沟通对象分为分析型、规则型、实干型和同情型。

（1）分析型沟通对象的沟通策略　这种类型的沟通对象对待事物严肃认真，善于逻辑推理，注重事实和数据，喜欢对问题进行严谨的分析和判断。因此，在与这种类型的沟通对象沟通时，只需要表达自己的想法和观点，让他们做出判断即可，要尽量避免自己的观点影响到对方的判断。

（2）规则型沟通对象的沟通策略　这种类型的沟通对象诚实守信、认真负责，做事稳重谨慎，不善于创新，主动性不强。因此，在与这种类型的沟通对象沟通时，只需要告诉他们要做什么，在适当或需要的时候提供所需的信息即可。

（3）实干型沟通对象的沟通策略　这种类型的沟通对象喜欢刺激、适应性强、性格开朗、做事灵活，对人比较宽容。因此，在与这种类型的沟通对象沟通时，要注意帮助他们自我调节，给予他们足够的自由去思考。

（4）同情型沟通对象的沟通策略。这种类型的沟通对象性格温和、注重感情，喜欢帮助、支持和鼓励他人，善于交流。因此，在与这种类型的沟通对象沟通时，要让他们感觉到被重视，提供一个融洽、自由的交流环境。

5. 管理风格与沟通策略

管理风格主要是针对领导层的沟通策略，按照领导层不同的管理风格可将沟通对象分为创新型、官僚型、实干型和整合型。

（1）创新型沟通对象的沟通策略　这种类型的沟通对象注重事物的全局性，处理问题注重效率。因此，与这种类型的沟通对象沟通时，要让他参与到问题中来，为他们提供详细、充足的信息和资料，方便他们做出最终决策。

（2）官僚型沟通对象的沟通策略　这种类型的沟通对象注重问题处理的过程，处理问题速度较慢。因此，在与这种类型的沟通对象沟通时，要适应他的办事风格，在沟通细节上尽量要得到沟通对象的认可和支持，才能保证沟通的顺利进行。

（3）实干型沟通对象的沟通策略　这种类型的沟通对象注重细节和结果，处理问题速度较快。因此，与这种类型的沟通对象沟通时要主动，直截了当地提出问题，引起他们的注意，使他们与自己达成共识，实现有效的沟通。

（4）整合型沟通对象的沟通策略　这种类型的沟通对象具有全局性的眼光，处理问题速度较慢，注重处理的过程，并且适应性较强，善于进行变革。因此与这种类型的沟通对象沟通时，要事先搜集和任务相关的、尽可能详尽的信息，以保障沟通目的的顺利实现。

三、信息策略

沟通过程就是信息在发送者和接受者之间传递的过程，因此对要传递的信息进行组织和设计，并根据不同的发送者和接收者采取不同的沟通策略，才能取得好的沟通效果。

1. 信息的组织与设计

在信息的传递过程中，由于不同因素的影响，接收者并不能接收到所有的信息，因此组织和设计信息是提高沟通效果的有效方式。

（1）组织信息应该注意的四个原则　一是尊重他人原则。尊重他人首先就是要注重礼节，在传递信息的过程中应该知晓对方的风俗习惯，还要学会双向思考，要站在对方的角度来传递信息；还要待人友善、善于倾听，当与对方的观点不一致时，尽量避免冲突。二是完整性原则。信息完整是保证沟通有效的关键，在向对方提供信息时要准备充分，不仅要提供信息本身，还要把与信息有关的一些资料同时提供给对方。三是简单清晰原则。在传递信息时要尽量通俗易懂，突出重点，避免不必要的重复。信息的组织要有好的条理，逻辑清晰，才能有较强的说服力。四是准确性原则。就是要保证信息准确无误，表达的语言不能产生歧义，尽量采用绝大多数人都可以接受的语言表达。

（2）设计信息应考虑的三个原则　一是开宗明义原则。就是在沟通开始就要说明沟通的主题，明确传递信息的目标及观点，使沟通对象更好地理解。二是正反对比原则。在设计信息时通过陈述正反两方面的观点，或是采用合理的相反建议，更能加深沟通对象对信息的理解。三是以理服人原则。信息传递的最终目的就是为了说服接收者接受自己的观点，因此，在设计信息时要合理、完整地向沟通对象展示信息，确保对方心服口服。

2. 信息传递渠道的分类

信息传递渠道就是指信息的传递途径，在人际沟通中通常有两种传递渠道，即书面传递和口头传递。随着信息技术的发展，一些新的传递渠道也开始被广泛地使用，如电话、传真、网络等。信息传递渠道的分类有以下四种。

（1）正式渠道和非正式渠道　正式渠道是指在正式场合，因工作需要所使用的信息传递渠道，如在正式场合举行会议等；非正式渠道是人们为了满足自己的需要而使用的信息传递渠道，如朋友聚会等。

（2）直接渠道和间接渠道　直接渠道是指发送者与接收者之间没有第三者的介入，也就是信息不需要第三者传递，如上级直接给下级布置工作；间接渠道是指发送者和接收者之间有第三者，甚至是第四者的参与。

（3）单向渠道和双向渠道　单向渠道是指信息传递过程中，发送者发出信息，接收者接受信息，但是接收者不进行反馈；双向渠道是指在信息传递过程中，发送者不仅要发送信息还要接收接收者反馈的信息，发送和反馈反复进行。

（4）语言渠道和非语言渠道　语言渠道是指信息传递是借助语言符号进行的，主要有口头和书面两种类型；非语言渠道是指借助非语言符号，也就是口头和文字之外的符号系统如手势、肢体语言等进行传递。

3. 选择信息传递渠道时应考虑的因素

（1）是否需要及时反馈　如果信息的接收者需要及时地做出反馈，就可以考虑采用面对面的口头交流或是举行会议等方式；不需要及时反馈就可以考虑采取书面渠道沟通。

（2）是否需要私下沟通　如果传递的信息是隐私的，可以选择书面渠道；一些不是隐私的信息就可以任意选择适当的渠道。

（3）信息接收者所处的地理位置　若信息接收者与发送者距离较远，可以选择书面或是电话、网络等传递渠道；距离较近就可以选择面对面的传递渠道。

案例

网易有道 App 不同发展阶段的用户沟通策略

网易有道 App 成立于2005年，大致经历了三个发展阶段。

1）第一阶段2007—2012年，为初创期。此阶段网易有道充当了挑战者，推出了有道词典。面对金山词霸的垄断性优势，网易有道采用了差异化战略，将有道词典定位为“新一代互联网词典”，以吸引喜欢新产品的年轻用户，采用“很小很强大”的宣传口号，以突出其安装体积小、但拥有海量词库的优势；在沟通策略方面，网易有道主要采用自有媒体宣传产品功能，同时配合大量翻译相关场景中的娱乐性内容，以激发用户传播和建立产品口碑。在这一阶段，其市场份额迅速超过金山词霸。该阶段的沟通策略见表9-2。

表9-2　网易有道 App 初创期的用户沟通策略

沟通策略	沟通目的	**增强认知、传递信息**：网易有道的沟通目标非常明确，增加潜在用户对产品的认知，并强调自己产品与传统电子词典的差别
	沟通媒介	**自有媒体、免费媒体**：尝试新的传播手段，例如微信、微博等。一方面，为其突出的“网络释义”功能做宣传；另一方面，制作并宣传互动游戏及短视频，让用户更多地了解网易有道品牌。游戏的目的是形成品牌效应，通过用户口碑、媒体报道等渠道让大家觉得有道词典有意思、很好玩
	沟通效果	预算少、低成本的口碑传播是经济、有效的方式；用户互动可以增加老用户活跃度和忠诚度，吸引新用户；通过手机预装方式，直接实现用户触达

2）第二阶段2013—2015年，为发展期。成为领导者后，网易有道开始采用“最多人使用的翻译App”和“5亿人的选择”作为品牌宣传口号，顺应用户的从众心理，进一步吸引新用户并转化竞争对手的用户。同时，网易有道利用其自身的市场优势地位，注重创造高质量、有创意的内容，与更多品牌开展功能合作，在这一阶段，网易有道夯实了其在行业内的领导地位，用户数不断增加，采取的用户沟通策略见表9-3。

表9-3 网易有道App发展期用户沟通策略

沟通策略	沟通目的	**建立信任、激发行动、培养忠诚**：希望老用户更信任网易有道，提升他们的互动和涉入度，让网易有道成为他们的唯一选择，同时收获新用户
	沟通媒介	**自有媒体、免费媒体、品牌合作**：网易有道开始在营销合作和渠道拓展方面发力，与CCTV、外研社等机构开展渠道合作；与电视电影、娱乐节目开展赞助合作；与腾讯、360等互联网公司开展功能合作等
	沟通效果	用与电影圈合作的方式，使网易有道品牌得以触达明星的粉丝群，同时引起媒体的关注。合作的游戏一经推出，便在微博上引起广泛关注，品牌传播的目的达到了

3）第三阶段为2016年至今，是品牌延展期。在这一阶段，网易有道发展成为在线教育平台公司，开始建设品牌生态圈。在品牌宣传上，网易有道着力于“去工具化”，扩大品牌外延，提出“陪你看世界（word to world）”的新口号，以激发用户的情感共鸣；在沟通上，除了自有媒体和免费媒体外，自2019年在纽约证券交易所上市后，网易有道增加了付费媒体投入，如对广告、代言人的投入，期望覆盖更广泛的用户群体。该阶段的用户沟通策略见表9-4。

表9-4 网易有道App品牌延展期用户沟通策略

沟通策略	沟通目的	**增强认知、建立信任、强化形象、引起共鸣**：沟通的目的并不限于传递信息或激发行动，更偏重在情感层面引起用户的共鸣，建立忠诚和连接用户，如网易有道举办的全国校园外语歌手大赛等线下活动，其目的在于激发用户对品牌的亲切感，引发用户“一同看世界”的情感共鸣
	沟通媒介	**自有媒体、免费媒体、品牌合作、付费媒体**：在传播策略上，开始加大品牌广告投入，在电视、户外等渠道投入大量资源；举办全国校园外语歌手大赛等一系列线下活动；并定期举行品牌发布会、产品发布会，强化品牌形象。网易有道拓展了新的功能合作类型，如与手持阅读设备合作、与智能汽车车载系统合作等
	沟通效果	在提升品牌知名度和产品认知度的同时，增加新用户的数量；广告可以将网易有道的新品牌定位传达给用户；举办全国校园外国语歌手大赛，使网易有道获得原来做新媒体时接触不到的线下资源，影响过去接触不到的人；开展线上、线下联动的大型用户活动，通过用户参与或事件营销，把用户带回线上，实现二次传播

互联网时代社交媒体情境下的沟通策略有两点变化：第一，不再是单一策略，要将信息碎片化到用户生活、工作场景中，集信息传播、娱乐和社交功能于一体，实现全场景、沉浸式的沟通；第二，不再是单向沟通而是双向乃至多向沟通，能否激发用户参与和互动成为沟通成败的关键。互联网App要根据自身不同的成长阶段主动调整沟通策略，实现升级发展。

（资料来源：于春玲，张硕，李泽群，等. 互联网App品牌定位演化及沟通策略——网易有道案例研究[J]. 营销科学学报，2022，2（2）：102-118.）

第四节 人际沟通技巧

人们为了建立良好的人际关系需要掌握一些必要的人际沟通技巧，这对于人们的工作和生活都是很重要的。

一、倾听

根据沟通模型，信息传递与接收在沟通循环的任何阶段都可能由于各种“噪声”的干扰而走样、变形，噪声的存在使人际沟通出现障碍甚至产生冲突，如何消除沟通障碍、如何学会倾听便成为沟通的重点。倾听是沟通过程中的一个重要方面，尤其对于管理者，不仅要学会倾听还要善于倾听，通过倾听了解员工的思想、意见和建议等，从中获取有价值的信息，进行管理决策。

1. 影响倾听的因素

了解影响倾听的因素有助于人们克服倾听的障碍，提高倾听的有效性。

（1）讲话速度和思考速度之间的差异　通常人们的思维速度比讲话速度要快，这样讲话速度与思维速度之间的差异会造成人们大脑反应的障碍。例如当一个语速缓慢的人在传递信息的时候，会使倾听者思维不集中，无法有效的获取信息。

（2）思想不集中　由于外在或内在因素的影响，倾听者思想受到了干扰，这会影响倾听的效果。影响的外在因素有外界嘈杂的环境、讲话者的语音语调、行为举止等；影响的内在因素有倾听者的身体状况、工作或心理压力、思想讲话等。

（3）对词汇的理解差异　同一个词对讲话者是一个意思，而对于倾听者可能又是另外一个意思。特别是一些专业词汇，对于不了解这个专业的人来说会更难以理解。

2. 倾听的策略

在倾听的过程中，为保证倾听的效果，要注重以下七个方面做法。

（1）要身心投入　这是有效倾听的重要保证，倾听者应该集中精力、全神贯注，让讲话者感觉到自己的诚意和认真，从而积极地进行表达。

（2）要换位思考　在倾听过程中，要站在讲话者的角度看问题，加强理解。

（3）要适度沉默　倾听者应该安静地听讲话者讲述，不应该反客为主，喋喋不休。

（4）要关注言外之意　在倾听过程中不仅要关注讲话者的语言，而且要观察其在语言之外表现出来的信息，了解其言外之意，有时会获得更准确的信息。

（5）要适当记录　在倾听的过程中要适当地作笔记，让讲话者感觉到你对他所传递信息的重视。

（6）要有效地反馈　在倾听中如果得不到反馈，就会使讲话者感觉到失望，尤其是对于管理者而言。

（7）要适当地提问　这是保证获取信息质量的一种方式，倾听者可以通过适当的提问，掌握自己感兴趣的信息，进一步明确自己不清楚的信息。

案例

听的艺术

美国知名主持人林克莱特某一天访问一名小朋友："你长大后想要做什么呀?"小朋友天真地回答："我要当飞行员!"林克莱特接着问："如果有一天，你的飞机飞到太平洋上空所有引擎都熄火了，你会怎么办?"小朋友想了想："我会先告诉坐在飞机上的人绑好安全带，然后我挂上我的降落伞跳出去。"当在现场的观众笑得东倒西歪时，林克莱特继续注视着这名小朋友，想看他是不是自作聪明的家伙。没想到，接着小朋友的两行热泪夺眶而出，这才使得林克莱特发觉这孩子的悲悯之情远非笔墨所能形容。于是林克莱特又问他："为什么要这么做?"小孩的答案透露出一个孩子真挚的想法："我要去拿燃料，我还要回来!"

所以，你听别人说话时，真的听懂他说的意思了吗?要听别人说完，这就是"听的艺术"：听话不要听一半；不要把自己的意思，投射到别人所说的话上。

（资料来源：徐建方．倾听心灵拔节的声音［J］．学子（理论版），2015（2）：62－63.）

二、演讲

演讲又称讲演，是一个人在公共场合向众多人就某问题发表意见或阐明事理的传播活动。

1. 演讲的要素

（1）演讲内容　演讲内容就是演讲者想要传递的信息，主要是指语言信息。由于听众的认识和观念不同，对同样的信息就会产生理解差异，因此，演讲者为了能够达到信息共享，需要找到一些共同的参照物，以便听众理解。

（2）演讲者　演讲者主要通过语言来传递信息，辅之以动作、表情等。一名优秀的演讲者应该善于表达自己的思想，要条理清晰、言简意赅地表达，并且适时地与听众互动，接受听众的反馈。

（3）听众　听众是演讲内容的接受者，听众情况各异，因此演讲者为了保证演讲的效果，应该在演讲前对听众有所了解。

2. 演讲的技巧

演讲是人际沟通的重要手段，掌握一定的演讲技巧能够增进人际沟通。

（1）语言技巧　这是演讲成功的决定因素之一，演讲者要提高演讲质量，必须符合演讲语言表达（口头语言）的三个基本要求：一是准确精练；二是语言口语化；三是生动活泼。

（2）非语言技巧　身体语言也是演讲表达手段，它主要配合有声语言，生动形象地表达演讲音的思想感情，包括表情、眼神、手势、姿态、动作等。例如手势的高低起伏，动作的节奏和力度，脸部表情的喜怒哀乐等。

（3）心理技巧　在演讲前，演讲者应该调整心态，不能怯场。为了增加自信，演讲者可以在演讲之前对所要演讲的内容适当地记录，记下演讲的思路框架、重点词汇、引例等，避免上场时遗忘。演讲者可以在上场之前对自己做心理暗示，告诉自己要放松，增加自信心。

(4) 上台演讲技巧　首先，要注意自己的仪表和精神状态，一个衣着得体、精神饱满的演讲者势必会吸引听众的注意力，得到信任和支持；其次，要注意内容安排的顺序，因为听众不可能一直全神贯注地听，所以需要通过一些提示性的语言，语速语调的变化或适当地重复内容来强调所讲内容的重点；再次，应注意观察听众的反映，不能不顾听众反应而谈；最后，还需要具备一定的应变能力，在出现特殊情况时能够处变不惊，做出适当的处理。

(5) 开头结尾技巧　好的开头是成功的一半，演讲的开头要有新意，让听众能够尽快了解要听到的内容，吸引大家的注意力。演讲者可以采取提问、引用案例、引用名人名言或是提出警告等方式作为演讲的开头。而一个成功的结尾可以加深听众对内容的理解，引起听众的思考。在结尾时演讲者可以对所讲的内容进行总结，以呼吁采取行动、引用名言或是以感谢作为结尾。

三、谈判

1. 谈判的概念

所谓谈判，就是有关组织或个人对涉及切身利益的分歧和冲突进行反复磋商，寻求解决途径和达成协议来满足各自需要的沟通协调活动。谈判是以满足自身利益需要为目的的。谈判是一种信息的传递和沟通过程，是谈判双方彼此交流思想的过程。

谈判是一种极为普通的活动，几乎每个人每天都要进行某种形式的谈判，以便解决同他人的分歧或者满足自己的愿望。尤其是对管理者来说，谈判是极为重要的活动，因为他们需要处理许多有关组织方面的问题，人们都会有不同的意见，而管理者必须找到一种有效的方法，使持有不同意见的人们彼此合作、相互沟通、达成共识，谈判就是实现合作与沟通的有效方法之一。

谈判主要包括谈判各方、谈判议题、谈判时间、谈判地点，以及各方在谈判中用到的策略和技巧等基本要素。

2. 谈判的原则

(1) 轻立场、重利益　在谈判中往往会涉及一些对事物的看法和态度，如果谈判各方在认识上无法达成共识，那么就会产生矛盾。因此，谈判各方都应该把利益放在第一位，在不影响利益的情况下，双方没有必要针对立场争论。

(2) 对事不对人　人是谈判中不可或缺的要素，谈判各方有自己的价值观、人生观和文化背景等，因此在谈判中应该客观、冷静地看待问题，设身处地地为他人着想，尊重他人的想法。

(3) 寻找双方都满意的解决方法　在谈判中各方的需求不同，不可能让一方放弃自己的利益来满足另一方的需求。因此，需要找到能够双赢的方案，使各方都满意。

3. 谈判的技巧

谈判的技巧是指谈判人员在谈判过程中，通过语言表达所表现出的技巧，包括陈述、提问、倾听、回答和说服五种。

(1) 陈述　陈述指谈判者将自己的立场、观点、相关的情况向对方介绍的过程。谈判者期望通过陈述来说服对方接受提出的条件，实现谈判的目的。为此，首先应该选择要陈述的内容，选择让对方感兴趣的信息进行陈述；其次要在适当的时机陈述，尽量避免在对方不想听的时候说话，只有在明确对方想要听自己陈述的时候再开口；最后要控制陈述的时间，时间不能太长，否则对方会没有耐心继续听下去。

（2）提问　通过提问可以了解对方的立场、观点和态度等，也可以通过提问使对方与自己达成共识。在提问中要注意三点：首先，提问必须建立在充分了解对方观点和讨论问题的基础上；其次，应该选择恰当的时期，不应该随便打断对方的谈话；最后，在选择问题时要注意，问题应该有利于谈判达到自己想要的目标，而不应该具有敌意，要照顾到对方的感受。

（3）倾听　认真倾听对方的发言，理解对方的观点和需求。有效的倾听不仅有助于建立良好的沟通氛围，还能够获取宝贵的信息，为后续的谈判策略提供依据。同时，倾听也是尊重对方的表现，有助于增强彼此的信任感。

（4）回答　在谈判中对对方的提问做出清楚明白的回答是很重要的，这是做出最后决策的基础。因此，在回答问题时应该注意在听清对方问题之后再回答，不可以随意答复，以免造成谈判的中断或冲突。对于不能立刻回答的问题应尽量深思熟虑后再回答，不可以仓促作答。

（5）说服　这是在谈判中引导对方按照自己的想法来解决问题的方法。说服必须通过充分的事实依据，运用恰当的情感手段，合理游说。

案例

中意企业的谈判

意大利与中国某公司谈判出售某项技术，谈判虽然已经进行了一周，但是进展仍不快，于是意方代表罗尼先生在做了一次发问后告诉中方代表李先生："谈判还有两天时间，希望中方配合在次日拿出新的方案来。"次日上午中方李先生在分析后的基础上拿出的方案比中方原要求（意方降价 40%）降低 5 个百分点（要求意方降价 35%）。意方罗尼先生表示："李先生，我方已经降价两次，计 15%，还要再降到 35%，实在困难。"双方相互评论，解释一阵后，建议休会，14:00 再谈。

下午复会后，意方先要中方报告新的条件，李先生将其定价的基础和理由向意方做了解释，并再次要求意方考虑其要求。罗尼先生认为中方要求太高。谈判到 16:00 时，罗尼先生说："我方为表示诚意向中方拿出最后的价格，请中方考虑，最迟明天 12:00 以前告诉我方是否接受。若不接受我方将搭乘下午 14:30 的飞机回国。"说完将机票在李先生面前展示了一下。中方把意方的条件厘清后，表示仍有困难，但可以研究。当天的谈判结束。

中方研究意方价格后认为还差 15%，但能不能再压价？明天应该怎么答复？李先生一方面与领导汇报，与助手、项目单位商量对策，一方面确认第二天下午的航班信息。在完成一系列工作后，李先生判定意方可能还有条件。于是在第二天 10 点给意方打去了电话，表示："意方的努力，中方很赞赏，但双方仍存在距离，需要双方进一步努力。作为响应，中方可以在意方改善的基础上，再降 5 个百分点，即从 30%，降到 25%。"意方听到中方有改进的意见后，决定先不离开。

（资料来源：林晓华，王俊超．商务谈判理论与实务［M］．北京：人民邮电出版社，2016.）

第五节 人际关系

美国的一所大学在研究诸多成功管理者的案例时发现，一个人的“智慧”“专门技术”和“经验”，只占成功因素的15%，其余85%则取决于由有效的人际沟通所营造的良好人际关系。人际关系是指人和人之间通过直接交往形成的相互之间的情感联系。人际关系既包含着认知与情感，也包含着人的行为。

一、人际关系的特点与作用

1. 人际关系的特点

（1）层次性　人际关系的建立与发展是一个由表及里的过程，即从初次注意到亲密的渐进发展过程。具体表现为：第一阶段为定向阶段，即交往双方彼此注意、选择及沟通；第二阶段为探索阶段，探索双方的异同点并建立联系；第三阶段为情感交流阶段，在这一阶段，双方进一步交流，带有更深的情感，逐步信任；第四个阶段为稳定交往阶段，这个阶段伴随着更为深度的相互分享与相互坦诚，同时还允许对方进入彼此的私密性领域。

（2）社会性　人是社会的产物，社会性是人的本质属性，是人际关系的基本特点。随着社会生产力的发展和科学技术的进步，人们的活动范围不断扩大，活动频率逐步增加，活动内容日趋丰富，人际关系的社会属性也不断增强。

（3）复杂性　人际关系的复杂性体现在两个方面：一是人际关系是多方面因素联系起来的，且这些因素均处于不断变化的过程中；二是人际关系具有高度个性化和以心理活动为基础的特点。因此，在人际交往过程中，由于人们交往的准则和目的不同，交往的结果可出现心理距离的拉近或疏远，情绪状态的积极或消极，交往过程的冲突或和谐，评价态度的满意或不满意等复杂现象。

（4）多重性　多重性是指人际关系具有多因素和多角色的特点。每个人在社会交往中承担着不同的角色，例如一个人在病人面前是护士，在同事面前是朋友，在丈夫面前是妻子，在孩子面前是母亲等。在扮演各种角色的同时，又会因物质利益或精神因素导致角色的强化或减弱，这种集多角色多因素的状况，使人际关系具有多重性。

2. 人际关系的作用

在现代社会，人际关系对人们的生活和工作有重要的影响。

（1）个人层面的作用　一是了解自己，人们可以通过与他人建立关系来了解自己，听取别人的看法来证实自我评价，如果自我评价和他人的看法一致，这种评价就得到加强，若看法不一致，人们就需要听取他人正确的意见来改正自己的缺点。二是增进身心健康，一个人如果有一个好的人际关系，得到他人的肯定和关心，就会心情愉快，促进身心健康；反之，身心健康会受到很大的影响。三是促进行为改变，在人际交往中，人们会相互模仿，当一个人处在一个人际关系良好的团队里，就会模仿他人的行为，克服自己的缺点，形成一个好的行为方式。

(2) 组织层面的作用　一是有利于提升员工思想境界。组织内部有积极向上的人际关系，员工的思想境界就会不断得到提高和升华，自觉地把自己与企业视为命运共同体。二是有利于稳定职工队伍。积极的人际关系有利于培养团队精神，激发员工团结友爱、无私奉献、相互协作的精神，有利于增强员工的归属感。三是有利于增强企业活力。和谐进步的人际关系作为一种生产力，可以激发员工的主动性、积极性、创造性，增强企业发展活力。

二、协调人际关系的方法

在人际关系出现矛盾或是误会时，就需要有一定的方法进行协调，运用正确的方法可以促进人际关系向好的方向发展；若是采取不恰当的方法就可能让人际关系向不好的方向发展，因此掌握一定的协调人际关系的方法是很重要的。

1. 增进友谊

增进友谊是协调人际关系的首要方法，主要有以下四种方法。

(1) 感情投资法　要在人际交往中投入真挚的情感，尊重人、关心人，才能取得人心，进而建立融洽的人际关系。

(2) 强化接触法　人们从认识、了解到建立好的关系需要一个很长的过程，通过强化接触可以缩短这个过程，增加交往的频率、加深交往的密度，并且要不断地倾注感情，这样才能迅速地加深人际关系。

(3) 深入了解法　人际交往是由浅入深的，深入了解就是要把对方埋藏在心里的东西挖掘出来，让相互之间没有隐瞒，最后达到彼此了解的目的。

(4) 大同小异法　在大事上遵循一定的原则，在小事上做到宽容，不苛求别人。

2. 消除矛盾

在人际交往过程中产生误会、出现隔阂、引起矛盾，会妨碍人们友谊的增进，甚至导致交往的中断，这就必须采取一定的方法来消除矛盾。

(1) 解释　在人际交往过程中难免会产生误会，这种情况下就要找出引起误会的原因，合理地解释清楚，才能让对方了解并解除误会，还能够增进感情。

(2) 批评与自我批评　在交往的过程中，有时对方的行为会发生一些错误，当朋友发生过错时要规劝、批评，这种批评应该适当，讲究场合和方法，才能使对方乐于接受；自己有了错误也要做自我批评，消除矛盾，以便改正错误，保证友谊的正常发展。

3. 借助外力

在协调人际关系的时候，仅靠双方的力量有时并不能解决问题，还要借助外界的帮助来消除矛盾。介入二者之间的这个人应该是双方都可以接受的人物，这样对双方才有说服力。

(1) 介绍法　如果一方想要认识另一方，但是从来都没有接触过，这样就需要一个第三者来进行介绍，为双方牵线搭桥。这种方法只适用于首次接触时。

(2) 说合法　这种方法一般在促成双方进行某种合作时使用，特别是在谈判中，有中介人的参与会比较容易成功。

(3) 斡旋法　双方在交往中产生了矛盾，在双方无法解决的情况下，请权威人士来调节。斡旋也是一种说合，主要是一种私人的调解方法。中间人通过给双方做工作，希望双方都做出让步，在不伤害双方利益的情况下争取能够恢复彼此友好的关系。

三、处理人际冲突

在人际交往中，交往双方的价值观或态度不一致，或是在个人利益上的矛盾，都有可能成为产生冲突的原因。通常可以从两个维度考虑选择解决冲突的方法：一个是合作性维度，描述某一方愿意满足对立方需求的程度；另一个是坚持性维度，描述某一方坚持满足自己需求的程度。据此建立坐标系，两个维度在不同程度上的组合产生了五种常见的处理策略，如图9-3所示。

(1) 回避策略　这种策略需要管理者保持中立，对于冲突既不坚持也不合作。当冲突比较小，不是很重要，或是解决冲突并不会带来利益时可以采取这种策略。

(2) 顺从策略　这是一种合作的策略，也就是放弃自己的利益来与他人合作。在以下情况可以采取顺从策略：当发现是自己的错误时；为以后的合作建立信任时；当建立一个很重要的稳定关系时。

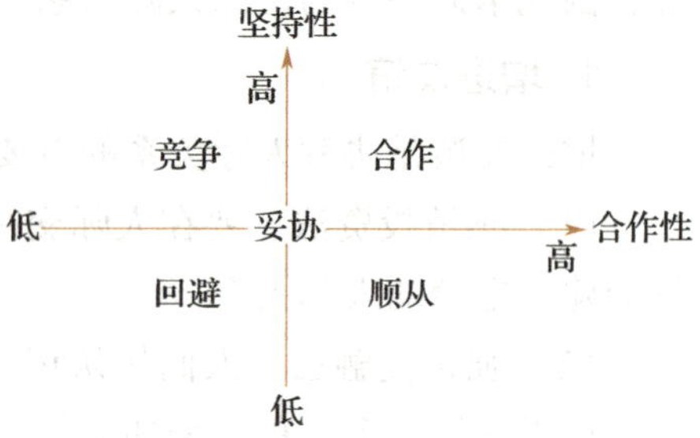

图9-3　冲突处理策略

(3) 妥协策略　当坚持己见会造成更坏的结果，或是为了对一个复杂的问题达成暂时的解决时，可以采取妥协策略。

(4) 竞争策略　这种策略要求坚持己见，对他人的利益和目标关注度不高，但有时会带来不良的评价。当处在紧急情况下，需要做出果断的决定，或是自己的观点是正确的，坚持下去有利于组织的发展时采取这种策略。

(5) 合作策略　这种策略是既坚持己见又和他人合作，可以使双方都得到满意的结果。下列情况可以选择合作策略：当发现双方都很重要，并不能进行折中或妥协时；当需要综合别人的不同意见时；当需要把各方意见合并而实现承诺时；当目的是使各方都满意，并能顺利执行这一决定时；当有可能扩大双方共同的利益时；当向他人表示信任、坦率和真诚时。

案例

不断提升与群众有效沟通的应对技巧——评《党员干部语言能力12讲》

“说话”是最简单也是最难提升的一种能力。有的党员干部说话，三言两语就能切中要害、打动人心，引起其他人的共鸣，像阳光雨露驱散群众心中的纠结。有的党员干部说话，则絮絮叨叨、滔滔不绝，却总是让人觉得云山雾罩、不明就里。话说得怎么样，在很大程度上体现了一个人的素养、能力和情怀。

《周易·系辞》中说：“鼓天下之动者，存乎辞。”做好和群众说话交流工作，要掌握说话的“道”，要时时刻刻把人民群众的利益放在首位，端正人生观、世界观、价值观，在与群众的沟通交流过程中，要学会换位思考，要常向群众学习，要把和群众说话作为联系群众、增强本领的必修课。群众的话，生动形象、通俗易懂、诙谐幽默、以小见大，不仅充满智慧和哲理，而且富有感情色彩，传递着重要的民情信号；一句民谣、一个段子，往往折射出深刻的社会问题和群众的喜怒哀乐。党员干部，特别是领导干部，要善于倾听、学会使用群众语言，说群众的话、让群众说话、为群众说话。在《党员干部语言能力12讲》一书中，详细分析了什么样的话群众不爱听，群众不爱听的根源在哪里，为什么个别党员干部一张口，就容易讲空话、套话？用正反两方面大量案例简单直白地说明了党员干部把话讲好的“道”——懂群众的心，学群众的话，是鲜活、准确阐释政策的力量源泉。语言是思想的“外衣”，党员干部只有真正把群众所想所急所需放在心上，只有真正掌握了跟群众说话的原则和技巧，才能无隔阂地从人民群众丰富的语言宝库中汲取讲话的智慧，才能讲出群众喜欢听、对群众有用的话。

古人云，“一言可以兴邦，一言可以丧国”。习近平总书记在《之江新语·善于同群众说话》中强调：“有少数干部不会同群众说话，在群众面前处于失语状态。其实，语言的背后是感情、是思想、是知识、是素质。”这深刻地反映出当前我国一些党员干部不会和群众讲话的本质原因，也对各级领导干部增强与群众说话交流能力提出了殷切希望。在脱贫攻坚决战决胜、全面建成小康社会的冲刺阶段，我们面临着更艰巨的挑战、更复杂的形势，网络等新媒体对话方式更加多元，党员干部与群众交流的形式和频次也在加速演进。在这种背景下，各级党员干部既要秉持为人民群众服务的信念和情怀，也要积极学习群众语言，掌握更多提升与群众有效沟通的应对技巧，把话说好，把事办成。

（资料来源：https://baijiahao.baidu.com/s?id=1663841016525969877&wfr=spider&for=pc）

知识拓展

人工智能聊天机器人——ChatGPT

就ChatGPT（Chat Generative Pre-trained Transformer）的中文名字来说，有人把它直译成生成式预训练转换器（或模型），有人把它意译为智能聊天机器人，有人叫它聊天GPT，更多的人直接叫它英语名字ChatGPT或GPT。加拿大传播学大师麦克卢汉曾给“媒介”下了一个最广义的定义：媒介是人的一切外化、延伸、产出，是人的一切文化。他把人类任何技术进步、任何工具的发展都看作媒介的成长，看作人体中枢神经系统或人体其他个别器官的延伸。在麦克卢汉看来，万物皆媒介，媒介即信息。ChatGPT作为一个人类的高科技语言与信息应用装置——智能机器人，是“传播信息的载体”，是携带和传递信息的“传播工具”，完全符合传播学意义上的媒介概念。

作为一个新生媒介，直观上看，ChatGPT与传统媒介最大的区别是：传统媒介以提供信息服务为主，满足用户的求知欲；ChatGPT则以提供问题的答案或解决问题的方案为主，提升用户的效率或效益。

智能机器人媒介不仅可以从事内容生成与创作工作，而且在速度和效率方面远超人工。人工需要几个小时甚至几天才能完成的内容创作，智能机器人辅助创作或独立创作仅需几分钟甚至几秒钟便能完成。2023年2月22日，Meta Media超媒体控股集团旗下的《InStyle优家画报》宣布推出全球首位虚拟主编——Beatrice，引发了媒介行业的关注。其实，人工智能技术研发的初衷就是让机器代替人类完成某些工作或劳动。因此，智能机器人媒介出现以后必然会取代一些初级或中级的脑力劳动和一些机械的、重复的资料和数据收集与分析的工作。如纸质媒介领域的资料编辑、美术编辑、图片编辑，档案员，普通文秘，热线电话接线员，前台服务人员，广告销售人员、常规新闻记者和评论员的工作可以全部或部分被智能机器人媒介所取代；在广播电视媒介领域，前期的文案策划、资料收集与分析，中期的节目编导、视频与动画制作、剪辑、节目主播和音效合成、音像合成等工作或岗位，也可以全部或部分被智能机器人媒介所取代。因此，智能机器人媒介的诞生让一些媒介从业人员产生岗位被替代的危机感并非耸人听闻，而是真真切切存在。

ChatGPT 也好，智能机器人媒介也罢，虽然具有一定的独立媒介特性，但由于其在认知能力和创新能力上的局限性，目前还只能担任现有媒介内容生产和传播助手的角色。它可以替代某些人力，但不能取代媒介的高端人力；它可以生产一些定制化、程序化、非新闻化的内容，但它暂时还无法替代一线的新闻内容和高度创新的个性化内容。即便智能机器人媒介的功能以后提升了，它也不能取代所有的人。因为，如果机器变成了“人”，人可能就慢慢变成“机器”了。

（资料来源：高菲，王晴川. 人工智能聊天机器人 ChatGPT 的媒介属性、影响与局限 [J]. 新闻爱好者，2023（4）：36－39.）

参考文献：

[1] 贾启艾. 人际沟通（案例版）[M]. 4 版. 南京：东南大学出版社，2019.
[2] 康青，蔡惠伟. 管理沟通教程 [M]. 5 版. 上海：立信会计出版社，2021.
[3] 苏勇，罗殿军. 管理沟通 [M]. 2 版. 上海：复旦大学出版社，2020.
[4] 王骞. 网络语言对当代人际沟通的影响研究 [D]. 西安：西安工业大学，2017.

思考题：

1. 描述一般沟通的模型，解释其中所包含的基本要素和过程。
2. 分析人际沟通中可能存在的障碍。
3. 影响沟通主体策略的因素有哪些？举例说明。
4. 试将自己周围的人根据不同标准进行分类和分析，并思考应采取怎样的沟通策略。
5. 联系实际，谈谈有效倾听最主要的障碍有哪些？
6. 信息传递有哪些渠道？如何选择？
7. 如何在实际生活中运用演讲的技巧。
8. 下属如何与上级进行有效的沟通。

练习题：

结合所学的人际沟通理论，分析一个实际生活中的人际沟通案例（可以是个人经历、影视片段或社会热点事件），撰写一篇不少于 1000 字的分析报告。

案例讨论题

特斯拉处理突发事件中的信息沟通管理

特斯拉总部位于美国硅谷，是全球首家以互联网作为市场营销手段的电动汽车生产厂家。在一次车辆自燃事件中，特斯拉在强大的沟通能力支持下迅速平息了公众的质疑和询问，使得舆论在短期内快速降温。

1. 自燃事件

2012 年 10 月，一辆特斯拉 ModelS 轿车在美国西雅图南部公路上发生严重车祸，事故造成汽车前部着火。事后火势继续蔓延并将车前部完全烧毁。事件被当地媒体报道，并在短时间内引发民众对特斯拉产品质量的担忧，进而引发一场针对电动车安全性能的大讨论。

在 Twitter 上，特斯拉着火的视频在一天内的转发数量超过 3600 次，并有众多网友@特斯拉以寻求解释，特斯拉的官方 Twitter 主页下方留言在 24 小时内增加了 3.3 万条。

2. 沟通措施

在特斯拉全面开启应对突发事件的流程后，各部门分工明确，处理迅速，主要措施有以下几点。

1）公关部门以最快速度介入，在特斯拉 ModelS 起火的当日，企业公关部立刻发表声明，对事故车辆进行了确认。

2）翌日上午 10 时，特斯拉官方 Twitter 发布声明，表示已经派遣技术人员赶赴现场进行调研，并承诺将第一时间向公众发布事件的具体信息。

3）同一天下午 3 时，特斯拉官方 Twitter 就事件进行说明，将事件原因和事件类型进行了长达数百字的描述，将事件责任、起火原因、人员伤亡等信息全部公布，并强调指出并非车辆质量原因引起的自燃，对关于车辆质量的质疑迅速回应。

4）负责各官方账号的员工直接负责统计、整理和报告舆情的变化情况。

5）特斯拉调派了各部门的人员参与到售后客服的咨询回应中，除了电话咨询外还开通了线上人工咨询服务，按照调查的信息对车主和潜在消费者进行了合理的解释，回复了官方 Twitter 下方超过 60% 的评论。

6）领导层十分关注自身推特粉丝的留言，回复不利于企业和其个人的质疑，并在 Twitter 上公开发布长文对事件进行了全面详细的解释，对于网友关于产品质量、自燃原因、技术原因、事件类型、车辆情况、车主情况等方面的问题从技术角度进行权威说明，在 24 小时内收获了 2.5 万个赞。

7）召开官方的新闻发布会，让媒体对特斯拉自燃事件有了充分的了解。

此后，特斯拉官方 Twitter 和领导本人的 Twitter 评论增幅迅速减少。72 小时后，事件热度开始下降，其相关视频和新闻的总计转载在 1 个月后趋近于 0。

（资料来源：陈不染. 我国汽车企业在突发事件中的沟通管理研究［D］. 北京：中国矿业大学，2020.）

【问题讨论】

（1）特斯拉采取了哪些沟通策略短，在短时间内平息了突发事件？

（2）特斯拉的信息沟通效率较高，其强大的沟通能力取决于什么？

第十章 情绪管理

教学目标与要求

通过本章学习，使学生对情绪管理的基本知识体系有全面的了解和认识。要求学生掌握情绪的基本概念、特点，了解情绪有效管理的重要性，学会情绪管理的方法和技巧。

思想导入

加强理想信念教育，引导全党牢记党的宗旨，解决好世界观、人生观、价值观这个总开关问题，自觉做共产主义远大理想和中国特色社会主义共同理想的坚定信仰者和忠实实践者。坚持学思用贯通、知信行统一，把新时代中国特色社会主义思想转化为坚定理想、锤炼党性和指导实践、推动工作的强大力量。坚持理论武装同常态化长效化开展党史学习教育相结合，引导党员、干部不断学史明理、学史增信、学史崇德、学史力行，传承红色基因，赓续红色血脉。

资料来源：习近平. 高举中国特色社会主义伟大旗帜 为全面建设社会主义现代化国家而团结奋斗：在中国共产党第二十次全国代表大会上的报告 [M]. 北京：人民出版社，2022.

情绪可以影响心情，长久的心情会变成性情，影响每个人的人格发展与身体健康。美国密歇根大学心理学家南迪·内森的一项研究发现，一般人的一生平均有十分之三的时间处于情绪不佳的状态。近年流行的“内卷”“躺平”“摸鱼”等网络热词，都是在描述人的行为状态，其背后折射的皆是人的心理情绪状态。而人的情绪状态与工作状态、工作效率息息相关。因此，需要正确认识情绪，管理好情绪，这对员工发展和企业发展具有极为重要的意义。

第一节 情绪管理概述

一、情绪管理的基本知识框架

冲突管理、时间管理、压力管理、倦怠管理已成为当今每一位职场人士不得不面对的情绪问题，而企业情绪管理是提升员工工作生活质量的基本保证，据此构建了情绪管理的基本知识框架，如图 10－1 所示。通过本章学习，使情绪能够成为个人发展、企业发展的动力。

图 10-1 情绪管理的基本知识框架

二、情绪管理的基本概念

1. 情绪

情绪是人人都熟知的一个词，并且每个人都有切身的体验。情绪的概念是由拉丁动词“motere（行动）”发展而来。心理学家曾对情绪下过多种定义，它们各具特色，至今没有统一的概念，这反映了情绪的多样性和复杂性。美国理论心理学家罗伯特·利珀（Robert Ward Leeper）于 1973 年把情绪定义为“情绪是一种具有动机和知觉的积极力量，它组织、维持和指导行为”。1995 年，哈佛大学心理学教授丹尼尔·戈尔曼（Daniel Goleman）认为“情绪是感觉及其特有的思想、心理和生理状态及行动的倾向性”。苏联心理学家为情绪做出一种概括的定义，即“情绪是对事物的关系或主观态度的体验”。本章基于学者们的观点提出，情绪是一种促使个体采取某种行动的趋力，它是个体受到某种内在或外在的刺激所产生的一种身心激动状态。

人类的情绪表现多种多样、千姿百态，人们很难回答出人类究竟有多少种不同的情绪。1944 年，我国著名心理学家林传鼎从《说文解字》一书中找出了 354 个描述人的情绪表现词，按其释义把其分为 18 类，即安静、喜悦、愤怒、哀怜、悲痛、忧愁、愤激、烦闷、恐惧、惊骇、恭敬、抚爱、憎恶、贪欲、嫉妒、傲慢、惭愧、耻辱，并认为，人类丰富的情绪主要由这 18 类基本情绪组合而成。

研究人员经过大量研究，提出了六种普遍存在的情绪：快乐、惊讶、害怕、悲哀、愤怒及厌恶，如图 10-2 所示。

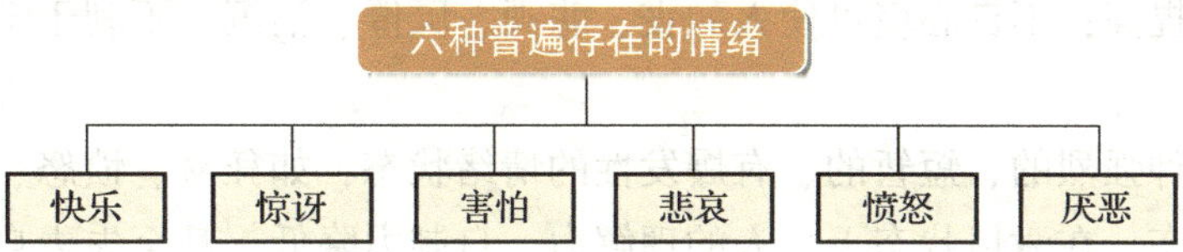

图 10-2 六种普遍存在的情绪

（资料来源：Woodworth. Experimental Psychology [M]. New York：Holt，1938.）

2. 情绪的种类

1）根据情绪发生的效果，人类情绪可以分为正面情绪和负面情绪两种状态，共 14 种基本情绪见表 10-1。

表 10-1　14 种可以左右人类成功的基本情绪

正面情绪	爱	感激	希望	信心	同情	乐观	忠诚
负面情绪	恐惧	仇恨	愤怒	贪婪	嫉妒	报复	痴迷

①正面情绪是指爱、感激、希望等。欢乐、愉快、高兴、喜悦、乐观、恬静、满足、幽默等都是良好的情绪体验，能促进身心健康，如长寿者的最大共同点就是能够保持心情愉快、乐观豁达或心平气和。此外，良好情绪使人思路开阔，思维敏捷，学习和工作效率高；持久而炽热的情绪，则能激发无限的能量去完成任务。如心情愉快会使人容光焕发、神采奕奕。

②负面情绪是指恐惧、仇恨、愤怒等。它对人们的健康十分有害。我国古代医学中很早就有关于不良情绪影响人的生理功能的记述，如喜伤心、怒伤肝、忧伤肺、思伤脾、恐伤肾。这里的喜、怒、忧、思、恐都是指情绪反应超过了一定的限度，或过分强烈，或持续过久。科学家们发现，经常发怒和对他人充满敌意的人很容易患上心脏病等。此外，在情绪低沉或郁闷时，则思路阻塞，操作迟缓，无创造性，学习、工作效率低，而强烈情绪会骤然中断正在进行的思维。

2）根据情绪发生的强烈程度、持续时间和紧张程度，人类情绪可分为三种状态，见表 10-2。

表 10-2　情绪状态

种类	内容	特点
心境	是一种强度大、持续时间较长的情绪状态	强度小，时间长
激情	是一种强度大、持续时间短、有明显外部表现的爆发式的情绪状态	强度大，时间短
应激	是由意外的紧张情况所引起的紧张情绪状态	意外情况

①心境指比较微弱、持久地影响人们整个精神活动的情绪状态。《辞海》里这样解释：心境，心情也。心境之好，使人悦，催人奋进；心境之坏，使人颓废，茫然无措。心境不是关于某种事物的特定体验，而是具有弥散性的特点，如高兴时看什么都高兴，烦闷、不高兴时看什么都不顺眼。心境有积极和消极之分。良好的心境使人精神振奋，有助于积极性的发挥和工作效率的提高；不良心境可使人颓丧、悲观、厌倦、消沉，不利于学习和工作的顺利进行。

②激情是一种强烈的、短暂的、有爆发性的情绪状态，如狂喜、愤怒、惊恐、绝望等都属于这种情绪状态。在激情状态下，人的理解力、自制力降低，甚至失去自我控制能力。激情时人们很难遮掩内心强烈的情绪体验，总是伴随着有机体状态的改变和明显的表情动作。如愤怒时全身发抖，紧握拳头；恐惧时毛骨悚然，面如土色；狂喜时手舞足蹈，欢呼跳跃等。激情有积极和消极之分，积极的激情与理智、坚强的意志相联系，它能激励人们克服种种困难；消极的激情对机体的活动具有抑制作用，使人的自制力下降。

③应激是在出乎意料的危难或紧迫情况下所引起的高度紧张的情绪状态。

3）根据情绪的外部表现，人类情绪可分为面部表情、体态表情、言语声调变化三种形式。人在高兴时眉开眼笑，手舞足蹈，讲起话来眉飞色舞、神采飞扬；发怒时横眉立目，握紧拳头，大声斥责；悲哀时语言哽咽；悔恨时顿足捶胸；失望时垂头丧气……所有这一切，都作为一种信号被赋予特定意义，传达给别人，而他人也会在接收信号的同时发出反馈信号。

案例

网络情绪传播

鸿星尔克（ERKE）创立于2000年，创始人是吴荣照，公司发展至今已成为一家集研发、生产、销售为一体的大型运动服饰企业。多年以来，在与安踏、李宁、特步、361°等同行企业的激烈竞争中，鸿星尔克渐落下风，遭遇库存挤压、门店关闭、市场份额下滑等困难，被迫将市场瞄准三四线县市，实行“做强县级、做优地级”的品牌战略。

2021年7月，河南遭遇罕见持续性强降水，郑州、新乡等地受灾严重。截至8月2日，河南省共有150个县、1663个乡镇、1453.16万人受灾，直接经济损失达1142.69亿元。“一方有难、八方支援”，7月21日，鸿星尔克发布微博宣布向河南捐赠5000万元物资，令网友深感意外。这是因为鸿星尔克的发展正处在瓶颈期，从营业额来看，2020年鸿星尔克为28.43亿元，在同行企业中并不高，而鸿星尔克的捐赠金额在众多运动品牌中排在第一位。捐赠金额与营业额、市场地位的不匹配，充分彰显了鸿星尔克的魄力与责任感，也迅速引爆了网络舆论。

对鸿星尔克而言，为河南水灾捐赠只是履行企业社会责任的又一行动，然而却意外引发网民情绪的集中爆发。7月22日晚，“鸿星尔克的微博评论好心酸”登上微博热搜榜首，“鸿星尔克捐5000万驰援河南”登上抖音热榜第2位。一周之内，鸿星尔克支援河南的微博博文被点赞945万次，转发22.4万次，评论28.7万次，其中几条重要评论表达了大众的情感倾向，点赞数均超过几十万；相关话题也被阅读10.6亿次、讨论17.3万次。因鸿星尔克的善举，网民对其的评价集中在爱国、低调、有担当、良心企业、国货之光等关键词上；网民的情绪则集中在震惊、感动、赞赏、钦佩、心酸等关键词上。

基于微博平台，鸿星尔克捐赠河南水灾事件引起热议。在家国情怀的加持下，网民情绪被激发，并向微博之外的平台蔓延，形成裂变式传播态势。事实证明，再精心的营销设计，也比不上与大众共情的力量。截至7月24日，鸿星尔克登上了抖音、头条、B站、小红书等多个平台的热搜/热门，情绪传播路径呈现多元化、交织化，情感共鸣在多个圈层实现覆盖。在抖音的“品牌热DOU榜”中，鸿星尔克在捐赠之前的热度值仅为764，排在服饰鞋帽领域的第30位；而在捐款之后热度值迅速上升至1404，涨幅达83.77%，排在服饰鞋帽领域首位。抖音直播间与淘宝直播间的粉丝数飙升至1500万左右，获赞数超1000万。与此同时，围绕鸿星尔克的网络梗纷纷出现，虽然带有一些娱乐性质，但极好地表达了网民的正向情绪，不仅没有降低对鸿星尔克的支持、损害行善价值观，反而吸引更多网民参与进来，进一步推动了鸿星尔克的出圈与爆红。这些网络梗如“买点营销吧，一点点就好”“低调的我都替你着急”“不让你们工厂缝纫机踩冒烟是我们的失职”等，网民情绪借梗不断传播与发酵。

从鸿星尔克事件来看，引发网民“野性消费”的核心要素有爱国情怀、公益事业等正能量，经过圈层化传播，通过互动式参与，激发了消费者共情。

（资料来源：陈凌婧，胡璇. 企业社会责任、网络情绪传播与品牌价值：基于鸿星尔克的案例分析［J］. 商业经济研究，2022，(3)：94－96.）

3. 情绪管理

情绪管理就是以最恰当的方式来感知和调整情绪。正如亚里士多德所言：“任何人都会生气，这没什么难的。但要以适当方式对适当的对象恰如其分地生气，可就难上加难。”据此，情绪管理可以定义为：在适当的时间和适当的场合，对适当的对象恰如其分地表达情绪。

总之，情绪管理是对个体和群体的情绪进行控制和调节的过程，它是研究人们对自身情绪和他人情绪的认识、协调、引导、互动和控制，是对情绪智商的挖掘和培植，是培养驾驭情绪的能力，建立和维护良好的情绪状态的一种现代管理方法。情绪管理取决于个体对人生价值观总体把握的水平，取决于在个体成长过程中对学习、环境的认同，身心体验中培养出的情感质地，取决于处理人与人、人与团体之间的人际交往的艺术。

对企业来说，管理者的情绪管理主要包含三个层面：一是管理者个体层面的情绪管理；二是管理者管理他人的情绪；三是组织层面的情绪管理，即企业整体如何营造一种氛围来帮助员工管理情绪。

4. 情绪智力

情绪智力（Emotional Intelligence）指管理情绪的能力，是影响个人适应环境要求与压力的非认知面的技能、潜力及胜任能力的总和。情绪智力代表一个人能否适当地处理自己情绪的能力。

正式在学术界提出“情绪智力”概念的是哈佛大学的心理学教授丹尼尔·戈尔曼。他在1995年出版的*Emotional Intelligence*一书，登上了世界各国的畅销书排行榜，在全世界掀起了一股“情绪智力”的热潮。丹尼尔·戈尔曼并没有给出“情商”的精确定义，他认为，情商是情绪智力高低的一个分数，它反映个人情绪管理的整体能力；情商代表的是一个人的情绪智力，是反映一个人自我情绪管理以及管理他人情绪的能力指数。丹尼尔·戈尔曼提出了情绪智力的五种能力，见表10－3。

表10－3　情绪智力的五种能力

能力	特征
自我意志（觉察自我情绪）	了解自身情绪的能力
自我管理	处理自我情绪及冲动的能力
自我激励	面对挫折和失败时的坚持能力
同理心	能体会及了解他人感受的能力
社交能力	善于对待及处理他人情绪的能力

5. 工作生活质量

工作生活质量是营造和谐氛围，促使员工与工作环境匹配，提高员工的工作热情和工作绩效，降低甚至消除工作给员工带来的负面影响，从而更好地实现组织目标和个人目标，最终实现组织和谐的过程。

工作生活质量对于企业来讲是一个过程，它使企业中各个级别的员工都可以积极地参与营造组织环境，塑造共享价值，改进管理效率，产生绩效成果。它需要企业建立公开的交流渠道，员工有权影响决策，改善自己的工作，进而引导员工对企业活动有更多的参与，从而达到员工更高的满意感和更少的精神压抑。

第二节　冲突管理

人是社会人，人与人之间存在冲突是在所难免的，如何才能避免冲突是困扰每一个职场人士的现实问题。

一、冲突的含义

冲突是一种对立的状态，表现为两个或两个以上的相互关联的主体之间的紧张、不和谐、敌视，甚至争斗关系。冲突发生的原因是多种多样，可能是各方的需要、利益不同，或者对问题的认识、看法不同，或者是价值观、宗教信仰不同，或者是行为方式、做事的风格不同等。总之，当相互关联的两个个体或者多个个体之间的态度、动机、价值观、期望或实际行动不兼容时，并且这些个体同时也意识到他们之间的矛盾时，个体间的冲突就发生了。

冲突有积极的一面，也有消极的一面。冲突的消极一面主要表现在：由于心存芥蒂，使得双方沟通不良，情感隔膜，甚至相互诋毁，相互拆台；或者由于互不相让、恶意攻击导致双方关系破裂。冲突的积极一面主要表现在：双方把隐藏的不满、误解公开表达出来，可以通过辩论而得以澄清、化解，从而消除隔阂，增进理解，加深关系；双方把各自的看法及理由摆出来，通过建设性的争论，形成“头脑风暴”，彼此激发新思想，最后找到解决问题的更好方案。

二、冲突的类型

冲突不是一种静止的状态，而是一个动态的过程。在这个过程中，冲突双方的认知、情绪和关系都可能发生变化。美国学者庞迪（Louis R. Pondy）曾经提出冲突的五阶段模式：冲突潜伏（Latent Conflict）、冲突知觉（Perceived Conflict）、冲突感受（Felt Conflict）、冲突外显（Overt Conflict）、结果（Aftermath Conflict）。冲突意味着人际平衡关系的破坏，后果可能是两败俱伤，也可能是一胜一负，如果处理得当，也可能双赢。当然，能否达到双赢的效果，要取决于冲突的性质和双方管理冲突的水平。

冲突有不同的层次和类型。哈里特·布瑞克（Harriet B. Braiker）和哈罗德·凯利

(Harold H. Kelley) 区分了三个冲突的层次。第一个层次是特定行为上的冲突，即双方对于某个具体问题存在不同意见，例如，两人一起外出度假时，对搭乘什么交通工具意见不一，一个想乘飞机，另一个想乘火车；第二个层次是关系原则或角色上的冲突，即双方对于如何处理两个人的关系，在关系中各自的权利、义务有不同的理解；第三个层次是个人性格与态度上的冲突，这往往牵扯到双方人格与价值观的差异，因此是比较深层次的冲突。在人际交往中，这三个层次的冲突有可能交织在一起。

三、冲突的改善

心理学家戴维·迈尔斯发现（David G. Myers，1990），认清冲突或分歧的本质，并学会建设性地处理分歧或冲突，可以有效地减少人际矛盾的发生，进而减少负面情绪的产生。

1. 正确认识冲突

人与人之间出现意见不一致或冲突是不可避免的。无论什么样的关系，无论交往的双方关系有多么深刻、情感有多么融洽，都可能出现冲突。因此，人们在与其他人交往的过程中，都应对可能出现的冲突有所准备。

2. 做好发生冲突的准备

预计发生冲突是正确了解冲突，并建设性地处理冲突，避免在冲突中付出不必要的代价的最有效途径。一般情况下，如果一个人在毫无准备的情况下被直接卷入冲突，那么在整个冲突过程中保持冷静和理性是十分困难的。人是情绪化的动物，在过于激动的时候，思维会受到明显的干扰，很难保持对事情的正确判断，往往会做出伤害他人乃至犯罪的行为。

3. 利用移情的原理

在实际生活中，许多的人际冲突都是可以避免的。学会用移情的方式去体验别人为什么会那样言行，可以有效地帮助人们正确理解别人，避免判断的错误，也可以防止发生不恰当的行为。对于已经发生了的冲突，如果处理得当，就事论事，往往不会给人际关系带来太大危害。

4. 掌握解决冲突的有效步骤

心理学家经过研究，提出了解决冲突的有效步骤，可以有效地帮助人们控制和消除冲突。具体内容如下：一是相信一切冲突都可以理性而建设性地获得解决；二是客观地了解冲突的原因；三是具体地描述冲突；四是向他人核对自己有关冲突的观念是否客观；五是提出可能解决冲突的办法；六是对提出的办法逐一进行评价，筛选出最佳的解决途径，但必须对双方都最有益；七是尝试使用选择出的最佳方法；八是评估实现最佳方案的实际效果，并按照给双方带来最大利益和有利于良好人际关系维持的原则进行修正。

案例

多业态区域管理的难点是什么

步步高集团于1995年创建于湖南，现如今已经成为我国西南地区零售业的领头者，国内快消连锁品牌前十强。步步高集团董事长兼CEO王填曾透露，步步高以“成为掌握产业互联网技术的高壁垒重公司”为企业发展的战略目标。王填认为，企业从优秀到卓越要走过一条很漫长的道路，而步步高现在正处于从优秀到卓越的路口，有机会成为一家卓越公司。步步高要做全能冠军，就要在一个区域市场进行多业态深耕，从超市、购物中心、便利店到电器专营店全面覆盖。在数字化时代，步步高从过去经营商品，到经营场景，到现在经营“人”，人、货、场正在重构。

在管理过程中，步步高面临着诸多困难，特别是在面对多业态区域管理的难点时，王填认为，管理最主要的就是协调和管理冲突，如果想要做全能冠军，管理的价值就需要通过协调好这些资源来创造出新价值。与此同时，管理冲突与企业的高管团队、内部协同、融合、高效的文化氛围都紧密相关。领导力就是生产力，领导力强的团队，管理冲突的内部机制通常更为通畅，内耗和摩擦成本就会降低很多。

（资料来源：https://www2.deloitte.com/cn/zh/pages/deloitte-private/articles/bmc-2019-hbr-interview-series.html）

第三节　时间管理

时间是人们做任何事情必需的资源之一。时间资源有限，一天24小时是固定的，对每个人都是公平的，而人的精力也是有限的，这必然会对人们产生压力，最终影响情绪。为此，需要进行有效的时间管理，其根本就是对人生的管理。

一、时间管理的含义

1. 认识时间

什么是时间？《韦氏大辞典》中的定义是这样的：时间是由过去、现在及未来构成的；时间就是过去、现在及未来的连续不断的连续线。人们可以从以下时间的特征来进一步了解时间的含义及对人的重要性。

1）时间有限，而工作无限。

2）时间是一种特殊的稀缺资源。

3）能主导自己的生命。

4）时间是不能再生的。

5）时间不能被储存下来。

6）它对每一个人都是均等的，但又是有限的。

7）时间不会停止。

8）时间无法转让。

9）时间是租不到、买不到、也借不到的。

时间是一种心态和心境的表现，人们如何看待时间，如何运用时间，就是心态和心境的体现。成功与失败最大的差异在于：失败者总会说，自己没有时间；而成功者，一定会说，自己能找出时间来完成工作。这就是成功与失败最大的差异。赢得时间，就能赢得一切。

2. 认识时间管理

因为时间就是生命的本身，所以时间管理就是自我管理，即改变习惯，使自己更富绩效，更富效能，时间更是一个人生命质量的管理。时间管理的关键是事件的控制，即把每一件事情都能控制得很好；也就是如何减少时间浪费，以便有效地完成既定目标。

良好时间管理是一种习惯的养成，要避免“忙、盲、茫”的误区，即不要瞎忙，也不要乱忙，更不要茫茫然。有效的时间管理就是将时间投入与目标相关的工作，达到“三效”，即效果、效率、效能。其中，效果是指确定的期待结果；效率是指用最小的代价或花费所获得的结果；效能是用最小的代价或花费，获得最佳的期待结果。

二、时间管理的方法

1. 时间无效的原因

人们在工作中往往会出现时间浪费的现象，这将导致不良情绪的产生。主要有九个方面的原因：一是做事目标不明确；二是作风拖拉；三是缺乏优先顺序，抓不住重点；四是过于注重细节；五是做事有头无尾；六是没有条理、不简洁，简单事情复杂化；七是事必躬亲，不懂得授权；八是不会拒绝别人的请求；九是消极思考。

2. 有效的时间管理方法

人们永远无法避免“时间不够”的问题，但可以通过以下八个方面进行有效的时间管理。

（1）设立明确的目标　成功源于明确的目标，时间管理的目的是帮助人们在有限的时间内实现更多目标。方法是写出 4 ~ 10 个年度目标，找出一个核心目标，并依次排列重要性，然后依照自己的目标设定一些详细的计划，而关键在于严格执行计划。

（2）列一张总清单　把所要做的每一件事情都列出来，并进行目标分解。一是年度目标分解成季度目标，列出清单，每一季度要做哪些事情；二是季度目标分解成月目标，并在每月初重新再列一遍，遇到突发事件及时调整目标；三是每个星期天，把下周要完成的每件事列出来；四是每天晚上把第二天要做的事情列出来。

（3）20∶80 定律　就是用 80% 的时间来做 20% 最重要的事情，因此一定要了解哪些事情是最重要的，是最有效益的。

（4）每天至少安排半小时到 1 小时的不被干扰时间　假如每个人能有一个小时完全不受任何人干扰，自己思考一些事情，或是做一些自己认为最重要的事情，这一个小时的工作效率会很高。

（5）价值观要明确，不可以互相矛盾　一定要确立个人的价值观，假如价值观不明确，很难知道什么对自己最重要，时间分配也会不合理。时间管理的重点不在于管理时间，而在于如何分配时间。一个人永远没有时间做每件事，但永远有时间做对自己来说最重要的事。

（6）充分授权　列出自己目前生活中所有觉得可以授权的事情，然后找适当的人授权，这样效率会比较高。

（7）经常梳理时间　花费了多少时间在哪些事情上，把它们详细地记录下来，从中找出哪些事情浪费了哪些时间。当找到浪费时间的根源后，才有办法改变。

（8）一定要找准标杆学习　要仔细选择自己所接触的对象，因为这会节省很多时间。

三、时间管理工具

未雨绸缪，是我国古代的一个成语，意思是说在下雨之前或者是不下雨的时候要先修缮房屋门窗，以防备下雨的时候挨雨淋。在人们的日常工作中，很多时候往往有机会去很好地计划和完成一件事，但常常却又没有及时地去做，随着时间的推移，造成工作质量的下降。这说明，生活工作中好多重要的工作，都需要在事件出现之前做好准备。

美国著名管理学家柯维提出了一个时间管理理论——时间“四象限”法，即把工作按照重要和紧急与否进行了划分，划分为四个象限，如图 10－3 所示。一般来说，处理的优先级顺序是：既重要又紧急的事 > 重要但不紧急的事 > 紧急但不重要的事 > 既不重要也不紧急的事。

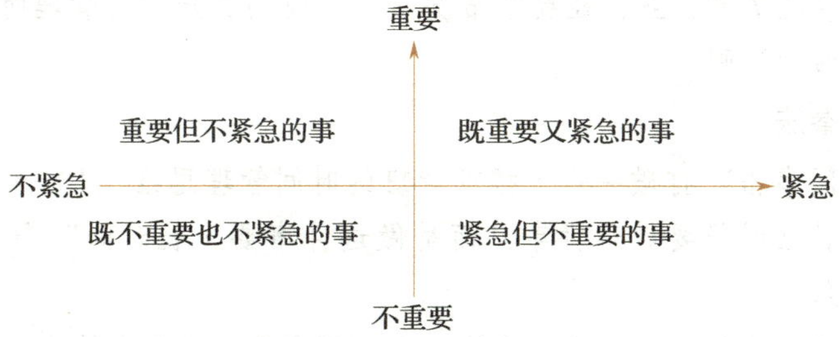

图 10－3　时间“四象限”法

1）第一象限是既重要又紧急的事，需要人们马上亲自去解决。这个象限的事务，是人们工作的主要内容，也是花费最多时间的部分。

2）第二象限是重要但不紧急的事，主要是人们自己的规划，完成这个象限的事务能提升人们的生活品质或工作效率。史蒂芬·柯维提出“要事第一”原则，如果人们把更多的时间倾注到第二象限，就会逐渐减少第一象限的事务，生活和工作也会井井有条；反之，人们对第二象限的事务束之高阁，那生活和工作就会陷入危机，自己会感到巨大压力，整日疲于奔命。这里注意的是，第二象限的事本身对人们没有催促力，做不做都由自己，所以需要发挥自己的自律能力。

3）第三象限是紧急但不重要的事，一般是突然发生的，对人们自身价值不高的事，需要及时抉择如何完成，如电话、会议、突来访客等。

4）第四象限是既不重要也不紧急的事，如那些让人沉迷、浪费时间的事。在第四象限浪费太多时间的人，最终会发现自己到头来一事无成。

可见，时间管理有所谓重要的事情、紧急的事情。第一个要做的一定是重要又紧急的事情，通常这些都是一些突发困扰，一些迫不及待要解决的问题。成功者花最多时间在做最重要，可是不紧急的事情，这些都是所谓的高成效的事情。然而一般人都是做紧急但不重要的事。因此，必须学会如何把重要的事情变得很紧急，这样就会立刻开始做高成效的事情。

案例

硅谷钢铁侠，“狂人”埃隆·马斯克的四大时间管理法则

2021年12月13日，美国《时代周刊》宣布特斯拉CEO埃隆·马斯克为2021年度风云人物，原因是“他的影响力已经超越了地球、延伸到太空”。这看似是一句玩笑话，但用在“狂人”马斯克身上，却一点都让人笑不出来，因为很难反驳，他几乎就是现实世界中的钢铁侠。人们经常会这样说，“最近好忙，连休息的时间都没有”。但跟马斯克比起来，人们所成就的事简直就是小巫见大巫。美国杂志《连线》研究马斯克得出结论：“马斯克一年完成了别人八年的工作量。”

制造汽车，特斯拉对比福特，耗时比为1∶4；制造火箭，SpaceX对比Blue Origin，耗时比为1∶6；登陆火星，SpaceX对NASA，耗时比为1∶8；挖高速隧道，The Boring Company对比正常地铁，耗时比为1∶14。

马斯克同时要管理7家企业，还要常常发微博，他到底是如何管理时间的呢？以下就是他进行时间管理的四大法则。

法则一：时间拳法

马斯克用“时间拳击”打破一般人按部就班的时间管理思维。“时间拳击”安排工作的原则是“重点不是什么时候要做这件事，而是做这件事要多长时间”与“重点不是事情的顺序，而是轻重缓急”。

马斯克对需要完成的任务设定了明确的“时间碎片”，以5分钟为单位来安排行程，一天24个小时就被切成了288个“时间碎片”。例如，任务A要在30分钟内完成，任务B要在10分钟内完成，任务C要在5分钟内完成，如果他仅仅花费20分钟就完成了任务A，他可以马上开展任务B或者任务C，不按顺序，而是根据任务重要性随机调整。马斯克给每项任务安排最少的时间，这样就能让他随时处于Deadline的状态，保持最高的效率。对比普通人习惯用半小时或一小时来安排时间，就可以看出差距，见表10-4。

表10-4　马斯克与普通人时间安排对比

马斯克	普通人
9:00~9:20完成任务A	9:00~9:30任务A (9:20完成，剩下10分钟去泡咖啡、扯闲篇)
9:20~9:25完成任务C	9:30~10:00任务B (明明5分钟就可以讨论完成，硬要拖到30分钟)
9:25~9:30完成任务B	10:00~10:30任务C

法则二：帕雷托法则

这个法则是意大利经济学家维弗雷多·帕雷托提出的。他认为：“原因和结果、投入和产出、努力和报酬之间本来就存在着巨大的不平衡。”

马斯克力行帕雷托法则，他将大部分的时间用在最重要的事情上。很多人误以为马斯克

花最多的时间在面对媒体，其实不然——马斯克每周工作约85～100个小时，其中80%的时间都投入在工程和设计上。他一个星期7天，大约花3天在Tesla，花2天在SpaceX，还有1天在Open AI。为什么是Open AI？马斯克说："Tesla不是汽车公司，它只是长得像汽车的人工智能机器人。"他所言不假，Tesla电动车的强项不仅在于电动机、电池，更在于超强的人工智能自动导航。

法则三：非同步沟通

马斯克偏爱用电子邮件工作，这也是他极少使用电话的原因。这样他可以在特定时间专注地进行深度工作，避免高效的心流状态被打断。因为马斯克80%的时间都是用在创造上，如工程和设计，所以，保持心流状态是他能维持高效工作的主要原因。同时，他也会"批量处理"多个任务。例如，一次处理所有的电子邮件，一次性完成多个报告的PPT。

法则四：第一性原理

"问题比答案难找，适当地提出问题，答案就比较简单了"，企业经营最重要的便是要问对问题。"第一性原理"强调打破所有被视为理所当然、实则不然的事物。可回收火箭一直是航天工程师的梦想。美国国家航空航天局（NASA）的想法是让火箭加上机翼，使其在返回地球之后能像飞机一样着陆。这种想法也催生了航天飞机，然而机翼巨大而沉重，发射时会增加重量、体积和阻力。马斯克运用"第一性原理"突破思考框架，跳脱了传统的空气动力学原理，改变方法，想到了直接采用直立的方式降落，最终研发出猎鹰系列的可回收火箭。

（资料来源：https://www.zhihu.com/tardis/bd/art/486878798.）

第四节 压力管理

现在社会工作节奏加快，给人增加了许多无形的压力。适度的压力虽然能促进成长，提升成就表现，但沉重的压力会给人带来危机感、挫折感、失落感，同时合并焦虑、愤怒或忧郁及一系列的生理反应。过度或持续过久的压力更会造成多种身心疾病。世界卫生组织称工作压力是"世界范围内的流行病"。如何处理好工作场合中的压力，已经成为个人和组织最为敏感的现实问题。

一、认识压力

压力，原是物理学的一个概念。20世纪中叶，加拿大生理心理学家汉斯·塞利（Hans Selye）开始将压力的概念引入医学和心理学，并毕生从事多项有关压力的实验研究。他通过对个体在"长期高压（威胁性刺激）"下的生理反应的研究发现，压力这种生理反应包括警觉反应、抗拒和衰竭三个阶段。从而揭示了一个普遍性原理：个体在抗拒阶段生理功能大致恢复正常，能适应艰苦的生活环境，即压力反应对个体来说在一定程度上能增强其适应能力。然而，如果在抗拒阶段再增加新的压力，其抵抗力反而会降低。个体若再承受持久的高压，就导致身心耗竭，可能会死亡，这就是在精疲力竭阶段。这种生理反应被称为"压力反应"。

压力是指当人感到加诸身上的需求和自己应对需求的能力不平衡时，精神与身体对内在、外在事件的心理和生理的一种综合性反应。由于每个人其所处的环境不同、经历不同、性格不同和职业不同等因素，使得每个人的认知有很大的差异，因此压力的存在和影响是因人而异的。其具有以下五种特征。

（1）主观性　同样的事件有人觉得有压力，有人觉得没有压力。

（2）评价性　同样的压力有人认为对自己有积极作用，有人却认为对自己有负面作用。

（3）承受性　不同的人对压力有不同的反应，因而最终压力造成的结果不同。

（4）累积性　压力会随时间流逝在身体内聚集起来，有一定的极限。

（5）传播性　一个人的压力感受和影响会传播给其他人。

工作压力不是来自工作量，并不是人的工作量大，工作压力就大，压力首先是来自心理。也就是说，如果某项工作带来心理上的压力大，尽管工作量不大，工作时间不长，它带来的整体工作压力也会很大。相反，有的工作尽管量很大，但如果心理上能轻松承受，它就不会带来很大压力。工作中压力的产生及后果如图 10－4 所示。图中 A 型人格行为是指一种特定的行为模式，通常表现为强烈的竞争性和对成功的追求，同时伴随着急躁和压力。

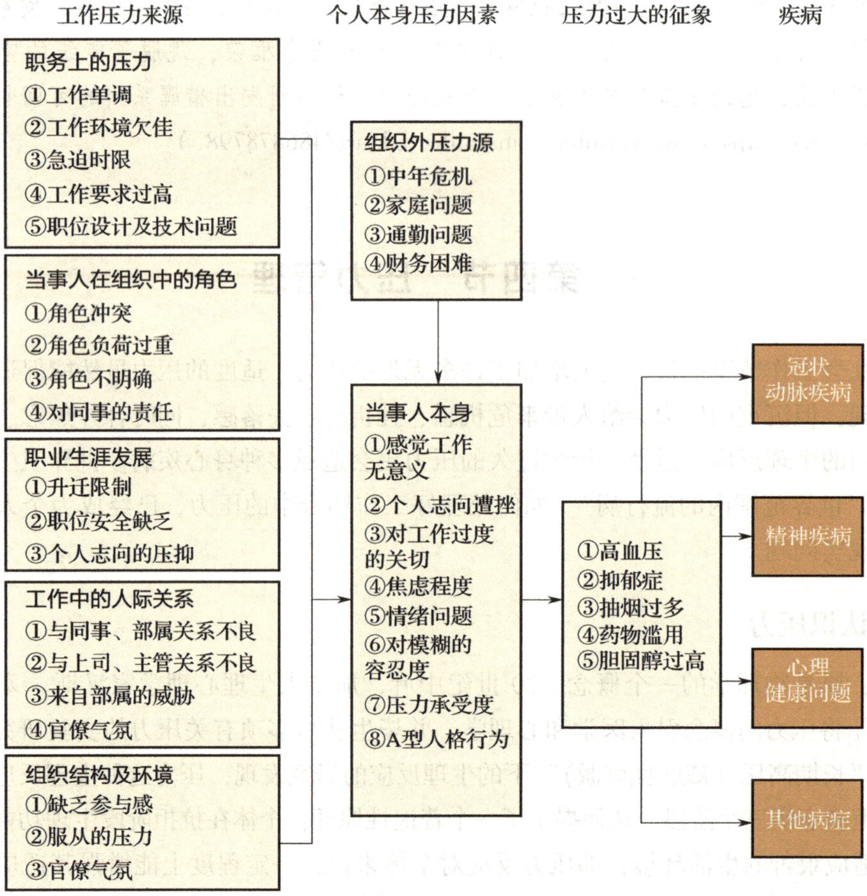

图 10－4　工作压力模式

（资料来源：Yates. Management Stress［M］. New York：AMACOM，1979.）

二、压力管理的方法

不管一个人的能力有多强，学识有多渊博，地位有多崇高，每个人都会遇到不同程度的压力，这是极自然而普遍的现象。但有的人在压力下成功，有的人在压力下失败，压力究竟是好是坏，完全取决于自己的态度及应对方法。下面是六种常用的压力管理技巧。

1. 从改变认知开始

大多数人认为压力是负面或具伤害性的，但事实上压力事件是中性的，并无所谓好与坏，若视之为积极正向的，它便可成为人们生命过程中的历练，促使人们成长；若视之为消极负向的，它就会成为人们的辖制，限制人们成长，甚至压得人喘不过气来。所以要克服压力应先从改变“认知”做起，换个角度与想法来看待自己和周围的人、事、物，再加上实际的改变行动，就能让自己的情绪更好。事件虽仍存在，但自己的心态改变了，它就不再构成压力，这也正是情绪管理的精髓。

2. 自我接纳，自我肯定

自我接纳，自我肯定，不要紧盯着自己的缺点不放，因为这样反而会放大缺点的影响。要学会不断欣赏自己、肯定自己，才能改变自己对事业成功的态度和期望。若每天坚持进行有效的肯定练习，就能逐步改变人们已形成多年的思维习惯。

3. 要学会放弃

现代企业员工压力大的原因之一是，在多种选择面前不知道如何取舍。取舍是人生的一大学问，有的时候，压力是自己强加给自己的。知识经济时代为人们带来了很多的机会，面对这些机会，人们都不愿意放弃，导致每个机会都抓不好。懂得放弃的人就不会有那么大的压力，反而能在专注的事情上做得更好。

4. 打破追求完美的行为模式

许多人认为做事就要做得尽善尽美，因此常忧虑不能把事情做好，导致每件事都对自己构成很大的压力。例如第一次演讲，不但希望把内容准备得很完全，又希望自己能够表达得很精彩。然而，往往越想做好，压力越大，结果可能由于过度紧张，讲得结结巴巴，内容讲述七零八落。第二次就会好一些，慢慢地，就更能掌握状况。所以，做每一件事情应抱着先“有经验”，再逐渐变“好”的心态。以这样的态度做事，情绪就不会那么紧张，压力感也就不会那么大。

5. 培养健康与均衡的身心生活

养成运动的好习惯，可以通过健身运动有效地驱除不良心境。哪怕只是散步十分钟，对克服坏心境都能收到立竿见影之效。研究人员发现，健身运动能使人们的身体产生一系列的生理变化，稳定自律神经，可以改善人们的心情，且使体力增强，而强健的体力有助于承受压力。“为了节省时间而不休息”是错误的观念，足够的睡眠时间可以帮助人们解压，睡眠足够的时候，人们最乐观。

6. 建立并运用社会支持系统

人是社会动物，有群居的特性。当人们遭受不如意、备感压力时，可以找人谈心。快乐因分享而增加，痛苦因分享而减半。因为当人们面临难题时，都会习惯性地从自己的经验法则去寻求问题的解决方法，因此有时跳不出自己的条框而感到无助、无能为力、沮丧，而他人的意见、想法就像是为人们解决问题提供了更多方法，有助于人们从不同的角度观点来想问题，或许能得到意想不到的结果。

案例

任正非才是真正的乐观主义者

“把活下来作为最主要纲领，边缘业务全线收缩和关闭，把寒气传递给每个人。”这是任正非对华为内部的讲话。寒气逼人，看似像“悲观主义者”，其实任正非才是真正的乐观主义者，或者说，卓越的企业家都是“悲观的乐观主义者”。对企业家而言，最大的乐观正是在任何环境下都要“活下去”，都能“活下去”。华为终端 BG CEO 余承东表示，这次讲话是在三年多时间里连续经历了极端困难的背景下的讲话，是提醒各级主管减少盲目投资与扩张，重视利润与现金流，改善经营质量，让企业活下来的内部讲话。

任正非几乎从创业第一天开始就将危机挂在嘴边。2000 年，华为营收位列我国电子行业百强第十，利润成为行业第一。任正非写下了著名的《华为的冬天》，他提出：“公司所有员工是否考虑过，如果有一天，公司销售额下滑、利润下滑甚至会破产，我们怎么办？我们公司的太平时间太长了，在和平时期升的官太多了，这也许就是我们的灾难。”活在危机感之中，简直是任正非的精神特质，他反复强调将危险消灭于“风起青萍之末”的重要性。虽然几乎所有企业家、创业者都会把“危机”挂在嘴边，但极少有人像任正非这样感性上深入骨髓，理性上一以贯之。天天喊“狼来了”，但任正非从来没有将“狼来了”视为一种对外展示高瞻远瞩，对内时常敲敲边鼓的话术，而是与华为的战略战术高度统一，是华为对抗“熵增”，创造“负熵增”的催化剂。华为有一套严密运转的“狼来了机制”，每一次喊“狼来了”的背后，必然跟着可拆解的行为动作，以及组织架构或产品策略的具体调整，来“防狼”或“打狼”。

（资料来源：任正非才是真正的乐观主义者［J］. 中国企业家，2022（9）：2－3.）

第五节　倦怠管理

一、工作倦怠的含义

1961 年，美国作家格林尼（Greene）出版了一本小说，名为《一个枯竭的案例》，书中描写了一名建筑师因为不堪忍受精神上的痛苦和折磨，放弃自己的工作，逃往非洲原始丛林的故事。从此以后，“枯竭”这个词进入了美国大众的语汇。1974 年，美国精神分析学家弗罗伊登贝格尔（Herbert J. Freudenberger）首次将它使用在心理健康领域，用来特指从事助人职业的工作者由于工作所要求的持续情感付出、身心耗竭状态。

工作倦怠被看作是一种在工作重压之下，个体出现的一系列负面的心理症状，如长期的情感消耗、身心俱疲、厌弃工作的感受，是一种身心能量被工作耗尽的感觉，也称之为心理枯竭、职业倦怠、职业衰竭、职业枯竭。根据国际标准，它包括三个指标：情绪衰竭、玩世不恭和成就感低落。其中，情绪衰竭是指个人认为自己所有的情绪资源都已经耗尽，对工作缺乏冲动，有挫折感、紧张感，甚至害怕工作。调查表明，职场人士中，有35%的人有较高的情绪衰竭，只有38.8%的人情绪衰竭程度较低或者没有。玩世不恭是指刻意与工作以及其他与工作相关的人员保持一定距离，对工作不热心和投入，对自己工作的意义表示怀疑。调查表明，职场人士中，45.2%的人有比较高程度的玩世不恭。成就感低落是指个体对自身持有负面的评价，认为自己不能有效地胜任工作。调查表明，职场人士中，有42.3%的人成就感并不是很强。

在美国，超过一半的员工至少在某些时刻感到工作倦怠——它可能导致一种被称为“静默式辞职”的趋势：员工的工作参与度降低，具体表现为态度冷漠和断绝联系。有证据显示，工作倦怠可能导致人们在工作中犯错，助长辞职情绪，并可能在组织中“传染”。工作倦怠已成为社会“流行病”。产生工作倦怠的工作者会出现失眠、焦虑、烦躁等生理上的疾病、心理上的不适以及行为上的障碍，若不及时处理将会给自己带来不可预期的伤害。

二、工作倦怠的克服

改变工作倦怠现状只有两个办法，一个是寻找一个新工作，重新再来；另一个是改变自己，去适应人、事、物，重新回到原来的岗位上。前者虽是变换工作，但若不能在心理建设上多下功夫，可能又会重走老路，故第二点勇于改变自己才是最为重要的。如何改变自己让自己的身心摆脱倦怠感，保持工作的愉快，需要注意以下五个方面。

1. 正视工作倦怠

在形成任何有效的应对策略之前，要先对工作倦怠有明确的认识和接受的态度。人们应认识到自己在压力之下所做出的反应并不是个人能力差的表现，而是人人都可能会体验的正常心理现象。不要过于责备自己，有时适度的压力反而是进步的原动力，正是有了压力才会使工作充满刺激与干劲，压力是毒药还是良药都在人们的一念之间，不妨将自己的思想做一个大转变，化消极回避为积极运用，相信压力反而是成功的特效药。

2. 调整与工作有关的信念

要成为工作上的主人，必须从了解自己开始。花点时间静下来思考自己要什么？擅长哪个领域？性格倾向于从事哪类工作？这份工作可以发挥所长吗？是自己努力不够还是被摆错了位置？自己对工作究竟有哪些期望？想从工作中获得些什么？而事实上工作本身又能不能提供自己所需要的这些？尽量摒除那些不切实际的想法，同时把关注的重心放到工作的积极方面上来，不要老纠结于工作压力等消极方面。

3. 及时倾诉

当受到压力威胁时，不妨与家人、亲友或同事一起讨论目前压力的情境，把心里的症结点说出，不要闷在心中，关心自己的亲友会给出恳切的建议，自己在他们的帮助下可以确立更现实的目标，以及对压力的情境进行重新的审视。需要某些实际的帮助时，不妨求助于领导和同事。另外，一些消极情感如愤怒、恐惧、挫折等也应及时倾诉，以得到某种发泄，这对舒缓压力和紧张的情绪是非常必要的。

4. 锻炼和放松

"简单，就会快乐"，最好的东西都是最简单的，例如微笑，是最好的生活态度；运动，是身体最好的药。例如，被称为日本经营之神的松下幸之助在他 77 岁的喜寿会场上，公开吐露他永葆青春的两大秘诀：一个是以单纯的想法和纯朴的心看事情；另一个是喜欢工作。既然人们是那么需要工作，只要再掌握一些驾驭它的技巧，经受住它的考验，成为工作的主人，便一样能够喜欢工作，乐于工作，让工作为人们心灵的健康造福。

5. 保持乐观

悲观会让人失去行动力，因为自始至终就认为自己不会成功，怎可能去行动呢？大家都听过两个鞋子推销员到非洲的故事，悲观的推销员认为当地人都不穿鞋子，所以绝无商机；乐观的推销员却认为，如果每个人都能买一双鞋子穿，那肯定要发大财。同样的一件事，乐观与悲观想法就能差异这么多，乐观的人能够保持奋发的精神，以正面的思考模式面对难题，以乐观的态度迎接现实，因而能提升积极的情绪。

第六节　企业情绪管理

企业是一个小型的社会，是人的集合。企业的情绪就是由员工情绪所组成和创造的，即企业情绪包括了员工对企业的整体感觉。企业中员工的情绪是相互影响的，一个员工有消极情绪可能会带来一系列连锁反应，造成组织中群体的消极情绪，这就是情绪感染，即情绪具有人际间蔓延的特性，这是情绪在组织中社会化的基础。因此，从企业发展的角度来看，必须有效地管理好企业情绪，使其成为企业的无形资产，变成一种无形的强大动力，进而促进员工的成长和企业的永久发展。

一、员工个人情绪的管理

英国作家威廉·梅克比斯·萨克雷说："生活就是一面镜子，你笑，它也笑；你哭，它也哭。"一个人因为发生的事情所受到的伤害，远不如他对这个事情的看法更严重。所以，如果改变不了事情，就改变对这个事情的态度。态度变了，事情就变了，心情自然也会快乐起来。因此，当情绪出现时，应学会处理好自己的情绪，积极面对，而不要被情绪所驾驭。

1. 确认自己真正的感受并学会选择情绪

很多时候，人们并不确切地知道自己真正的情绪感受，只是放纵自己陷在负面情绪里，不去寻找情绪根源和解决办法，反而增强了自己对负面情绪的感受。一个懂得选择情绪的人，也就懂得转换心情。人有时是很脆弱、很无能、很无助的，在日常生活和工作中，有很多的事情是不以人们的意志而转移的。无论人们多么不情愿、多么不高兴，甚至是多么愤怒与不满，该发生的事情还是照样发生了。所以当人们在心情不好的时候，如果能够转换心情，以愉快的情绪来代替不愉快的情绪，就不会出现由于负面情绪所带来的问题。总之，在工作生活场景中要站位高、视野广，这样才能不受消极事件的影响，更多地体验到正面的情绪，获得更优质的生活氛围和更高的工作绩效。

2. 肯定情绪的积极面并付之行动

消极情绪也有积极的一面，它能提供正面的建议，告诉人们有些地方必须改变，或者是认知方面，或者是行为方面。不要一味地压抑或逃避负面情绪，这样反而易使负面情绪恶化。要敢于面对负面情绪，重新检讨，寻找改进工作的思路和方法。要将内心所想的事情付出应有的行动。如果所学的东西不能付诸实践，是无法产生实际效果的，要学以致用。

3. 正确理解自信并建立自信

自信是人们为自己和自己的能力感到自豪的倾向。按照自信的程度可以把自信分为高自信、低自信两种情况，它们的特征见表10-5。

表10-5 自信的两种情况

自信程度	特 征
高自信	通常认为自己较能干，是能应付大多数情境的有价值的人；更倾向于选择有挑战性的工作和职业；在工作时会为自己设置更高的目标，并且更喜欢去处理那些较困难的工作；对工作动机和工作满意度有正面的影响
低自信	往往对自己的自我价值提出质疑，怀疑自己的能力，担心自己是否能在不同的努力中取得成功；害怕失败和受挫折，害怕自己的能力不足以应对未知的挑战

人们需要通过各种方法建立自信。高自信来自内心的自我肯定，这种内在的自我肯定可以产生无比巨大的力量。人若没有自信，工作将会表现出退缩与缺乏激情。

4. 从过去的经历中学习并反思积累

如果你现在正处于某种情绪之中，可以回想一下过去类似的情绪体验。只要你决定借鉴上次成功的模式，带着信心去处理情绪问题，那么一次会比一次处理得更好，因为你对问题的认知在积累和提高，一个懂得不断积累的人才能真正走向成功。要使自己成为驾驭情绪的高手，就要关注每次情绪处理的过程。

二、员工情绪的管理

企业管理工作中不只包含对工作制度的管理，最主要的是对内部员工的管理。而在对员工管理过程中，如何了解与调节员工的情绪是核心的工作内容。

员工情绪的管理主要从两个方面入手：一是管理者角度，即管理者如何对下属情绪进行管理；二是企业角度，即企业如何营造一种有利于员工正面情绪形成的氛围或机制，同时又对员工的情绪管理给予必要的支持。

1. 基于管理者的员工情绪管理

（1）重视上下级的沟通　沟通可以消除误解，缓和矛盾，增加相互的理解与支持。

(2) 成为员工积极情绪的引导者　管理者是企业的核心，其有较强的影响力，它的情绪会感染和影响员工。因此，管理者一定要管理好自己的情绪，保持良好的心态，注重问题解决的方法和策略，尽量去建立和谐的工作氛围。

(3) 给员工以信任和支持　在工作中出现错误和问题在所难免，管理者应尽量少用批评和教育的方式，多采用正面强化的策略，这更能让员工接受，有利于员工吸取教训，激发积极的情绪。同时，要给予员工更多的信任，能放权的工作就尽量让员工去做，还要给予员工相应的支持。

案例

情绪化成本很重要：员工一生气，食品不安全

福建圣农发展股份有限公司（以下简称“圣农发展”）是一家自养自宰白羽肉鸡专业生产企业，主要从事肉鸡饲养、肉鸡屠宰加工和鸡肉销售等，已成为国内快餐业、大型超市、大中城市市场供应商。圣农发展董事长傅光明在接受第一财经《改变世界》栏目采访时表示，圣农发展30多年没欠工人工资，如果企业拖欠工资，工人就会生气，接着会带来很多食品安全问题。特别是搞食品的企业，工资发出去，大家做事都很顺就很好，所以这个就叫情绪化成本。

“中国很多企业由于情绪化成本损失不知道多大，例如说我们企业鸡的温度要保证30℃，员工今天不高兴，他可能调个32℃或者28℃，使鸡生长速度变慢了，这个情绪就会带来很大的问题，最后产生的效益就会不好。”傅光明强调，“所以情绪化会带来很多很多效益问题，我们当时初步测算，像我们公司，光情绪化这个东西，如果做不好，损失人民币一年都在几个亿以上。”

（资料来源：https://www.yicai.com/news/100111028.html）

2. 基于企业的员工情绪管理

(1) 注重建设组织情绪　组织情绪是整个组织所表现出来的一种能带给员工心理反应的氛围。每一个组织都有一定的氛围，即表现为组织的情绪，如愉快的工作氛围、沉闷的工作氛围、复杂的人际关系等。宏基公司总裁施振荣曾说过：“我们要激发有创造力的东西，在管理上一定要合乎人性。”企业要树立以人为本、服务员工的理念。制定政策时要多从员工的角度出发，最大限度地为员工提供住房、就医、安全等生活保障；在员工遇到困难时，提供精神帮助和物质帮助。这样才能使员工的能力得到充分发展，人的价值得到充分体现。当一个企业是从尊重人、依靠人、发展人、完善人的角度出发，员工自然会不断进行自我激励、自我完善。

(2) 营造企业良好的情绪氛围　企业中往往存在“人为的情感表达障碍”，即员工有情绪而无法表达出来，这会带给员工潜在的痛苦和怠工情绪，以致员工缺乏工作积极性。因此，企业管理者要重视营造企业的良好工作氛围和员工情绪表达的沟通渠道和机制，避免在企业中形成“情感表达障碍”。

企业员工援助计划（Employee Assistance Program，EAP）是科学管理员工情绪的工具，是由组织利用自身资源或者外部专业机构的力量为员工设置的一套系统的、长期的福利与支持项目。企业员工援助计划可以帮助员工及其家庭成员解决各种心理和行为问题，提高员工在组织中的工作绩效。另外，非正式组织是疏导员工情绪的常用渠道，只要这样的非正式组织对正常的组织工作不造成影响和威胁，管理者就应该允许其存在。通过与非正式组织中成员的交往，员工可以疏导自己的情绪并更好地投入工作中去。目前企业管理员工情绪的方法还有很多，如设立心理辅导办公室、咖啡厅，开展文娱活动等。

案例

关爱员工 国内首家推出 EAP

小小的十米车厢浓缩成一个小社会，乘务员每天和形形色色的乘客打交道，也可能遭遇刁难或投诉，可能会因此情绪波动；公交司机手握方向盘，掌握着全车乘客的生命安全，承受着巨大的工作压力。为此，深圳巴士集团在国内首家推出 EAP（即“员工援助计划”），并上线了“心灵 e 站”，作为线上心理咨询服务平台，帮助疏导员工情绪，令员工可以更健康积极地投入工作，在人性化管理方面走在了同行前列。

深圳巴士集团相关负责人表示，人是企业中最重要的因素，未来企业所面对的主要挑战是如何支配、疏导、管理员工的情绪和心智，从而创造出更卓越的服务和体验。公司从 2009 年起首次导入 EAP，从物质、情感、精神三个层面关怀员工，帮助其寻找释放压力的渠道，以更积极的态度面对工作和生活，效果较为显著。

在深圳巴士集团西丽车队“四位一体”EAP 示范点，室内窗明几净，幸福园、沙盘游戏、音乐播放器、娱乐室、咨询室等设施设备一应俱全，五六个员工正在下棋对弈、练习拳击和收听音乐。据了解，西丽车队 EAP 示范点现有“两室、两站、九区”，站内长年开展道德讲堂、情感沙龙、沙盘游戏、爱心缝补、关爱留守儿童、贴心家访、快乐理发等固定活动，成为司乘人员负面情绪疏解、情感咨询的综合服务平台。此外，西丽车队 EAP 还设了宣泄室，司乘人员心情不好的时候，可以进来放声唱歌或者打击橡皮人，疏解情绪。

深圳巴士集团 2015 年已建成 1 个 EAP 推广服务中心、5 个 EAP 推广服务站、67 个 EAP 推广服务室，形成了“集团—分公司—车队（车间）”三级情感互动工作网络，并聘请国内外著名的导师、EAP 专家对集团党群干部进行系统的专业培训，建立了一支 300 余人的专业 EAP 队伍。2015 年年底，深圳巴士集团又在全国公交系统内率先建设一站式心理服务平台“心灵 e 站”，探索实现大数据、平台思维和移动互联在员工关爱工作中的有效应用，深入分析公交员工情绪特点。

据统计，2015 年，深圳巴士集团 EAP 团队解决了 34 起应激冲突，开展个案辅导 684 小时，共 342 人次。通过推广 EAP，员工的情感正能量形成了一种新的核心竞争力。连续多年，深圳巴士集团服务质量考核位列全市行业第一，安全指标领先于全国行业水平，取得了累累硕果。

截至目前，深圳巴士集团情绪管理、EAP 服务工作已荣获 2011 年度“全国企业管理现代化创新成果二等奖”“广东省创新成果一等奖”；2016 年 4 月，在第五届国际健康风险论坛上夺得“中国健康服务行业金盾奖”“健康创新雇主奖”；2016 年 7 月，在“中国 EAP 学术年会”上，深圳巴士集团向全国公交企业介绍推广“深巴 EAP－3H 模式”，10 月还亮相了在美国举行的“国际 EAP 协会 2016 年年会”。

（资料来源：关爱员工国内首家推出 EAP [N]. 深圳商报，2016－10－13（11）.）

知识拓展

元宇宙赋能士兵的情绪管理

不论是现实世界还是虚拟世界，都不能避免情绪与情感的影响，自古以来“攻心”就已经成为兵法中的上策，除了熟悉的“四面楚歌”，“致师”“讨敌骂阵”等方法也屡试不爽。巧妙地运用情绪打好心理战，即可“不战而屈人之兵”。

随着人工智能的快速发展，在智能装备和智能系统渐渐普及的今天，自主武器和自主系统逐渐成为主宰未来战场的关键技术。自主系统的登场使得人与机器的关系不再是以往的人支配机器，而是形成了人－自主系统小队。团队关系的产生代表着人与自主系统的交互越来越重要，好的交互产生正向的信任和情感，可以促进二者的合作。人机混合智能应运而生，结合人和机器的长处，动态调整人机协作关系。

在人工智能领域，情感问题逐渐成为让人工智能更加“智能化”的研究重点，情感化问题的研究旨在面向语言、逻辑、价值等意向性方面，使人工智能可以更加拟人化。随着人与机器人的交互增多，人们会赋予机器情感和个性，并对机器人产生依恋。有研究表明，与机器人进行简单的眼神交流就可以诱发人的积极情绪。因此，有必要在人－自主团队协作中加入情感因素，这意味着自主团队成员能够融入人类的情绪，并相应地调整自己的行为。

元宇宙可以应用在士兵的心理训练上。许多理论家认为情绪会引发特定的行为，例如恐惧会让人溃逃，愤怒会让人变得有攻击性，利用元宇宙进行战前预演可以使新兵克服恐惧快速上手，让士兵沉浸式感受战场的各种突发情况并进行情感模拟，体验优势状态、劣势状态和紧急状态等，方便即时进行心理干预和战时情绪训练，降低情绪与情感的负面影响，提高正面影响，完善作战相关的心理训练。在战后可以利用元宇宙对士兵进行心理创伤精神安抚等心理治疗，杜绝心理阴影的产生，使士兵维持在最好的心理状态。

不管是使用训练辅助决策系统及时检测士兵情绪进行安抚或干预，将负面影响降到最低，或是增强士兵与自主武器的情感交互，抑或是提高士兵在任何环境下的情绪稳定性，元宇宙都会通过沉浸式的交互体验，在环境受限的情况下有效管理士兵的情绪。

（资料来源：刘伟，牛博. 元宇宙中的情绪与情感探索在军事上的应用 [J]. 指挥与控制学报. 2022，8（3）：325－331.）

参考文献：

[1] 戈尔曼. 情商 [M]. 杨春晓，译. 北京：中信出版社，2010.

[2] 宇锋. 情绪管理心理学 [M]. 北京：时事出版社，2021.

[3] 傅小兰. 情绪心理学 [M]. 上海：华东师范大学出版社，2016.

[4] SEAWARD B L. 压力管理策略：健康和幸福之道 [M]. 许燕，等译. 北京：中国轻工业出版社，2020.

[5] 博格 R，博格 T. 倦怠心理学：为什么你什么都不想做，什么都不愿想 [M]. 侯祎，译. 北京：中国人民大学出版社，2022.

思考题：

1. 你认为认识自我情绪的方法有哪些？哪个方法适合你？
2. 你认为情绪与你的身体有关吗？请举例说明。
3. 什么是冲突管理？你如何解决冲突？请举例说明。
4. 什么是压力管理？现实生活中你是否感受到压力？遇到压力你如何解决？
5. 什么是工作倦怠？如何进行管理？
6. 如何有效管理好情绪？
7. 什么是工作生活质量？
8. 如何理解企业员工援助计划（EAP）？

练习题：

请做一个调查，看看周围的同学有学习倦怠现象吗？程度如何？请分析原因，并提出解决的办法。写出1000字左右的报告。

案例讨论题

守得云开见月明！56岁邓清明坚持24年10个月终圆梦

2022年11月28日，神舟十五号载人飞船航天员乘组确定，费俊龙、邓清明和张陆计划于11月29日出征，在太空“出差”6个月。为了“飞天”这一刻，邓清明经过了25年的等待、坚守与奋斗，如今，终于圆梦！

1. 25年来坚持做同一件事，他曾多次与梦想擦肩而过

1998年1月5日，中国人民解放军航天员大队成立，邓清明成为首批14名航天员之一。那一天，他庄严宣誓“英勇无畏，无私奉献，不怕牺牲，甘愿为祖国的载人航天事业奋斗终生”，这句誓言成为邓清明一直坚守的信念。

2010年，邓清明被选入强化训练队，成为神舟九号飞行任务备份航天员，他与主份航天员训练的项目、内容、强度都完全一样，需通过8大类、上百个项目的严格考核。遗憾的是，邓清明落选了。神舟九号发射升空后，邓清明在地面按照手册跟天上的航天员一起把程序走了一遍，“作为备份的任务不是从基地回来任务就结束了，我的战友安全回来了，这才是做备份的结束。”

他把神舟九号的经历当作一次积累，他觉得自己离飞天梦想又近了一步。然而神舟十号任务选择航天员时，邓清明因为微乎其微的分差再次与梦想擦肩而过，“就这样一个很小的差距让你失之交臂，让你止步发射塔前。”那一年，邓清明已经47岁。

2. 不管飞天之路多么艰难，他从未想过放弃

2013年，邓清明体检的时候查出一个非常细小的结石，对于普通人来说这种小结石通常不用管，但航天员不行。为了能继续追寻飞天梦，邓清明选择接受手术。令人没想到的是，第一次手术时结石没能完全取出，医生只能在他肾脏里埋下了一根管子。一个多月的时

间邓清明一直带着管子，也尿血了一个多月，直到第二次手术结石才被成功取出。他回忆说："我的梦想重新又点燃了。"

2014 年，和他同时进入航天员大队的五名队友正式停航停训。停航停训仪式后，同是神舟九号，神舟十号飞行任务备份的陈全对邓清明说："不管主份、备份，都是航天员的本分，老邓，你要努力，不要放弃。"邓清明一直记得这句话，不管飞天之路多么艰难，他从未想过放弃。

3. 从神舟十一号到神舟十五号，他时刻准备着

2016 年，神舟十一号任务邓清明再次成为备份航天员，这次是他离飞天梦想最近的一次。在备战的三年里，邓清明完成了和主份完全相同的训练，在最具挑战的 33 天模拟验证试验中，他住进了不到 10 平方米的密闭舱，与外界完全隔绝，灯一直开着，机器的振动与噪声环绕不歇。

发射前一天，总指挥部召开会议，宣布由景海鹏、陈冬执行神舟十一号任务。邓清明说，听到结果的时候他感受到整个大厅的目光都集中在自己身上，"我当时什么都说不出来，停了一会儿，我转过身紧紧地抱住了海鹏，对他说了一句：'海鹏，祝贺你！'海鹏也深情地回了一句'谢谢你，兄弟'"。这一幕令在场的许多人流下了泪水。

此后，邓清明依旧坚持训练。"任务的成功即是我的成功，我宁愿做一块默默无闻的基石，也绝不容忍自己在号角催征时还没有准备好。"在神舟十五号飞行任务酒泉卫星发射中心问天阁与中外媒体记者集体见面会上，邓清明表示："无论年龄多大，能够被祖国需要就是最幸福的。"

一次次与飞天失之交臂，一次次重新出发，为祖国永远时刻准备着。正是无数个邓清明，用自己的心血铺就了祖国航天事业的飞天之路。

（资料来源：锦观新闻. 2022 - 11 - 28.）

【问题讨论】

（1）邓清明 25 年来坚持做同一件事，他会产生哪些情绪？他又是如何管理情绪的？

（2）邓清明飞天梦的经历给我们带来什么启示？

第十一章 职业生涯规划

教学目标与要求

通过本章学习，使学生对职业生涯规划的基本知识体系有全面的了解和认识。要求学生树立正确的职业生涯发展信念，掌握自我分析方法，了解职业生涯规划的理论与方法，并能够对自己的职业生涯进行分析、规划、设计与开发。

思想导入

青年强，则国家强。当代中国青年生逢其时，施展才干的舞台无比广阔，实现梦想的前景无比光明。全党要把青年工作作为战略性工作来抓，用党的科学理论武装青年，用党的初心使命感召青年，做青年朋友的知心人、青年工作的热心人、青年群众的引路人。广大青年要坚定不移听党话、跟党走，怀抱梦想又脚踏实地，敢想敢为又善作善成，立志做有理想、敢担当、能吃苦、肯奋斗的新时代好青年，让青春在全面建设社会主义现代化国家的火热实践中绽放绚丽之花。

资料来源：习近平. 高举中国特色社会主义伟大旗帜 为全面建设社会主义现代化国家而团结奋斗：在中国共产党第二十次全国代表大会上的报告［M］. 北京：人民出版社，2022.

一个人的一生，按生命成长，可以划分为不同的生命阶段，如幼年、少年、青年、中年、老年等。这一生中精力最充沛、最有活力、最具创造力的时段属于职业生涯。职业生涯是人一生中最重要的历程，是追求自我实现的重要人生阶段，对人生价值起着决定性的作用。现代人已经不再仅仅把职业作为谋生的手段，而是通过一定的职业来实现自己美好的人生理想。职业生涯规划为人生的事业成功提供了科学的技术与基本的操作方法，并能使组织与员工实现双赢。因此，职业生涯规划对个人的职业生涯发展及组织的发展都具有重要的意义和作用。

第一节 职业生涯规划概述

一、职业生涯规划基本知识框架

职业生涯规划是一个周而复始的连续过程，其过程包括树立正确的职业发展信念、自我评价、生涯机会评估、职业选择、职业生涯路线设计、职业生涯发展规划、职业生涯开发计划七个基本步骤，如图 11－1 所示。正确树立积极的职业发展信念是职业生涯成功的根本；自我评价与生涯机会评估是职业生涯成功的前提；职业的正确选择是职业生涯成功的关键，合适的职业生涯发展规划和开发计划则是职业生涯成功的保障；生涯机会评估与反馈则将促进职业生涯的发展。可见，职业生涯规划是一个有机的、逐渐展开的过程，而不是一个机械的、预先设计好的过程，它是个人职业生涯成功的战略指南。

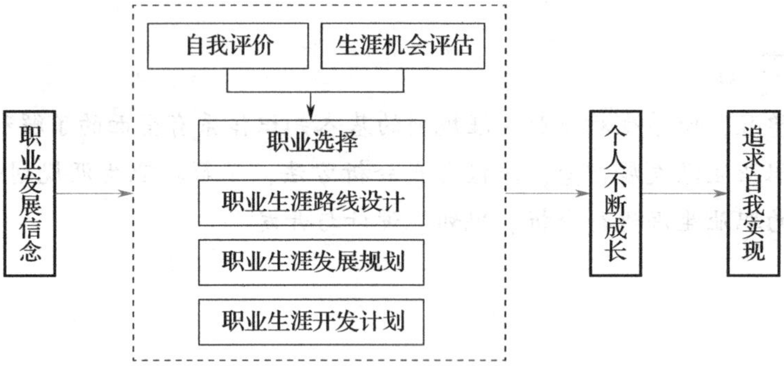

图 11－1　职业生涯规划的基本知识框架

二、职业生涯规划的基本概念

1. 职业

职业是指人们为了谋生和发展而从事的相对稳定、有经济收入、特定类别的社会劳动。这种劳动决定于社会分工，并要求劳动者具备一定的生活素养和专业技能。这种社会劳动是人们的生活方式、经济状况、教育程度、行为模式和道德情操等的综合反映和权利、义务、职责的具体体现。

职业存在于不同时期、不同组织中的同一类工作，如教师职业、医生职业等。而工作是指相似的职位所组成的一个特定的专业领域，如汽车修理工从事汽车维修工作等，可以是有偿的也可以是无偿的。可见，职业（Career）一词，不同于工作（Job），职业问题不是简单的工作问题，职业规划和发展，不仅是找一份满意的工作问题。

职业至少包涵两个方面的含义：首先，职业体现了专业的分工，没有高度的分工，也就不会有现代意义上的职业观念，职业化意味着专门从事某项事务；其次，它体现了一种精神追求，职业发展的过程也是个人价值不断实现的过程，职业要求个人对它要忠诚。在德语中，“职业”一词为“Beruf”，乃是“天职”之意，意味着个人毕生应当为之而不懈奋斗的目标。就这点而论，职业本身包含了职业精神和职业道德的内容，它是一种具有高尚性的事业。

2. 职业生涯

美国职业生涯管理专家唐纳德·舒伯（Donald E. Super.）认为，生涯是个人终其一生所扮演各种职业和生活角色的整个过程，生涯的发展是以个人为中心的，由此表现出个人独特的自我发展形态。

职业生涯是指个体职业发展的历程，一般是指一个人在就业领域所经历的一系列岗位、工作或职业，以及相关的态度、价值观、愿望等连续的过程。从广义上讲，是人在某一特定领域的发展轨迹，如教师的教育教学生涯等。

3. 职业生涯规划

职业生涯规划，是指个人发展与组织发展相结合，对决定一个人职业生涯的个人因素、组织因素和社会因素进行分析、总结和测定，确定一个人的事业奋斗目标，并选择实现这一事业目标的职业，编制相应的工作、教育和培训的行动计划，并对每一步骤的时间、顺序和方向做出合理的安排。

职业生涯规划具有可行性、适时性、适应性和连续性的特性。可行性是指规划要有事实依据，并非美好幻想或不着边的梦想，否则将会延误生涯良机；适时性是指规划是预测未来的行动，确定将来的目标，因此，各项主要活动何时实施、何时完成，都应有时间和时序上的妥善安排，以作为检查行动的依据；适应性是指规划未来的职业生涯目标，牵涉到多种可变因素，因此规划应有弹性，以增加其适应性；连续性是指人生每个发展阶段应能持续连贯性衔接。

职业生涯规划分为个人职业生涯规划和组织职业生涯规划两个方面。个人职业生涯规划是个人对自己一生职业发展道路的设想和规划，它包括选择什么职业，以及在什么地区和什么单位从事这种职业，还包括在这个职业队伍中担负什么职务等内容。一般来说，个人希望从职业生涯的经历中不断得到成长和发展。个人通过职业生涯规划，可以使自己的职业发展有方向，从而努力地向着这个方向，充分地发挥自己的潜能，使自己走向成功。

在任何社会、任何体制下，个人职业规划都至关重要，它是推动个人职业生涯发展的真正动力和加速器，其实质就是追求最佳的职业生涯发展道路的过程。

案例

返乡逐梦，在乡村振兴中贡献青春力量

近年来，随着我国脱贫攻坚战取得全面胜利和乡村振兴战略的实施，农村的生活环境和公共服务发生深刻的变化，越来越多的年轻人选择成为返乡创业的奋斗者。

90后小伙张显，2014年毕业于泰国华侨崇圣大学。留学归国后，张显先是来到上海从事蒙自石榴的推广和销售工作，借助沪滇帮扶合作的机遇，第一年就取得了年销售额超1000万元的成绩。2015年，他做了一个大胆的决定——独自到杭州开拓新市场。“那时杭州水果市场售卖的石榴多产自四川，当我向他们推荐云南蒙自石榴时，甚至还有人很惊讶地反问‘云南也产石榴吗？’”，张显说。

云南蒙自的石榴种植已有百年历史，是远近闻名的“中国石榴之乡”。张显的老家就位于蒙自市新安所镇，到他这儿，已是第六代与石榴打交道。手机照片中的那片郁郁葱葱的古树石榴园，既是他们一家传承的见证，也珍藏了他许多美好的童年回忆。根植于内心深处的乡土情结和想要发展家乡石榴产业的决心，让“回家”这个想法，成为张显内心无比笃定的一件事。

2018 年，张显回到蒙自小红寨，担任蒙生石榴产销专业合作社理事长。彼时，互联网电商正处于发展红利期，张显带领村民发展电商经济，同时又通过改良石榴的运输包装，解决了石榴出山问题。2021 年，石榴销售不景气，张显又借助直播的方式帮助种植户销售石榴。

张显只是大学生返乡创业群体中的一个微小缩影。他们对农村有着深厚的感情，掌握着新知识和新技术，有着明确的职业生涯规划，敢于突破和创新，他们还有着一个统一的身份——新农人。

（资料来源：人民网. 2022－05－06.）

三、职业生涯规划的类型

职业生涯规划按时间的长短进行分类，可划分为人生规划、长期规划、中期规划和短期规划四个类型，见表 11－1。

表 11－1　职业生涯规划的类型

类型	定义及任务
人生规划	整个职业生涯的规划，时间长至 40 年左右，包括从求学阶段的学业规划到退休之后的生活规划，设定整个人生的发展目标。如规划成为一个有数亿资产的公司董事
长期规划	5～10 年的规划，主要设定较长远的目标。如规划 30 岁时成为一家中型公司的部门经理，规划 40 岁时成为一家大型公司副总经理等
中期规划	一般为 3～5 年内的目标与任务。如规划到不同业务部门做经理，规划从大型公司部门经理到小公司做总经理等
短期规划	3 年以内的规划，主要是确定近期目标，规划近期完成的任务。如对专业知识的学习，掌握哪些业务知识等

四、职业生涯规划的制定原则

1. 职业生涯规划制定的重要性

职业生涯规划的制定有利于个人确立人生的方向，提供奋斗的策略；有利于突破、发掘并塑造清新充实的自我；有利于准确评价个人的特点和强项；有利于评估个人的目标和现实的差距；有利于准确定位自己的职业方向；有利于重新认识自身的价值并使其增值；有利于发现新的职业机遇；有利于增强职业竞争力；有利于个人适应环境，缓解压力；有利于将个人、事业与家庭联系起来。可见，职业生涯规划的制定对一个人的职业发展质量和生活质量具有极其重要的意义。

2. 职业生涯规划制定的原则

在制定职业生涯规划时要考虑以下八个原则。

1）清晰性原则，即考虑目标、措施是否清晰、明确？实现目标的步骤是否直截了当？

2）挑战性原则，即目标或措施是否具有挑战性，还是仅保持其原来状况而已？

3）动态原则，即目标或措施是否有弹性或缓冲性？是否能依照环境的变化而做调整？

4）一致性原则，即目标与措施是否一致？个人目标与组织目标是否一致？是否具有合作性与协调性？

5）激励性原则，即目标是否符合自己的性格、兴趣和特长？是否能对自己产生内在的激励作用？

6）可操作性原则，即生涯规划各阶段的路线划分与安排必须具体可行。

7）务实原则，即实现生涯目标的途径很多，在做规划时必须要考虑到自己的特质、社会环境、组织环境以及其他相关的因素，选择切实可行的途径。

8）可评量原则，即规划的设计应有明确的时间限制或标准，以便评量、检查，使自己随时掌握执行状况，并为规划的修正提供参考依据。

五、职业生涯成功

职业生涯成功的含义因人而异，具有很强的相对性。对不同的人来说，需求不同，目标各异；对于同样的人在不同的人生阶段也有着不同的含义。如个人的价值取向、能力、个人的特质与其所选择的职业正相适合，且在这一职业岗位上，工作得心应手、顺心、顺利，就是一种职业成功；个人有自我职业目标，无论是初始就业便一直在某种职业岗位上，还是历经坎坷，发生职业流动或转移，最终个人既定职业目标得以实现，都是一种职业成功。在所从事的职业岗位，尽职尽责，做出贡献，有一种自我满意感、成就感，得到社会、组织、他人的认同也是一种职业成功。目前大家共识的有五种不同的职业生涯成功方向。

1）进取型——将成功视为升入企业或职业较高阶层的方法。

2）安全型——一些扎实的人追求长期的稳定和相应不变的工作认可。

3）自由型——在工作过程中得到最大的控制而不是被控制。

4）攀登型——将成功定义为一种螺旋形的东西，实现不断上升和自我完善。

5）平衡型——在工作、家庭关系和自我发展之间取得有意义的平衡，以使工作不至于变得太耗精力或太乏味。

每个人在其一生中都在努力追求各自的职业成功，要想获取职业成功，每个人都应保持积极主动、坚持不懈的旺盛激情；在适应形势与环境的同时，还要不断创新；始终不断学习，善于利用时间，有超前眼光，更要把握机遇，这样才有助于职业成功。

案例

我为祖国献石油

中国石油大庆油田有限责任公司高级工程师王启民，是一位60多年来一直奋战在大庆油田科技一线的老石油人。2019年9月17日，国家主席习近平签署主席令，授予王启民“人民楷模”国家荣誉称号。

新中国成立之初，我国石油工业面临的形势十分严峻，1960年全国需要原油1000多万吨，但缺口在一半以上。为了给百业待兴的新中国注入源源不断的“工业血液”，大庆石油会战拉开了序幕。

1960年4月，王启明从北京石油学院来到大庆油田实习。住地窨子、吃窝窝头、风吹日晒、爬冰卧雪，会战条件十分艰苦，但铁人王进喜“这困难那困难，国家缺油才是最大的困难”“宁肯少活二十年，拼命也要拿下大油田”的忘我拼搏精神极大地感染和激励着王启明，他立下誓言，一辈子只做一件事，就是为党和人民多找油、多拿油，彻底甩掉我国“贫油”落后的帽子。

1961年8月大学一毕业，王启明毫不犹豫地选择重返大庆参加石油会战。当时，开发非均质多油层大型陆相砂岩油田国内尚无成功先例，外国专家断言，中国靠自己的力量开发不了这么复杂的油田。他们甚至挖苦说，凝固点、含蜡量这么高，除非搬到赤道上去开采。

“莫看毛头小伙子，敢笑天下第一流”“闯将在此”，这是当时王启明等从事油田开发工作的年轻人，写的一副对联。经过1740万次的对比，他们完成了我国第一个独立自主编制的油田开发方案。到1963年年底，大庆油田结束试验性开发，年产原油达到400多万吨。随后，在油田早期注水开发实践中，我国工作人员又创建了“非均匀”注采理论和“六分四清”分层开采调整控制技术，彻底破除了国外“温和注水、均匀开采”的技术定论，为大庆油田1976年原油年产5000万吨提供了保证。

20世纪90年代，经过多年的注水开发，油田能够开发的主力油层越来越少，剩下的几乎都是厚度几十厘米的“薄差层”，被国内外认为是废弃的非储量资源。王启明认为，既然禁区是人设定的，就可以打破它！他带领课题组深入试验区研究了7年，通过对1500多口井逐一解剖、分析，对4个试验区45口井进行试油、试采，一次次失败、一次次纠错、一次次实践，终于成功摸索出一套“薄差层”开发技术。这项技术新增地质储量7亿多吨、可采储量2亿吨，相当于又找到一个大油田。

从23岁开始，王启明与大庆油田的命运就紧紧连在了一起，始终没有离开过科研开发第一线。当年石油会战条件艰苦，他患上了类风湿强直性脊椎炎，一直受疾病折磨，却始终告诫自己，人虽然老了，但思想不能老；疾病使背驼了，但精神不能趴下。

虽然已经年逾八旬，王启明又把科研方向锁定在新能源技术攻关上，努力使能源开发实现可接替、可再生、可持续。作为一名共产党员，作为一名科技工作者，他继续为年轻科研人员成长当人梯，把为祖国石油事业的发展，为大庆建设百年油田鞠躬尽瘁、奋斗不息，作为终生的事业、一生的追求。

（资料来源：https://cj.sina.com.cn/article/detail/6028627615/472571.）

第二节　自我分析与定位

一、自我分析

自我分析，实际上就是“知己”和自我认识的过程，它是职业生涯规划的基础。有效的个人职业生涯规划要求规划者首先要对自己做全面的分析，包括自己的兴趣、特长、性格、学识、技能、智商、情商、思维方式、思维方法、道德水准以及社会中的位置等内容。通过自我分析，正确、深刻地认识和了解自己，即要弄清“我想干什么、我能干什么、我应该干什么、在众多的职业面前我会选择什么”等问题。自我分析主要包括三个方面。

1. 了解自己的兴趣

兴趣是人积极探索某种事物的认识倾向。一个人如果做自己感兴趣的工作，往往能将自己的潜能最大限度的调动起来，会表现得废寝忘食，很容易取得优异成绩。兴趣就像一双无形的手，所起的作用最大，正如著名物理学家、诺贝尔奖获得者丁肇中所说：“兴趣比天才重要。”兴趣是职业生涯选择和发展的基点，是保证工作满意感和职业稳定性的重要因素，它能帮助人们提高工作效率，充分发挥潜能。

一个人在从事一项工作时，如果只具备职业所要求的能力但缺乏兴趣，那么工作起来便索然无味，在该职业上取得成功的可能性是很小的。同时，兴趣不代表能力，一个人对某一个特定职业有兴趣并不意味着一定能干好这个职业。只有对某一个职业感兴趣，并具有该职业所要求的能力时，才能做好这项工作，取得个人职业生涯的成功。因此，兴趣在职业活动中的作用，对初选职业的人，更应高度重视。

2. 了解自己的个性

个性是指一个人在其生活、实践活动中经常表现出来的、比较稳定的、带有一定倾向性的个体心理特征的总和，指一个人区别于其他人的独特的精神面貌和心理特征。个性贯穿着人的一生，影响人的一生。人的个性倾向性中所包含的需要、动机和理想、信念、世界观，指引着人生的方向、人生的目标和人生的道路；人的个性特征中所包含的气质、性格、兴趣和能力，影响和决定人生的风貌、人生的事业和人生的命运。因此，个性直接影响一个人的活动、生活，对于一个人的命运、前途有直接的作用。

每个人都有自己独特的个性。个性无所谓好坏，关键是看是否了解自己的个性，是否放对了地方。只有充分了解自己的个性特征并与职业要求相适应，才能在将来从事工作时体会更多的快乐和轻松。

3. 了解自己的能力

能力是指直接影响活动效率，使活动任务得以顺利完成的个性心理特征。人的能力分为一般能力和特殊能力两大类。一般能力通常又称为智力，包括注意力、观察力、记忆力、思维能力和想象力等，是人们顺利完成各项任务都必须具备的一些基础能力。特殊能力是指从事某项专业活动的能力，也可称为特长，如计算能力、音乐能力、动作协调能力、语言表达能力、空间判断能力等。由此可见，能力是一个人完成任务的前提条件，是影响工作效率的基本因素。因此，了解自己的能力倾向及不同职业的能力要求对合理地进行职业选择具有重要的意义。

总之，自我分析就是要清楚五个方面根本性的问题：一是职业兴趣，即喜欢干什么；二是职业能力，即能够干什么；三是个人特质，即适合干什么；四是职业价值观，即最看重什么；五是胜任能力，即优劣势是什么。

二、自我分析的方法

个人必须充分而且正确地认识到自己本身的条件与相关环境，必须对自己本身及所处环境进行深刻的了解，以此作为设定职业生涯目标及策略的基础。对自我及环境了解得越透彻，越能做好职业生涯设计。认识自我、了解自我不是一件容易的事情，一般可用约哈里窗法、自我测试法和 SWOT 分析法等进行自我分析。

1. 约哈里窗法

约哈里窗法是一种借助直角坐标的不同象限来表示人的不同部分的分析方法，它以别人知道或不知道为横坐标，以自己知道或不知道为纵坐标，如图 11－2 所示

	别人不知道	别人知道
自己知道	隐私我	公开我
自己不知道	潜在我	盲点我

图 11－2　约哈里窗法

1）“公开我”是自己知道、别人也知道的部分，其特点是个人展现在外，无所隐藏。

2）“隐私我”是自己知道、别人不知道的部分，其特点是属于个人私有秘密，不外显。

3）“潜在我”是自己不知道、别人也不知道的部分，其特点是开发潜力巨大。

4）“盲点我”是自己不知道、别人知道的部分，其特点是自己看不到，别人却看得清清楚楚。

通过分析四个区域可知，需要加强自我了解的是“潜在我”和“盲点我”。

橱窗 3 是“潜在我”。每个人都有巨大的潜能。著名心理学家奥托指出，一个人一生所发挥出来的能力，只是他全部能力的 4%，也就是说一个人 96% 的能力还未开发。由此可见，了解“潜在我”是自我认识的重点之一。

橱窗 4 是“盲点我”。如果自己诚恳地、真心实意地征询他人的意见和看法，就不难了解“盲点我”。要做到这一点，需要有开阔的胸怀，确实能够对待问题，有则改之，无则加勉。否则，别人是不会说实话的。

2. 自我测试法

自我测试是通过自己回答有关问题来认识自己、了解自己的一种方法，比较简单方便。但需要注意的是，测试题目必须是心理学家经过精心研究设定的，而且个人在回答时一定要反映自己真实的想法，否则将会误导自己，影响自己事业的发展和前程。

自我测试的内容包括：性格测试、气质测试、记忆力测试、创造力测试、智慧测试、分析能力测试、人际关系测试、管理能力测试、职业兴趣测验、智力测验、情商测验等。测试可以采用问卷测试和计算机测试的方式。现在这方面的书籍和相关内容很多，但在选择时要注意考察其科学性和实效性。

3. SWOT 分析法

SWOT 分析主要是用来分析组织内部的优势与劣势以及外部环境的机会与威胁，是战略管理中经常使用的功能强大的分析工具。其中，S 代表优势（Strength），W 代表弱势（Weakness），O 代表机会（Opportunity），T 代表威胁（Threat）。采用 SWOT 分析法，就是用来剖析自己，审视自己，以不断清晰“自己的爱好是什么，希望朝哪个方向走，自己的优势在哪些方面，适合做什么”等自我认知问题，见表 11-2。一般来说，在进行 SWOT 分析时应遵循四个步骤。

1）评估自己的长处和短处。每个人都有自己独特的技能、天赋和能力。在当今分工非常细的环境里，每个人都有自己擅长的某一领域，而不是样样精通。找出自己的短处与发现自己的长处同等重要，因为可以基于自己的长处和短处做两种选择：一是努力提高自己的技能去弥补弱势；二是放弃对某些不擅长的技能要求很高的职业。

表 11-2　SWOT 分析评估表

S 优势	W 缺点
1. 自己擅长什么 2. 自己有什么新技能 3. 自己能做什么别人做不到的 4. 自己和别人有什么不同的 5. 自己最近因何成功 6. 什么职业领域适合自己	1. 自己不擅长做什么 2. 自己缺乏什么技能 3. 别人有什么比自己好 4. 自己不能够满足何种职业领域 5. 自己最近因何失败
O 机会	**T 威胁**
1. 这个职业领域有什么适合自己的机会 2. 自己可以学到什么技术 3. 职位可以提供什么新的技能 4. 可以吸引什么新的顾客 5. 怎样可以与众不同 6. 在 5～10 年内的发展	1. 自己最近有什么改变 2. 竞争者最近在做什么 3. 自己是否赶不上职业领域需求的改变 4. 环境的改变是否会伤害职业发展 5. 是否有什么会威胁职业情形

2）找出自己的职业机会和威胁。不同的行业都面临不同的外部机会和威胁，所以找出这些外界因素，对自己的求职是非常重要的，因为这些机会和威胁会影响自己的第一份工作和今后的职业发展。如果公司处于一个常受到外界不利因素影响的行业里，很自然，这个公司能提供的职业机会将是很少的，而且没有职务升迁的机会。相反，充满积极的外界因素的行业，将为求职者提供广阔的职业前景。

3）提纲式地列出今后五年内自己的职业目标。作完一个详细的 SWOT 分析评估，自己现在可以列出从学校毕业后五年内最想实现的四至五个职业目标。这些目标可以包括：自己想从事哪一种职业，将管理多少人，或者希望自己拿到的薪水属于哪一个级别。要时刻记住：自己必须竭尽所能地发挥出自己的优势，使之与行业提供的工作机会相匹配。

4）提纲式地列出一份今后五年的职业行动计划。这一步主要涉及具体的实现计划和行动方针。针对自己的职业目标，需要拟出一份实现第三步列出的每一个目标的行动计划，并且详细地说明为了实现每一个目标，自己要做的每一件事，何时完成这些事。如果觉得自己需要一些外界帮助，要说明自己需要何种帮助和如何获取这种帮助。

为了使自己的求职和个人职业发展更具有竞争性，有必要花费一些时间界定个人的优势和弱势，然后制订一份策略性的行动计划，务必保证有效地完成它，那么职业前景必将灿烂而辉煌。

在自我分析的同时，记住千万不要自我设限。比尔·盖茨20岁中途休学去创办了微软公司，后来他成为世界首富。雷·克洛克52岁才成立了麦当劳公司，但麦当劳是有史以来最成功的快餐连锁店之一。一切的成功，仿佛都是将别人眼中的不可能变为可能。可最最重要的是他们没有自我设限，他们坚信那是可能的事，才有后来的成功。

第三节　生涯机会评估

职业生涯机会评估主要是指分析内外环境因素对自己职业生涯发展的影响。人是社会人，都必须生活在一定的环境中，尤其是特定的组织环境中。如果个人能很好地利用外部环境，就会有助于事业的成功。否则，就会处处碰壁，事倍功半，难以成功。因此，在制定职业规划时，要分析环境的特点、环境的发展变化情况、个人与环境的关系、个人在环境中的地位、环境对个人提出的要求以及环境中对自己有利与不利的因素等。

环境因素分析，就是“知彼”，就是对他人的了解，对组织环境的了解，对社会环境的了解，对经济环境的了解，这些因素对职业生涯的发展都有直接影响。

一、对他人的了解

人的工作是一个群体性的组织活动，不管自己所工作的单位与部门大与小，都由不同数量、不同年龄、不同专业、不同能级、不同性格的人所组成。自己的发展与他人或多或少都会发生关系。因此，在制定职业生涯规划时，就要了解他人的情况，主要包括以下方面。

他人的学历如何？他人的工作业绩如何？他人的年龄层次如何？他人的专业技术职称如何？他人的性格如何？他人的情商如何？他人的竞争实力如何？他人的发展趋向如何？只有全面了解他人的情况后，才能确定自己的优势与强项，才能准确把握自己的奋斗目标与方向。

二、对组织环境的了解

了解组织环境主要包括五个方面：一是组织特点，包括组织文化、组织规模、组织气氛、组织阶层、组织结构、人员流动等；二是经营战略，包括组织的发展战略、战略措施、竞争实力以及发展态势等；三是人力评估，包括人力需求的预测、人力规划、人力供需、升迁政策、培训方法等；四是工作分析，如工作基本能力的需求，工作绩效评估等；五是人力资源管理，包括人事管理方案、薪资报酬、福利措施、员工关系、发展政策等。

三、对社会环境的了解

了解社会环境主要包括四个方面：一是社会政策，如政策规定破格重用提拔年轻干部，为年轻人开辟了升迁的渠道，使职业生涯的成功期提前；二是社会变迁，如手工业社会的没落，工业化、自动化、信息化社会、数字经济的演进等，都对人的职业生涯发展产生了较大的影响；三是社会价值观，随着社会的进步，人们生活水平的提高，人的需求层次也在不断提高，由过去对生存、安全的需求上升为对人的尊重及自我实现的需求，这些变化对人的职业生涯发展无疑产生了直接的影响；四是科学技术的发展，如技能的补充、理论的更新、观念的转变、思维的变革等，这些因素在人的职业生涯规划中是不可忽视的。

第四节 职业选择

一、霍兰德的职业性向理论

美国约翰斯·霍普金斯大学心理学教授约翰·霍兰德是美国著名的职业指导专家。他于 1971 年提出了具有广泛社会影响的职业取向理论（Career Orientation）。这一理论将职业归属为六种典型的职业类型，将劳动者划分为六种基本的职业性向，即 R（Realistic，实际型）、S（Social，社会型）、A（Artistic，艺术型）、C（Conventional，传统型）、I（Investigative，研究型）、E（Enterprising，企业型）。具体情况见表 11－3。

表 11－3 劳动者类型与职业类型对应表

职业类型	人格倾向	对应的职业
实际型	愿意使用工具从事操作性的工作；动手能力强，做事手脚灵活，动作协调；偏好具体任务，不善言辞，不善交际 性格：持久、感觉迟钝、不讲究、谦虚	各类工程技术工作、农业工作，需要一定体力，需要运用工具或操作机器 主要职业：木工、电器技师、工程师、营养专家、建筑师、运动员、农场主、森林工人、园艺工人、城市规划人员、军官、机械操作、维修、安装工人、矿工、电工、驾驶员、测绘员、描图员、农民、牧民、渔民等
研究型	思想家而非实干家，抽象思维能力强，求知欲强，肯动脑，善思考，不善动手；喜欢独立的和富有创造性的工作；知识渊博，有学问，有才能，不善于领导他人 性格：好奇、个性内向、非流行大众化、变化缓慢	科学研究和科学实验工作 主要职业：生物学家、化学家、地理学家、数学家、医学技术人员、生理学家、物理学家、心理学家等自然科学和社会科学方面的研究与开发人员；化学、冶金、电子、无线电、电视机、飞机等方面的工程师、技术人员

（续）

职业类型	人格倾向	对应的职业
艺术型	讨厌结构，喜欢以各种艺术形式的创造来表现其才能，实现自身的价值；具有特殊艺术才能和个性 有创造力，乐于创造新颖、与众不同的艺术成果，渴望表现自己的个性 性格：冷淡疏远、有独创性、非传统	各类艺术的创作的工作 主要职业：广告管理人员、艺术教师、艺术家、作家、广播员、室内设计人员、医疗绘图师、音乐家、摄影师、公共关系专家；音乐、舞蹈、戏剧等方面的演员、艺术家编导、教师；文学、艺术方面的评论员；广播节目主持人、作家；画家、书法家；艺术、家具、珠宝等行业的设计师等
社会型	乐于助人，喜欢从事为他人服务和教育他人的工作；喜欢解决人们共同关心的社会问题，渴望发挥自己的社会作用；寻求亲近的人际关系，比较看重社会义务和社会道德 性格：缺乏灵活性、亲切仁慈	各种直接为他人服务的工作 主要职业：教师、学校管理人员、保育员、行政人员；医护人员、工作分析专家、社会工作人员、图书管理员、丧葬承办人、精神健康工作者；衣食住行服务行业的经理、管理人员和服务人员；福利人员、娱乐管理人员等
企业型	追求权利、权威和物质财富，有领导才能；喜欢竞争、敢冒风险；精力充沛、自信、善交际、口才好、做事巧妙 性格：善辩、精力旺盛、寻求娱乐、努力奋斗	那些组织和影响他人共同完成目标的工作 主要职业：综合性农业企业管理人员、房地产商、经理、企业家、政府官员、律师、金融家、零售商、人寿保险代理人、采购代理人、行业部门和单位的领导者、管理者等
传统型	尊重权威，喜欢按计划办事，习惯接受他人指挥和领导，自己不谋求领导职务；不喜欢冒险和竞争，富有自我牺牲精神；工作踏实，忠诚可靠，偏爱那些规章制度明确的工作环境 性格：有责任心、依赖性强、高效率、猜疑心重	各类与文件档案、图示资料、统计报表相关的科室工作 主要职业：会计、出纳、银行职员、速记员、鉴定人、统计人员、打字员、办公室人员、秘书和文书、图书管理员、风险管理者、旅游、外贸职员、保管员、邮递员、审计人员、人事职员等

职业性向理论，实质在于劳动者的职业取向与职业类型的相互适应。为了直观地阐明职业性向类型与职业类型相互适应程度，约翰·霍兰德设计了一个六角形的平面图示，如图 11－3 所示，这个六角形分别代表了六种职业类型和六种职业取向类型，其职业关联性在图形上以连线表示。连线距离越短，两种类型的职业相关系数就越大，适应程度就越

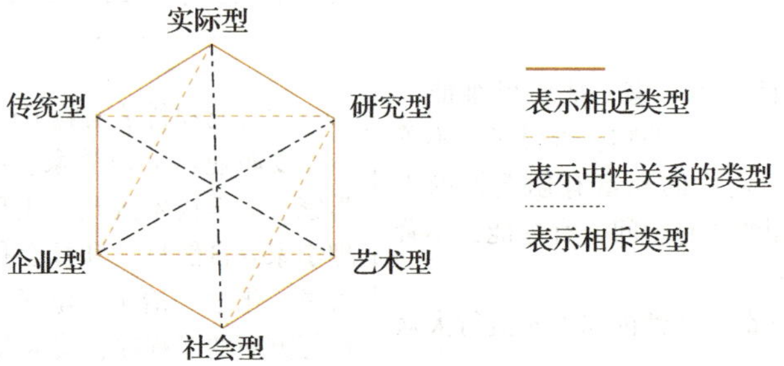

图 11－3　约翰·霍兰德的职业性向类型

高。如果同一类型的劳动者与同一类型的职业互相结合，便达到适应状态，这样劳动者便找到了适合自己的职业岗位，其积极性才能得以充分发挥。

二、性格与职业选择

通常个人在选择职业时，应根据自己的性格，选择适合个人性格特点的职业；同时每种职业都对从业者有特定性格要求，用人单位在挑选人员时也重视有关性格特征的测试，尤其是对一些高层次的工作人员更是如此。

尽管人的性格千差万别，但仍然存在某些带有共性的特征可供分类研究。一些教育学和心理学研究人员根据我国实际情况，将职业性格归纳为九种基本类型，见表 11-4。

表 11-4 职业性格类型

性格类型	性格特点	合适的职业
变化型	在新的和意外的活动或工作情境中感到愉快，喜欢有变化和多样化的工作，善于转移注意力	记者、推销员、演员等
重复型	适合连续从事同样的工作，按固定的计划或进度办事，喜欢重复、有规律、有标准的工作	纺织工人、机床工人、印刷工人、电影放映员等
服从型	愿意配合别人或按别人给予的知识办事，而不愿意自己独立做出决策，担负责任	办公室职员、秘书、翻译等
独立型	喜欢计划自己的活动和指导别人的活动，或对未来的事情做出决定，在独立负责的工作情境中感到愉快	管理人员、律师、警察、侦查人员等
协作型	在与人协同工作时感到愉快，善于引导别人，并想得到同事们的喜欢	社会工作者、咨询人员等
劝服型	通过谈话或协作等使别人同意自己的观点，对别人的反应有较强的判断力，善于影响别人的态度和观点	辅导员、行政人员、宣传工作者、作家等
机智型	在紧张和危险的情况下能自我控制，沉着应付，发生意外和差错时不慌不乱地出色完成任务	驾驶员、飞行员、公安干警、消防员、救生员等
自我表现型	喜欢表现自己的爱好和个性，根据自己的感情做出选择，通过自己的工作来表现自己的思想	演员、诗人、音乐家、画家等
严谨型	注重工作过程中各个环节、细节的精确性，愿意按一套规划和步骤将工作尽可能做得完美，倾向于严格、努力地工作以看到自己出色完成工作的结果	会计、出纳员、统计员、校对员、图书档案管理员、打字员等

值得注意的是，绝大部分职业都同时与集中性格类型特点相匹配，而一个人也都同时具有几种职业性格类型的特点。因此，个人在选择职业时，应根据自己的性格和职业的要求，具体情况具体分析，不能一概而论。

三、兴趣与职业选择

下面给出《加拿大职业分类词典》中的各种职业兴趣类型与相适应的职业类型，见表 11 – 5，提供给人们根据自己的兴趣，选择合适的职业。

表 11 – 5　职业兴趣类型

兴趣类型	兴趣特点	合适的职业
愿与事物打交道	喜欢同事物打交道，喜欢接触工具、器具或数字，而不喜欢与人打交道	制图员、修理工、裁缝、木匠、建筑工人、出纳员、记账员、会计、勘测员、工程技术人员、机械制造技术人员等
愿与人打交道	喜欢与人交往，愿意与人接触，对采访、传递信心一类的活动感兴趣	记者、推销员、营业员、服务员、教师、行政管理人员、外交联络等
愿与文字符号打交道	喜欢常规的、有规则的活动，习惯在预先安排好的程序下工作	邮寄分类员、办公室人员、图书馆管理人员、档案整理员、打字员、统计员等
愿与大自然打交道	喜欢地理之类的活动	地质勘探人员、钻井工人、矿工等
愿从事农业、化学类工作	喜欢种养、化工方面的试验性活动	农业技术员、饲养员、水文勘测员、化验员、制药工人、菜农等
愿从事社会福利类工作	喜欢从事社会福利和助人工作，帮助别人解决困难、乐意帮助人	律师、咨询人员、科技推广人员、教师、医生、护士等
愿做组织和管理工作	喜欢做领导，掌管一些事情，发挥重要作用，希望受到众人尊敬并赢得声望	行政人员、企业管理干部、学校领导、辅导员等
愿研究人的行为和心理	喜欢谈论涉及人的主题，对人的行为举止和心理状态感兴趣	心理学、政治学、人类学、人事管理、思想政治教育等方面的研究工作以及管理工作、社会科学工作者、作家等
愿从事科学技术事业	喜欢通过逻辑推理、理论分析、独立思考或试验发现解决问题，对分析的、推理的、测试的活动感兴趣，喜欢独立的解决问题	生物、化学、工程学、物理学、自然科学工作者以及工程技术人员等
愿从事想象力和创造力的工作	对需要想象力和创造力的工作感兴趣，喜欢创造新的式样和概念，喜欢独立的工作，对自己的学识和才能颇为自信，乐于解决抽象的问题	大都是科学研究工作和实验室工作，如社会调查、经济分析、各类科学研究工作、化验、新产品开发，画家、演员、创作或设计人员等
愿从事操作机器的技术工作	喜欢通过一定的技术来进行活动，对应用一定技术、操作各种机械、制造新产品等感兴趣	飞行员、驾驶员、机械制造工程师等
愿从事具体的工作	喜欢制作看得见、摸得着的产品，并从中得到乐趣，希望很快能看到自己的劳动成果	室内装饰人员、园林工人、美容师、理发师、手工制作人员、机械维修工人、厨师等

四、能力与职业选择

1. 注意能力类型与职业相吻合

人的能力类型是有差异的，职业根据工作性质、内容和环境也分为不同的类型，同时，对一种职业或职业类型来说，不同的层次对人的能力有不同的要求。因而，在根据能力类型确定了职业类型后，还应根据自己所达到或可能达到的能力水平确定相吻合的职业层次。只有这样，才能使能力与职业的吻合具体化。

每个人都具有一个多种能力组成的能力系统，在这个能力系统中，各方面能力的发展是不平衡的，在职业选择时，应主要考虑选择最能运用其优势能力的职业。

2. 注意一般能力与职业相吻合

一般能力包括注意力、观察力、记忆力、思维能力和想象力等。不同的职业对人的一般能力的要求不同，有些职业对从业者的智力水平有绝对的要求，如律师、工程师、科研人员、大学教师等，智力在相当大的程度上决定着其所从事的职业类型。

3. 注意特殊能力与职业相吻合

特殊能力是指从事某项专业活动的能力，也可称特长，如计算能力、音乐能力、动作协调能力、语言表达能力、事务能力、空间判断能力、形态知觉能力、手指灵活度与灵巧度等。要顺利完成某项工作，除要具有一般能力外，还要具有该项工作所要求的特殊能力，如从事教育工作需要具有阅读能力和表达能力；从事数学研究工作需要具有计算能力、空间想象能力和逻辑思维能力；作为法官就应具有很强的逻辑推理能力，却不一定要有很强的动手能力；作为建筑工人应有一定的空间判断能力，却不需要良好的语言表达能力。

第五节　职业生涯路线设计

职业生涯路线是指一个人选定职业后从什么方向实现自己的职业目标，是向专业技术方向发展，还是向行政管理方向发展。发展方向不同，要求就不同。因此，在职业生涯规划时必须对此做出选择，以便安排今后的学习和工作，使其沿着职业生涯路线发展。

一、职业生涯目标的确定

职业生涯目标的选择是职业发展的关键。没有目标的人如同航行在茫茫大海中的孤舟，没有方向，不知所终。明确而适合的目标，是人们漫长职业生涯中的灯塔，指引人们走向人生成功。在确定目标的过程中要注意以下三个方面的问题。

1. 制定目标不要太贪心

有些人心高气傲，或者初出茅庐，别人制定一个目标，自己制定多个目标，自视甚高，结果一个目标也没有达到。但也并不是只能制定一个目标，而是应该一个时期制定一个目标，分开设置。具体来说，就是实现一个目标后，再去实现另一个目标。

2. 目标要具体明确

同一时期的目标越简明、越具体，就越容易实现，越能促进个人的发展。

3. 目标高低要适度

一个人追求的目标越高，其才能就发挥得越好。但如果目标定得太高，怎么努力也够不着，结果就会一事无成。如果目标定得太低，不费什么力气就达到了，结果是自己没有什么长进，老是原地踏步。

现实中，做事半途而废的不乏其人，究其原因，往往不是因为目标难度较大，而是觉得成功离自己较远。因此，制定目标的时候，应把职业生涯的最终目标，分解成一个个阶段性目标，这样的话，只要坚持下去，自己职业生涯的总目标就一定能够最终实现。

案例

宗庆后——实干至上的践行者

“2021 中国企业家博鳌论坛”于 2021 年 12 月初在海南博鳌举行。杭州娃哈哈集团有限公司（以下简称“娃哈哈”）原董事长兼总经理宗庆后在“中国实干家公开课”上畅谈自己 34 年创业的经历和心得体会。

宗庆后中学毕业后，为减轻家庭负担，四处打零工补贴家用，18 岁到舟山马目农场从事繁重的劳动，一年后辗转到绍兴茶厂，在那里度过了艰苦而单调的 14 年。宗庆后说，这 14 年的经历让他锻炼好了身体，磨炼了意志，为以后创办企业带打下了基础。

1979 年，宗庆后根据政策接替母亲职位回到了阔别多年的故乡杭州，在校办工厂当工人，用活络的思路为校企赚钱。直到 1987 年，杭州市上城区校办企业经销部成立，宗庆后被聘用为经理，第一年就靠卖冰棍、汽水、文具等，超额完成了 22 万元的利润。他的创业之路自此正式开启。

1989 年，宗庆后从实践中意识到开发新产品的重要性，根据当时儿童不爱吃饭的问题，研发了“娃哈哈儿童营养液”，成立杭州娃哈哈营养食品厂。当时，大多数企业都没有做广告的概念，宗庆后在电视、报纸上做广告，迅速打开市场。

为扩大产能，娃哈哈营养食品厂在 1991 年兼并了当时资不抵债的杭州罐头食品厂，成立了杭州娃哈哈集团有限公司。“小鱼吃大鱼”的结果是，负债高达 4000 多万元的国营老厂迅速扭亏为盈，娃哈哈壮大了自己的队伍。宗庆后说，这是娃哈哈走向规模经营及发展史上的关键一步。

1994 年，娃哈哈投身对口支援三峡库区建设，兼并涪陵三家特困企业，组建了娃哈哈涪陵分公司，并跻身当时重庆工业五十强，同时解决了 1000 多户移民的就业与安置问题，并带动了当地的配套企业发展，也两次被国务院评为对口支援三峡工程移民工作先进单位。

回顾 30 多年来娃哈哈从无到有、从小到大、从大到强的历程后，宗庆后表示，除了得益于党的改革开放政策之外，最主要的是始终坚持从自身实际情况出发，走适合自己的道路，不断提高企业的核心竞争力。

（资料来源：新华社．2021－12－6.）

二、职业生涯路线的设计

当初步确定了自己的职业目标之后，下一步就应该围绕着职业目标，设计合理的“职业发展线路图”，最终实现职业目标。在设计职业生涯路线时，主要从以下三个方面进行考虑。

1）个人希望向哪一条路线发展，主要考虑自己的价值、理想、成就动机，确定自己的目标取向。

2）个人适合向哪一条路线发展，主要考虑自己的性格、特长、经历、学历等客观条件，确定自己的能力取向。

3）个人能够向哪一条路线发展，主要考虑自身所处的社会环境、政治与经济环境、组织环境等，确定自己的机会取向。

职业生涯路线的选择主要是在对上述三方面因素进行综合分析的基础上，确定自己的职业生涯路线。

第六节 职业生涯发展规划

职业生涯发展规划是指个人逐步实现其职业生涯目标，并不断结合自身情况、眼前的机遇和制约因素，确立职业方向、职业目标，选择职业道路，为自己不断设计丰富且能发展自我的职业知识、能力和技术结构的一系列活动与步骤，以努力开发自身潜质的行动时间和行动方案。职业生涯发展规划与个人的价值观、态度密切相关，它决定了个人对自我职业经历的认知和选择。

一些著名的职业管理学专家通过对职业生涯发展过程的长期研究，总结出职业生涯发展的理论和规律，主要有职业生涯阶段理论和职业锚理论，这些理论对指导职业生涯发展具有重要意义。

一、职业生涯阶段理论

每个人的职业生涯都要经历许多阶段，只有了解了不同阶段的特征、知识水平要求和各种职业偏好，才能更好地促进个人的职业生涯发展。职业生涯发展阶段较有影响的理论主要有四种：唐纳德·舒伯的职业生涯发展阶段理论、埃利·金斯伯格的职业生涯发展阶段理论、朱迪思·格林豪斯的职业生涯发展阶段理论、埃德加·施恩的职业生涯发展阶段理论，每个理论都各有侧重，各有千秋。其中格林豪斯的职业生涯发展阶段理论的划分最为简洁、明了，见表11－6。

表 11－6　格林豪斯的职业生涯发展阶段和任务

阶段	年龄跨度	发展任务
职业准备	0～18 岁	发展职业想象力，培养职业兴趣和能力，对职业进行评估和选择，接受必需的职业教育和培训
进入组织	18～25 岁	以求职者的身份出现在劳动力市场上，在获取足量信息的基础上，尽量选择一种合适的、较为满意的职业
职业生涯初期	25～40 岁	学习职业技术，提高工作能力；了解和学习组织纪律和规范，接受组织文化，逐步适应职业工作，适应和融入组织，为未来的职业成功做好准备
职业生涯中期	40～55 岁	不断学习新知识，努力工作，并力争有所成就；需要对早期职业生涯重新评估，强化或改变自己的职业理想，重新选定职业
职业生涯后期	55 岁～退休	继续保持已有职业成就，维护尊严，准备引退

二、职业锚理论

职业锚是由美国著名的职业专家埃德加·施恩教授提出的，他认为，职业生涯发展实际上是一个持续不断的探索过程，在这一过程中，每个人都在根据自己的天资、能力、动机、需要、态度和价值观等慢慢地形成较为明细的与职业有关的自我概念。随着一个人对自己越来越了解，这个人就会越来越明显地形成一个占主要地位的职业锚。

职业锚就是当一个人不得不做出职业选择的时候，无论如何都不会放弃的职业中至关重要的东西或价值观。具体来说，职业锚就是人们选择和发展职业时所围绕的中心。每一个人都有自己的职业锚，影响一个人职业锚的因素有：一是天资和能力；二是工作动机和需要；三是人生态度和价值观。

天资是遗传基因在起作用，而其他各项因素虽然受先天因素的影响，但更加受后天努力和环境的影响，所以职业锚是自我意向习得的部分，是会变化的，这一点，有别于职业取向。例如，某个人攻读了医学博士，并且从事外科医生工作已经 20 年了，尽管他的职业取向可能并不适合做外科医生，但是他在确定自己的职业时，基本上不会考虑改为其他职业，这是因为他的职业锚在起作用。

埃德加·施恩在研究职业锚时提出了五种职业锚类型，见表 11－7。

表 11－7　职业锚类型

职业锚类型	特点	职业
技术或功能型职业锚	主要将注意力放在工作的实际技术或职能内容上。他们总是围绕着技术能力或业务能力的特定领域安排自己的职业，根据能够最大限度地在其特定的领域保持挑战机会的标准进行工作流动	工程技术、财务分析、营销策划和系统分析等工作人员
管理型职业锚	把管理本身作为职业目标，他们总是将分析能力、人际沟通能力和情感能力加以科学组合来安排自己的职业	政府机构、企事业组织的主要负责人，如市长、局长、校长和总经理等

（续）

职业锚类型	特点	职业
创造型职业锚	要求拥有自主权、管理能力和施展才华的特殊能力，创造是他们自我发展的核心。他们敢于冒险，具有形形色色的价值观和动机，个人的强烈需要是追求建立或创造完全属于自己的成就	发明家、冒险性投资者、产品开发人员和企业家等
自主与独立型职业锚	他们喜欢更有独立性和自主性的职业，追求一种能最大限度地摆脱组织约束，施展自己职业能力的工作情景。他们的主要需求是随心所欲地制定自己的步调、时间表、生活方式和工作习惯	学者、科研人员、职业作家、个体咨询人员、手工业者和个体工商户等
安全型职业锚	倾向于根据组织对他们提出的要求行事，力图寻求一种稳定的职业、稳定可观的收入和稳定的事业前途。当个人目标和组织目标发生矛盾时，他们都会选择服从组织目标的要求	公务员、事业单位员工等

第七节　职业生涯开发计划

职业生涯开发是指通过传授知识、转变观念或提高技能的手段，来改善当前或未来工作绩效，发展与职业生涯目标相适应的潜在职业能力的过程。职业生涯开发以人自身为开发对象，工作重点是提高从事职业所要求的伦理观念、知识技能水平等。职业生涯开发可从以下两个方面入手。

一、自我要素的开发

自我要素的开发主要包括：能力的开发、态度的开发和职业资本的开发。

1. 能力的开发

在职业生涯规划中无论扮演何种职业角色都要有一些特定的能力。凡是希望职业生涯有所进展的人，都要做到三个方面：一是如果可能，要有胜任新工作的能力；二是向“挑选人”证明自己具有必要的能力；三是能够迅速取得新能力。

2. 态度的开发

态度决定着一切，良好的态度是一种责任的体现。有五点态度建议供参考：一是不是你身边发生的事情决定你的成败，而是你对这些事情做出的反应；二是你用什么样的目光去看待周围的世界，这个世界就如你所视；三是除非拥抱变革、把握变革，否则你将成为变革的奴隶；四是人们身上最大的局限其实都是自己给自己设定的；五是应该学会设计周围的环境，而不是让周围的环境设计你。

3. 职业资本的开发

职业资本是一个人选择职业、发展自我、运作金钱和创造财富等能力的总和，它是在与生俱来的先天基础上，通过后天的社会生活和教育改造而逐步形成的，主要包括职业素质、职业技能和职业阅历等多个方面。提高职业资本是一个人不断追求的人生课题，可以从四个方面做起：一是紧跟时代，努力吸取知识营养；二是树立效率观念，强调功效；三是高瞻远瞩，树立国际化观念；四是脚踏实地，积极参与。

二、社会资本的开发

社会资本是指处于共同体之内的个人或组织，通过与内部、外部对象的长期交往、合作、互利形成的一系列认同关系，以及由此而积淀下来的历史传统、价值理念、信仰和行为范式。社会资本作为影响个人行动能力以及生活质量的重要资源，在任何经济体制下都有着重要的作用。因此，在个人的职业生涯发展中应积极开发与利用社会资本，可以从五个方面进行：一是得体的服饰与举止；二是对权利关系的把握；三是争取领导的注意；四是人际关系的处理；五是掌握构建职业人际关系网的技巧。

总之，职业生涯规划是一个持续动态的过程。人是变化的，环境也是变化的，有效的职业生涯规划需要时时审视内外环境的变化，需要不断地反省修正职业生涯目标，反省策略方案是否恰当，以适应环境的改变，并以此作为下一轮规划的参考依据。

案例

大前研一：如何规划20～50岁的职业生涯

历经52岁卸任日本麦肯锡顾问公司总经理、投身政治运动、参选东京都知事（等同于东京市市长）失利等重大转折之后，大前研一回顾了自己长达25年的职业生涯，撰写了《后五十岁的选择》一书。他指出，身为一名上班族，无论正值20世代（指20～29岁之间的人，以下类推）、30世代、40世代还是50世代，对个人及公司而言，都代表着不同的意义。大前研一强调一个观念：人生是一个连续不断的过程，每个阶段所采取的策略，都将大幅影响下个阶段的表现。

20几岁时——拒绝“一个指令，一个动作”

大前研一认为，真正优秀的经理人，在20世代就会崭露头角，开创自己的事业。例如，松下幸之助从12岁就开始做学徒，积累实务经验，25岁时创立松下电器（Panasonic）。盛田昭夫少年就在家族事业中接受磨炼，大学毕业后创立了东京通信工业，即后来的SONY。这些成功经理人最大的共同点，就在于“不把自己视为一个上班族”，并且持续保持独立思考的习惯。如果只一味想着完成上司的嘱咐，长久下来，可能演变为‘一个指令、一个动作’的行动的模式，甚至因此丧失独立思考的能力。

以大前研一自身为例，他在取得博士学位返国后，顺利进入日立制作所（HITACHI）工作。当时，这间公司被尊称为“世界的日立”，是日本最受尊崇的重点企业之一。但是，在任职工程师的2年内，大前研一始终对高层放弃自行研发、由外国引进技术的取巧做法不以为然。由于多次进言无效，他在29岁时毅然离职，才因此找到更能发挥长才的舞台。

30几岁时——全力以赴，远离“魔之15年”

大前研一指出，无论待在什么样的公司，在进入职场10年后，面对所有该学习的事物，不仅要学会，更要完全精通，达到连自己都无法挑剔的程度。在离开日立之后，大前研一决定转换跑道，进入麦肯锡顾问公司，投身陌生的管理领域。身为菜鸟、又得经常向年纪比他大一倍的企业主提案，他总是比同事花费更多的时间反复假设、实验，甚至跑遍全国实地访谈，最后才充满自信地整理出结论并汇报。一经出版就引起热烈讨论的他的第一本著作《企业参谋》，正是由他在麦肯锡前3年的个人笔记集结而成。36岁时，大前研一正式升任为日本麦肯锡顾问公司总经理。大前研一始终认为，对30世代的上班族而言，仍有一个得特别需要留心的陷阱：避免陷入“魔之15年”！这是大前研一自创的词汇，泛指那些自认为已熟练各种能力，不打算继续学习，也没有离职意愿的阶段。通常在35岁左右发生，并持续到离开公司为止。这一类型的上班族已经丧失所有目标和上进心，长久下来，和升迁之间的距离自然也日渐遥远，只好安静等待退休。

40几岁——观察前辈，制定“工作外的人生目标”

大前研一指出，40几岁的上班族应该正视现实，因为在主管们的眼中，“值得升迁”与“留在原地”的职员名单到这个阶段已经再明显不过。而随着年龄增长，这两者之间的差距只会越来越大。那么，与其空泛地想象自己的未来，不妨锁定部门内一位令人信服、年资又高于10年左右的前辈，长期观察其职场生涯。目前该前辈担任什么职务？处于什么状况？大家都怎么评论？在观察过程中，要明白前辈的现状，很可能是自己的未来。

此外，也要“找到工作之外的人生目标”。就大前研一个人而言，由于自觉身为知识分子，理应有一份社会责任，因此，他在49岁时创立了市民运动组织“平成维新之会”，开启了一系列政治改革运动，并在3年后毅然辞去麦肯锡顾问公司总经理一职，参选东京都知事。即使最后的参选结果不甚理想，但是勇敢踏出第一步，去实践工作以外的人生目标，始终是大前研一口中“不曾后悔的选择”。

50几岁——勇敢“Reset”人生。

在退休的前5~10年之间，上班族应该对自己的人生进行一次总盘点。这个行动隐藏着两层意义：回顾过去努力的成绩，审视未来30年想要的生活。他强调：“人生过得幸不幸福，才是这辈子是否成功的判断基准。”所以到了这个阶段，一切都要从结果反推回来思考，例如，此生有什么重要目标还没达到？

2005年，62岁的大前研一勇敢“Reset”了自己的人生。自麦肯锡顾问公司退休、离开政治圈之后，他不仅在世界各知名大学任教，更创立了商业突破（Business Breakthrough）研究所，发挥所长，致力于培养更多企业管理人才。

（资料来源：https://cj.sina.com.cn/article/detail/6028627615/472571.）

知识拓展

让青春在勇毅前行中绽放光彩

永葆初心之情，锚定“为民服务”的人生方向。江山就是人民，人民就是江山。中国共产党领导人民打江山、守江山，守的是人民的心。为人民谋幸福是我们党的初心，也是青年成才的路径。广大青年干部要始终坚定理想信念，把为民服务烙在砥砺初心的伟大征途中，尽力而为、量力而行，沉下身子、迈开步子，下基层、拉家常、心交心，了解社情民意，采取更多暖民心举措，着力解决好人民群众急难愁盼问题。要鼓起“不破楼兰终不还”的劲头，密切党群关系之使命，把“民之所思”化为“我之所行”，办为民利民惠民的事，在为民服务中把稳前行之舵，让青春绽放光彩。

砥砺强国之志，扛起“奋斗实干”的使命大旗。青年是最富活力、创造力的群体，青年向上，国家向前。历史和实践充分证明，青年只有不断奋斗，才能扬起人生风帆。许多年轻党员干部在脱贫攻坚战场上勇挑重担、挥洒汗水，年轻的航天团队逐梦星辰大海实现一个又一个新的突破。青春是用来奋斗的，奋斗的青春最美丽。广大青年干部要把实干写在艰苦奋斗的顽强拼搏里，经受严格的思想淬炼、政治历练、实践锻炼和专业训练，经风雨、见世面才能壮筋骨、长才干。要在党和人民最需要的地方矢志奉献，在担苦担责担难中经受考验，切实提高解决实际问题的能力，不断增强做中国人的志气、骨气、底气，把握青春、不负青春，在拼搏进取中奏响奋斗之歌，让青春绽放光彩。

实践复兴之行，镌刻“斗争筑梦”的青春足迹。一代人有一代人的梦想，一代青年有一代青年的使命。拥抱新时代、奋进新时代，全面建设社会主义现代化国家、全面推进中华民族伟大复兴是我们当代青年义不容辞的责任和使命。越是面临机遇，越要奋发图强；越是面对挑战，越要敢于斗争。广大青年干部要始终保持“初生牛犊不怕虎”“越是艰险越向前”的刚健勇毅和“唯知跃进，唯知雄飞”的冲劲，面对困难挫折撑得住、关键时刻顶得住、风险挑战扛得住，自觉加强斗争历练，在斗争中成长提高。我们生逢其时，施展才干的舞台无比广阔，实现梦想的前景无比光明，要把斗争写在同心筑梦的时代使命里，“逢山开路，遇水架桥”，焕发昂扬斗志，不负时代、不负韶华，在不断斗争中担起复兴重任，让青春绽放光彩。

（资料来源：孙才智．人民论坛网．2022－10－22.）

参考文献：

[1] 格林豪斯．职业生涯管理：4版［M］．王伟，译．北京：清华大学出版社，2014.

[2] 周文霞．职业生涯管理［M］．2版．上海：复旦大学出版社，2020.

[3] 郑美群，李洪英，刘丹．职业生涯管理［M］．3版．北京：机械工业出版社，2022.

思考题：

1．什么是职业生涯规划？其包括哪些步骤？

2．如何理解职业生涯成功？

3．职业选择时应着重考虑哪些因素？

4．如何进行自我评估与自我开发？

5．职业生涯发展理论具体有哪些？

6．职业生涯开发主要有哪些路径？

练习题：

请做一次人才素质测评，并为自己设计职业生涯规划，参考下面模板进行。

一、自我分析

结合人才测评报告对自己进行全方位、多角度的分析，包括：职业兴趣——喜欢干什么；职业能力——能够干什么；个人特质——适合干什么；职业价值观——最看重什么；胜任能力——优劣势是什么。并将内容写入表 11－8 中。

表 11－8 自己的优劣势

我的优势	我的劣势

完成上述工作后，进行自我分析小结。

二、职业分析

对影响职业选择的相关外部环境进行较为系统的分析。

1）家庭环境分析：如经济状况、家人期望、家族文化等以及对本人的影响。

2）学校环境分析：如学校特色、专业学习、实践经验等。

3）社会环境分析：如就业形势、就业政策、竞争对手等。

4）职业环境分析：行业分析（如××行业现状及发展趋势，人业匹配分析）。

5）职业分析：如××职业的工作内容、工作要求、发展前景，人岗匹配分析。

6）企业分析：如××单位类型、企业文化、发展前景、发展阶段、产品服务、员工素质、工作氛围等，人企匹配分析。

7）地域分析：如××工作城市的发展前景、文化特点、气候水土、人际关系等，人城匹配分析。

完成上述工作后，进行职业分析小结。

三、职业定位

将内容写入表 11－9 中。

表 11－9 自我职业定位

综合第一部分（自我分析）及第二部分（职业分析），得出职业定位的 SWOT 分析 内部环境因素	优势因素（S）	劣势因素（W）
外部环境因素	机会因素（O）	威胁因素（T）

完成上述工作后，写出结论。并将职业目标写入表 11－10。

表 11-10　职业目标

职业目标	将来从事（××行业的）××职业
职业发展策略	例如，进入××类型的组织（到××地区发展）
职业发展路线	例如，走技术专家路线（或管理路线等）
具体路线	例如，××员——初级××——中级××——高级××

四、计划实施

将计划分阶段，并写入表 11-11。

表 11-11　计划实施

计划名称	时间跨度	总目标	分目标	计划内容	策略和措施	备注
短期计划（大学）	20××—20××年	如大学毕业时要达到……	如大一要达到……大二要达到……或在××方面要达到……	如专业学习、职业技能培养、职业素质提升、职业实践计划等	省略	职业规划重点
中期计划（毕业后五年）	20××—20××年	如毕业后第五年时要达到……	如毕业后第一年要第二年要……或在××方面要达到……	如职场适应、知脉人脉、钱脉的积累）、岗位转换及升迁等	省略	职业规划重点
长期计划（毕业后十年或以上）	20××—20××年	如退休时要达到……	如毕业后第十年要第二十年要……	如事业发展、健康、子女教育等	省略	方向性规划

五、评估调整

1）职业目标评估（是否需要重新选择职业？）假如一直……，那么我将……

2）职业路线评估（是否需要调整发展方向？）当出现……的时候，我就……

3）实施策略评估（是否需要改变行动策略？）如果……，我就……

4）其他因素评估（身体、家庭、经济状况以及机遇、意外情况的及时评估）。

第三篇

管理基本素养

第十二章 职业伦理

教学目标与要求

通过本章的学习，使学生能够对职业伦理的基本知识体系有全面的了解和认识。要求学生掌握职业伦理和职业道德的内涵，了解职业伦理的作用、建设途径，充分认识职业伦理在实际应用中的思想，帮助学生树立正确的职业伦理观，培养学生的敬业精神。

思想导入

腐败是危害党的生命力和战斗力的最大毒瘤，反腐败是最彻底的自我革命。

坚持不敢腐、不能腐、不想腐一体推进，同时发力、同向发力、综合发力。以零容忍态度反腐惩恶，更加有力遏制增量，更加有效清除存量，坚决查处政治问题和经济问题交织的腐败，坚决防止领导干部成为利益集团和权势团体的代言人、代理人，坚决治理政商勾连破坏政治生态和经济发展环境问题，决不姑息。

深化标本兼治，推进反腐败国家立法，加强新时代廉洁文化建设，教育引导广大党员、干部增强不想腐的自觉，清清白白做人、干干净净做事，使严厉惩治、规范权力、教育引导紧密结合、协调联动，不断取得更多制度性成果和更大治理效能。

资料来源：习近平. 高举中国特色社会主义伟大旗帜 为全面建设社会主义现代化国家而团结奋斗：在中国共产党第二十次全国代表大会上的报告［M］. 北京：人民出版社，2022.

物质富裕和精神道德如人的两手，鸟的两翼，相辅相成，不可分离。古今中外对职业伦理和职业道德的思考一直都在。《礼记·大学》有一句话，德者，本也；财者，末也。《增广贤文·上集》中说，君子爱财取之有道。以《国富论》闻名天下的经济学家亚当·斯密在其名著《道德情操论》中强调，人在追求自身物质利益的同时要受道德观念的约束。人既要“利己”也要“利他”，道德与正义对于社会乃至市场经济的运作至关重要。

职业伦理是人类道德结构中的一个永远不可缺少的重要因素，在现代社会中显得尤为重要。特别是实现中华民族伟大复兴，就更需要各行各业弘扬和培育敬业精神和工匠精神去拼搏奋斗。

第一节　职业伦理概述

一、职业伦理的基本知识框架

职业伦理理论出现于20世纪20年代。1929年，美国伦理学家赖特在他发表的《伦理学概论》中，最先提出了西方社会中的各种行业伦理学。针对所有的职业从事者，提出了明确的具体指导，使他们非常清楚地知道可以做哪些事，不可以做哪些事。20世纪50年代以来，职业伦理理论在世界范围内得到了发展，对生产的进一步扩大和对整个社会文明起到了重要作用。在社会化、市场化和国际化趋势日益凸显的时代，对于职业伦理的要求将更为迫切和必要。本章主要从职业道德、职业伦理作用、职业伦理建设及其应用四个方面构建职业伦理的基本知识框架，如图12-1所示。

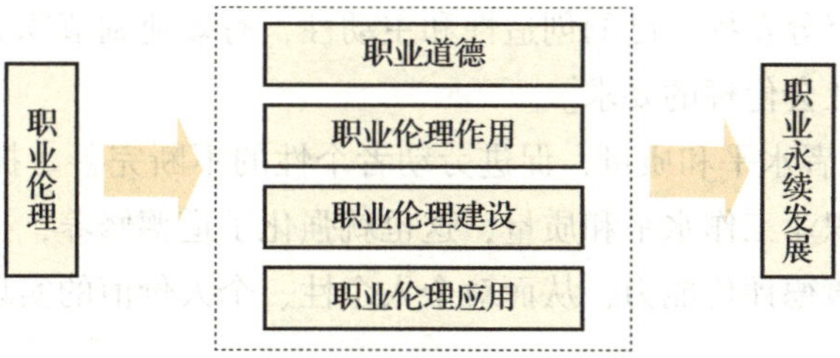

图12-1　职业伦理的基本知识框架

二、职业伦理的基本概念

1. 广义界定

恩格斯在《路德维希·费尔巴哈和德国古典哲学的终结》一文中指出：“实际上，每一个阶级，甚至每一个行业，都各有各的道德。”人们都在从事自己的职业，承担着本职业的责任和义务，那么就相应的需要有自己行业的道德和规范来约束人们的行为，指导人们的职业活动，调节本行业成员之间的关系以及与其他社会成员之间的关系，职业伦理学就是在这样的情况下应运而生的。

广义的职业伦理是关于职业道德的一门学科，是研究职业领域出现的全部道德现象，揭示职业活动过程中人类和谐相处、和谐发展所应遵循的道德原理和行为规范的学说。它通过研究职业活动过程中的道德现象，揭示职业道德发展的规律性，并从中引申出有关职业道德的各种原则、范畴、规范等道德要求。由广义定义可以看出，职业伦理是伦理学的一个分支，主要是从道德的角度来研究职业活动并规范就业者的，研究道德因素在职业过程中究竟起到哪些作用，是通过什么途径实现的。职业伦理必须立足于社会主义现实的职业生活，以马克思主义的科学理论为指导，以职业关系的发展变化规律为依据，从历史上的职业道德实践和职业伦理思想中吸取精华部分，从而使职业伦理成为一门真正的科学。它绝对不是职业现象的简单罗列或者是职业道德规范的简单堆砌。

2. 狭义界定

狭义的职业伦理可以具体归纳为以下五个方面。

1）概括说明职业道德的规范体系。职业伦理学要根据社会普遍对道德的要求，职业活动的具体特点，总结提炼出具有规范意义的职业道德的基本原则和其他相关的行为规范。职业道德体系不应该是也不会是封闭的，一成不变的，科学完整的社会职业道德体系也要随着社会的变化和发展而不断完善。

2）提高工作者的道德素质，培养合格的职业工作者。职业伦理的重要任务就是要提高职业工作者的职业道德素质，使职业者养成职业道德习惯，懂得职业活动中的行为关系和利益关系的重要性，并且懂得如何调节这些关系。

3）调节职业活动中的各种行为关系和利益关系，从而创造出一个互相信任，互相帮助，关心爱护，团结友爱，和睦共处，和谐发展，共同进步的工作环境。

4）调节职业活动中个人行为关系和利益关系。向职业工作者提供道德调节的相关知识，帮助职业工作者充分发挥自己的创造性和主动性，有效地调节职业活动中的各种道德关系，使职业活动符合社会伦理的要求。

5）提高职业工作者水平和质量，促进劳动者个性的不断完善。提高职业工作者的道德素质，就能不断提高职业工作水平和质量，这也就强化了道德修养，提高了职业工作者的道德意识、道德行为和道德评价能力，从而对个人个性、个人价值的实现提供了基础。

案例

杜绝学术不端，营造良好学术生态

学术不端行为泛指一切在学术主体身上发生的有违学术秩序、学术规范、学术伦理、学术操守、学术精神的不当学术行为，不仅包括“学术腐败”“学术权力寻租”“学术权钱交易”等现象，更是包括抄袭、剽窃、低水平重复、学术评审暗箱操作等典型不端行为在内的种种学术投机行为的总称。学术不端行为严重影响学术生态。必须直面问题、标本兼治，从青年学生抓起，规范科技活动行为，营造良好的学术生态。

学术、科技伦理是一个极为重要的问题。因为科学家、科技工作者所从事的科学事业是追求真理、造福于人类的，学术、科学是老老实实的学问，来不得半点虚假与浮夸，没有崇高的道德品格，是不能胜任的，甚至还会给人类造成灾难。特别是在社会主义市场经济条件下、在各种功利主义思想和选择多元化冲击下，作为一名科技工作者更需要提倡敬业精神，遵守科技伦理、道德，进行自我教育和自我约束，建立良好学风，促进科学事业发展。

（资料来源：龙宝新．论学术不端行为问责的逻辑、机理与路径——兼评大学学术不端行为治理的合法性［J］．教育理论与实践，2023，43（12）：3－8．）

三、职业伦理的主要内容

职业伦理是我国传统伦理道德中较欠缺的一部分。在现代社会上，职业伦理又是格外重要。职业伦理主要包括工作观和专业伦理两部分。

1. 工作观

人们为什么要工作？工作的意义何在？很多学者指出，每天从事的工作有三重意义：发展自我、服务社会及享受工作。

首先，发展自我就是借着工作去发展自己的才能并确立自我的价值。因此，工作应使一个人有成就感及满足感，但是并不是所有的工作都使人有成就感。有些工作除了赚钱多之外，并不能挖掘人的潜力，也不能维护和提升人的尊严及价值，这类工作不值得去做。日本的工业技术处于领先位置，就是因为日本各阶层的人都看重自己的工作，力求在自己那一行成为最优秀的人才，因此众人搭档起来就容易打造最杰出的技术团队。

其次，工作的目的应该包括为社会服务。正经的工作必然是对社会有益的，而且使人们有余力去帮助他人。另外工作既是造福社会，在工作上就要注意环境污染及工业安全的问题，以免祸及子孙、伤害他人。

最后也是最重要的，是享受工作。一个体会到工作意义和享受工作的人，必定更有一份神圣的使命感。曾有一个人问三位工作中的泥水匠："你们在做什么？"第一位泥水匠懒洋洋地回答："你没看到我们在砌砖吗？"第二位回答："我们要盖一座大房子。"第三位泥水匠很兴奋地回答说："我们正在建筑一座雄伟的教堂，让基督徒来敬拜神。"在这三个工人之中，只有第三位才领略到那种工作的神圣性，也最有工作的热忱与干劲，他是在享受工作的乐趣。

在选择工作时，工作是否帮助人们实现自我的理想、是否能对社会有积极的贡献，以及是否达到享受工作的目的，将成为筛选工作的三项重要指标。正确的工作观也会促使人们在工作上赋予更积极、更神圣的意义，进而使人们更有敬业的精神，在工作上有杰出的表现。

2. 专业伦理

从事每项行业，都要有必须遵守的行为规范。欧美国家由于深受基督教伦理的影响，各行各业都有严谨的"专业伦理规范"（Professional Ethic Code），例如医药伦理、工程伦理、商业伦理等。而且各专业工会都有专门的部门制定规范，制裁违反职业道德的专业人员，吊销他们的执照。这都是值得人们借鉴的做法。

案例

精于工，匠于心，品于行，名于世——解读梦之蓝的职人精神

酒的酿造，是一种将时代审美和匠心设想结合得最为高妙而不着痕迹的人类创造活动。而让一瓶梦之蓝美酒拥有灵魂与神韵，少不了洋河酒业的两群人。

一群是由300多名20年以上酿酒经验的老匠人组成的纯手工酿酒班组。他们严格按照数百年传承入选"国家级非物质文化遗产"的"洋河酒酿造技艺"，坚守137道手工酿酒工艺日复一日、年复一年，以双手赋予每一滴酒以生命与温度。另一群人则是34位大师，他们经历千余次勾调实验，在百款酒体中精选……最终在精湛的手工雕琢、严苛的品质把关、耐心的时光打磨之下，塑造出一款手工老酒。这些人就是梦之蓝手工班。他们一辈子只做一

件事，那就是手工酿酒、酿好酒。时至今日，洋河仍然奉行严格的师徒制。拜师仪式上，师父接受徒弟的敬酒，并向徒弟赠送《洋河酒训》、笔记本等信物，举行“戒尺加身”仪式。源于品质上的高标准、严要求，梦之蓝·手工班产能极其稀缺。在洋河酒厂，只有2%的酒能满足梦之蓝·手工班苛刻的质量要求。

正是“人无我有”“人有我精”的匠心精神，梦之蓝手工班被誉为“酒杯中的活文物，老酒中的艺术品”。还有人形容手工班酿酒技艺是一种“带着生命温度的艺术”，无论从哪个角度看，梦之蓝手工班，都是“中国匠造”的扛鼎之作。

（资料来源：https://finance.sina.com.cn/jjxw/2022-08-24/doc-imizmscv7511841.shtml.）

四、影响职业伦理的主要因素

职业伦理作为伦理学的一个分支，发展十分迅速和显著，它对于现代职业工作者提高道德素质、提升工作质量、个性不断完善起到了指导性的作用。在现实的发展中，职业伦理不同程度地受到了其他因素的影响，主要有生产方式、政治制度、文化环境和科学技术。

1. 生产方式

生产方式是在生产过程中形成的人与自然界之间以及人与人之间的相互关系的体系，是社会生活所必需的物质资料的获取方式。生产方式对于职业伦理主要有以下三方面的影响。

（1）生产方式是职业伦理产生的基础　人们从事职业活动的第一目的就是能够通过劳动获取生活必要的物质资源和维持生存的生产资料，所以职业活动一开始就是功利的。然而，为了能够使职业活动顺利进行，人们就不可避免地要处理好各种各样的关系，职业活动者不但要看重自己的利益还要顾及社会各方面的利益，这就产生了职业道德问题。正如《马克思恩格斯选集》中指出的那样：“在社会发展某个很早的阶段、产生了这样的一种需要：把每天重复着的生产、分配和交换产品的行为用一个共同规则概括起来，设法使个人服从生产和交换的一般条件。这个规则首先表现为习惯，后来便成了法律。”

（2）生产方式是职业伦理发展的动力　生产方式的不断更新使得人类的职业活动有了新的变化，人们有了更多获得财富的手段，也有了更多样化的职业。那么，人们在某种职业活动中的职业伦理也会不断有新的内容充实进来，不断有新规则的出现，使得人类职业伦理得以不断发展。所以说，生产方式的不断进步，也促进了职业伦理不断向前发展。

（3）职业伦理的效应也促进了生产的进步　职业伦理是对职业活动中的道德观念、道德情感、道德规范等的总结与概括。那么，它对人们的职业活动以至于整个社会活动都会产生指导性的影响。人们根据自身对职业伦理价值的认识，就会对职业活动中的具体问题做出行为的选择，从而尽量产生好的结果。人的伦理精神一方面在经济开发中产生内在的秩序，另一方面能促进工作精神，开拓工作领域，提高工作效率。

2. 政治制度

政治最直接、最集中地反映着各种阶级的经济利益，正如列宁指出的：“政治是经济的集中体现。”政治制度对职业伦理主要有两个方面的影响。

(1) 政治制度决定了职业伦理的类型　不同类型的政治制度决定了这一政治制度下的职业伦理。

(2) 影响职业伦理观念的确立　政治对整个社会的影响，特别是对人们价值观的影响是巨大的。政治可以通过政府所颁发的各项政策、各种法律、政府领袖的言行等对人们的价值观、职业伦理观产生影响。相反，错误的政治导向也会导致人们产生错误的职业价值观。

3. 文化环境

文化是人类世代相传并在不断改变的历史过程中积累而成的。职业活动的行为过程，职业伦理的状况如何，都会受到文化这一社会历史条件的影响，主要有三个方面。

(1) 造就人的职业伦理人格　职业生活中人的羞耻感和荣誉感、伟大和渺小、崇高与卑鄙等人格观念，不是天生的，是社会熏陶的结果，是文化作用的产物。职业伦理人格是一定社会文化赋予的职业思想、职业性格和职业行为范式。

(2) 影响社会职业伦理道德规范　文化是社会的血肉，文化赋予社会成员不可缺少的内容，赋予社会发展的条件。每个职业组织采取什么样的职业伦理原则与规范，是受到文化背景和文化环境的制约。

(3) 促进职业伦理的进化和完善　文化不仅影响了人的表面或行动本身的方式，而且影响到了人类的灵魂深处。文化影响人的观念和品格，改造人的习性和气质，从而促进了职业活动中伦理道德的进化、发展和完善。

4. 科学技术

科学技术的发展促进了经济的发展，其对职业伦理的影响主要表现在三个方面。

(1) 扩大了职业伦理的范围　科学技术创造了很多新的工作领域和新的职业，那么新的职业就要求有新的职业伦理观念、职业伦理价值、职业伦理规范和职业伦理责任等。因此，科学技术产生了一系列新的职业伦理，扩大了职业伦理的范围。

(2) 提高了人的职业伦理水平　在科学技术高度发达的今天，就对职业伦理提出了更高的要求。科学现在不仅仅改变了人们的生活方式，而且还能够改变人的本身。科学的进步有利于培养人的崇高道德精神。

(3) 科学进步给职业伦理增加了许多新的内容和新的观念　科学的发展为各种职业提出了许多新的要求和标准，极大地丰富了职业伦理的内容。

第二节　职业道德

在我国，道德与伦理的词源含义有所不同。职业道德主要是对某一职业的从业者个体的特殊要求，职业伦理则是某一职业的从业者对具有总体性的社会伦理和社会主导价值观的遵循。职业伦理所具有的总体性特点，与职业道德的个体性和主观性形成了对照。

一、职业道德的基本概念

道德是社会学意义上的一个基本概念。不同的社会制度，不同的社会阶层都有不同的道德标准。所谓道德，就是由一定社会的经济基础所决定，以善恶为评价标准，以法律为保障并依靠社会舆论和人们内心信念来维系的、调整人与人、人与社会及社会各成员之间关系的行为规范的总和。

职业道德是一般道德在职业行为中的反映，是社会分工的产物。所谓职业道德，就是人们在进行职业活动过程中，一切符合职业要求的心理意识、行为准则和行为规范的总和。其含义包括以下八个方面。

1）职业道德是一种职业规范，受社会普遍的认可。

2）职业道德是长期以来自然形成的。

3）职业道德没有确定形式，通常体现为观念、习惯、信念等。

4）职业道德依靠文化、内心信念和习惯，通过员工的自律实现。

5）职业道德大多没有实质的约束力和强制力。

6）职业道德的主要内容是对员工义务的要求。

7）职业道德的标准多元化，代表了不同企业可能具有不同的价值观。

8）职业道德承载着企业文化和凝聚力，影响深远。

职业道德通过公约、守则、条例等形式，促使职工忠于职守，钻研业务和技术，完成工作和任务，服从秩序和领导安排，团结协作，推动各项事业的发展。

二、职业道德的具体要求

2019 年国务院颁布了《新时代公民道德建设实施纲要》，强调全面推进社会公德，职业道德、家庭美德、个人道德建设。我国现阶段各行各业普遍适用的职业道德的基本内容，即爱岗敬业、诚实守信、办事公道、服务人民、奉献社会。

1. 爱岗敬业

爱岗敬业是职业道德的基础，是社会主义职业道德所倡导的首要规范和核心规范。爱岗，就是热爱自己的本职工作，忠于职守，对本职工作尽心尽力；敬业，是爱岗的升华，是用一种恭敬严肃的态度来对待自己的职业。养成干一行、爱一行、钻一行的职业精神，把平凡的事做到极致，在平凡的岗位上创造奇迹。

2. 诚实守信

所谓诚，指言行一致，诚于中而形于外，勿自欺，勿欺人。所谓信，指信守诺言，孔子云：人而无信，不知其可也。在职业行为中最基本的体现就是诚实劳动。诚实守信要求每名从业者讲求信誉，重信誉，做到实事求是、信守诺言。在工作中严格遵守国家法律、法规和本职工作的条例、纪律。

3. 办事公道

办事公道是指从业人员在办理事情、处理问题时，要站在公正的立场上，按照同一标准和同一原则办事的职业道德规范。处理各种职业事务要公道正派、不偏不倚、客观公正、公平公开。对不同服务对象一视同仁、秉公办事，不因职位高低、贫富亲疏、国籍种族的差别而区别对待，这就是办事公道。

4. 服务人民

服务人民是指听取人民意见，了解人民需要，为人民着想，端正服务态度，改进服务措施，提高服务质量。做好本职工作是服务人民最直接的体现。要有效地履职尽责，必须坚持工作的高标准。

5. 奉献社会

奉献社会是职业道德的出发点和归宿，是社会主义职业道德的最高境界和最终目的。奉献社会就是要胸怀家国的同时，履行对社会、对他人的义务，自觉、努力地为社会、为他人做出贡献。当社会利益与局部利益、个人利益发生冲突时，要求每一个从业人员把社会利益放在首位。

案例

武凯：飞机零件“雕刻师”

20 世纪 50 年代，一群参与“两航”起义的航空工业技术专家和技能工人来到山西太原，在一座破败的兵营马棚里修旧利废，建设了我国第一家航空仪表制造厂，制造出我国第一块航空仪表，为我国航空工业发展做出了重要贡献。

一代代“太航人”扎根三晋大地深耕不辍，武凯便是其中之一。

1990 年从太航仪表厂技工学校毕业后，武凯以车工专业第一的成绩分配进厂，成为一名高级车工。“我有个‘飞机梦’，对飞机零件图样十分感兴趣，车工组接触图样机会少，我就经常跑去铣工组研究复杂图样。”“两边跑”了三年，他做出一个令人惊讶的决定——放弃车工高级工身份，转行当起了铣工学徒工。

爱一行专一行，专一行精一行。技校铣工专业学习周期长达三年，而学徒工期只有一年，必须在期限内掌握铣工理论和实操技能，才能成功转型。武凯一头扎进学习中，白天在师傅的带领下做实操，夜晚自学理论，奋力追赶。学徒工后期，他熟练得像个老师傅，千余页教材每一页的重点都能脱口而出。

凭借锲而不舍的学习劲头，一年学徒期满后，武凯借助公司技术比武的契机，连续两次摘得铣工技能比拼第一名，22 岁便成为公司最年轻的高级铣工。1998 年，太航公司技术革新引入数控设备，武凯通过选拔成为第一批加工中心操作工人，正式开启精密制造之旅。

彼时，我国数控技术处于发展阶段。据太航公司党委副书记胡勇杰回忆：“公司员工使用数控设备时多采用手工编程，效率低、出错率高、编出的东西简单。由于每台设备识别的代码不同，每个人编程、操作水平也不同，加工一个零件往往既挑设备又挑人。”

武凯意识到了编程技术的关键性，他花费一年多工资买了一台计算机，建模、写代码、走程序，撸起袖子研究计算机编程。加工中心实行倒班制，他主动申请上全班，整日与计算机和数控设备为伴。苦心钻研下，武凯攻克难题，实现了三、四、五轴加工中心手动编程向自动编程转换，并将技术广泛推广。

从业三十余年，武凯潜心修炼，硕果累累。他曾参与神舟系列几十项科研零件设计定型及加工任务，圆满完成多项国家重点航空型号技术攻关任务，共计提炼创新技术成果 20 余项、申请国家专利6项、带徒26人，其中8人成为高级工程师。武凯将每一份荣誉都作为崭新起点，继续投身航空事业，朝着新时代蓝天捍卫者的梦想全力进发。

（资料来源：王沁芳．飞机零件“雕刻师”［N］．中国组织人事报，2023－05－22（1）．）

第三节　职业伦理的作用

职业伦理在现实中的作用主要表现在，三个方面：对个人发展的作用、对企业发展的作用，以及对社会经济发展的作用。

一、职业伦理对个人发展的作用

孔子云：“志于道，据于德，依于仁，游于艺。”职业对于人生的影响是积极的还是消极的，关键在于是否对自己所从事的职业产生敬仰和喜悦之情，有没有伦理精神和道德理念的指导。职业伦理精神与个人的发展主要有两个方面的关系。

1. 职业伦理修养关系到个人的自我完善

工作者运用正确的职业道德原则和观念，能够不断意识到自己思想中不正确的职业伦理观念，进行内心的自我反省与提高。在职业实践当中，工作者能够通过实践来检验自己的职业伦理道德观念是否正确，从而能够形成一定的职业伦理道德品质，在实践工作中履行自己的职业道德义务。

职业伦理认识是一切职业情感、职业意志、职业信念的开端，一个人的职业伦理认识越全面，越深刻，那么他的职业伦理观念就会越明确、越坚定，也就越来越有助于转化为职业伦理信念。

2. 培养职业伦理境界有助于个人价值的实现

职业伦理境界是广大工作者伦理道德修养水平的体现，是工作者从一定的职业伦理观念出发，在个人同他人和社会的交往和联系中所形成的一定的觉悟水平和情操，代表了工作者的伦理水平。目前，我国工作者的职业伦理境界主要有三种。

（1）雇用型的职业伦理境界　拥有这种境界的工作者，无论从事什么职业，无论在什么时间、地点，推动他们活动的根本动力就是满足他们个人的需要，甚至为了牟取私利，他们不惜弄虚作假，违法乱纪，干出损公肥私的事情。很显然，这是一种低层次的职业伦理境界。

（2）尽职型的职业伦理境界　拥有这种境界的工作者对工作尽职尽责，能够把社会和集体的利益放在首位，个人的私利摆在从属的位置，忘我地劳动，必要时可牺牲个人的利益。这是一种中间层次的职业伦理境界，是职业工作者群体中大部分人所具有的。

（3）献身型的职业伦理境界　这类职业工作者脚踏实地，认真负责，对工作精益求精，毫不利己，专门利人。自觉地把献身精神和做好本职工作紧密结合，在平凡又伟大的事业中求得个人的完善和发展。这是最高层次的职业伦理境界。

二、职业伦理对企业发展的作用

职业伦理是无形资产，更是企业价值的灵魂、企业文化的核心。职业伦理与企业的发展有着密切的关系，主要表现在以下三个方面。

1. 职业伦理构建有力地支撑企业文化构建

企业伦理和企业文化相辅相成、相互支撑。伦理维度和文化维度在企业中是一种隐形的表现，但是都应该受到管理人员和员工的重视。正因为它们的隐形特性，才会潜移默化地影响到企业的发展。也许职业伦理不会在短期内影响企业绩效，但是一旦企业员工的非职业伦理行为被公众以及其他利益相关者所知，它产生的恶劣影响将不可估量，不仅会影响公众对企业产品的认知，也会对企业整体发展产生巨大的负面影响。

因此，职业伦理可以使企业构建良好的文化和伦理氛围，加强企业员工对自身行为的规范，特别是在面临各种伦理困境时，企业内部良好的伦理氛围可以有效规避各种员工非伦理行为的发生。

2. 职业伦理构建有利于企业获得竞争优势

近年来，随着职业伦理意识增强，职业伦理开始融入企业竞争力培育的战略框架中，成为企业获得竞争优势不可缺少的要素。职业伦理提倡的尊师重道、精益求精、百折不挠、严谨态度、创新精神等职业精神，有利于促进企业的技术进步、产品创新、品牌孕育，也有利于提升服务质量，增加企业的非价格特质，使企业在市场竞争中比竞争对手更具市场吸引力，形成自己的竞争优势。

3. 职业伦理构建有利于企业提升企业形象

企业形象包括有形形象和无形形象，它们都渗透着职业伦理的作用。在企业的有形形象中，产品质量只有依靠职业伦理落到实处才能得到保证；在企业的无形形象中，良好声誉只能靠员工良好的职业伦理素质来赢得。良好的企业形象是企业的无形资产，职业伦理则是企业形象的价值内核。

三、职业伦理对社会经济发展的作用

职业伦理有重要的经济意义，为市场经济的健康有序发展提供动力支持和道德保证。

1. 职业伦理为市场经济终极日标的追求提供保证

企业在追求利润最大化的同时，还要考虑到经济活动的社会效益、环境效益、人的效益，不能只为企业自身的利益而损害社会效益、环境效益、人的效益。所以，一切经济活动都必须有伦理道德的引导，人们的经济活动要有职业伦理的支持，这样才能为社会的全面和谐发展提供保证。

2. 职业伦理情操关系着经济交往的人文基础

经济理论的鼻祖亚当·斯密在《国富论》中曾提出：市场经济那双“看不见的手”，正是以一种伟大的道德律为哲学基础的。没有信任、合作、互惠的道德基础，大规模的市场经济是无法开拓的。所以，在经济交往中，必须有一种互惠互利的信念，遵循公平竞争的原则。

3. 职业伦理素质为市场资源的合理配置提供重要保证

就物质资源的合理配置来说，是离不开人的参与的。人的素质，尤其是职业伦理道德素质、价值观念等将直接影响到物质资源的合理配置方式。提高人的职业伦理道德素质，促进人的全面发展，不仅能够为市场经济提供大量高素质的人力资源，也能够为市场经济资源的合理配置提供重要保证。

4. 职业伦理的培养对于社会经济可持续发展也有重要的作用

社会可持续发展的主要因素就是人的素质的全面提高，人类的和谐相处、和谐发展的需要使得伦理精神的建设显得尤为重要。要保证社会经济的可持续发展，就要强化新型的文明意识和与之相应的职业伦理观念。要把单纯的经济效益为主变为经济、社会、环境三位一体的综合效益观；要把物质享乐主义价值观变为人类、社会、自然和谐发展的价值观；要把科技至上主义技术观变为科技与伦理相协调的技术观。

案例

弘扬企业家精神　做新时代追梦人

伟大事业需要伟大精神，伟大精神托举伟大梦想。企业家是经济活动的重要主体。

“没有成功的企业，只有时代的企业。”海尔集团创始人、董事局名誉主席张瑞敏以“自以为非”为座右铭，为“追求卓越”而艰辛探索，在我国企业经营管理变革中开风气之先河。在产品供不应求的年代，他抡起大锤砸掉76台有瑕疵的冰箱产品，砸醒了企业的质量意识；我国加入世界贸易组织（WTO）前后，他带领海尔“走出去，走进去，走上去”，进入全球市场创名牌；在互联网时代，他首创“人单合一”模式，打破企业科层制，打造开放的自主创业平台，以用户需求驱动员工发展；进入物联网时代，他首先提出打造生态品牌，推动企业由封闭的“花园”颠覆为开放的“热带雨林”，通过与生态方共创共赢，探索助力我国经济高质量发展的新路。历经几十年的拼搏，海尔从一家濒临倒闭的小厂发展成为全球化企业，其品牌连续被评为世界白电第一品牌，并以全球唯一生态品牌入选最具价值全球品牌百强榜。

（资料来源：http://paper.ce.cn/pc/content/202112/13/content_216181.html.）

第四节　职业伦理的建设

一、职业伦理的责任

职业伦理是一种职业生活方式，它教育人们与同事、与所在的组织、与服务的对象、与自己的国家和谐相处。同职业道德一样，职业伦理也具有行业性、连续性、稳定性和适用性等特点。但每一种职业伦理，对某一行业的从业人员来讲主要有四种责任。

1）对雇主或所在组织的职业伦理责任。

2）对自己所服务对象的职业伦理责任。

3）对一般社会公众的职业伦理责任。

4）对国家的职业伦理责任。

总之，职业伦理要求职业人必须对自己的职业行为给予特别注意，职业人不能仅以利润、经济收入等外在的物质效果作为“好的职业行为”的标准或职业成功的尺度，而应当以合理和合乎伦理的方式满足服务对象和社会的需要。

二、职业伦理的建设途径

职业伦理的建设途径主要有四个方面。

1. 从职业的地位上，突出加强职业伦理建设

(1) 加强党政机关、公检法等政府部门的职业伦理建设　党政机关、公检法等部门不仅是重要的部门，而且由于它们体现着社会正义，也是社会伦理精神的集中表现。抓好各级社会管理部门的职业伦理建设，对社会的稳定、民众的团结有着十分重要的影响。

大千世界，熙来攘往，充满各种诱惑。抵制诱惑，增强拒贪腐能力，是公职人员、党政干部终生的必修课。

(2) 加强各类企业的职业伦理建设　在市场经济条件下，交换、赢利的观念逐渐成为多数社会行为的指导，特别是在企业、商业、贸易等经营性行业，从业人员每日都要与钱打交道，工作业绩的重要指标常常被简化成为单位创造的利润和产值。因此，要在经营性行业进行正确的赢利观培养，应着力培养从业人员取利当前的主体性和自律意识。

2. 从内容上，确立职业伦理建设的突破口

(1) 遵纪守法是职业伦理的基本要求　任何职业都是在社会这一大背景下进行的，因此不能违背社会通行的各项法律法规。每家企业在向其员工和服务对象提出一系列权利与义务的规定时，也应在遵纪守法的前提下进行。遵纪守法的职业人员是有正确是非观念的人，而不是单位、上级或他人的工具人。

(2) 公私分明　在职业生活领域，“公”有两层含义：一层含义是指公共、公众、公开，它与“隐”相对。这种“公”要求从业人员具有普遍的意识，遵循普适性行为规范。职业劳动是一种社会性的公共活动，从业人员必须时刻区分个人行为（隐）与职业化的公共行为的界限，不要将个人好恶情绪带到职业场所和职业行为中。另一层含义则是“整体”“集体”“社会”，它与“私”相对，尽管私未必是坏的、不道德的，但是职业场所和职业劳动中必须体现的是集体的利益和需要，促成集体的实现才是职业活动的目的，应将集体置于显著的、突出的位置。

(3) 继承和发扬传统的优良职业伦理　许多职业有着悠久的历史，积淀下丰富的职业伦理传统，如农民、医生、教师、军人、手工艺者等，应当好好珍惜这些宝贵的精神财富，并在新时期加以发扬光大。例如，“三老四严”等工作伦理。

结合新时代中国特色社会主义的时代特点，系统梳理我国传统职业伦理中的积极因素，

汲取其思想精髓和进取之处，在继承的基础上发展，在发展的基础上继承。要把传统职业伦理中的家国思想转化为实现中华民族伟大复兴中国梦的精神动力，教育和引导从业者立足本职工作，自觉爱国、报国。要继承和谐思维传统，构建融洽、协作、共进的集体氛围，在职场上以协作共进为目标，形成富有时代特色的和谐局面。要坚持情感渗透，把以情服人“传”下来和“统”下去，注重唤醒和秉持道德良知，提升人们的奉献意识，使人与人之间相互为善。在以理服人的基础上，弘扬传统职业伦理的重情重义，让职业伦理教育充满“人情味”。

3. 弘扬企业家精神和工匠精神

2021 年 9 月，党中央批准了中共中央宣传部梳理的第一批纳入中国共产党人精神谱系的伟大精神，企业家精神和工匠精神被纳入。

企业家这一概念由爱尔兰经济学家理查德·坎蒂隆（Richard Cantillon）在 18 世纪 30 年代首次提出。企业家精神指企业家组织建立和经营管理企业的综合才能的表述方式，它是一种重要而特殊的无形生产要素。当今，企业家精神是指企业家要带领企业战胜当前的困难，走向更辉煌的未来。要弘扬企业家精神，在爱国、创新、诚信、社会责任和国际视野等方面不断提升自己，努力成为新时代构建新发展格局、建设现代化经济体系、推动高质量发展的生力军。

2016 年《政府工作报告》中首提“工匠精神”。一般的理解认为，工匠精神是工匠对自己生产的产品精雕细琢、精益求精，追求完美和极致的精神理念。可见，工匠精神是一种职业精神，它是职业道德、职业能力、职业品质的体现，是从业者的一种职业价值取向和行为表现。工匠精神的基本内涵包括敬业、精益、专注、创新等方面的内容。

工匠精神就是追求卓越的创造精神、精益求精的品质精神、用户至上的服务精神。

4. 积极关注和主动应对信息化时代对职业伦理教育的新需求

伴随着信息技术、互联网技术，以及 ChatGPT 等 AI 智能技术或系统的快速发展，数字鸿沟、隐私保护、共享理念等新的社会矛盾和发展方式，以及信息技术的逻辑延伸性和角色虚拟性，形成了新的伦理挑战。解决这些问题，既需要借助传统的伦理学原则和理论，也需要积极适应新技术和新理念。

所以，职业伦理教育应当积极适应信息化时代的职业伦理建设新需求，充分发挥职业伦理“治未病”的作用，让职业伦理在智能信息化时代焕发出更高的活力，推动信息技术在服务人类发展上找准定位和发挥更加积极的作用。

第五节　职业伦理的实际应用

职业伦理在实际中的应用非常广泛，它不仅涉及个人的职业行为和道德责任，还涉及组织的发展和社会的和谐。本节主要介绍工程伦理、科技伦理和行政伦理。

一、工程伦理

随着工程技术不断发展，工程技术的负面效应也日渐突出。环境污染、能源危机等一系列问题的出现，使得与工程技术联系最为密切的工程伦理问题在20世纪70年代以后成为工程界、哲学界和社会广泛关注的问题。1999年肖平的《工程伦理学》出版，标志着中国工程伦理学的诞生。2007年首届国际工程伦理学学术会议在我国召开后，国内对工程伦理的研究开始逐渐增多。工程师必须遵守工程伦理准则，在工程活动中具有社会责任感，正确的价值观、利益观和强烈的伦理道德意识，才能自觉担负起维护人类共同利益的伦理责任。

1. 工程伦理的内涵

目前国内学术界对于工程伦理的内涵大致分为三种理解。肖平从价值论的角度，从对工程、工程技术、工程伦理的比较中，对工程伦理的内涵进行了基本界定：工程伦理是讨论工程的社会综合价值和价值关系，以及这些价值如何实现的问题。李世新从英文“Ethics”具有“伦理学”和“伦理道德”两种含义的角度把“Engineering Ethics”相应地界定为：旨在理解应当用以指导工程实践的道德价值、解决工程中道德问题以及论证与工程有关的道德判断的活动和学科；当下接受的、各个工程师组织和工程协会所批准的行为准则和道德标准以及工程师个人的道德理想、品质、观念和行为。朱葆伟从两个层次理解工程伦理：工程师的职业道德是基本层次，但工程伦理的内涵远不止于此；从宏观层面上讲，工程伦理是自觉地担负起对人类健康、安全和福利的责任。

本书认为，工程伦理又称工程师伦理，是工程技术人员（包括技术员、助理工程师、工程师、高级工程师）在工程活动中，包括工程设计和建设，以及工程运转和维护中的道德原则和行为规范的研究。这一概念把工程问题提到道德高度，既有助于提高工程技术人员的道德素质和道德水平，又有助于保证工程质量，最大限度地避免工程风险。

2. 工程伦理的原则

工程伦理是调整工程与技术、工程与社会之间关系的道德规范，是在工程领域必须遵守的伦理道德原则。主要包括以下五个方面。

（1）以人为本的原则　以人为本就是以人为主体、以人为前提、以人为动力、以人为目的。以人为本是工程伦理的核心，是工程师处理工程活动中各种伦理关系最基本的伦理原则。它体现的是工程师对人类利益的关心，对绝大多数社会成员的关爱和尊重之心。以人为本的工程伦理原则意味着工程建设要有利于人民的福利，提高人民的生活水平，改善人民的生活质量。

（2）关爱生命原则　关爱生命原则要求工程师必须尊重人的生命权，这意味着工程师要始终将保护人民的生命摆在重要位置，意味着不支持以危害人民的生命为目标的项目的研究开发，不从事危害人民健康的工程设计、开发。这是对工程师最基本的道德要求，也是所有工程伦理的根本依据。

（3）安全可靠原则　在工程设计和实施中以对人的生命高度负责的态度，充分考虑产品的安全性能和劳动保护措施，要求工程师在进行工程技术活动时必须考虑工程的安全可靠，保证对人们无害。

(4) 关爱自然的原则　工程技术人员在工程活动中要坚持生态伦理原则，不从事和开发可能破坏生态环境或对生态环境有害的工程，工程师进行的工程活动要有利于自然界的生命和生态系统的健全发展，提高环境质量。要在开发中保护，在保护中开发。在工程活动中要善待和敬畏自然，保护生态环境，建立人与自然的友好伙伴关系，实现生态的可持续发展。

(5) 公平正义原则　正义与无私相关，包含着平等的含义。公平正义原则要求工程技术人员的伦理行为要有利于他人和社会，尤其是面对利益冲突时要坚决按照道德原则行动。公平正义原则还要求工程师不把从事工程活动视为名誉、地位、声望的敲门砖，反对用不正当的手段在竞争中抬高自己。在工程活动中体现尊重并保障每个人合法的生存权、发展权、财产权、隐私权等个人权益，工程技术人员在工程活动中应该时时刻刻树立维护公众权利的意识，不任意损害个人利益，对不能避免的或已经造成的利益损害给予合理的经济补偿。

以上只是一些普遍性的原则，在一些具体的工程技术领域，工程伦理准则更为具体。

3. 工程师的伦理责任

工程师是工程人才的重要组成部分，在工程建设中发挥着重要作用。工程师包括研发工程师、设计工程师、生产工程师等。一般把工程师定义为拥有科学知识和技术应用技巧，在人类改造物质自然界，建造人工自然的全部实践活动和过程中从事研发、设计与生产施工活动的主体。中国工程院原副院长朱高峰院士认为，现代工程师应该能综合运用科学的方法及观点和技术手段来分析与解决各种工程问题，承担工程科学与技术的开发与应用任务。现代工程师所应具有的基本素质，包括知识、能力、品德三个方面。

工程师的伦理行为是工程师作为道德主体出于一定的目的而进行的能动的、改造特定对象的活动。其中工程师伦理行为选择是工程师伦理行为的核心和实质部分。工程师伦理行为选择是指工程师面临多种伦理可能时，在一定的伦理意识的支配下，根据一定的伦理价值标准，自觉自愿、自动自觉地进行善恶取舍的行为活动。从工程实践看，工程师在工程决策、工程实施、工程后果等阶段都存在诸如“义”与“利”的抉择，“经济价值”与“精神价值”的抉择，国家利益、民族利益与全人类共同利益的冲突矛盾，经济技术要求与人权保障矛盾的冲突等。

美国工程师协会提出了工程师的五大基本准则：一是工程师在达成其专业任务时，应将公众安全、健康、福祉放在至高无上的位置优先考虑，并作为执行任务时服膺的准绳；二是应只限于在足以胜任的领域中从事工作；三是应以客观诚实的态度发表口头或书面意见；四是应在专业工作上，扮演雇主、业主的忠实经纪人、信托人；五是避免以欺瞒的手段争取专业职务。我国台湾省的“中国工程师协会”提出了四大“中国工程师信条”：一是工程师对社会的责任包括守法奉献，尊重自然；二是工程师对专业的责任包括敬业守分，创新精进；三是工程师对雇主的责任包括真诚服务，互信互利；四是工程师对同僚的责任包括分工合作，承先启后。

二、科技伦理

现代科学技术的发展与伦理道德产生了很多的冲突，现代人类不可避免地受到科学技术进步带来的各种困扰，例如环境污染、资源浪费、人口危机、核危机等。所以必须对科技工作者加以道德约束，才能使科技更好地为人类服务。基于我国特色的科技伦理道德规范要求体现为五个方面。

1. 科技伦理的根本原则就是造福人类

一切科技工作的进行，都要本着为人类服务，为人民造福的根本原则，要热爱人民、关心人民、爱护人民，为人民的幸福而工作。任何损害与背叛人民利益的行为，都要坚决抵制。为人民服务，为人民造福的这个根本原则，要始终贯穿于科技活动之中，这是科技伦理的基本要求。

2. 科技工作者要有献身科学，勇于追求真理的精神

科学家要把他们认识与应用科学真理作为自己毕生的事业。正如近代德国著名的哲学家和科学家康德所说的："科学博士的荣誉带来了永远忠诚于真理的义务，无论是在经济的还是政治的胁迫下，都决不屈从于压制或歪曲真理的诱惑。"由此可见，科学家正是以献身科学作为其约束的力量源泉和自我评价的标准。科学家要不计个人得失、义无反顾、舍生忘死地坚持和捍卫科学的真理，无私地用科技成果为人类服务，要把自己的全部智慧和力量，乃至生命都献给科学事业。

3. 科学工作者要具有爱国主义精神和国际主义精神

爱国主义是科技人员必须坚持的重大原则和基本的伦理道德原则。有些科学家，即使成为他国公民，也不会忘记自己的家乡故土、父老乡亲，依然对民族怀有一种最深刻的感情。科技工作者还要怀有国际主义情怀，不搞狭隘的民族主义。在热爱自己祖国的同时，还要胸怀世界、放眼全球，把爱国主义和国际主义有机地结合在一起，在为本民族人民谋福利的同时，也要为国际社会做出贡献。

4. 科技活动要本着人道主义精神

实行人道主义是科技活动的重要约束，在一定程度上支配着科技活动的具体过程，制约着科技活动的道德规范。我国科技人员在处理科技人员之间、科技人员与其他人员之间的关系时，必须遵守的原则就是理解人、尊重人、关心人和爱护人。

5. 科技工作者要团结协作，把集体利益放在首位，公平竞争

在科技活动中，科技工作者要在竞争的同时，大力发扬团结协作的精神，把国家、集体的利益放在首位；要充分发挥科技人员的创造性和积极性，提倡取得优势地位的友谊竞争。反对互相拆台的做法，要正确处理竞争、集体和协作之间的关系。

案例

钱七虎：科学家精神是追求真理、献身科学

"追求真理，献身科学。"这是国家最高科技奖获得者、中国工程院院士、中国岩石力

学与工程学会监事长钱七虎对科学家精神核心的理解。

钱七虎院士认为，科学家精神是一代又一代科学家们经过不懈的努力，在长期科学实践活动中逐渐形成的。从事科学要当成事业，不是获得名利的手段。不为私心所扰、不为名利所累、不为物欲所动、不计个人得失。

同时，钱七虎院士还表示，中国科学家精神还包括丰富的内涵。

第一，无私报国的爱国主义精神和服务人类的国际主义精神。无论是“两弹一星”元勋钱学森，“兵工之父”吴运铎，还是人道主义战士白求恩，他们都始终把救国救民当作己任，这是胸怀祖国、服务人民的爱国精神，这些故事一直感动和激励着钱七虎院士。

第二，严谨治学、追求真理的求实主义精神。钱七虎院士强调，严谨治学就是要循序渐进、实事求是，反对一知半解和夸夸其谈。实事求是难，最难的不是对人，而是对己，找到自己的缺点和问题，不断进步是非常重要的。

第三，淡泊名利、潜心研究的奉献精神。曾为武汉捐款650万元、捐出国家最高科技奖奖金800万元，其余林林总总捐出奖金数额超过百余万，谈及自己的财富观和捐款经历时，钱七虎院士表示，真正的科学家都把名利看得很淡，他们不会注意自身的物质利益，更谈不上斤斤计较个人得失。

第四，勇攀高峰、敢为人先的创新精神。回忆起20世纪60年代艰苦的求学经历，钱七虎院士认为，创新就是前面没有人做过，所以创新没有近路，更不可能短平快。勇攀高峰就要不怕困难，不怕挫折。

第五，集智攻关、团结协作的协同精神。钱七虎院士强调，科学技术是集体的事业，理念也许是一个人提出的，但实现是集体的协作，脱离集体就是末路的开始。

第六，甘为人梯、奖掖后学的育人精神。真理是一条长河，无数真理的结合才形成了一个真理。钱七虎院士认为，建设科技强国要靠几代人共同努力，在培养学生的过程中要学会放手，鼓励年轻科技工作者大胆提出自己的学术观点。

如何弘扬和培育科学家精神？

我国科技创新“三步走”战略要求，到2020年进入创新型国家行列，到2030年跻身创新型国家前列，到2050年建成世界科技强国。

“当前形势下弘扬科学家精神，最重要的是和建设世界科技强国的伟大战略紧密结合起来。”面对复杂多变的世界形势，钱七虎院士给青年科学家们提出了三个要求。

首先，科学家精神对建设科技创新型国家是重要且迫切的。钱七虎院士指出，中国制度、中国精神和中国效率是我国建设创新型国家的三个独特优势。“中国精神是什么？其中就包括科学家精神，这是不可或缺的部分，”他说，“新冠肺炎疫情过后，世界格局将会发生变化，其中最关键的力量就是科技，因而建设科技强国迫切需要科学家精神。”

其次，要树立远大的理想和社会主义的价值观、人生观和世界观。“说到底，科学家精神是党性在科学家身上的体现和反映。”钱七虎院士说，“爱因斯坦认为，一个人的价值应当看他贡献了什么，而不是取得了什么，这也是我们社会主义的价值观。”所以弘扬科学家精神，就要打牢科学家精神的思想和道德根基，努力为自己树立远大的理想。

最后，要坚守科研诚信底线，遵循科研道德规范。“截至2017年，中国贡献的科研文章数量占全球的8.2%，但撤销的论文数量却占到了全球的24.2%，后者是前者几乎3倍的数量！这值得引起我们高度的警惕。”钱七虎院士强调，科学是老老实实的学问，绝不能弄虚作假，要加强自身作风和学风建设，坚决和背离科学家精神、违反科研道德规范、突破科研诚信底线的行为做斗争。

（资料来源：钱七虎．科学家精神的核心是追求真理和献身科学［J］．中国科技奖励，2021（2）：27－29.）

三、行政伦理

行政伦理是指人们关于行政过程是非对错的判断过程以及判断的理由，这主要涉及行政主体行动的正当性与合理性，也会涉及领导、决策、指挥、执行、协调和控制等行政活动的合法性问题，它既包括公务人员个体在日常行政工作中表现出的道德观念、道德活动与道德规范，也包括行政主体作为群体在行政活动中应遵循的价值规范。简而言之，行政伦理是公务员个体道德规范和行政机关群体价值规范的综合体。

行政伦理范畴是指体现社会对公共行政伦理不同层次的要求，并上升为公共行政组织和广大公务人员普遍追求的信念，而对公共行政行为发挥重要影响和制约作用的伦理内容。主要包括以下三个方面：

1. 公务员的个人品德

公务员的个人品德是行政伦理研究的传统关注领域，它是行政伦理在个体层面的体现，规范和制约着公务员的个体行为。一般而言，公务员的个人品德包括两个层次的内容：

（1）公务员的思想态度　公务员的思想态度公务员在日常的公务活动中所表现出对公共行政职业价值观的认同，以及相联系的工作态度问题。公共行政是一种职业，更是一种事业，有其崇高的价值追求。对公共行政价值观产生认同，并将它内化为自己的行为目标，是推动公务员个体尽职尽责、努力工作的基础性因素。只有在价值观的层面固化这种认同，才有可能在实际工作中表现出积极进取、勤恳乐观的工作态度。

（2）公务员的思想品德　公务员首先是作为个体存在的公民，他必须遵循社会长久以来形成的道德意识、道德意志和心理习惯等行为规范。公务员思想品德的内容，除了包括日常人们所追求的个人美德，如谦恭、仁慈、智慧、诚恳、忠实等外，还应该包括行使公共行政职权所必须具备的乐观、勇气和公正。

2. 行政职业道德

行政职业道德是指同公共行政职业相联系的，用以调整行政领域中人与人之间关系的道德原则和道德规范，其核心在于处理公共利益和个人利益之间的关系。我国行政职业道德的内容包括以下四个方面。

（1）维护公共利益　公共行政的本质在于其公共性。行政管理活动的根本目的是维护公共利益、增进公共利益。因此，公务员在行使公共权力时必须坚持公共利益至上的原则，不得因为一己私利或者地方利益、部门利益而影响公共事务管理的公正性。

(2) 遵守法律法规　宪法和法律是公共利益原则的具体体现，遵纪守法是公务员履行义务的保证。作为普通公民，公务员必须遵守宪法和法律；作为国家工作人员，公务员更应当成为遵守法律的模范，努力做到在法律面前人人平等。

(3) 忠于国家利益　国家是社会公共利益的化身，对国家忠诚就是对公共利益的忠诚。行使公共行政职权的公务员应该忠诚地维护国家利益，服从国家利益的需要，尽心尽力为国家工作。在现实行政工作中，对国家的忠诚主要表现在严守机密和切实贯彻国家方针、政策方面。

(4) 勤勉负责　公共行政工作的公共性要求公务员在他们的公务活动中勤恳工作、认真负责，不得懒惰拖沓、玩忽职守。这是一种职业责任心和职业态度在日常工作中的体现。

3. 行政组织伦理

行政组织伦理主要指与组织制度和组织程序相联系的一系列伦理原则和行为规范。总的来说，行政组织伦理表现在以下四个方面。

(1) 程序公正　在行政机关履行行政职能、推行政务的过程中所建立的一系列程序、规章、条例、办法等，目的都应该是为公共权力的授权者服务，而不应成为行政机关或个人谋取私利的手段。因此，行政机关必须端正自己与人民群众的关系，制定合理公正的程序规定，以更好、更方便地为公民提供高质量的服务。

(2) 组织信任　行政机关是一个在分工基础上进行合作的整体，这种合作不仅需要正式的权力体系，更要构建人与人之间、部门与部门之间和谐的信任关系。在行政机关与外部环境的关系上，也要求维持和增进政府与社会之间的信任关系。两方面信任关系的结合，才能最大限度地降低行政活动的运行成本，使行政任务得以顺利完成。

(3) 民主责任　行政权力来源于人民的授权，行政机关并没有自己的特殊利益。因而，行政机关对广大人民群众负有国家制度所赋予的责任，即公共责任。这种公共责任与民主原则结合起来，要求行政机关的目标、价值偏好必须反映人民的意志，并且在行政工作中自觉接受群众的监督。

(4) 制度激励　行政组织内部也存在着伦理问题，这主要体现在激励制度方面，即如何通过建立组织内部合理公正的制度关系来激发组织成员的积极性，进而推进组织活动的顺利开展。一般来说，制度激励所蕴含的伦理问题包括两类：一是组织需要与个人需要之间的关系问题；二是效率与公平的问题。

知识拓展

生成式人工智能服务应遵守的规定

为了促进生成式人工智能健康发展和规范应用，维护国家安全和社会公共利益，保护公民、法人和其他组织的合法权益，根据《中华人民共和国网络安全法》《中华人民共和国数据安全法》《中华人民共和国个人信息保护法》《中华人民共和国科学技术进步法（2021年修订）》等法律、行政法规，制定了《生成式人工智能服务管理暂行办法》，于2023年5月23日国家互联网信息办公室2023年第12次室务会会议审议通过，并经国家发展和改革委员会、教育部、科学技术部、工业和信息化部、公安部、国家广播电视总局同意，自2023年8月15日起施行。

适用本办法的生成式人工智能服务，是指利用生成式人工智能技术向中华人民共和国境内公众提供生成文本、图片、音频、视频等内容的服务。

提供和使用生成式人工智能服务，应当遵守法律、行政法规，尊重社会公德和伦理道德，遵守以下规定。

1）坚持社会主义核心价值观，不得生成煽动颠覆国家政权、推翻社会主义制度，危害国家安全和利益、损害国家形象，煽动分裂国家、破坏国家统一和社会稳定，宣扬恐怖主义、极端主义，宣扬民族仇恨、民族歧视，暴力、淫秽色情，以及虚假有害信息等法律、行政法规禁止的内容。

2）在算法设计、训练数据选择、模型生成和优化、提供服务等过程中，采取有效措施防止产生民族、信仰、国别、地域、性别、年龄、职业、健康等歧视。

3）尊重知识产权、商业道德，保守商业秘密，不得利用算法、数据、平台等优势，实施垄断和不正当竞争行为。

4）尊重他人合法权益，不得危害他人身心健康，不得侵害他人肖像权、名誉权、荣誉权、隐私权和个人信息权益。

5）基于服务类型特点，采取有效措施，提升生成式人工智能服务的透明度，提高生成内容的准确性和可靠性。

（资料来源：https://wap.miit.gov.cn/zcfg/qtl/art/2023/art_f4e8f71ae1dc43b0980b962907b7738f.html.）

参考文献：

[1] 李正风，丛杭青，王前，等. 工程伦理［M］. 2版. 北京：清华大学出版社，2019.
[2] 涂尔干. 职业伦理与公民道德［M］. 北京：商务印书馆，2015.
[3] 李萍. 伦理学基础［M］. 北京：首都经济贸易大学出版社，2013.
[4] 张俊民. 商务伦理与会计职业道德［M］. 上海：上海复旦大学出版社，2020.
[5] 李育书. 职业道德：兴起、困境及其化解之道［J］. 伦理学研究，2018（3）：118-123.
[6] 马秋丽. 孟子的"天爵人爵"思想及其对新时代公职人员职业伦理构建的价值［J］. 山东大学学报（哲学社会科学版），2019（3）：1-10.
[7] 于波，樊勇. 国内工程伦理研究综述［J］. 昆明理工大学学报（社会科学版），2014（3）：10-17.

思考题：

1. 什么是职业伦理？
2. 职业伦理的主要构成因素有哪些？
3. 职业伦理的主要影响因素有哪些？

4. 职业伦理对于个人发展有哪些作用？
5. 职业伦理对于企业发展有哪些作用？
6. 职业伦理对于社会的发展有哪些作用？
7. 如何理解工程伦理？
8. 如何理解行政伦理？
9. 如何理解科技伦理？

练习题：

结合所学的知识，谈谈如何构建自己的职业伦理观，写出1000字左右的论文。

案例讨论题

电商行业“直播带货”的商业伦理体系构建

网红依托互联网渠道，以“直播带货”的营销模式开展线上销售业务，形成规模化的网红经济。随着数字经济的发展，人们传统的消费方式发生了巨大改变，人们对媒介的依赖使得“直播带货”蓬勃发展。“直播带货”满足了人们的生活需求、拉动了经济增长，然而其所带来的规则标准缺失、主播素质参差不齐、虚假宣传等问题引发了人们对“直播带货”商业伦理构建问题的思考。

其中较为典型的案例就是“辛巴糖水燕窝事件”，该团队主播在直播间介绍的某品牌燕窝被证实其实是糖水，一时间将辛巴团队推向舆论的风口浪尖。同年十一月中旬，又有多名网友表示个人购物信息被辛巴团队直播间曝光，造成隐私泄露和财产损失。最终，辛巴团队赔偿金额高达2400万元，同时还面临着市场监管局和消费者协会的调查。“辛巴糖水燕窝事件”中存在的商业伦理问题包括：

（1）虚假宣传　此事件中的首要问题是虚假宣传，而这类问题是“直播带货”中最为突出的问题。由于市场中存在信息不对称，部分主播会在带货时夸大产品功效，加上特殊美化后的直播场景，造成对消费者的消费诱导。基于此事件的发生，品牌方、直播平台、辛巴团队都有不可推卸的责任。品牌方提供给直播间销售的产品质量是否有严格的把控，主播是否对宣传的产品有足够了解，所通过的直播平台是否加强审核，这些问题的处理不当都给不法分子的虚假宣传提供了可乘之机。

（2）数据造假　直播带货中典型的数据造假有两类，一是虚增直播间热度，二是推销产品利用“饥饿营销”手段。主播在直播带货过程中通过“仅剩”“321倒计时”“加购”等词语引发消费者的“集体兴奋”感，这种“集体兴奋”感会对消费者在购物过程中产生强烈的满足感和刺激感。“饥饿营销”方式不利于消费者进行信息的准确判断，这种兴奋会使消费者在较短的时间内花重金购买无用的产品，而销售量的短暂激增会使许多直播间纷纷效仿，引起恶意竞争。相反，真实披露产品质量、提倡理性消费的直播间却遭到冷场，长期下去会造成劣币驱逐良币现象。

（3）隐私泄露　辛巴团队随意泄露消费者的购物信息，严重损害了消费者的合法权益。大数据时代，进行线上购物的消费者无异于生活在玻璃瓶之下，姓名、性别、住址、消费偏好等信息被随意出售。个人隐私受到侵害的同时，个人的财产安全权也受到了侵犯，许多消费者因其隐私泄露而造成了不同程度的经济损失。无论是辛巴团队直播间是有意还是无意为之，未能保护好客户隐私就应当承担相应法律责任。

（资料来源：李垚．电商行业“直播带货”的商业伦理体系构建——以辛巴糖水燕窝事件为例［J］．产业创新研究，2023（9）：100－102．）

【问题讨论】

（1）辛巴事件触碰了哪些法律底线？

（2）辛巴事件违背了哪些社会道德规范？

第十三章
企业伦理

教学目标与要求

通过本章学习，使学生对企业伦理的基本知识有全面的了解和认识。要求学生掌握并理解企业伦理与企业文化、企业绩效之间的关系，认识企业伦理建设的重要性和必要性。引导学生分析当前我国企业伦理现状，思考我国企业伦理道德建设的途径。启发学生对企业社会责任、危机管理、可持续发展，以及 ESG 理念等问题的深度思考。

思想导入

中国式现代化的本质要求是：坚持中国共产党领导，坚持中国特色社会主义，实现高质量发展，发展全过程人民民主，丰富人民精神世界，实现全体人民共同富裕，促进人与自然和谐共生，推动构建人类命运共同体，创造人类文明新形态。

资料来源：习近平. 高举中国特色社会主义伟大旗帜 为全面建设社会主义现代化国家而团结奋斗：在中国共产党第二十次全国代表大会上的报告［M］. 北京：人民出版社，2022.

美国学者弗兰西斯·福山曾预言：“21 世纪是信誉的世纪，哪个国家的伦理程度最高，哪个国家就会赢得更广阔的市场。”在某个竞争领域，哪家企业的伦理程度最高，哪家企业就会具有更强的竞争优势，可以赢得更广阔的市场。一定程度上来说，企业伦理与企业的命运和前途密切相关，是影响和塑造企业核心竞争力的因素之一。真正追求可持续发展的企业，应该高度重视企业伦理建设，把企业伦理管理放在重要的战略地位。

第一节　企业伦理的概述

一、企业伦理的基本知识框架

本章主要从企业伦理的基本规范、相关关系及建设途径三个方面，构建企业伦理基本知识框架，如图 13－1 所示。

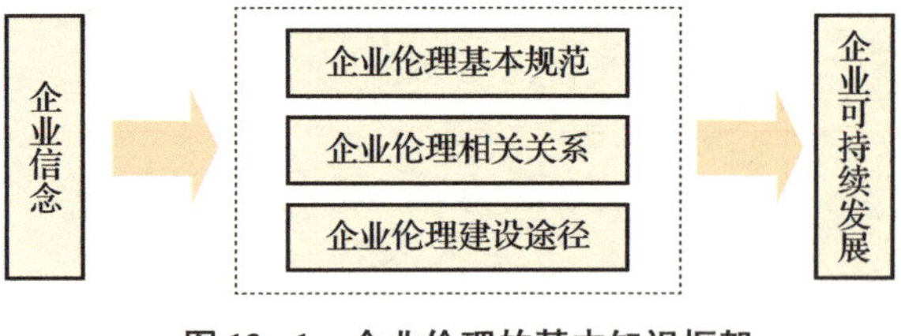

图 13－1　企业伦理的基本知识框架

二、企业伦理的基本概念

1. 企业伦理

企业伦理的概念最早出现在美国，起源于企业单纯以经济利润为目标的经营策略所带来的一系列社会问题，引出社会对新的企业经营管理模式、理念的需要，并在20世纪七八十年代发展成为一门独立的学科，在西方一些发达国家得到了飞速的发展。1997年在美国堪萨斯大学召开的第一届企业伦理研讨会上，加强管理与伦理的结合已成为一种新趋势。美国本特莱学院伦理研究中心在20世纪80年代所做的一项调查表明，《幸福》杂志排名前1000家企业中，80%企业把伦理价值观融入企业日常管理活动中，93%的企业有成文的伦理准则来规范员工的行为。这表明，企业管理在经历了传统管理阶段、科学管理阶段和科学管理与行为科学相融合的现代管理阶段之后，迎来了一个新阶段，即伦理管理阶段。

本书认为，企业伦理是指企业在处理内外关系时应遵循的行为规范和准则，是企业在处理企业内部员工之间、企业与社会、企业与顾客之间关系的行为规范的总和。它包含三层含义：一是指企业内部管理，处理内部各种关系的道德意识、道德良心、道德准则和道德行为活动；二是指企业对外经营，处理企业与外部各种关系的道德意识、道德良心、道德准则和道德行为活动；三是指企业管理者自身的道德修养和伦理准则。

2. 企业道德

企业道德是指在企业这一特定的社会经济组织中，依靠社会舆论、传统习惯和内心信念来维持的，以善恶评价为标准的道德原则、道德规范和道德活动的综合。企业道德的含义有广义和狭义两个方面。从广义的视角来看，企业道德体现在企业的经济责任、法律责任和精神文化责任之中，同时又是同企业伦理建设密切相关的诸种责任的有机统一。而从狭义的视角来看，企业的道德是企业所肩负的对自己、对同行和对社会的道德义务的自觉承担和精神担纲，它在其精神实质上可以用“敬业求精、贵和乐群”来概括。

企业道德是较高层次的社会责任，分为内、外两个方面：从企业内部来讲，主要包括善待员工，关注职工生命安全和身体健康，改善工作环境，保障职工合法权益，注重职工事业成长，让职工分享企业发展的成果；从企业外部来讲，包括遵守商业道德、平等交易、诚实守信，以及尊重自然、保护环境、珍惜节约资源能源等。

案例

你的善意终将照亮自己

2021年河南郑州“7·20”特大暴雨灾害发生后，鸿星尔克低调捐赠5000万元物资驰援，“一夜爆红”。作为国货品牌，鸿星尔克连年亏损与巨额捐助之间的强烈反差引发社会各界广泛关注，频繁占领网络热搜榜，收获民众百万盛赞，引发“野性消费”热潮，成为现象级话题。

鸿星尔克董事长吴荣照说：把自己企业的命运跟国家的命运紧紧联系在一起，有国才有家，只有国家强盛了，企业才会强盛。企业的成功发展离不开伟大时代，国货品牌的强势崛起，更是得益于国家的鼎力扶持和民众喜爱。秉持这份回馈社会的初心和家国情怀，鸿星尔克积极投身社会公益事业、热心参与各类帮扶项目。实际上，但凡国家和民族需要，鸿星尔克总能在第一时间施以援手、济危纾困。

鸿星尔克品牌影响力的增长源于企业社会责任激发出的民众力挺。作为“国货之光”的代表，鸿星尔克的成长之路也将成为无数国货崛起的时代缩影。

（资料来源：时光．鸿星尔克爆红：你的善意终将照亮自己［J］．中国石油企业，2021（8）：104－106.）

3．企业伦理的范围

在企业经营过程中，企业伦理存在并且贯穿于企业管理的各个环节。企业伦理在企业管理中表现为员工与企业、员工与员工之间的内部伦理关系，及企业与政府、环境、消费者、竞争者之间的外部伦理关系。

（1）企业与管理者的伦理关系　现代企业中所有权和经营权分离，拥有企业所有权的所有者由于不直接经营企业而无法有效维护自身权益，拥有企业经营权的管理者由于没有或者仅少部分拥有企业的股份而动力不足，或者在企业生产经营过程中损害所有者权益，这就使得如何处理好所有者和管理者之间的关系，达到既保护所有者的合法权益，又能有效激励管理者为实现企业目标而努力工作，成为大多数企业面临的共同问题。

（2）企业与员工的伦理关系　员工是构成企业的主体，是企业最重要的部分之一，作为企业大家庭的成员，他们的行为直接关系到企业的生存、发展和生产经营的成败，直接关系到企业整体形象。加强企业对员工的伦理责任，协调企业与员工的伦理关系，不仅是社会对企业的外在要求，也是一个企业提高自身竞争力的内在需求。

（3）企业与政府的伦理关系　政府作为管理者对企业实施宏观上的管理和组织协调，为企业生产、交换、分配和消费各环节的高效运行提供保障条件。企业作为经济组织，是社会的重要组成部分，必须在政府法律法规允许的范围内从事经营活动。所以，企业与政府之间不仅仅是一种管理与被管理的关系，也包含着伦理关系。

（4）企业与环境的伦理关系　环境是人类赖以生存的基础，经济是社会发展的推动力，企业的盲目发展必然使两者陷入“此消彼长”的尴尬境地。当企业的快速发展造成自然资源过度开发或工业对自然造成了污染，就会对环境构成巨大压力。地球只有一个，环境无法再造，要做到“既满足当代人的需要，又不对后代人满足其需要的能力构成危害的发展”，就需要处理好与环境的伦理关系。

（5）企业与消费者的伦理关系　对企业而言总是希望以尽可能低的成本获得尽可能高的利润；对消费者而言，则希望用尽可能低的价格获得质量相对较高的商品，从而两者构成了既相互对立又相互依赖的关系。如何协调企业利益与消费者利益之间的矛盾，成为企业在追求利润的过程中不得不进行的伦理思考。

（6）企业与竞争对手的伦理关系　企业与企业之间的关系，是竞争、合作的关系。竞争应该遵守国家的法律规章，同时应该遵守公平竞争的原则、公共道德的原则、整体发展的原则，求得利益和发展的机会，而避免过度竞争、恶性竞争，以及其他危害社会、他人的行为。合作应是建立在合作方的共同利益基础之上的，企业在合作中必须遵循互利、互信、共赢的原则，信守契约，合作才有可能。

企业在经营活动中的这些内外伦理是紧密联系、不可分割的。处理好与内部利益相关者的伦理关系是企业生存的基础，处理好与外部利益相关者的伦理关系是企业发展的条件，两者具有同等的重要意义。只有基于这样一种认识，企业伦理的建设才可能落到实处，才能促进企业的长远发展，也才能真正有助于推动社会向前发展。

第二节　企业伦理的基本规范

综观企业伦理的发展史，欧美各国企业均花费了很长时间才把企业伦理理念反映到日常的经营管理活动中，其方式是建立规范化的企业伦理制度，即将涉及内容广泛、角度多样、标准各异的企业伦理内容进行归类，统一认识、形成标准。企业伦理主要包括三个方面的基本规范。

一、企业处理内部关系的人本伦理规范

所谓人本伦理规范就是遵循以人为本的原则，就是要尊重人、关心人，促进每个人自由而全面地发展。尊重人就是要尊重每个人的尊严、权利和价值，就是要承认人的差别，因人而异、量力而行、人尽其才，就是要把其他人看作是目的，而不是实现自身目的的手段，即认真地对待他人，承认他们的合法权益，尊重他们的愿望；关心人就是要关心每个人的物质福利和精神文化生活；每个人自由而全面地发展则是人生存和发展所期望达到的最高水平，是人力一切活动的根本目的所在。

人本管理就是以人为主体的管理。以人为本的企业伦理价值观要求企业实行以人为中心的管理模式，确立员工在企业经营与管理中的主体地位、主导地位、主动地位和主创地位。优秀的企业能够给员工一种无法离开的感觉，企业为员工发展提供了各种各样的机会，为员工个人发展提供了空间，而员工也能够为了企业发展倾尽全力，贡献出自己的聪明才智。这时，企业与员工在良性互动中相互发展。

案例

新征程新作为　建章立制　筑牢基础

天道酬勤，日新月异。丹东市大洋电力设备厂（以下简称“大洋电力”）努力服务客户，受到社会各界的高度评价和一致肯定。时任董事长的王大洋成为全国同行业的楷模，成为丹东人民的骄傲。

大洋电力的良好声誉发于员工、源于客户、植于社会，品牌效应和标杆作用日益彰显。自2011年起，大洋电力连续5年荣获辽宁省工商行政管理局及国家工商总局颁发的“守合同、重信用企业”证书、国家电网公司颁发的“设备入围供应商”证书，先后获得“2019

中国经济十大影响力企业”“2020 年全国商业质量奖”等荣誉。这些成绩，都是王大洋率领的全体大洋人，十几年如一日的风雨兼程、励精图治所取得的。

规矩就是规章制度，用来规范人们行为的规则、条文。科学而积极的规章制度，能降低风险、坚持勤政、促进发展。王大洋胸怀大局、勇于实践、敢于担当的开拓精神，讲求科学、求真严谨的务实精神，为公司系统化推进、精细化管理创造了良好条件、打下了坚实基础。大洋电力全面打造重视思想素质、技能素质和团队精神的人本管理制度；重视精细的日常运行管理和严格的考核制度管理；重视工作技能和管理标准的管理制度；严密工作程序管理，做到行前有备案、活动有方案，行中有预案、安全有防范，过程有监管、结束有总结，形成符合体验式教育工作特点又符合市场规则要求的，具有科学性和可操作性的规范化管理体系。

大洋电力的“一个中心”即以员工的身心健康为中心；“两个基本点”即奉献一点、快乐一点；“三个机制”即竞争机制、激励机制、淘汰机制；“四个责任”即对社会的责任、对家庭的责任、对员工的责任、对自己的责任；“五个好”即好的产品在大洋、好的服务在大洋、好的人才在大洋、好的管理在大洋、好的效益在大洋。大洋电力的管理目标为做到“十四个化”：管理要规范化；技术要标准化；人员要制度化；交流要真心话；领导要严格化；企业要正规化；作风要军事化；产品要质量化；工作要协调化；生活要紧闲化；处理问题要合理化、合法化；干群要团结化；工厂要现代化；厂容要整洁化。

（资料来源：韩建军．艰苦创业十余载 一路风雨一路歌 [N]．中国改革报，2021－3－11（15）．）

二、企业处理社会关系的社会伦理规范

所谓社会伦理规范就是要求企业在处理各种关系时应该承担的社会责任。世界银行把企业社会责任定义为：“企业社会责任是企业与关键利益相关者的关系、价值观、遵纪守法以及尊重人、社区和环境有关的政策和实践的集合，是企业为改善利益相关者的生活质量而贡献于可持续发展的一种承诺。”欧盟则把社会责任定义为：“企业在自愿的基础上把对社会和环境的关切整合到它们的经营运作以及它们与其利益相关者的互动中。”

本书结合以上观点，将企业社会责任（Corporate Social Responsibility，CSR）定义为企业在其商业运作里对其利益相关者应负的责任。企业社会责任的概念是基于商业运作必须符合可持续发展的想法，企业除了考虑自身的财政和经营状况外，也要加入其对社会和自然环境所造成影响的考量。利益相关者是指所有可以影响，或会被企业的决策和行动所影响的个体或群体，包括员工、用户、供应商、社区团体、母公司或附属公司、合作伙伴、投资者和股东。

美国学者戴维斯就企业为什么以及如何承担这种责任提出了“戴维斯模型”，内容如下：

1）企业的社会责任来源于它的社会权力。由于企业对诸如少数民族平等就业和环境保护等重大社会问题的解决有重大的影响力，因此社会就必然要求企业运用这种影响力来解决这些社会问题。

2）企业应该是一个双向开放的系统。企业应开放地接受社会的信息，也要让社会公开地了解自身的经营。为了保证整个社会的稳定和进步，企业和社会之间必须保持连续、诚实和公开的信息沟通。

3）企业的每项活动、产品和服务，都必须在考虑经济效益的同时考虑社会成本和效益。也就是说，企业的经营决策不能只建立在技术可行性和经济收益之上，还要考虑决策对社会的长期和短期的影响。

4）与每一个活动、产品和服务相联系的社会成本应该最终转移到消费者身上。社会不能希望企业完全用自己的资金、人力去从事那些只对社会有利的事情。

5）企业作为法人，应该和其他自然人一样参与解决一些超出自己正常范围之外的社会问题。因为整个社会条件的改善和进步，最终会给社会每一位成员（包括作为法人的企业）带来好处。

案例

“农业观”“公益观”助推社会责任践行

大北农作为一家近年来发展迅猛的大型农业高科技公司，兼具着现代企业追求经济利益最大化及农业企业担负社会责任的双重性质。自公司创立以来，就一直以“产业报国、科技兴农”为己任，公司深谙农业是立国之本与强国之路的道理，勇担奉献农业、服务农业的时代责任，并形成了大北农“农业观”与“公益观”的伦理文化，为公司之后的发展提供伦理支撑与道德约束。

在“十三五”期间，大北农积极投身加快全国脱贫攻坚步伐的浪潮中，担负起作为农业龙头企业在产业扶贫与公益扶贫方面的重要责任和义务。其以产业扶贫为主要方式，大力发展猪、羊、牛、蛋鸡产业，创新地以“农户＋企业＋政府”经营模式，建立“产业组团＋包县脱贫”的产业扶贫联盟，帮助小农户解决融资难、无技术、销路少、利润低、风险高等市场问题。大北农坚持创新驱动发展战略，加快自主研发、科技创新，通过产学研一体化、技术引进、科技成果转化推广、搭建“作物生物育种国家地方联合工程实验室”“动物医学研究中心”等研发平台的形式，加强对国内外良种的引进、繁殖、选育与推广。把高质量、高标准农产品与高新生产技术带到土地中去，让农户真正掌握脱贫致富的手段，同时极大程度地提升了我国农业在世界市场中的科技竞争力。

在企业发展过程中，大北农还通过设立“大北农科技奖”鼓励科技创新，通过设立“大北农励志助学金”捐资助学，通过设立“大北农金榜题名奖励”鼓舞员工，通过创办“中国农民大学”、农业院校“大北农班”培养新型现代农民和优秀农业学子，通过资助重要行业活动促进行业发展，并在重大自然灾害事件中积极捐款捐物。大北农以多种方式积极投身服务社会与人民的公益事业，在为社会提供农产品的同时，承担了应尽的社会责任，这些都离不开“奉献社会、报国兴农”的企业伦理在背后作为支撑。

（资料来源：邢安艺. 企业伦理在企业社会责任履行中的作用探讨——以大北农为例［J］. 中小企业管理与科技，2022，(9)：43－46；50.）

三、企业处理与环境关系的生态伦理规范

经济的快速发展引发了一系列严重的全球性资源与环境问题，如酸雨现象、温室效应、物种灭绝、大气污染……不断恶化的生态环境已经危及人类的生存。企业作为一个开放系统，与外部环境进行着各种资源的频繁交换，尤其是工业企业直接对生态环境构成了影响。传统企业生产方式以环境污染为代价，以利润而非人类自身为最终目的。要改变这种粗犷的、不符合人类可持续发展的生产方式，不仅依赖科学技术的提升，更在于企业对生态责任的履行程度。党的十七大报告首次正式提出了“生态文明”概念，党的十八大报告中提出了“生态文明建设”理论，党的十九大报告指出了“加快生态文明体制改革”，党的二十大报告提出了“推动绿色发展，促进人与自然和谐共生”，进一步推进中国生态文明建设。针对愈加严重的环境污染，企业作为经济建设的主力军，实施生态伦理管理，走可持续发展之路是企业管理战略中极其迫切和重要的一部分。

企业生态伦理是关于企业与生态关系的道德研究，使企业伦理从企业社会伦理扩展到企业自然伦理，这首先是企业伦理价值观念的扩大，其次是企业伦理对象和范围的扩大。企业作为社会经济的基本组织单位，必须在寻求可持续增长的基础上，为社会经济的可持续发展做出贡献。企业的生态伦理责任就是要求企业尊重自然，保护环境，降低消耗，减少浪费，开发绿色产品，实施绿色营销，实现自身的可持续增长，以推动社会经济的可持续发展。为此，可以从以下三个方面着手。

1）树立人与自然界之间是公平的这一新伦理观念，重视自然呼声与要求。积极改进生产技术、生产方式和生产工艺，采取节约资源和替代资源战略，努力降低自然资源和能源的消耗，实现自然资源的可持续利用。

2）积极采取措施，减少甚至消除废物和污染物的生成和排放，降低对环境的污染，并主动承担环保责任，履行环保义务。

3）大力开发绿色产品，实行绿色营销，身体力行，影响和改变人们的消费观念，塑造整个社会关心环境、关心地球、关心未来、关心子孙后代的绿色文化。

企业生态伦理规范持有一种人与自然的和谐统一、环境保护与经济社会协调发展的科学发展观，以追求经济效益、社会效益和环境效益统一为原则，主动协调好自身与利益相关者之间的关系，运用可避免或减少环境污染的技术，开发各种能节约原材料和能源、在使用过程中或在使用后不危害人体健康和生态环境的产品，以及易于回收复用和可再生的产品。因此，企业生态伦理规范包含了科学发展观的协调发展的观念。

案例

蒙牛发布2022ESG报告　树立行业标杆可持续发展

2023年4月26日，蒙牛发布了2022年可持续发展报告。报告显示，蒙牛在全产业链践行ESG（环境、社会和治理）理念，持续推进“GREEN可持续发展战略”落地，助力国家共同富裕及双碳目标实现。

蒙牛MSCI ESG评级跃升至“A”位中国食品行业最高评级，并在国有资产监督管理委员会“央企ESG先锋50指数”中位列第一。蒙牛始终以“守护人类和地球共同健康”为可持续发展愿景，将“生产更营养的产品、引领更美好的生活、守护更可持续的地球”作为可持续发展使命。蒙牛结合自身业务并对标联合国可持续发展目标，形成“GREEN可持续发展战略”，包括可持续的公司治理、共同富裕的乳业责任、环境友好的绿色生产、负责任的产业生态园，以及营养普惠的卓越产品五大战略支柱，细分为15项议题、28项行动，涵盖总计178项发展指标。2022年，蒙牛的可持续发展执行委员会秘书处与各部门深入协同，逐项细化28个战略行动，明确主责部门及配合部门，及每项行动未来三年工作总目标，年度目标及重点举措等，确保“GREEN可持续发展战略”真正落到实处。

蒙牛集团总裁卢敏放表示，蒙牛不仅推动自身“GREEN可持续发展战略”各项议题的落地，还将ESG治理、社会及环境责任理念方法传递至上下游产业链，打造了一批零碳工厂、废弃物零填埋管理工厂，开展了绿色包装行动、生物多样性保护行动、责任供应链管理、绿色营销等项目，以更具韧性的产业链，持续引领行业可持续发展。

“许多看起来不能直接带来商业价值的ESG等话题，决定着能否实现高质量、可持续的发展”，卢敏放说，“我们不仅要在商业效益和社会环境效益中寻找平衡点，更将通过科技创新和可持续消费来助力打造一个以不超出资源环境承载力为前提的乳品生产、消费模式，努力成为一家更具可持续价值的企业，携手产业链生态圈一同守护人类和地球共同健康”。

（资料来源：https://www.mengniu.com.cn/news/group_news/detail/606.html.）

第三节 企业伦理与企业文化、企业绩效的关系

在现代市场经济的大环境下，企业伦理并不是作为一个独立的主体单独存在且产生作用的，其与企业文化、企业绩效有着密不可分的复杂关系。

一、企业伦理与企业文化的关系

企业文化与企业伦理概念相近，极易混淆，常常被不加区分地使用。两者之间的关系如下。

1. 企业伦理是核心，企业文化是企业伦理的外在反映

企业文化是企业在长期经营过程中，企业成员之间形成的共同价值观念、行为准则、制度规范、思维方式、道德观念、经营理念等。而企业伦理是指企业内部成员所形成的某种伦理观念、历史传统、共同价值准则、道德规范和生活观念等，也就是增强企业内聚力、向心力、创造力的各种意识形态的总和，以及渗透在职工劳动行为中的行为动机、道德心理和道德意识等。从构成上来看，企业伦理包括善恶标准、道德原则、行为规范、历史传统、共同价值观念、生活观念、行为动机、道德心理、道德意识；企业文化包括物质载体和精神内容，两者又有进一步的细分。

总之，企业伦理属于企业文化的精神内容，是企业文化的核心，它从总体上决定了企业

文化的基调，从根本上决定了企业文化的精神实质；企业文化包含企业伦理，对企业伦理有着极其重要的影响与制约作用。

2. 不同的伦理观支持着企业文化的不同层面

企业长期的管理思想和管理行为规范逐步形成为企业的文化，而管理与伦理的有机结合则强化了伦理思想在企业文化中的体现。伦理作为企业文化的核心价值观，可以有效地指导企业和员工的生产经营行为，树立在社会公众中的良好形象。林恩·夏普·佩因指出，一套建立在合理的伦理准则基础上的组织价值体系也是一种资产，它可以带来多种收益，包括组织功效、市场关系和社会地位。从结构层次看，企业文化可分为表、里、深三个层次，分别为物质文化、制度文化和精神文化，在企业文化的这三个层次中，均体现了伦理观念。

（1）企业文化表层的伦理观念　企业文化的表层为物质文化，包括产品形象、厂旗厂服、厂歌厂容、典礼仪式等，是能直接被消费者和社会公众所观察和感受到的，关系到社会公众对企业的综合评价。合乎伦理的企业形象对于提升企业的社会地位具有重要意义，而企业的良好形象是依靠组织的伦理价值观念塑造的，其内部形象也是凭借这种伦理素质建立起来的。因此，合理的伦理观念是企业形象的支柱，是企业形象塑造的核心内容，企业形象则是伦理观念的外在展现。

（2）企业文化里层的伦理观　企业文化的里层为制度文化，企业制度文化包括习俗习惯、规章制度、组织结构和领导体制等，在内容上均要体现公正、平等、人道和自由。美国法理学家博登海默认为，制度是包含着道德含义的广义概念，如诚信、犯意和违背良心的行为等，否则就是值得怀疑的。许多经济学家也指出，制度是“一个价值实体，它包含着一整套关于人的本性及其人与人之间的相互关系的价值观”，或者说，每一种制度“都有自己的道德基础，或至少有自己的道德含义”。同时，任何一种制度“都需要一套规律，需要一种意识形态来为它辩护，并且需要一种个人的良知促使他去努力实践它们”。这就说明，制度也有伦理价值追求，制度与伦理有内在的相关性。

（3）企业文化深层的伦理观念　在企业精神文化中，经营哲学、道德规范、理想信念、美学意识、价值观念、行为准则和管理思维方式等无不与伦理密切相关。在与内部关系上，一种在组织实践中形成并被组织全体成员共同认同的伦理文化，可以同化组织成员，形成组织的凝聚力。而共同认可的行为规范可以维护和协调组织的内在秩序。伦理观念还能建立一种群体精神追求，激励全体员工自强自立，团结进取。在与外部关系上，企业伦理行为准则还能调整企业内外的关系，在经营作风、价值观念及道德情操等方面帮助企业树立良好形象。

3. 企业文化进一步强化企业伦理

（1）企业文化为企业伦理提供了一个发展的平台　企业文化以企业伦理为基础构建了完整的物质文化、制度文化和精神文化，其中的每一个细节都反映着企业的伦理状况，企业伦理任何细小的变化，都会在企业文化中反映出来。起初是隐含地反映在员工的行为、企业的交易、领导的管理方式中，同一伦理行为被多人重复就会形成扩散，当认可这一伦理行为的人数超过一个临界点时，就会转变成一项内在制度，并进一步强化企业伦理，促进企业伦理的进一步发展。

（2）企业文化保证了企业伦理思想与意识的实施，从制度层强化企业的伦理观　企业文化中的物质文化、制度文化和精神文化都是以书面形式形成制度固定下来，有强制执行性，这就保证了隐含在这些制度中的企业伦理思想与意识能够得到进一步的强化与执行。

二、企业伦理和企业绩效的关系

企业绩效是企业最基本的目标，也是企业产生、存在和发展的基本理由。但同样值得注意的是，任何企业不是纯粹的经济机器，而是存在于社会之中并且必须依靠社会环境才能生存的复合体。这使得企业成为一个把经济本性与伦理本性同时集于一身的矛盾复合体，在现实的经营管理活动中，无论正确与否，它都无法回避企业绩效与企业伦理的关系，而这一关系在理论上的反映就构成了企业伦理的基本问题，企业伦理学中探讨的其他问题都是以这一问题为中心展开的。

企业伦理作为企业的一种核心竞争能力，对企业的经营绩效有着至关重要的影响，而企业经营绩效的好坏，又直接或间接地影响企业伦理建设的强度和力度，二者之间是相辅相成，相互促进的关系。企业伦理从以下四个方面促进企业经营绩效的提高：

1）企业伦理的核心所体现出的企业共同价值观和企业精神，使企业领导层与企业员工在企业经营目标上容易达成共识，从而凝聚成一股强大的竞争力，最终达到企业经营目标，实现企业价值最大化。

2）良好的企业伦理体现出一种优质的管理。具体表现为企业内部规范的管理制度、领导层的先进管理理念、员工的科学行为方式等，从而实现企业运作的最高效率，最大限度地降低企业生产经营成本，实现企业经营效益的最大化。

3）良好的企业伦理通过多种传达体系最终塑造出优秀的企业品牌。通过企业品牌的辐射力和感召力，吸引更大范围内资源的聚合，企业得以滚动式发展，实现良性循环，取得最佳效益。

4）具有良好企业伦理的企业，在其经营过程中体现出一种良好的经营道德和伦理意识，为企业争得外部公众的认同，创造出良好的经营环境，为企业赢得宝贵的社会资源，从而大大降低企业的外部运作成本，最终实现企业经营效益和社会效益的双丰收。

反过来，一个具有优良经营业绩的企业，会越发认识到企业伦理建设的重要作用，所以会舍得花大力气加强企业伦理建设，实现企业伦理与经营业绩的互促互动和良性循环。而经营效益差的企业，往往认识不到或者没有精力顾及企业文化建设，易局限于眼前的经济利益，认为对企业文化的投入得不偿失，反而限制了企业经营向更高层次的跨越，愈发难以摆脱困境，企业生产经营出现了恶性循环。

案例

日本最值得被珍惜的企业

日本理化学工业股份有限公司（以下简称“日本理化学工业”）是以制造学校使用的粉笔为主的公司，目前全体员工86人中有63人是智力障碍者（其中25人是重度智力障碍者），即使是这样的小型公司，尽管有7成员工是智力障碍者，每年还是会有约4000名来自包括东京大学等名校在内的大学生应聘。这是为什么？

日本理化学工业对员工的管理有三个特点：一是在不断提高商品和工作质量的同时，注重员工人性培养和人与人之间温暖关系的缔结；二是号召每一位员工相互理解，相互配合，用坦诚的心相互接受，共同成长；三是积极雇用智力障碍者，并能够根据他们的特点积极改进工作方法，研发工作用具，营造方便和谐的工作环境。

最初雇用智力障碍者是大山前社长出于同情心。但是这些智力障碍者看不懂文字，也数不清数，更是无法单独工作，他们无形中降低了公司的整体工作效率，甚至引发了普通员工的不满、敌意和鄙视，到底该怎么办？

大山前社长虽然苦恼很久，但是并没有轻易放弃。有一天大山前社长注意到这些智力障碍者虽然看不懂文字和数量，但每次看信号灯都能平安地穿过十字路口。也就是说，他们能识别颜色。大山前社长开始尝试用颜色来区分粉末的量法。他让工厂准备红、蓝两种颜色的水桶，同时准备这两种颜色的砝码（不同的重量），放入原料用的水桶颜色和测量其分量的砝码的颜色相同，如果机器的线平行，证明操作正确。也就是说，可以依靠颜色来准确计算和衡量出需要的粉末数量。

这次尝试之后，大山前社长依靠颜色改良了数十种机器和工具，研究开发了智力障碍者可以自己自由操作的各种各样的工具。人一旦能做到一件事，就会更自信、安心地学习其他工作事物。如此一来，不仅是对智力障碍者，对普通员工来说也创造了容易工作的环境。

现在，除了学校用粉笔，公司还开发了业务用、可用于小孩玩耍等“无毒无害能擦掉”家庭用粉笔关联商品。此外，还开发了可在啤酒瓶、玻璃、伞等塑料制品等物品上任意绘画、简单擦掉的记号笔、美工笔，以及以海洋中废弃贝壳为原料的环保粉笔。特别之处是主打产品几乎全部是智力障碍者制造的。公司的工作效率、经营业绩逐年上升，在日本粉笔类行业占有率几乎达到了60%（首位），成长为年均销售额8亿日元的优良企业！

世界各国有很多企业聘用身体有障碍的员工。但是，坚持多年雇用智力障碍者比普通员工人数多，并且能够实现人尽其才的公司却很少。日本理化学工业对智力障碍者的雇用和培养，让原本需要别人照顾的人群变成了有能力为公司、为社会做出贡献的人，既保持了公司业绩连年持续增长，也为实现劳动机会平等社会的发展做出了贡献。

（资料来源：

［1］日本理化学工业股份有限公司　企业官网 https://rikagaku.co.jp/pages/inclusive-employment 2023.7.1.

［2］坂本光司.「日本でいちばん大切にしたい会社」［M］.东京：あさ出版.2008.）

第四节　企业伦理的建设

一、企业伦理缺失的原因

在我国经济迈入新常态的过程中，我国企业伦理管理水平也呈现出两极分化局面，部分企业能够主动提升自身伦理管理水平，在管理过程中承担应有的企业伦理责任；但也有部分企业依旧忽视企业伦理在管理过程中发挥的作用，延续严重的企业伦理缺失行为，如诚信缺失、假冒商标、伪劣产品、偷税漏税、破坏环境等。

从企业角度来看，产生伦理问题的原因分为外因和内因两个方面：外因是没有形成良好的社会伦理环境和制约体系；内因则是企业自身伦理建设的不足。下面从五个层面进行综合分析。

1. 制度层面的原因

制度既包括法律、政府法令、公司章程、商业合同等正式制度，也包括习俗、传统、道德伦理、意识形态等非正式制度。制度具有约束功能，制度（尤其是法律）约束是伦理道德的社会保障机制。一个国家法制的完善程度和社会伦理状况往往成正相关关系，以制度尤其是以法律约束为手段进行伦理建设意义重大。市场经济是一种制度经济，它通过各种成文法和不成文法来规范人们的行为。

中国特色社会主义进入新时代，社会主要矛盾发生变化，经济已由高速增长阶段转向高质量发展阶段，与这些新形势新要求相比，我国市场体系还不健全、市场发育还不充分，政府和市场的关系没有完全理顺，推动高质量发展仍存在不少体制机制障碍，新的制度未建立或不健全，一些新事物甚至处于无法可依的状态。有的制度只是泛泛而谈，没有可行性和可控性，导致企业对伦理经营的必要性认识不足。此外，现有制度对企业反伦理经营惩治缺乏力度，企业失信的成本很低，甚至某些时候企业反伦理经营反而能获取更高的经济收益，这也助长了不良行为的产生和发展。因此，导致一些企业伦理缺失第一个层面的原因就在于制度的缺失与不完善。

2. 政府层面的原因

信誉机制的建立需要明晰的产权和相对稳定的政策环境，政策环境越不确定，人们就越追求短期利益。因为不确定性的增加等价于博弈重复的可能性降低，人们更没有耐心建立信誉；不确定性增加了辨别欺骗行为的难度，因为违约者更容易把坏的结果归因于不可抗拒的外部因素，而不是自己的故意行为。不少地方政府出于经济利益和政治利益的考虑，对市场及经济进行过多的行政干预，地方保护主义严重。这样，一方面助长了企业不道德行为的滋生，另一方面严重地挫伤了讲究伦理道德的企业的积极性。此外，政府的乱摊乱派行为增加了企业的负担，政策的朝令夕改使得企业缺乏对未来稳定的预期，导致企业追求短期利益，或者想方设法地绕过规则，通过各种不合法和不正当手段来为自己谋利，于是各种反伦理经营现象层出不穷。

3. 社会环境层面的原因

首先是伦理教育的欠缺。在企业内部培训中更多强调的是员工的技能，对员工伦理道德的培训很少，对于管理者的伦理培训更是难得一见。因此，社会对企业伦理的认识还很欠缺。其次是对企业伦理行为赏罚不明。对于企业的伦理行为没有给予恰当的奖励，而对反伦理经营的企业惩罚的力度却不够，这必然导致一些企业放弃伦理道德，追求一己私利。最后是社会监督不力。由于相关法律法规的不完善，行业内部尚未形成固定的监管机制，社会舆论导向的偏差、新闻媒体对伦理宣传的忽视，以及消费者的消费行为不成熟等原因，促使一些企业和个人只为谋求利益而经营企业。

4. 消费者层面的原因

根据市场营销学的理论，在企业营销过程中，如果一位消费者有不满意的购物经历或感受，他会用自己的亲身经历影响25～30个人的购买选择。但是目前我国消费者对企业行为的影响甚小，主要有几个方面的原因：一是我国消费者为弱势群体、维权意识差，这是一些企业漠视伦理道德和社会责任的重要原因，我国的传统美德是“宽容”“忍让”，在这里成为阻碍人们维护自己合法权利、追究违规企业责任的绊脚石，而很多人“怕麻烦”的心理也给企业从事各种反伦理道德行为以可乘之机；二是企业与消费者之间信息严重不对称，消费者处于信息占有的弱势方，消费者对所购商品信息的了解程度远不如卖方，卖方就可以凭借信息优势获得商品价值以外的报酬，这就使企业机会主义、失信和欺诈等反伦理行为得以存在。

5. 企业层面的原因

（1）我国企业广泛存在对企业伦理的片面认识　许多人认为，在市场经济条件下，经济主体是否进行某项经济行为取决于该经济行为能否为其带来最大的利润，追求利润最大化是经济主体的首要目的，因而企业的存在就应该以营利为目的。因此，企业只要实现了经济功能就是对社会的贡献。这种片面对企业营利的追求，直接导致了环境污染、生态平衡失调、诈骗、行贿受贿、假冒伪劣产品等反伦理行为层出不穷，而很多人认为这是市场经济发展过程中的必然现象。

（2）企业管理者道德素质不高　在企业伦理经营中，管理者起着极为关键的作用，管理者的决策和言行决定了企业的行为、企业的方向也深刻地影响企业员工的行为。美国学者分别在20世纪的60年代、70年代和80年代研究了“什么是影响员工道德水准的最重要的因素”，结果表明“上司的行为”是影响程度最高的一个因素。缺少企业伦理领导已成为企业伦理缺失的一个内在原因。

（3）员工缺乏伦理意识　员工是直接从事生产经营活动的主体，产品质量、服务质量都要通过员工这一关。如果员工伦理意识淡薄，即使管理者做出了正确的企业伦理决策，也可能会由于一些员工的非伦理行为而导致产品不合格或服务质量不过关。且在一些企业中，如果一些员工在企业活动中出现了不道德行为，只要没有触及企业的利益就无人问责，这实际上助长了不良行为的产生和发展，导致员工的诚信意识逐渐淡薄，缺少了道德感和责任感。

（4）企业文化建设落后　企业文化决定着企业的经营行为。若企业文化缺损，企业就如同一盘散沙。现在很多的企业文化要么是空有口号不能落到实处，要么是企业文化中根本没有考虑到企业伦理道德的内容。

案例

“土坑酸菜”曝光后，方便面巨头如何自救？

2022年央视“3·15”晚会曝光“老坛酸菜包竟是土坑腌制”，引起社会极大反响。当晚，相关执法部门赶赴涉事企业开展执法调查。

3月16日13时，方便面货架区内，原本在售的老坛酸菜面产品未见销售，一店员告诉记者，老坛酸菜面“下架了，不让卖了”。同一日下午16时，便利店店员又看到，统一相关市场人士发布朋友圈宣称，“统一方便面没有问题”，随即他又将统一老坛酸菜牛肉面重新上架。在场的一位顾客说，现在已经分不清到底哪个品牌的方便面有问题。

康师傅、五谷鱼粉等企业已承认湖南插旗菜业确系公司酸菜产品供应商。五谷鱼粉官微表示，公司已对相关的酸菜原料进行下架，停止使用并封存，等待相关部门的进一步检查。

3月16日，康师傅连续发布两次声明，披露调查进展。“此次事件是我们管理的失误，后续将在政府有关部门指导与监督下开展积极整改”。康师傅致歉称，公司已在第一时间成立专门小组，采取最严措施，并配合政府监管部门对相关企业和产品的调查和检测。据康师傅调查结果显示，插旗菜业向江门、武汉、西安、新疆的共4家工厂提供酸菜，康师傅已终止其供应商资格，取消一切合作，并启动对相关产品的下架回收，积极配合监管部门的调查与检测。

（资料来源：张韵．“土坑酸菜”曝光后，方便面巨头如何自救？[N]．每日经济新闻，2022-03-18（5）．）

二、加强我国企业伦理建设的途径

加强企业伦理道德建设，主要从以下五个方面入手。

1. 建立公平有序的市场竞争机制

美国伦理学家诺兰（1988）曾说：“没有不断的竞争威胁，生产者就会故步自封，其商品就会以次充好。竞争是对道德自我意识的一种强烈刺激，它鼓励而不是阻止人们对其行为负责，培养一种切实可行的责任体系。”威廉·H. 肖（William H. Shaw）和文森特·巴里（Vincent Barry）（1992）认为：“企业通过竞争焕发活力，依靠伦理而得以生存。”通过公平、有序的市场竞争机制，会使资源配置到讲伦理、守信誉的竞争主体，而伦理缺失的竞争主体会逐渐失去市场机会。另外，有效的市场竞争机制还可以充分利用价格杠杆，使各种资源的价格充分反映生态、资源和环境的真实成本，让污染者、资源开发和使用者承担环境和生态破坏的损失、资源耗竭的成本，从而减少资源的浪费和对生态环境的破坏，建立并形成节能、环保资源有效利用的生产结构。因此，公平有序的市场竞争机制在调整人与自然关系中发挥积极作用，使企业减少污染环境、浪费资源的行为，树立企业的环保伦理观。

2. 制定科学的伦理道德准则

伦理准则是制定企业处理各方面利益相关者（员工、供应商、债权人、社区）关系的行为准则，是企业实施伦理管理的行动指南。例如，美国企业的伦理准则中对员工关系和利益冲突方面做出如下规定：“企业要求员工从企业最大利益出发而不是从个人私利出发进行决策，如果员工从与本企业交易的实体获得财务利益与员工自身履行职责发生冲突，员工及其任何直系亲属都不应接受；假如礼物可能使接受者处于一种对本企业形成负担的境地，本企业就不应该赠送礼物给竞争对手、供应商或客户及其直系亲属；员工不应使用或披露由担任本企业的职务所获知的非公开信息来为自己或其直系亲属谋取利益。”

需要注意的是，伦理标准是不断变化的，要符合时代要求。而且，伦理标准在不同企业间具有差异性，符合某个企业的伦理行为不一定适用于其他企业。因而，伦理准则不能照搬其他企业已有的准则，应根据企业的具体情况分析后制定。我国企业必须顺应现代社会企业伦理趋向，树立社会责任、诚实守信、竞争合作、顾客至上、尊重员工等现代企业伦理观念，并制定以互惠互利为原则，以诚实守信、公平交易、社会责任为要求的价值规范体系。

3. 提高企业管理者的伦理道德素养

企业管理者对下属具有感召性权力，这是指由于管理者具有吸引别人的个性、品德、作风而引起人们的认同、赞赏、钦佩而自愿地追随和服从他。感召性权力的大小与职位高低无关，只取决于个人的行为。具有高职位的人，其模范行为会有一种放大的乘数效应。一些行为对普通人来说可能是很平常的事，但对某些高层管理者就会变成非常感人的模范行为，产生巨大的感召性权力。因此，企业的管理者首先要提高自身的伦理道德素养，重视社会责任，提倡社会诚信并带领组织对社会诚信。企业绝不是一个封闭的系统，企业只有在供应商、消费者、合作者、竞争者、消费者之间树立自身的诚信形象，才能生存。

4. 重视员工的伦理道德教育

对员工的专门教育与培训，是促使企业伦理道德管理与变革的一个重要策略。可以通过不断灌输社会公德、职业道德和家庭美德思想，引导广大员工树立建设企业的共同理想。在企业中营造浓厚的、积极的、健康的思想道德氛围。我国企业应大力弘扬中华民族传统美德，倡导员工遵守社会公德、争做优秀公民，遵守职业道德、争做优秀员工的风气。

5. 设立企业“道德官”

在许多发达国家的优秀企业里，都专门设有“企业道德官”这样的高级管理职务，负责企业的社会责任事宜。美国企业界有一种新型的职位——伦理主管，主要任务是训练员工遵守正确的行为准则，并处理员工对受贿和报假账等可能发生的不正当行为提出质疑。欧洲约有一半的大型企业设有专门的企业伦理机构，负责有关企业伦理工作；在韩国和日本等部分亚洲国家的大中型企业都设有伦理研究所，专门从事企业伦理精神的教育工作。我国企业也需要成立伦理道德管理机构并设立“道德官”，来规范企业的伦理道德行为，加强企业的伦理建设。

知识拓展

《新一代人工智能伦理规范》发布

2021 年 9 月 25 日，国家新一代人工智能治理专业委员会发布了《新一代人工智能伦理规范》(以下简称《伦理规范》)，旨在将伦理道德融入人工智能全生命周期，为从事人工智能相关活动的自然人、法人和其他相关机构等提供伦理指引。《伦理规范》中提出了 6 项基本伦理要求。

(1) 增进人类福祉　坚持以人为本，遵循人类共同价值观，尊重人权和人类根本利益诉求，遵守国家或地区伦理道德。坚持公共利益优先，促进人机和谐友好，改善民生，增强获得感幸福感，推动经济、社会及生态可持续发展，共建人类命运共同体。

(2) 促进公平公正 坚持普惠性和包容性，切实保护各相关主体合法权益，推动全社会公平共享人工智能带来的益处，促进社会公平正义和机会均等。在提供人工智能产品和服务时，应充分尊重和帮助弱势群体、特殊群体，并根据需要提供相应替代方案。

(3) 保护隐私安全 充分尊重个人信息知情、同意等权利，依照合法、正当、必要和诚信原则处理个人信息，保障个人隐私与数据安全，不得损害个人合法数据权益，不得以窃取、篡改、泄露等方式非法收集利用个人信息，不得侵害个人隐私权。

(4) 确保可控可信 保障人类拥有充分自主决策权，有权选择是否接受人工智能提供的服务，有权随时退出与人工智能的交互，有权随时中止人工智能系统的运行，确保人工智能始终处于人类控制之下。

(5) 强化责任担当 坚持人类是最终责任主体，明确利益相关者的责任，全面增强责任意识，在人工智能全生命周期各环节自省自律，建立人工智能问责机制，不回避责任审查，不逃避应负责任。

(6) 提升伦理素养 积极学习和普及人工智能伦理知识，客观认识伦理问题，不低估不夸大伦理风险。主动开展或参与人工智能伦理问题讨论，深入推动人工智能伦理治理实践，提升应对能力。

(资料来源：https://www.most.gov.cn/kjbgz/202109/t20210926_177063.html?eqid=d9feae5f000b507b0000000364f18c7a(中华人民共和国科技部网站),2021.09.26.)

参考文献：

[1] 高学芹. 关于企业伦理与企业核心竞争力的探究 [J]. 中国集体经济，2021 (4)：68－69.

[2] 冉一江. 企业伦理在企业建设中的作用探讨 [J]. 投资与创业，2021 (8)：145－147.

[3] 费雷尔，弗雷德里克，等. 企业伦理学 [M]. 10版. 李文浩，等译，北京：中国人民大学出版社，2016.

[4] 温宏建. 伦理与企业：企业伦理探源 [M]. 北京：商务印书馆，2020.

[5] 高勇强. 企业伦理与社会责任 [M]. 北京：清华大学出版社，2021.

思考题：

1. 什么是企业伦理？
2. 企业伦理与企业文化有何关系？
3. 企业伦理与企业绩效有何关系？
4. 企业伦理在企业管理中有哪些重要作用？
5. 我国企业伦理缺失的原因有哪些？
6. 论述我国企业伦理的建设应该从哪些方面入手。

案例讨论题

传递绿色价值，中远海控坚定推进环境保护

绿色低碳转型正成为各大企业推动高质量发展的新风尚。在中远海控发布的2022年

ESG（Environment、Social Responsibility、Governance，环境、社会、治理）报告中提到，中远海控全年减少二氧化碳排放量1484923吨，并将绿色低碳、保护环境、节约资源的社会责任，放在企业发展的重要位置。

作为全球领先的集装箱航运企业之一，中远海控积极与外部各方合作，例如世界自然基金会（WWF）等非政府组织、港口当局和当地社区，以履行公司环保承诺，对生物的多样化产生了积极影响。

（1）以身作则保护海洋环境　在浩瀚的大海中，中远海控以身作则保护海洋环境，积极开展严格管理船舶垃圾、合规处理港口废弃物、开展船舶回收等行动，将航行过程中产生的废弃物对海洋环境的影响降到最低。同时，中远海控的船队中广泛应用无毒船漆，以保护海洋生物，并在新造船中均使用有机硅防污漆，持续努力改善海洋环境。在用箱方面，中远海控旗下东方海外冷冻集装箱均采用不含氯氟碳化合物的冷冻剂，所有集装箱使用的油漆均为水性油漆，并引入更环保的竹树代替传统硬木做集装箱地板，以保证冷冻食品运输安全。

（2）开展保护蓝鲸和蓝天项目　中远海控自2018年起参加了“保护蓝鲸、保护蓝天”项目，已累计有111个航次安排相关保护操作。2022年5月1日至12月15日，中远海运在船舶减速区域内以10节或更低的航速完成了89%的行驶距离。2023年初，中远海控被美国国家海洋和气候管理局（NOAA）授予了最高奖项——“蓝宝石奖”。

作为低碳环保的先行者，中远海控表示，将不断完善可持续发展框架，开展气候变化相关风险的识别和应对，将气候变化管理纳入企业日常管理体系，并将加快打造绿色低碳船队，建设绿色低碳燃料供应链保障体系，优化航线布局和船队能效管理，以适应新环保规则，持续推动绿色低碳智能发展，更好地传递绿色价值。

2022年，中远海控被纳入恒生可持续发展企业基准指数，进入恒生ESG50指数，还荣获财联社评选的“ESG先锋奖项”，这些都体现了业界对中远海控多年来建立完善ESG履行机制、践行社会责任、坚持可持续发展观的高度肯定。

（资料来源：传递绿色价值，中远海控坚定推进环境保护（coscoshipping. com）.）

【问题讨论】

（1）中远海控很好地践行了社会责任，在生物多样化方面采取了哪些具体措施？

（2）中远海控取得了哪些环保奖项，体现了哪些企业伦理观？